POSTCAPITALISM

A GUIDE TO OUR FUTURE

PAUL MASON

ポストキャピタリズム

資本主義以後の世界

ポール・メイソン 佐々とも〔訳〕

東洋経済新報社

カルム、アニャ、ロビー、ジェイムズへ

プロローグ　ポスト資本主義はユートピアではない

新自由主義を脱線させる

ドニエストル川を探して、寒々とした森林地帯を車で通り抜ける。車窓から見える崩壊したアパートや車両基地はどれもさび色に染まっている。川には凍るほど冷たくて澄んだ水が流れていた。とても静かで、頭上の橋からコンクリートの小さな欠片が落ちる音が聞こえる。橋は放置されたまま、ゆっくりと崩れていく。

ドニエストル川は、自由市場資本主義とウラジーミル・プーチンが率いるとでも言うべき体制との間にある地政学的な境界線だ。また、この川は、東欧にあるモルドバ共和国とトランスニストリアと呼ばれるロシアの傀儡《かいらい》である分離独立地域とを分断している。その地域を支配するのはマフィアや秘密警察だ。

モルドバ側では、年老いた人たちが歩道の脇に座って、自分で作ったチーズや焼き菓子、育てたカブを売っていた。若者をほとんど見かけない。というのも、成人の4人に1人が海外に働きに出ているからだ。収入が1日5ドル未満の国民が人口の半分を占め、10人に1人が貧困に喘いでいる。この厳しい状況はアフリカの貧困と同じ水準だ。(1)モルドバは新自由主義時代の幕開けに誕生した。1990年代初め、ソビエト連邦の崩壊を受け、主権国家として独立し、市場原理の世界への仲間入りを果たした。しかし、私が話を聞いた村人の多くは、モルドバでのみじめな貧しい暮らしよりも、プーチンの警察国家で暮らす方がましだ、と語る。舗装されていない道路を険しい面持ちをした人々が行き交う、この灰色の世界をもたらしたのは、共産主義ではなく、資本主義だった。そして今では、資本主義の最盛期はすでに過ぎたものとなった。

モルドバは、言うまでもなく典型的な欧州の国ではないが、その端に位置している。欧州で、私たちは経済の後退を目にし、不況や社会危機、武力紛争、民主主義の腐敗にある因果関係をたどることができる。この西側諸国の経済的失敗によって、私たちがかつて永遠のものだと考えていた価値観や制度への信頼が損なわれつつあるのだ。

金融の中心地では、厚板ガラスを通して見るかぎり、物事はいまだバラ色だ。2008年以後、寄せ集めた数兆ドルの金《カネ》が、グローバルシステムを正常に機能させ続けるために、銀行やヘッジファンド、法律事務所、コンサルタントを経由して流れていった。

しかし、資本主義への長期的な見通しは暗い。経済協力開発機構（OECD）によると、今後50年にわたり、先進国の成長は「緩やか」と予測されている。不平等のレベルは40％上昇し、発展途上国でさえ、近年のダイナミズムにあふれる成長は２０６０年までには衰えるという。[2] ＯＥＣＤのエコノミストは、とても気を配る人たちなので、「先進諸国では資本主義の最盛期は過ぎた。そのほかの諸国でも、私たちが生きている間に資本主義は終わるだろう」とはっきり言い切ることはないのだ。

２００８年の経済危機に端を発した事態が、社会危機に変化し、大衆を不安に陥れた。今や、革命が内戦に変わり、核を保有する超大国の間で軍事的緊張が生じたことで、国際秩序の危機が訪れている。

この状況から抜け出すには、表面上では２つの道しかないようだ。１つ目のシナリオは、今後10年か20年にわたり、グローバル・エリート（世界のエリート層）が権力にしがみつき、危機にかかるコストを労働者や年金生活者、貧困層に負わせる、というものだ。国際秩序は、国際通貨基金（ＩＭＦ）、世界銀行、世界貿易機関（ＷＴＯ）によって擁護され、弱体化した形でなんとか保たれる。グローバリゼーションを救うためのコストは、先進国の一般市民が引き受ける。だが、成長は停滞する。

２つ目のシナリオでは、世論が分断する。一般の人々が緊縮財政のつけを払わされるのを拒否すると、極右と極左の政党が権力を握るようになる。それどころか、国家が互いに危機のコストをほかの国家に負わせようとする。グローバリゼーションは崩れ落ち、国際機関は力を失い、この20年間にくすぶってきた争いの火種——麻薬戦争、ポスト・ソビエト愛国主義、ジハード主義、制御不能な人の移動とそれに対する抵抗——がシステムの中心部で炎を上げる。このシナリオでは、国際法に対する口先だけの約束はなくなる。そうなれば、拷問や検閲、恣意的な拘束、市民への監視が外交技術で普通に使われる手段となる。これは1930年代に起きたこととは異なるが、同じことが再び起こらないという保証はどこにもない。

どちらのシナリオでも、気候変動、高齢化、人口増加の影響が2050年ごろから急速に強まる。もし、持続可能な国際秩序を構築し、経済のダイナミズムを取り戻すことができなければ、2050年以降の数十年間、世界は混沌としたものになるだろう。

そこで、従来の策に代わる案を提案したい。まず、新自由主義を軌道から脱線させて、グローバリゼーションを救う。それから、資本主義を超えて先に進むことで、地球を救い、混乱と不平等から私たち自身を救済するのだ。

新自由主義を脱線させるのは簡単だ。欧州では、抗議運動や、急進派の経済学者や政党の間で世論が高まっているからだ。脱線させる方法は、巨額の金融取引の抑制や緊縮財政の撤回、グリーンエネルギーへの投資、高収入の雇用促進などが挙げられる。

しかし、それで一体どうなるのだろうか。

ギリシャの経験からわかるように、緊縮政策を拒む政府は1％の富裕層を守る国際機関とすぐに衝突することになるだろう。ギリシャで2015年1月に行われた選挙で、急進左派連合（SYRIZA）が勝利した後、ギリシャの銀行を安定させる役目を担っていたはずの欧州中央銀行（ECB）が、あろうことかその銀行への援助を断ち、それが引き金となって約200億ユーロの預金が引き出された。

そのため、左派政府は「破産」と「服従」のどちらかを選択せざるを得なくなった。これに関して、議事録や投票数の記録やＥＣＢの説明を見つけることはできないだろう。右派の独シュテルン誌は「ＥＣＢはギリシャを『たたきつぶした』」と表現した。[3] それは象徴的に行われた。「ほかに選択肢はない」という新自由主義の主要メッセージを強調するためにだ。つまり、これはソビエト連邦に災害をもたらす結果となった資本主義がたどった道とは何もかもが違う。資本主義に反抗することは、自然の秩序や永遠の秩序に反抗するようなものなのだ、と言いたいのである。

昨今の危機は、新自由主義的モデルの終わりを意味するだけでなく、市場システムと情報を基盤とする経済とのずれが長く存在してきた現れでもある。私がこの本を書いた狙いは、なぜ資本主義に取って代わることが、もはやユートピア的な夢ではないのか、どうすれば既存のシステムの中で、ポスト資本主義経済の基盤を築くことができるのか、どうすればポスト資本主義経済を早急に普及させることができるのか、を説明することにある。

「勝つことの拒絶」を超えて

新自由主義が原則としているのは、市場を規制しないということ。つまり、繁栄するための最善の道は、個人が利己主義を追求することであり、市場は利己主義を表現する唯一の方法である、ということになる。国家は小さくあるべきで（ただし、機動隊や秘密警察の規模は縮小しない）、金融投機を歓迎し、不平等もよしとする。人間とは本来、冷酷な個人の集りで、互いに競争し合うもの、というわけだ。

その評価は実際の成果にかかっている。この25年にわたり、新自由主義は、世界がこれまで見たことがないほどの巨大な発展のうねりを引き起こし、その核となる情報技術の爆発的な向上を招いた。だが、その過程で、国家の不平等は、ほぼ100年前のレベルに戻り、今や国家の存続が危ぶまれる事態となっている。

ドニエストル川の岸にロシアの特別部隊を引き入れたウクライナの内戦、ISによるシリアとイラクの征服、欧州の極右政党の台頭、加盟国が軍事介入の承諾を見合わせたことによる北大西洋条約機構（NATO）の無力化。これらは、経済危機から掛け離れた問題ではなく、新自由主義の体制が衰えてきたことを如実に表しているのだ。

この20年にわたり、多数の人々が新自由主義に抵抗してきたが、ほとんどが失敗に終わっている。さまざまな作戦上の誤りや抑圧のほかにも単純な理由がある。それは、自由市場資本主義は明確で強固な考え方であるのに対し、対抗勢力はどこか古くて、劣っていて、矛盾したものを守ろうとしているように見えるからだ。

1%の富裕層の中には、新自由主義には宗教のような力があると考えている人がいる。新自由主義の教えを実践すればするほど幸福を感じる、つまり裕福になる、と信じているのだ。かつてこのシステムがフル稼働していたときには、貧困層の中にさえ、ほかにも方法があるのに、新自由主義の束縛の下で筋の通らない行動を取っていた者もいた。借金をしたり、課税を免れたり、仕事で押しつけられた無意味なルールに固執したりするといったことだ。

数十年の間、資本主義への対抗勢力は、自分たちの矛盾がある行動に満足してきた。1990年代の反グローバリゼーション運動からウォール街を占拠したオキュパイ運動などまで、社会正義を求める運動は、「1つのノー、多くのイエス」(訳注)を支持する一貫した計画という考えを拒絶してきたのだ。資本主義に取って代わる制度が、20世紀が残した「社会主義」と呼ばれるものだけだと彼らが考えているなら、その「矛盾」は理にかなっている。彼らの考える代替案が、国家統制や経済的愛国主義への単なる回帰、つまり、誰もが同じように行動し、残酷な階層制に従いさえすればうまく機能する経済に戻る、というものなら、なぜ、大きな変化を求めて戦うのだろうか。彼らには明確な代替案がない。抗議運動が勝てない理由はそこにある。彼らは心の中では勝ちたいと思っていないのだ。抗議運動のこうした傾向を表した「勝つことの拒絶」という言葉まである。(4)

新自由主義に取って代わるには、強力で効果的なものが必要だ。正常な世界になるためのただ明るいだけのアイデアではなく、それ自体で機能し、実際にもっと良い結果をもたらすことができる新しい全体論的モデルがなくてはならない。マクロ的な仕組みに基づいたものであるべきで、命令や政策

【訳注】反グローバリゼーション運動のスローガン。1994年のメキシコのチアパス州での北米自由貿易協定(NAFTA)に対する抗議運動が発端となり、世界中に広まった。

ではなく、自発的に起動するものでなければならないのだ。本書で私は、明確な代替案を示している。それはグローバルなものであり、資本主義よりも優れた持続可能な未来をもたらすものである。おそらく21世紀の中頃までには、実現するに違いない。

それが、「ポスト資本主義」だ。

テクノロジーは資本主義と共存できない

資本主義とは、単なる経済構造、あるいは一連の法律や制度だけを言うのではない。社会、経済、人口、文化、イデオロギーをひっくるめたシステム全体のことで、市場や私有財産を通じて先進社会をうまく機能させるために必要とされる。これには企業や市場、国家以外に、犯罪組織、影の権力によるネットワーク、ラゴス［ナイジェリアの旧首都。ラゴス島］のスラム街の「奇跡の説教師」、ウォール街で不正を働くアナリストなども含まれる。欧州の衣料品メーカー「プライマーク社」にまつわる2つの出来事――バングラデシュで縫製工場が崩壊した一方、ロンドンの店舗でバーゲン目当ての10代の女の子たちが興奮しすぎて騒動を起こしたこと――も資本主義ならではの出来事だ。

資本主義をシステム全体として観察することで、数多くの基本的特徴が見えてくる。資本主義は有機体と言える。初期、中期、終期というライフサイクルを持っているからだ。複雑なシステムであり、個人も政府も、それに超大国でさえ、その動きをコントロールできない。人々が分別のある行動を取った場合でも、その意図とは反対の結果となることも多い。また資本主義は学習する有機体である。絶えず適応するが、わずかな増加なら適応しない。大きな転換期には、危険に応じて、変形・変異し、前の世代には認識できないようなパターンや構造を形成する。最も基本となる生存本能は、技術的変化を駆り立てることだ。もし、情報技術だけでなく、食料生産、あるいは産児制限、世界的な健康問題を考えるなら、この25年間は、おそらく人の能力が最も高まった時期のように思える。しかし、私たちが生み出したテクノロジーは資本主義とは共存できない。それは、資本主義が今あるような形をしているからではなく、おそらくどんな形をしていても共存できないだろう。資本主義はもはや技術的変化に適応できなくなる。だから、ポスト資本主義が必要となるのだ。技術的変化を利用するために適応した行動や組織が自然発生的に現れれば、ポスト資本主義が可能になる。

　本書で述べたいことを一言で表すとしたら、**資本主義は複雑で適応するシステムであるが、適応能力が限界に達している**、のである。

　言うまでもなく、私は主流の経済学からはかなり外れたことを述べている。景気が急上昇したバブル期に、エコノミストは、１９８９年以後に現れたこのシステムが永遠に続くと信じるようになった。「財政政策と金融政策」という印が入ったダイヤルを回して調節する政治家と中央銀行の手にかかれば問題は何もかも解決できる、という彼らが使った言い回しは、人間の理性に訴えるには完璧だった。

　新たなテクノロジーと古い形のままの社会にずれが生じる可能性があるが、テクノロジーを中心に、社会自体が単純に変わっていくだろう、とエコノミストは推測した。社会が適応することは過去にもあったので、彼らの楽観論には正当性があった。だが現在、その適応のプロセスが失速している。情報は従来のどのテクノロジーとも違っている。その自然発生的な傾向が、市場を消滅させ、財産を破壊し、労働と賃金の関係を崩壊させかねない。私たちが乗り越えようとしている危機にはこうした背景がある。詳しくはこの後述べることにしよう。

可能なるポスト資本主義

私の主張が正しければ、これまでのほぼ1世紀の間、左派は資本主義の終わりがどのようなものなのかを誤解してきたということを、私たちは認めなくてはならない。既成左翼《オールド・レフト》は、市場メカニズムを力ずくで破壊することを狙っていた。その力は、労働者階級の手によって、投票箱やバリケードを通じて使われる。梃子となるのは国家だ。経済崩壊が何度も訪れ、それがチャンスの時となる。これが彼らの誤算だったのだ。この25年の間に、崩壊したのは左派のプロジェクトの方だった。それを破壊したのは市場だ。個人主義が集産主義や団結に取って代わった。世界に「プロレタリアート」のような労働力が大幅に拡大したものの、ただ個人として、考えたり、行動したりすることはなかった。

もし、これらをすべて経験したら、あなたは資本主義を憎んだだろう。トラウマになったかもしれない。だが、このプロセスの中で、テクノロジーが新たな道を切り開いてきた。オールド・レフトの残存者はそれを受け入れるか、消えていくしかなく、それ以外の勢力はいずれもテクノロジーに影響されるようになった。

結局のところ、資本主義は強硬な手段によって終わりを迎えることはないだろう。それが終わるのは、旧システムにも存在するが目には見えない、よりダイナミックな何かが構築されたときだ。そして、それが現れると、新しい価値や行動、規範を中心とした経済に作り直される。500年前の封建制度と同様に、資本主義の崩壊は、外的ショックによって加速され、新しいタイプの人間の登場によって具体化するだろう。しかも、それはすでに始まっているのだ。

ポスト資本主義は実現可能である。というのも、この25年間に、新しいテクノロジーによる3つの影響があったからだ。

その1つ目は、情報技術が、労働の必要性を減らし、労働と自由時間との境目をあいまいにし、労働と賃金との関係を緩めたことだ。

2つ目は、情報財が、価格を正確に設定する市場の能力を弱めつつあることだ。なぜなら、市場は商品の希少性を基にして価格を決めているのに対し、情報は潤沢にあるからだ。仮に、このシステムを守るために市場独占を形成するとしても、過去200年間には見られなかった規模となるだろう。だから、長くは続かない。

3つ目に、協働生産が自然発生的に増加しているのを私たちは目の当たりにしていることだ。財やサービスや組織は明らかに、市場や経営階層組織の命令に反応しなくなった。世界最大の情報サイト、ウィキペディアは、2万7000人のボランティアによって無料で運営されている。そのあおりを食らって、百科事典のビジネスが立ち行かなくなり、広告業界が得るはずの推定年間30億ドルの利益が奪われている。

市場システムの隙間や窪みでほとんど気づかれずに、経済生活を取り巻く環境が今までとは異なったリズムで変化し始めた。並行通貨や時間銀行、協同組合、自己管理型空間が急増しているが、経済の専門家にはそれがほとんど見えていない。この多くが２００８年の危機後、古い構造が粉砕されたことの直接の結果なのだ。

新しい形の「所有すること」、新しい形の「貸すこと」、または新しい形の合法的な契約などのビジネスのサブカルチャーがこの10年に現れてきた。メディアはこれを「シェアリングエコノミー（共有型経済）」と呼ぶ。「コモンズ」や「ピアプロダクション」［情報や知識を共有して行う生産方式］という言葉が広まっているが、これが、資本主義自体にとって何の意味があるのかという困った質問をする人はいない。

もし、政府の主導で生まれた巨大な変化によって、こうしたマクロレベルのプロジェクトが育まれたり、進められたり、守られたりするというなら、それは逃げ道をもたらすだけだ、と私は考えるだろう。だが、そうではなくて、私たちがテクノロジーや所有や労働についての考え方を変えることで、これを進めていかなくてはならない。私たちが新たなシステムの要素を作り出すとき、自分自身にもほかの人にもこう言えるはずだ。「これは生き残りをかけたメカニズムとか、新自由主義世界からの逃げ場所とかではなくて、情報というプロセスの中での新しい生き方なのである」と。

昔の社会主義の計画は、国家が市場を乗っ取り、富裕層ではなく貧困層に有利になるよう市場を動かすものだった。また、重要な生産分野を市場から外して、計画経済の中に取り込んだ。こうした計画は、1917年以降のロシアで一度試されたことがあったが、失敗に終わっている。これがうまくいく可能性はあったのか、と問われても、今ではもう消えてしまった計画だ、としか答えられない。

今日の資本主義の領域は変化した。その領域はグローバルで断片的であり、しかも小さな規模の選択や、臨時の仕事、多種多様な技能《スキルセット》や技術に合うように調整されている。消費は自己表現の形となり、数多くの人々がこれまで興味を持たなかった金融システムに関心を寄せている。

資本主義の領域が変化したことで、これまでの道を失ったが、別の道が開けた。財やサービスを生産するネットワーク技術は、無料だったり、あるいは共有したりする場合のみうまく機能する。協働生産は、そのネットワーク技術を用いて、市場システムを超えた経路を明確にした。その経路を進むには、その枠組みを作る国家がなくてはならない。そして、今後数十年間は、ポスト資本主義の領域は市場の領域と共存するかもしれない。実際に、それが起きようとしている。

ネットワークが、「小さな部品」からポスト資本主義のプロジェクトに作り直す。つまり、作り直す非市場システムの基盤になるのがネットワークだ。だから、新しいものを最初から作る必要はない。かつてソビエト政府の人民委員が毎朝、新しい策を練っていたように、毎朝パソコンの前に座って、新しい案を考え出すようなことは、もちろん必要ないのだ。

この移行は、国家や市場、そして市場を超えた協働生産を巻き込むだろう。しかし、実現させるには、抗議団体から中心となる社会民主政党や急進政党まで、左派のプロジェクト全体の構造を変えなくてはならない。人々が、このポスト資本主義プロジェクトには緊急を要すると理解すれば、これは左派だけのものではなくなる。もっと多様な運動にも欠かせないものだと認識されるに違いない。そうなれば、新しい呼び名を考えなくてはならなくなるだろう。

社会全体の工場化

では、誰がこの移行を実現させるのだろうか。オールド・レフトの時代であれば、それは産業労働者階級だった。200年前、急進派ジャーナリストのジョン・セルウォールは、英国に工場を建てた男たちに、「君たちは民主主義という新たな危険を生み出したことになる。大規模な作業場や製造所は一種の政治組織を持つ社会と言える。そこでは議会を黙らすことができる法令も、議会を追い払う行政官もいないのだ」と警告した。(5)

今日では、社会全体が工場と化した。通信網は日々の仕事に欠かせないもので、そこで共有された知識や不満が飛び交い、利益に影響している。ネットワークが、200年前の作業場となる。そして、それも、「黙らすことも、追い払うこともできない」のだ。

実際にはフェイスブックやツイッターを停止させることはできる。危機のときには、インターネットや携帯電話のネットワークでさえ完全に停止させることもあるが、そうなれば、その過程で経済をまひさせることになるだろう。私たちが作成したキロバイト分の情報をすべて蓄積したり、モニターしたりできる。しかも、50年前のように、階層制やプロパガンダ主導や無学な社会を押しつけられることはない。ただし、現代社会にとって重要な要素を受け入れようとしない中国と北朝鮮とイランは例外だ。社会学者のマニュエル・カステルが言うように、それは国家を電化しないようなものだ(6)。

大衆をネットワーク化すれば、人は金銭的に搾取される。けれど、情報資本主義は、指一本で情報を発信できる人間の知識を用いて、歴史に変化を引き起こす新たな担い手を作り出してきた。その担い手とは、教育を受け、互いにつながりを持った人間である。

モジュール式のプロジェクト設計

2008年から数年間、結果的に、私たちは新たな種類の反乱が始まったのを目の当たりにしてきた。反抗運動が街路を襲ったのだ。権力機構を避け、階層制がもたらす悪弊には決して近よらず、20世紀の左翼が犯した過ちに対して自分たちに免疫力をつけると決心した。

スペインの「インディグナドス（怒れる者たち）」から「アラブの春」に至るまで、これらの反乱でネットワーク世代の価値観や意見、道徳が明らかにされた。メディアは最初、フェイスブックやツイッターが原因だと考えた。2013〜14年に、最も象徴的な発展途上の国や地域であるトルコ、ブラジル、インド、ウクライナ、香港で反乱が勃発した。大衆が街路を占拠した。ここでも先頭に立ったのはネットワーク世代だった。今や、彼らの不満は、現代資本主義で破壊されたものの中心部に向かっている。

トルコの都市イスタンブールでは2013年6月、ゲジ公園がバリケードで囲われた。そこで私は医者やソフトウェア開発者、商品発送係、会計士と知り合った。トルコのGDP成長率は8％だったが、こうした専門家にとって、経済成長はイスラム教徒の支配によって現代的な生活が奪われたことの埋め合わせにはならなかったのだ。

ブラジルでは、新たな中間層が生まれたことをエコノミストは喜んだが、結局のところ、彼らは低賃金労働者だった。スラムから抜け出して、定期的に支給される賃金や銀行預金が手に入る世界に逃げ込んでみたものの、そこで知ったのは、野蛮な警察と不正を働く政府が思うままにのさばる社会で、快適な暮らしを送れるというのは嘘だということだった。そして、大群となって街路に繰り出した。

インドでは2012年に、ならず者のグループが女学生を強姦して殺害した事件がきっかけで抗議運動が起きた。ここでも、教育を受け、ネットワーク化された世代の不満の兆候が見られた。彼らは、パターナリズム（父親的温情主義）と発展の遅れに我慢できなかったのだ。

こうした反乱のほとんどはしだいに衰えていった。アラブの春は、エジプトとバーレーンで鎮圧され、リビアとシリアではイスラム主義につぶされた。欧州では、抑圧的な政策を行使したり、緊縮財政を支持するあらゆる政党が結束したりして「怒れる者たち」を打ち負かしておとなしくさせた。だが、こうした反乱から、情報が原動力となる社会で起きた非常に複雑な革命は、20世紀の革命とはかなり違っているように見えることがわかった。強力で組織化された労働者階級が、社会問題を迅速に前に押し出すということがないため、反乱は行き詰まることが多い。それでは、秩序は完全に回復しない。

今の若者たちは、19世紀や20世紀の急進派のように思考から行動に移るわけではなく、抑圧の力によって心が揺さぶられ、急進的な考えを持つようになった。「人を監禁したり、拷問したり、苦しめたりすることもあるかもしれない。でも、心の中の抵抗は抑えられない」というようにだ。

過去では、心に根づいた急進主義は力がなければ無意味なものだった。どれだけ多くの反抗者が、屋根裏部屋で怒りを詩にしたため、世界の不当に悪態をつき、自身の無力さを呪って時間を無駄にしただろうか。しかし、情報経済の中では、思考と行動との関係に変化が現れている。

ハイテク工学では、物質が実質的にデザインされ、実質的にテストされ、実質的に「製造」までされて、1つの金属が形を成す。始めから終わりまでのプロセス全体がコンピュータで設計される。誤りが発見されると、設計段階で修正される。この方法は、3次元（3D）のシミュレーションが登場するまでは不可能なことだった。

アナロジーによって、ポスト資本主義者の設計もこれと同じように進められる。情報社会では、思考や論争や夢は無駄ではない。それらは、キャンプのテントで、あるいは刑務所で、または操業を開始した企業の「アイデアを具体化するセッション」で、思いつくかどうかが異なっているだけだ。

ポスト資本主義経済への移行は、設計段階で導入段階の間違いを減らすことができる。ポスト資本主義の世界を設計するには、ソフトウェアのように、モジュール化［交換可能な標準化した部品によって作る」という方法が使える。さまざまな人々がさまざまな場所でそれぞれのスピードで、お互いに相対的な自律性を持ってそれに取り組むことができる。これはもはや私たちが必要とする、計画というよりモジュール式のプロジェクト設計である。

そして、事を迅速に進めることが必要だ。

私はここで、経済的戦略を提案したり、あるいは組織化を指南したりしようとは思っていない。人々や運動や政党が、これから出発する旅のために正確な座標を手にできるように、資本主義の新たな矛盾を地図に描き出すことが私の狙いである。

今日の大きな矛盾は、豊富で無料の財や情報の可能性と、モノを個人の所有にし、不足させ、商品化しようとする独占企業、銀行、政府のシステムとの間に存在する。結局は、ネットワークと階層制との対立、そして資本主義を中心として形づくられた古い形の社会と次に何が起こるか予想させる新しい形の社会との対立ということになる。

エリート層の「ロボコップ」との戦いにジュネーブ条約は存在しない

この変化を目の前にして、現代資本主義の権力エリートは大変な危機にさらされている。この本を書いている間にも、ニュースレポーターとして立つ現場で3つの象徴的な出来事に出くわした。それらは、エリート層がその変化にいかに冷酷に対応するかを物語るものであった。

2014年8月、パレスチナ自治政府ガザ地区で私は、ドローン攻撃と砲弾と狙撃兵の発砲により徹底的に破壊されたコミュニティに10日間滞在した。1500人の市民が殺され、そのうち3人に1人が子どもだった。米連邦議会が2015年2月、その攻撃を命令した男に、あろうことか25回もの拍手喝采を送ったのを私は見た。

2014年9月、スコットランドでは英国からの独立を支持する急進的な大衆運動が、突如として、それもまったく予期せずに起こった。私はその最中《さなか》にいた。新自由主義国家を崩し、新たに出発する機会が与えられると、大勢の若者が進んでこの機会を受け入れた。独立派は負けたが、その理由は、大手企業の最高経営責任者（CEO）がスコットランドから事業を撤退する兆候があったからで、その上、スコットランドが独立後も英国の通貨を使い続けたいという願いをイングランド銀行が妨害する恐れもあったからだった。

2015年には、ギリシャでは70年間で初めて左派に投票した国民の目の前で、ECBは彼らの民主主義的な願望を紙くずのように捨てた。私はその時、高揚感が苦悩に変わるのを目の当たりにした。いずれのケースでも、正義を求める必死の努力と、世界を動かしている真の権力とがぶつかり合っているのだ。

2013年に、南欧でなかなか進まない緊縮財政について調査していたとき、JPモルガンのエコノミストたちが、「新自由主義が生き残るためには、民主主義は消滅しなくてはならない」とはっきりと述べた。そして、「ギリシャ、ポルトガル、スペインには、遺産とも言える政治性の問題がある。南欧周辺国の国家構造と政治的解決は、ファシズムの崩壊後に導入されたもので、それぞれに異なった特徴があり、この地域でさらに統合を進めるには不適当のようだ」と警告した。(7) 言い方を変えると、1970年代の独裁政権からの平和的な移行と引き換えに、まともな福祉制度を要求した人たちは今や、それを諦めなくてはならなくなった。そうすれば、JPモルガンのように銀行が生き残る、というわけだ。

今日では、エリート層と彼らが支配する人々との戦いが起きたとしても、ジュネーブ条約のようなものは存在しない。エリート層は、平和的な抗議から身を守るために、最前線には「ロボコップ」を配置してきた。秘密裏に実行される監視や潜入、情報工作と合わせて、テーザー銃［射出できるスタンガン］やサウンドレーザー兵器、CSガスを使用することが、法的措置の作戦として普通に行われている。ECBについては、ほとんどの人が、どんな仕事をしているのか知らないが、実は民主主義を妨害するための準備を整えているのだ。彼らの作戦は、反新自由主義運動が勝ちそうになったときに、その国の銀行から預金が流出するように仕向けることである。実際に、2013年にキプロスで、それからスコットランド、今ではギリシャで、ECBはその作戦を実行している。

エリート層とその支持者たちは、巨額の資金と低賃金、秘密、軍国主義、知的財産、炭素ベースのエネルギーを中心に据える同じ主義を掲げている。悪いニュースは、こうした人たちが世界のほぼすべての政府をコントロールしているということだ。一方、良いニュースは、ほとんどの国家の一般市民に、彼らと意見を同じにする人や彼らを慕う人たちがほぼいないということだ。

このように権力があっても人気はないというギャップは危険を孕んでいる。ドニエストル川の岸で見たように、「安いガスと仕事をやるから、あんたの息子は軍で預かろう」という独裁政治の方が民主主義よりもましに思えるかもしれないということだ。だが、それはあなたを凍えさせ、飢えさせるだけだ。

可能なるユートピア

こうした現状で重要となるのが歴史の知識である。これには読者が考える以上に強い力がある。新自由主義では、自由市場が最終的なものであり、永久に続くと信じられてきた。そして、「自分たちの前にうまくいかなかった物事」として、過去の人類の歴史全体を書き換えようと試みた。だが、資本主義の歴史について考えてみてほしい。混沌の中で発生した数々の出来事のうち、周期的に起こるパターンの一部はどれだろう、後戻りできない変化はどれだろう、という疑問が湧いてくるに違いない。

本書の目的は、将来の枠組みを設計することだが、過去についても触れている。第1部では、危機について、そして私たちがここにたどり着いた経緯について述べる。第2部では、ポスト資本主義の新しい包括的な理論を描く。第3部では、ポスト資本主義への移行とはどんなものかを探索する。

これはユートピア的な夢だろうか。19世紀半ばにユートピアを掲げた社会主義のコミュニティは失敗した。なぜなら、経済やテクノロジー、人的資本の水準が十分発達していなかったからだ。情報技術があれば、ユートピア的社会主義のプロジェクトの大半が可能となる。例えば、協同組合や共同体、そして人間の自由の新しい定義となる「解放された行動」が突然現れて広まることなどである。

いや、ユートピアを夢見るのは、庶民の生活から切り離された世界に住むエリート層の方だ。彼らは19世紀の千年王国主義の宗派と同じようにユートピア的に見える。機動隊、汚職政治家、権力者に支配された新聞、監視国家から成る民主主義は、30年前の東ドイツのように、見せかけだけのもろいものだ。

人類の歴史をすべてひも解くと、崩壊の可能性を認めざるを得なくなる。大衆文化は崩壊に取りつかれているからだ。ゾンビ映画やパニック映画、具体的には映画『ザ・ロード』や『エリジウム』の黙示録後の荒れ果てた地を見て、私たちは崩壊で頭がいっぱいになるのだ。そうではなく、知的生物である人類が、理想的な生活や完璧な社会を、なぜ頭に描かないのだろうか。

それは、多くの人が理想の世界に決して住むことはできないだろうと夢を諦めてしまったからだ。人々はそのことに気づき始めた。私たちがそれぞれ別々の夢を数多く見るだけでは前に進まない。それ以上のことが必要だ。理由と証拠と検証可能な設計に基づいた首尾一貫したプロジェクトがなくてはならない。これは、経済の歴史の断片から学び、地球の未来という観点から取り組む持続可能なプロジェクトである。

私たちはこのやるべきことを進めていかなくてはならないのだ。

［目次──ポストキャピタリズム］

第2章 コンドラチェフの長い波、短い記憶——77

第3章 マルクスは正しかったのか——106

第4章 長く混乱した波——152

第2部　機能しない情報資本主義と無料の世界

第5章　ポスト資本主義の予言者──192

第6章

無料の機械に向けて

第7章

美しきトラブルメーカーたち

第3部 新自由主義からプロジェクト・ゼロへ

第8章 資本主義を超える経済への移行

第9章

パニックには理性的に

第10章

プロジェクト・ゼロ

本文中の〔　〕内は訳注。

第1部

資本主義の危機と歴史の循環

歴史家にとって出来事とは1つひとつ違うものだ。しかし、経済学にとって社会や自然界における現象は繰り返されるものである。

チャールズ・キンドルバーガー[1]

第1章

新自由主義の崩壊

Neoliberalism is Broken

資本主義が自滅する構造的な本質

リーマン・ブラザーズが破綻した2008年9月15日、そのニューヨーク本社の外はリムジンや衛星中継のトラック、ボディーガード、解雇された銀行員が群がり、騒然としていた。私はカメラマンに指示され、群衆をかきわけて何度も歩き、この混沌の映像が撮影された。

それから約7年経つが、世界はまだあの日の出来事から立ち直っていない。殺到する群衆の映像を観て、ふと疑問が湧いた。カメラの前に立っているこの男が、当時は知るはずもなく、今ならわかることとは一体何だろうか。

あのとき、私は景気の後退が始まっていることを知っていた。スターバックスが600店舗を閉店することになり、ちょうど米国各地を周って、その取材をしているところだった。国際金融システムが緊迫していたことも知っていた。破綻する6週間前に、主要銀行が倒産する寸前にあるとレポートしていたからだ。(1) 米国の住宅市場が崩壊していたことも知っていた。デトロイトでは8000ドルの現金払いで住宅が売られていたのを見たからだ。ほかに知っていたことと言えば、私が資本主義を嫌っているということくらいだった。

しかし、当時の資本主義が自滅しかけていたとは想像だにしなかった。

2008年に起こったリーマン・ショックの影響によって、世界の生産量は13%減少し、貿易量は20%減少した。このため、世界はマイナス成長に直面した。経済成長率が3%を下回ると景気後退とみなされることを考えると、かなり深刻な状況だ。欧米では、この不況は1929~33年に起こった大恐慌よりも長引いている。回復しようにも、今になっても活気がなく、主流派経済学者たちは、景気低迷は長期化するという予想に怯えている。

しかし、リーマン・ショック以後の不況は本当の意味での問題とは言えない。というのも、本当の問題はその後にやってくるからだ。それを理解するには、2008年のリーマン・ショックによる直接の原因のほかに、その構造的な本質を見極めておかなくてはならないだろう。

2008年に国際金融システムが崩壊したとき、直接の原因を見つけるのにそれほど時間はかからなかった。その原因とは、「ストラクチャード・インベストメント・ビークル（SIV）」と呼ばれる特別目的会社が運用したサブプライム住宅ローンを組み込んだ証券化商品、および規制を免れているオフショア企業［国境を越えた自由金融市場で、有利な条件で資金取引を行う企業］のネットワークである。一度は内部崩壊しかけたことがあり、「影の銀行システム」として知られている。(2) 訴追手続きが始まると、私たちは危機の直前まで普通に行われていたこの犯罪行為の大きさがようやくわかってきた。(3)

結局のところ、誰もが目が見えない状態で空を飛んでいるようなものなのだ。それは新自由経済の危機のモデルがないからである。たとえ、歴史の終焉《しゅうえん》とか、フラット化する地球とか、軋轢《あつれき》のない資本主義といったイデオロギー全体を信じるつもりはなかったとしても、「市場は自ら修正する」というこのシステムに対する根本的な考えを人々は信じている。新自由主義は2008年に、自身が抱える矛盾の下で崩壊した可能性があったし、ほとんどの人にとって受け入れがたいことだが、今もその可能性は残っている。

あれから7年にわたり、このシステムは安定していた。米国や英国、欧州、日本では、政府債務残高が対国内総生産（GDP）比で100％近くになるまで借金したり、世界の生産量の6分の1に相当する紙幣を増刷したりして、混乱の発生を抑えようと先手を打った。銀行を救うために、政府は不良債権を地に葬り去った。その中には回収不能となるものもあれば、政府が買い取って公的債務となるもの、中央銀行が緊急融資を行って安全に消されるものもあった。

その後、緊縮財政政策を通じて、おろかにも投資した人たちからその痛みを取り去り、生活保護の受給者や公務員、年金受給者、とりわけ将来世代にそのつけを回した。最も打撃を受けた国では、年金システムが破綻した。退職年齢が上がっているため、大学を卒業したばかりの若者は70歳まで退職できなくなるだろう。教育が民営化されつつあり、大学生は一生かけて支払わなくてはならない高額な学生ローンを背負うこともある。公共サービスが廃止され、インフラ計画は頓挫している。

だが、今になっても多くの人が、「緊縮財政」という言葉の本当の意味を理解していないようだ。緊縮財政は、英国のように政府支出の削減を7年間続けるということではなくて、ギリシャを苦しめたように社会的な悲劇すら引き起こすことがある。2012年のダボス会議で、当時、英保険会社プルデンシャルのCEOだったティージャン・ティアムは緊縮財政の本当の意味を説明している。「労働組合は若者の敵であり、最低賃金（制度）は仕事を消滅させる機械だ。労働者の権利と適正な賃金が、資本主義の復活の道を塞いでいる。これらを無くさなければならない」と、この億万長者の金融マンは平然と言い放った。(4)

本当の緊縮財政プロジェクトとはつまりこういうことだ。欧米では数十年にわたり、賃金が低下して生活水準が下がる。そして、中国やインドで中間層に上り詰めた人々と競争するようになる。

その間に代替政策が講じられず、次の危機が起こる条件が揃ってくる。日本や南欧のユーロ圏、米国、英国では、賃金は下がるか、もしくは停滞していた。(5) 影の銀行システムが再び組み立てられ、今や2008年の規模を超えつつある。(6) リーマン危機以降の銀行や家庭、企業、国家が抱える債務は、世界全体で57兆ドル増加した。これは世界のGDP増加のほぼ3倍に匹敵する。(7) 銀行にもっと準備金を保有しておくよう求めた新しいルールの効果は乏しく、対策が遅れてきた。そして、1%の富裕層はさらに裕福になった。

もし、新たな金融狂乱によって新たな破綻を招く恐れがあっても、2度目の救済策が講じられることはないだろう。政府債務残高は戦後最も大きくなり、中には福祉制度が機能不全に陥った国もある。そんな状態で、いつでも発射できるようにと、これ以上銃に弾丸を込めておくことはできない。少なくとも、2009~10年のような砲火にはもはや耐えられないだろう。2013年のキプロスへの救済は、大手銀行、あるいは国家が再び破裂したらどうなるかを見極めるための試験台だった。救済側にとって、10万ユーロと引き換えに、銀行が保有していたすべてのものを消し去ることになった。

リーマンが破綻した日からこれまで私が知り得たことを、ここで簡単に述べておこう。まず、次世代は現世代よりも貧しくなる。古い経済モデルは壊れ、経済の脆弱性が回復しなければ経済成長も回復できなくなる、ということだ。あの日、市場は、資本主義の将来はどうなるかというメッセージを私たちに送り付けた。けれど、当時の私にはそのメッセージが何を伝えようとしていたのか、部分的にしかわからなかったのだ。

常用しているもう1つのドラッグ

これからは、顔文字に注目すべきだと思う。金融マンがEメールで、笑ったり、ウィンクしたりしている顔文字を使うときは、事がうまくいっていないときだからだ。

「それは、私たちが常用しているもう1つのドラッグだ」これは、レポ105作戦を指揮していたリーマンのエグゼクティブが、Eメールで記した言葉だ。この作戦は、債務を一時的に「売り」に出し、銀行の四半期ごとの報告書を提出したら買い戻すもので、リーマンのバランスシートから債務を隠すことが目的だった。「この作戦は合法的なのか？　ほかの銀行はやっているのか？　バランスシートの穴をごまかすことにならないのか?」と訊かれたとき、別のリーマンのエグゼクティブは、「そうだね。ノーでもありイエスでもあるかな：）」と答えた。(8)

スタンダード・アンド・プアーズ（S&P）（知ったかぶりをして誤ったリスク評価をしてきた米格付機関）では、ある社員は「この砂上の楼閣がぐらつき出すまでに僕たち全員が金持ちになって、退職できるように祈ろう」というメッセージを送り、顔文字を付け足した「：O」。(9)

一方、米投資銀行ゴールドマン・サックスのロンドン支店では、トレーダーのファブリス・トーレがこんなジョークを飛ばしていた。

レバレッジがどんどん高くなって、今にもシステム全体が粉々に崩れそうだ。……生き残れるのは優秀《ファビュラス》な・ファブだけだ。……この怪物の意味をすべて理解しなくても、高いレバレッジをかけたややこしくてエキゾチックなトレードを作り上げることができた。ファブはその真っただ中にいるのだ！！！

犯罪と不正行為の事実が明らかになってさらにわかったことがある。ルールが破られていたことが、銀行員の間で内々に知られていたのだ。例えば、英銀行バークレイズの社員がロンドン銀行間取引金利（LIBOR）を不正操作していたとき、社員が同僚に「やるね、すごいじゃないか」とメールしていた。LIBORはこの地球上で最も重要な金利である。(10)

私たちは、こうしたEメール――スマイルマークやスラング、やたらに符号を使っている皮肉や不誠実なメール――の語調に注意した方が良い。組織的な自己欺瞞《じこぎまん》の現れだからだ。金融システムの心臓部は、それ自体が新自由主義の世界の心臓部であり、うまく作動していないことを彼らは知っていた。

英国の経済学者ジョン・メイナード・ケインズはかつて、金《マネー》を「現在と未来をつなぐ連環(11)」と呼んでいた。つまり、現在マネーで行っていることを見れば、将来どんな変化が訪れるかを知るためのシグナルとなる、ということだ。2008年の危機が訪れる前に私たちがマネーを使って行っていたことは、その量を大幅に増やすことだった。世界の通貨供給量は、大暴落する前の7年間で25兆ドルから70兆ドルに膨れ上がっていた。実体経済の成長と比較にならないほど急増したのだ。「この調子でマネーが増加すれば、将来、相当の金持ちになれる。これはその前兆だ」と人々が考えたのも無理はない。この危機は未来から「それは間違っている」と知らせるシグナルだったのだ。

この危機が勃発したとき、グローバル・エリートにできたことは、ルーレットのテーブルにさらにチップを置くことだけだった。カジノの出納係を自分たちでやり始めてから、量的緩和策の導入によって12兆ドルまで調整したが、問題はなかった。しばらくはより均一に賭けをしなくてはならず、無謀なことはしなかった[12]。

これは、2008年以降、実際に世界の各政府が政策として講じてきたことだ。通貨供給量を増やすことで、銀行への借入コストがゼロ、あるいはマイナスにまで下がる。実際の金利がマイナスになった場合、預金者は、国債を買うことで資金を守るしかなく、預金による収入を諦めざるを得なくなる。次に、預金者がもっとリスクの高いエリアに資金を動かすよう仕向ければ、不動産や商品、金《キン》、株式市場の回復が刺激される。これまでのところ、市場はゆっくりと回復してきた。しかし、戦略上の問題がまだ残されている。

先進国の成長が緩やかなのだ。米連邦政府の債務は17兆ドルの回復にとどまっている。増刷された数十兆分のドル、円、ポンド、今やユーロまでもがまだ循環している。欧米の家庭の借金は返済されないままだ。スペインから中国まで、投機的な不動産でゴーストタウン化した街全体が売れ残っている。ユーロ圏はおそらく、世界で最も重要で、最も脆弱な経済的構造となっている。そのユーロ圏で経済が低迷し、階級と国家との間で政治的摩擦が生じており、ばらばらに分裂することもあり得る。

未来がとんでもないほどの富者を運んでこなければ、何もかもが持続不可能となるだろう。危機から発生した経済は、それを回避できるほどの富を生み出すことはできない。私たちは戦略を練る時期にある。新自由主義モデルと、第2章で述べる資本主義自体に向けた戦略だ。

２００８年9月に、ニューヨークで起こった出来事を再生するとしよう。それまでの好景気をけん引してきた楽観主義にどれほど理性があったのか見ることができる。あの日に撮影したフィルムには、リーマン本社の外に群がった人々が、ノキアやモトローラ、ソニー・エリクソン製の携帯電話で写真を撮っている様子が映っている。今ではそれらの携帯電話はもう使われていないし、それらのブランドはもはや市場を独占してはいない。

２００７年以前の好景気をもたらしたデジタル技術の急激な進歩は、停滞時にようやく一息ついた。リーマン破綻後の数年間に、ｉＰｈｏｎｅは世界を征服し、アンドロイド系スマートフォンに抜かれた。タブレット型端末や電子書籍が飛躍的に普及した。当時は話に出てくることもあまりなかったソーシャル・ネットワーキングが、人々の暮らしの中心に据えられるようになった。リーマンの破綻時、フェイスブックの利用者は1億人だった。この本を書いている時点で、その数は13億に達しており、２００８年時の世界全体のインターネット利用者を超えた(13)。

技術的進歩はデジタルの領域だけではない。トヨタはこの7年間に、世界金融危機と巨大地震を経験したにもかかわらず、５００万台のハイブリッド車を生産した。これは経済危機前の生産量の5倍に相当する。世界の太陽光発電容量は2008年には1万5000メガワットだったが、2014年にはその10倍に達した[14]。

こうしたことから、今回の危機はこれまでの不況とはまったく異なっていることがわかる。危機と不況にありながら、新しいテクノロジーが次々と本格的に展開されているのだ。1930年代には起こらなかった現象だ。しかし、政策面では1930年代に遡った。グローバル・エリートは危機をそのまま悪化させる代わりに、1930年代に行ったように、景気対策を打ち出し、自身の経済理論を無視してまで、実体経済を守ろうとした。主要新興市場国は、世界規模で講じられた金融刺激策とともに、生活必需品の需要が高まったことで、2008年以降の数年にわたり、ぼろ儲けした。

技術的進歩による影響と合わさり、刺激策と新興市場の回復力によって、生活環境での不況は、1930年代と比べてかなり穏やかなものとなった。しかし、転換期として考えると、1930年代の転換期よりも大規模だった。この理由を理解するために、原因と結果の一連の流れを見てみよう。

経済学者は左派でも右派でも、崩壊の直接の原因は「低金利」と考えている。2001年のITバブル崩壊後、欧米諸国の決定により、銀行に対して規制緩和と信用緩和の策が講じられた。これが構造的な金融バブルを生じさせる機会を作り、ひいてはあらゆる犯罪の誘因となった。実際のところ、銀行員は政治家にこう言われていた。「金を稼ぐのが君たち銀行の仕事だ。投機取引をすればいい。銀行の富はいずれ私たちやほかの人間にも少しずつ流れてくるはずだ」と。

低金利が中心的な役割を果たすという前提で政策が講じられれば、甚大な問題を引き起こすことになる。「グローバル・インバランス（世界的な不均衡）」である。米国のような労働力の分断によって、信用で生活し、大きな赤字を抱えている国家がある一方、中国やドイツ、日本などのように輸出によって巨額の黒字を抱えている国もある。こうした不均衡の背景には、欧米諸国の一部には信用を過剰供給している実態があるのは確かだ。しかし、なぜ、不均衡が存在するのだろうか。中国の家庭が賃金の25％を貯金し、そのマネーは国際金融システムを経由して、貯金のない米国の労働者に貸し付けられている。なぜ、こんなことが起こるのか。

2000年代に、経済学者たちがお互いの解釈について議論した。「アジアの倹約家による過剰な貯蓄を責めるべきか、それとも、欧米の浪費家による過剰な借金を責めるべきか。いずれにしてもこの不均衡が存在していることは事実である。原因を深く掘り下げると、グローバリゼーションに突き当たる。主流派経済学ではグローバリゼーションに疑問の余地はない。それは私たちの目の前にある問題だ」

そして「劣悪な銀行経営に不均衡な経済成長が加わったことが崩壊の原因」という解釈にたどり着いた。「銀行を正常な状態にし、債務を減らすよう管理して世界の均衡を取り戻す。そうすれば万事うまくいく」こうして、2008年以降、この想定を指針にして政策が講じられたのだった。

だが、低成長が長期化し、今や主流派経済学者でさえ、このような自己満足の考えを改めるようになった。ビル・クリントン政権下の財務長官で、銀行の規制緩和の考案者であるローレンス・サマーズは2013年に、欧米諸国は「長期の停滞」、つまり、当面は低成長が続くと警告し、経済界を震撼させた。「残念なことに、低成長は長期化していたのだが、持続不可能な資金調達によって隠されていたために発覚できなかった」と認めた。[15] 米国の老練な経済学者ロバート・ゴードンの予測はさらに深刻で、低成長は米国でこの先25年間続き、生産性の低下、高齢化、多額の債務、不平等の高まりにつながる、というものだった。[16] 資本主義の回復の失敗による懸念の矛先は、過剰な債務による10年間の停滞というシナリオから、このシステムはダイナミズムを取り戻すことは決してない、というシナリオに向けられた。そう、絶対に取り戻すことはない、と。

この資本主義の滅亡という予感が合理的なものかを理解するために、次の4つの事柄を細かく見ていくことにしよう。初めのうちはこれらのおかげで新自由主義を繁栄できたが、やがて崩壊が始まったのだ。

1 不換紙幣。信用緩和に応じるためにあらゆるものを減速させる。先進国全体が債務で生活するようになる。
2 金融化。先進諸国では、労働者の所得の停滞を信用が補っている。
3 グローバル・インバランス、および主要各国の巨額の債務と通貨準備金に孕むリスク。
4 情報技術。あらゆることを可能にするが、今後、成長に役立つかは不確かである。

新自由主義の命運は、これら4つの事柄が持続するかどうかにかかっている。一方、長年続いてきた資本主義のこの先の命運は、これらが持続しない場合に何が起こるかにかかっている。それぞれ詳しく見ていこう。

不換紙幣——テキサス共和国への道

1837年に、テキサス共和国は、メキシコからの独立宣言後まもなくして、初めて紙幣を発行した。この紙幣は、今もテキサス州の博物館にきれいな状態で保管されている。紙幣の発行は、金準備《きんじゅんび》が不足していたための措置だった。国家はこの紙幣を保有する人に年間10％の利息を支払うことを約束した。1839年までに、1テキサスドルの価値は40米セントにまで下がった。1842年になっても、テキサス紙幣は市民に受け入れられなかったため、テキサス政府はその紙幣での税金の支払いを拒んだ。その後すぐに、人々はテキサスと米国との併合を要求するようになった。1845年に併合が実現して、テキサスドルの価値はほぼ回復した。1850年、米国はテキサス州が抱えていた1000万ドルの債務を帳消しにした。

このエピソードは「不換紙幣（fiat money）」に頼るとどうなるかを学べる事例と言える。不換紙幣とは金貨と交換される保証がない紙幣のことだ。ラテン語「fiat」は、聖書では「fiat lux」という言葉に使われており、「光あれ」という意味になる。同様に「fiat money」は、何もないところから創造されて「マネーあれ」という意味になる。テキサスには土地と牛と取引があった。だが、400万ドルの発行を保証するには不十分だったため、1000万ドルの公的債務を背負い込むことになったのだ。テキサス紙幣の価値は急落し、テキサス共和国は消滅した。

1971年8月に、米国はこうした実験を再び行うことに決めたようだ。今度は世界全体が実験台に使われた。リチャード・ニクソンは、ドルとほかのさまざまな通貨、およびドルと金の為替レートを連動させる協定を一方的に破棄した。そのときから、不換紙幣を基盤とする国際通貨体制が始まった。

1960年代後半になって、後に連邦準備制度理事会（FRB）議長となるアラン・グリーンスパンは、福祉国家主義者が国民のマネーを没収して政府支出に充てる企てだとして、金本位制の廃止を非難した[17]。しかし、その後、米国のほかのエリートたちのように、彼もこの方法によって、まず米国がほかの国のマネーを効果的に没収することができると気づいた。このとき、米政府の思うままに貨幣操作を行える機会が設定された。それが30年間続き、本書を書いている時点で、米国は世界の国に6兆ドルの債務を積み上げることになる[18]。

不換紙幣への移行こそ、新自由主義プロジェクトが次の局面に入る必要条件だった。だから、これは実は好ましくないことだと米国の右派が気づくまでに時間がかかったのだ。今になって、右派の経済学者が不換紙幣に反対して怒りの声をあげるようになった。批判する人たちはこれが景気の過熱と崩壊の究極の要因になると考えている。そして、これは部分的に正しい。

金本位制と固定相場制の廃止により、新自由主義の時代の幕開けに3つの反動をもたらした。銀行によるマネー創造の拡大が起こり、あらゆる危機は解決可能であるという前提が生まれ、投機で作り出す利益は永遠に増え続けるという考え方が広まったのである。これらは多くの人々の脳裏にしっかりと植えつけられた。そのため、物事がうまくいかないときに、まひ状態を引き起こすのだ。

「銀行がマネーを創造する」というアイデアは一部の人にとって衝撃的なニュースだったが、実はその人たちも行ってきたことだった。彼らは常に貯蓄額よりも多い金額を借りている。1971年以前のシステムでは、このようなマネー創造は法的に限度が決められていた。米国では、どんな時でも引き出しできる貯蓄として、銀行は預金100ドルに対して現金20ドルを保有することが義務づけられていた。たとえ、5人のうち1人が急いで全員分をすべて引き出したとしても足りるようにするためだ[19]。

新自由主義プロジェクトでは、設計のいずれの段階でも限度が取り除かれた。1988年に最初のバーゼル合意で、100ドルの融資に対して8ドルの準備金を必要とした。しかし、準備金と融資の比率があまりにも複雑で一桁のパーセントではバランスが取れなくなった。そのため、2004年に2回目となるバーゼル合意がなされ、ルールが変えられた。新しいルールでは、銀行の質が格付機関によって決定され、銀行は質に応じて自己資本を測らなくてはならなくなり、リスクを測定するために使用する金融工学を明らかにしなくてはならなかった。また、「市場リスク」を考慮しなければならなくなった。つまり、銀行の外の状況を考慮する必要がでてきた、というわけだ。

このバーゼルⅡが、人々を新システムのゲームに招いた。しかも、実際に招かれたのは銀行家と弁護士だった。格付機関は資産を誤って評価し、弁護士事務所は透明性に関する規制をうまく回避する複雑な手段を考え出した。市場リスクについては、2007年終わりに、米国が景気後退に陥ったにもかかわらず、何でも知っていそうな人たちの集まりであるFRBの公開市場委員会は、現状に満足しきっていた。当時、ニューヨーク連邦準備銀行総裁だったティモシー・ガイトナーはこう述べている。「顧客の消費が少し鈍い。それに、景気は雇用と投資の成長が縮小していることに反応している。この傾向の下で穏やかな成長が1年かそこら続くことになるだろう」[20]

市場リスクの完全な読み違えは、楽観主義のせいで何も見えていなかったからではなかった。おそらく経験によるものだろう。景気の低迷に直面すると、FRBはいつも政策金利を引き下げ、減少した資産に対して銀行がもっと融資できるようにする。これが新自由主義の2番目の反動となる「あらゆる危機は解決可能である」という前提に相当する。

1987〜2000年に、グリーンスパンのリーダーシップの下、FRBは景気が下降する度に利下げした。そのため、一方的な賭けの投資を招いた。FRBは常に株式市場の暴落に対応するだろうという期待があったからだ。しかし、影響はそれだけではなかった。徐々に株式を保有するリスクを減らしたのだ[21]。株の価格は、理論上は今後の会社の利益率に応じて予想されるものだが、今後のFRBの政策に応じて予想されることがますます多くなった。米国の上位500社の株価収益率（年間利益）は、1870年以降、10倍から25倍に蛇行しながら上昇してきたが、今や35倍から45倍のピークに達している[22]。

もし、マネーが「現在と未来をつなぐ連環」だとしたら、史上経験したことのないバラ色の時代を予感させる兆候が2000年までに出ていただろう。2001年のITバブル崩壊の引き金となったのは、グリーンスパンが利上げを決定したことだった。それは、「根拠なき熱狂」と彼が呼んだ事態を抑制することが目的だった。けれど、2001年に米同時多発テロとエンロンの破綻が続いた上に、一時的な景気後退が始まったため、金利が再び引き下げられた。それは、あまりにも行き過ぎた政策だった。イラクとアフガニスタンと同時に戦争していたときや、スキャンダルに次ぐスキャンダルで企業システムが停止することが確実だったときの根拠なき熱狂では問題はなかったらしい。

この場合のFRBの行動は明白な約束を後ろ盾にしている。その約束とは、政府は長引く景気低迷やデフレーションを放任せずに紙幣を増刷する、ということだった。「米政府には『印刷機』と呼ばれるテクノロジーがある。紙幣制度の下、決断力のある政府というものは常に支出を増やし、望ましいインフレを生み出すものだ」と2002年当時のFRBのメンバーだったベン・バーナンキは発言している。(23)

金融状態が好調で予測可能なときは、銀行の利益そのものが常に高くなりつつある。銀行業は、競合他社や顧客、取引先などからの金儲けに集中するようになり、あの手この手を使った戦術ゲームと化す。これが、新自由主義の3つ目の反動に相当する「マネーだけでマネーを創り出すことができるという勘違い」が広まる原因になる。

米当局は、銀行が手元に置く必要のある自己資本の比率を減らしたが、1930年代に制定されたグラス＝スティーガル法の下、貸し出しする商業銀行と投資銀行との間の仕切りを維持してきた。しかし、1990年代終わりまでに、合併や買収部門の急増で、投資銀行の分野がグローバル化したため、形ばかりのルールとなった。1999年に、このグラス＝スティーガル法を廃止して銀行業システムを開放し、魅力的で不透明なオフショア金融を熟知している投資家たちの注目を得ようと提案したのは、財務長官のローレンス・サマーズだった。

そして、「FRBは常に私たちを救ってくれる。株は危険なものではないし、銀行は低リスクビジネスから高い利益を生み出してくれる」という未来からの誤ったシグナルが次々と発信され、不換紙幣制度が危機をもたらす一因となった。

結局、量的緩和策よりもましな政策が、危機前から危機以後まで講じられることはなかった。この悪徳行為を前にして躊躇《ちゅうちょ》していたバーナンキだったが、2009年に、英国の中央銀行に相当するイングランド銀行の総裁マーヴィン・キングと協力して「印刷機」を回し始めた。2008年11月には、中国がすでに紙幣を増刷していた。国営銀行から企業に、より直接的な方法で「柔軟な」銀行ローン（例えば、返済を誰も期待していないローン）を実行していた。FRBは、その後の4年間で4兆ドルを増刷することになる。国が支援したモーゲージ（住宅ローン）の貸手の債務、国債、そしてモーゲージ債務を買い上げ、その額は1カ月に800億ドルに上った。これらが合わさった影響は、株価を押し上げ、住宅価格を回復させることで、経済全体にマネーを勢いよく流し込むことだった。つまり、初めて、すでに裕福な人たちの懐にさらにマネーを流し込むことになった。

日本が紙幣増刷による解決策を講じた最初の国だった。1990年に国内で住宅バブルがはじけた後にこの策を用いたのだ。経済が低迷していた2012年にも、安倍晋三首相はこれを再び実行せざるを得なかった。欧州では、ユーロの価値低下を阻止するために考え出されたルールによって、紙幣増刷は禁止されていた。しかし、デフレと景気低迷が続いたため、2015年についに1・6兆ユーロの増量を約束した。

世界で増量された通貨の総額を計算してみると、ECBが約束した分を含めて、およそ12兆ドルとなる。これは世界のGDPの6分の1に相当する額だ。[24]

不況が回避されて、この策は奏功した。だが、これは病気を病気で治療するようなもので、低金利がもたらした危機から立ち直るために低金利を使ったのだ。

次に何が起こるかは、実際のマネーのあり方についてあなたがどう考えるかで左右される。不換紙幣の反対者は災いを予感している。現に、紙幣制度を批判する本は、銀行を批判する本と同様によく読まれている。真の経済財の量は限られているが、マネーの量は無限である。この議論を進めていくと、あらゆる紙幣制度は、結局のところ19世紀のテキサス共和国の道に行き着く。2008年の金融危機は、単なる地震の前震だったと言えるだろう。

こうした反対者の解決策は、主に千年王国説といった理想的世界の到来を期待するようなものだ。JPモルガンの元マネージャー、デトレフ・シュリックターは、「富の歴史的なバランスに変化が見られる。銀行口座であれ年金基金であれ、金融資産を保有する者から、とりわけ金《キン》などの真の資産を保有する者へと富が移動するだろう」と書いている。そして、「崩壊から抜けだす策は、新たな金本位制とともに、すべての融資が銀行の現金によって裏づけされている『100%の準備金を備える銀行制度』になるだろう」と予言する。これが実現するには、世界の金の価値が、世界の富と等しくなるように高まる必要があるため、金の価格の偶発的な高騰が必要となる（これは、ビットコインの動きの背景にある理論的解釈と似ている。ビットコインとは、デジタル通貨を創る試みで、どの国からも裏づけされず、しかもデジタル硬貨の数に限度がない）。

解決策として考えられた「本物」のマネーによるこの新世界は、膨大な経済的コストに見舞われるだろう。実行される融資と同じ額を銀行が準備しなければならないとすると、信用による経済の拡大が期待できなくなったり、デリバティブ市場の空間が狭くなったりすることがあり得る。デリバティブ市場は、平常時の複雑な性質によって、干ばつ、穀物の不作、欠陥自動車のリコールなどの問題に対して回復力を支える役割がある。銀行が預金の100%に匹敵する準備金を保有する世界では、景気循環は停止と前進を繰り返し、失業率が高くなるに違いない。それに、デフレスパイラルに陥るということは簡単な計算でわかる。「通貨供給量の変化がなくて生産性が向上する経済では……物価が下がる傾向がある」とシュリックターは述べる[25]。

いかにも右派のマネー原理主義者が気に入りそうな選択肢だ。彼らが恐れているのは、不換紙幣制度を存続させるために、国家が銀行を国有化して債務を帳消しにし、金融システムを掌握して自由企業の精神を永遠に消滅させることだからだ。

確かに、この可能性はあるかもしれない。しかし、根本的な欠陥がある。貨幣の本当の正体を理解していないのだ。

世に知られている経済学では、マネー、つまり貨幣は財やサービスを交換する便利な手段で、それは両手1杯のジャガイモと1枚のアライグマの毛皮を交換していた有史初期の社会で発明されたとされている。だが、実は人類学者のデイビッド・グレイバーが述べたように、初期の社会で物々交換が行われていたことや、物々交換から貨幣が登場したという証拠はないという。[26]初期の人類は貨幣よりももっと強力なものを使っていた。それは「信頼」だ。

マネーは国家が創り出すものであって、いつの時代もそうだった。政府が関わっていないところに存在するものではない。マネーはいつの時代でも政府による「支払いの約束」である。マネーの価値は、金属にもともと備わっている値打ちに頼るものではなく、国家が永続する上で、人々の信頼を測る「ものさし」なのだ。

テキサス共和国の不換紙幣の価値が下がったのは、人々が国家の永続を疑ったからだ。スペイン植民地時代の入植者でさえ、永続するとは考えていなかったから、それは、やむを得ないことだろう。けれど、もし、国家が永遠に存続すると人々が考えていたら、不換紙幣はうまく機能していたかもしれない。というのも、テキサスが米国に併合されることになると人々が知ったとたんに、テキサスドルの価値は回復したからだ。

このからくりを理解したことで、新自由主義の問題の本質がはっきりと見えてきたのではないだろうか。問題は、「経済の実体に対して、私たちはあまりにも多くの紙幣を増刷しすぎてしまった」ということではない。認める人はほとんどいないだろうが、「自分の国がずっと存続すると誰も信じていない」ということが問題なのだ。システム全体が、マネーを発行する国家への信頼に依存しているのだ。現代のグローバル経済では、1つの国家に対する信頼に依存しているわけではなくて、多面的なシステムに対する信頼に依存している。債務や支払いの仕組み、正式ではない固定相場、ユーロなどの正式な通貨連合があるシステムだ。そして、国家によって蓄財された外国為替の巨額の準備金が、システムが崩壊した場合に備える保険となる。

この多面的なシステムの崩壊の可能性がどの程度あるかはわからないが、それが起こったときに不換紙幣の本当の問題が現れる。しかも、それが起こるのは未来だ。今のところ、私たちがわかっていることは、不換紙幣は、自由市場経済と合わさると、景気の過熱と崩壊の循環を生み出す機械になることだ。誰にも監視されずにそのままこの制度が進行すれば、ほかの不安定要素を考慮する前に、世界経済は長期にわたる景気低迷に陥ることになるだろう。

金融化――所得の停滞を借金で補う仕組み

産業の衰退によって荒廃した英国の街を回ってみると、どの街並みも同じように見える。給料を担保にして金を貸すペイデイローンの店や質屋、家財道具を高い金利の分割払いで売る店などが並んでいる。質屋の隣に、貧困に見舞われた街には欠かせないもう1つの金鉱である口入れ屋が目に入るだろう。窓からその中を覗いてみると最低賃金の求人広告が見える。それらが求めているのは最低賃金レベルの技能を超えた人材で、印刷業者、夜勤看護師、配送センターの従業員などだ。以前ならほどほどの給与がもらえた仕事だが、今では法で定められた額ぐらいしかもらえない。別の場所では、照明の届かない暗闇の中で、ゴミをあさっている人たちとすれ違う。食事を無料で供給するフードバンクが教会や慈善団体によって運営されている。市民相談協会は借金で破産した人にアドバイスをするのが主な仕事になった。

本物のビジネスがこうした街路を中心に繁盛していたのはほんの一世代前のことだ。1970年代、英国北西部にある私の故郷の町リーでは、土曜日の朝になると暮らし向きの良い労働者階級の家族が中心街に群がっていた。正規雇用の仕事を持ち、高い賃金を稼ぎ、高い生産性を生み出していた。街角には銀行が軒を連ねていた。ここは仕事と貯蓄とすばらしい社会的連帯感から成る世界だったのだ。

その連帯感がたたきつぶされ、賃金カットを強いられ、町の社会的構造が破壊された。自由市場のシステムを築くために、その地が一掃されたのが始まりだった。その結果は、最初の10年間に、犯罪、失業、町の衰退、市民の健康状態の著しい悪化という形で現れた。

そして、金融化が始まったのだ。

高金利の販売店、安い労働力、無料の食事——今日の町の景色は、新自由主義が何を達成したかを物語っている。所得の停滞は借金で補う仕組みになった。つまり、私たちの生活が金融化された。

「金融化」は英語では「financialization」となる。長い単語なので、できればもっと短い単語を使いたいところだが、この言葉は新自由主義プロジェクトの核心を突いていて、理解を深めるために必要な言葉だ。経済学者は１９８０年代に始まった次の４つの変化を説明するために「金融化」という言葉を使った。

1　企業は、銀行から離れ、事業拡大に資金を供給する開放された金融市場に乗り換えた。

2　銀行は、顧客を収益の新たな源泉として見るようになり、投資銀行業務と呼ばれる一連の高リスクで複雑な業務に目を向けた。

3　顧客が金融市場に直接関わるようになった。クレジットカードや当座貸越、モーゲージ、学生ローン、自動車ローンが日常生活で当たり前のように利用されるようになった。今日では、経済における利益の割合が増加する要因は、従業員の雇用や給料で購入される財やサービスの供給ではなく、彼らに金を貸すことである。

4　現在、あらゆる単純な形の金融が、複雑な金融に市場を生み出し、それが鎖のようにつながっている。住宅の購入者や自動車の所有者が、このシステムのどこかで財務収益を生み出しているということだ。携帯電話の契約、ジムの会員、住宅のエネルギーなど、あなたが定期的に支払っているあらゆるものが、金融商品に組み合わされ、投資家の安定した利息収入を生み出している。その投資はあなたが商品を買うと決めるずっと以前に行われている。これは、会ったこともない人が、あなたがその支払いをするかどうかに賭けをするようなものだ。

このシステムは、低賃金や生産的な投資の低調を維持するために特別に設計されたわけではない。新自由主義の政治家は、高い価値のある仕事や高い生産性を推し進めようと、しきりに訴えている。しかし、結果から判断すると、金融化と低賃金の関係は、不安的な仕事とフードバンクのそれと似ている。この2つは相性が良いのだ。

米国の製造業の従業員の実質賃金は、政府の発表によると、1973年以降上昇していない。同期間に米国経済の債務の額は2倍に増え、対GDP比300%増となる。一方、米国で金融と保険と不動産業界の対GDP比は15~24%増加している。この数値は、製造業を上回っていて、サービス部門の規模に近い。[27]

金融化は企業と銀行との関係も変えた。1980年代から、短期の四半期利益の数値が脅しとなり、古い企業のビジネスモデルを抹殺したことがあった。というのも、利益があまりにも小さい企業は、仕事を海外に移転させるか、あるいは合併するか、生き残りをかけた独占的戦略を試みるか、さまざまな外注部門に事業を振り分けるかの選択を余儀なくされたからだ。そして、その選択肢には冷酷な賃金カットも含まれる。

新自由主義の中心に据えられた物語では、どうやら賃金が上がらなくても、誰もが消費者のライフスタイルを謳歌できるらしい。借金することができて、しかも、決して破産しない。家を買うために借金をしても、家の価値が上がるからだ。常にインフレ状態だ。だから、自動車の購入にローンを組むと、次に新しい車が必要になるころには、残債額は目減りする。よって、さらに借金する余地がたっぷりあるのだ。

金融システムのアクセスが広がり、誰もが満足していた。米国の急進派の政治家は、住宅ローンを組んで住宅を手に入れる貧困層や黒人系、ヒスパニック系の家庭が増加することを指摘した。銀行と金融機関は、余裕のない人に債権を売って金持ちになった。その上、富の周りで成長する膨大な数のサービス産業を生み出した。例えば、花屋、ヨガインストラクター、ヨット造船会社などだ。そして、21世紀の富裕層に、英TVドラマ『ダウントン・アビー』を模した暮らしを提供した。一般の人々も満足していた。「低金利をひっくり返そうとする人なんているのか」といった具合だった。

しかし、金融化は特有の問題を生み、それが金融危機の引き金となったが、金融化が解決することはなかった。

紙幣には限度がないが、賃金は本物だ。マネーはいくらでも創れるが、もし、労働者への割り当てが減らされ、労働者のモーゲージとクレジットカードから利益の増加分が生み出されているとすれば、最終的には壁にぶち当たることになるだろう。経済的ストレスがかかった顧客に融資することで得た金融収益が拡大すると、ある時点で破滅し、その破片が跳ね返ってくる。米国のサブプライムモーゲージのバブル崩壊はまさにこうして起きたのだ。

米国のモーゲージの貸付は2001年には年間2・2兆ドルだったのが、2006年には年間3兆ドル弱に跳ね上がった。かなり大きいが、法外な数字ではない。しかし、サブプライムの貸付、つまり、貧困者に高利率で貸した額は、１６００億ドルから６０００億ドルにまで増加した。「変動金利のモーゲージ」（この場合、最初は金利が安いが時間が経つにつれて高くなる住宅ローン）は、どこからともなく現れ、景気過熱期後半の3年間に実行されたローンのうちの48％を占めていた。このような危険で複雑で失敗する運命にある借金のための市場は、投資銀行が初めて編み出したものだった。[28]

これは金融化に本来備わっているもう1つの問題を浮き彫りにしている。それは融資と貯蓄との関連を断ち切ることだ。[29] 通常、銀行は貸し出す元手になる資金量よりも保有する資金量の方を少なくしている。前述したように、金融規制緩和によって、銀行は準備金を減らし、このシステムで動くように奨励されたからだ。この新しいプロセスでは、利息の流れがより複雑な商品にパッケージ化され、投資家に分配された。そして、普通銀行は短期金融市場で通常の業務を行うことを余儀なくされた。

これは銀行家の心理に致命的な転換を引き起こした。そもそも普通銀行の貸付は長期にわたるので（25年モーゲージ、あるいは決して完済されないクレジットカードなど）、短期の借入とはかなり違っている。このため、金融化は、あらゆる信用詐欺とミスプライス（価格の誤り）のほかに、銀行業務の中に構造的な傾向を作り上げた。それは、流動性（現金）の切迫した危機に向かう傾向であり、これがリーマン・ブラザーズを倒産させた原因だった。

金融化社会では、銀行の危機の際に、大衆が自分の資金を引き出して逃げるという現象は通常は起きない。なぜなら、最初からそれほど保有していないからだ。銀行は銀行（ほかの銀行）に資金を保有している。2008年に見たように、そのほとんどが紙くず同然だった。

ここで説明したことは、金融化を食い止めることで解決できる問題だ。金融化を続ければ、時間とともに、金融システム上のマネーがますます架空のものとなり、金融機関がますます短期借入に頼るようになる。

しかし、このシステムを廃止しようとする政治家や監視機関がいないのだ。彼らは協力してこのシステムを元に戻し、12兆ドルで流通量を増やしたが、それは跡形もなく消えてしまった。そしてまた、それを繰り返そうとしている。これは、景気の過熱と崩壊の循環を引き起こす条件と同じで、万一、著しい成長が起これば、再び危機を引き起こす可能性がある。

歴史学者のフェルナン・ブローデルは、あらゆる経済超大国の衰退は、金融に目を向けたときから始まる、と主張した。17世紀の交易帝国だったオランダの没落を調査して、彼はこうまとめた。「いずれの資本主義的発展も、金融資本主義の段階に到達すると、ある意味で成熟が示唆される。つまり秋の気配が感じられる[30]」

「金融の秋」理論の支持者たちは、中世末期の金融中心地だったジェノバ共和国、次にオランダ、そして大英帝国の終焉を迎えようとしていたロンドンでも、そのパターンが見られると言う。これらの例はどれも、支配的な権力が世界のリーダーとなっている。新自由主義の下では、この逆のことが起こってきた。米国をはじめ西側諸国は概して「貸し手」ではなく、「借り手」になっている。これは長期的パターンの中断なのだ。

したがって、賃金も上がらない。過去５００年にわたり、巨大金融帝国は不平等な取引や奴隷制度、高利貸しによって利益を生み出していた。国内ではそれなりの生活が送れるよう資金を融通することに慣れていた。新自由主義の下では、米国は、国民を貧乏にすることで、利益を増やしたのだ。

金融が日常生活に入り込んだことで、私たちは機械の前で毎日朝9時から夕方5時まで働く奴隷ではなく、利息の支払いをするための奴隷となった。職場で働いて、上司のために利益を生み出しているだけではなく、借入をして金融仲介業者の利益も生み出しているというわけだ。例えば、公的支援を受けているシングルマザーが仕方なくペイデイローンを利用したり、家庭用品をクレジットカードで買ったりしている場合、安定した仕事を持つ自動車産業の労働者よりも、資本に対して相当高い利益率を生み出していることになる。

消費するだけで、誰もが金融収益を生むことができれば、そして最貧困層が最も金融収益を作り出すことになれば、労働に対する資本主義の考え方が大きく変化する。この点に関しては第2部で見てみよう。ここまでを要約すると、金融化と新自由主義とは切っても切れない関係がある。金融化は不換紙幣のように崩壊をもたらす。しかし、このシステムには欠かせない手段なのである。

グローバル・インバランス――持続不可能な歪み

新自由主義によって必然的に引き起こされるのが、取引や貯蓄、投資における「グローバル・インバランス」だ。組織労働者をつぶしたり、製造業の大部分を国外に移転させたり、クレジット払いの増加が消費を活発化させている国では、その結果として、貿易赤字や巨額の財政赤字、金融部門の不安定な性質に常に悩まされることになる。新自由主義の指導者は、アングロサクソン型に従うべきだ、とせきたてるが、実際のところ、このシステムはそれに従っていない、いくつかの主要国に依存している。

アジアの国々は、ほかの地域の国との貿易で黒字を出している。ドイツの貿易は、ほかの欧州諸国に対して黒字となっている。石油輸出国の貿易額は、無慈悲にもほかの人々の借金を積み上げたものだ。そして、これらは例外的なケースではない。米国や英国、南欧で資力を超えた借金が可能なことで、こうした黒字が生じているのだ。

言い換えれば、新自由主義が存在する唯一の理由が、いくつかの主要国がアングロサクソン型に従っていないためだということを最初から理解する必要がある。ドイツと中国と日本は、批評家が「新重商主義」と呼ぶものを追求している。新重商主義とは、取引や投資や通貨ポジションを操作し、ほかの国の現金を多く集めることだ。こうした黒字国はかつて経済的脱落国と言われてきた。しかし、経済危機以後、ほかにはるかに勝る数少ない経済国となった。ドイツがギリシャに厳しい財政緊縮を命令したことは、ギリシャ人にとって屈辱でしかなかった。新自由主義が機能停止になると、第2次世界大戦時にアクロポリスにナチスの旗が掲げられたのを目の当たりにしたギリシャ人たちに、今度は、生産者であり、輸出国であり、貸し手でもあるドイツの力を見せつけたのだ。

グローバル・インバランスがどの程度かを測るものさしが、財やサービス、投資の輸入と輸出の差額から算出する経常収支だ。1990年代を通して、世界の経常収支の不均衡は徐々に大きくなり、2000年になると急激に拡大した。2000年には世界の対GDP比で1％だったのが、2006年には3％に上った。赤字国は主に、米国と欧州諸国の大半で、一方、黒字国は中国と日本、ほかのアジア諸国、ドイツ、それに石油生産国だった。[31]

なぜ、これを問題視しているのか。それは、グローバル・インバランスが、持続不可能な債務で米国と英国と欧州の金融システムに負荷をかけたことで、2008年の金融危機を引き起こす原因を作り出したからだ。ギリシャは輸出を増やして危機から脱出する手立てがなかった。だからギリシャのような国は、緊縮財政という死のスパイラルに直面せざるを得なくなった。そして、新自由主義国のほとんどが、支払えないほどの莫大な政府債務を抱えることになった。

2008年の危機のすぐ後に、経常収支の不均衡は、世界の対GDP比で3％から1・5％へと下降した。IMFの最新の予測によると、再び急上昇する危険は見られないが、状況は厳しい。というのも、中国は以前の成長率に戻っていないし、米国も借入や支出の割合が以前に戻っていないからだ。経済学者のフローレンス・ピサニとアントン・ブレンダーはこう言った。「グローバル・インバランスが大きくなるのを最後に止めることができるのは、グローバル金融の崩壊だ」と。[32]

2008年以後、経常収支の赤字が縮小したことで、不均衡によって脅かされていた危機は終わった、と話す経済学者もいた。[33]しかし、こうしているうちに世界の不均衡を測るもう1つのものさし

――黒字国がほかの国の通貨で保有する資産「外貨準備高」――が増加している。

中国の経済成長率は7％に低下し、西側諸国との貿易黒字は減少したが、外貨準備高は2008年以降倍増し、2014年半ばには4兆ドルに達した。(34) 世界の外貨準備高も同様に8兆ドルから、2014年終わりには12兆ドルに増加した。(35)

グローバル・インバランスは必ず2つの危険をもたらす。1つは、欧米諸国を膨大な信用によって氾濫させ、金融システムを破壊する。これが実際に起こった。そしてもう1つはもっと戦略的で、世界の鬱積《うっせき》したリスクと不安が、債務や為替レートをめぐる国家間の協定というプールに溜《た》まり、最後に決壊する。この危険は今もなお存在する。

米国が赤字の穴を埋め続けることができなければ、いつかドルは破綻するだろう。これは1つの見方だが、破綻の可能性は十分ある。やはり、中国と米国の相互依存と、規模は小さいがドイツとほかの欧州諸国との相互依存が、決して引いてはいけない引き金であることは確かだ。

2008年以降に起こった出来事はすべて、黒字国が外貨準備高を増やすことで、米国の破綻に備えるために大きな保険をかけていると見た方が良い。

世界が経済力だけで創られているのなら、こうした結果になってもおそらく問題ないだろう。赤字国の成長が低かったり、あるいは停滞したりすることで、ドルに対する中国の人民元（RMB）の価値がゆっくりと上昇し、インフレによって米国の赤字がゆっくりと消えていく。そして、米国の貿易赤字はより小さくなる。なぜなら、国内の原油生産の増加を可能にしたフラッキング（水圧破砕法）によって、海外の原油への依存が減っているからだ。

しかし、世界を創り上げているのは階層や宗教や国家だ。欧州の数カ国で2014年に行われた選挙では、グローバルシステムの崩壊を約束した政党が25%以上の票を集めた。デンマークやフランス、ギリシャ、英国で起こった現象だ。私がこの本を書いている2015年に、ギリシャで極左政党が勝利したことで、ユーロ圏の団結力が疑われるようになった。その上、ウクライナをめぐる外交的危機によって、グローバリゼーションが始まって以来初めて、西側諸国がロシアに対して深刻な貿易・経済制裁を行った。中東では、パキスタンのイスラマバードからトルコのイスタンブールまで戦火に見舞われている。一方、中国と日本との軍事対立の緊張が1945年以降で最も高まっており、通貨戦争の高まりがそれをあおっている。

こうした事柄すべてを終わらせるために必要なことは、1カ国または複数の国が、保護貿易主義や通貨操作、債務不履行という手段を使って「出口に向かう」ことしかないのかもしれない。最も重要な国である米国は今、共和党がこの3つの手段すべてを行うと大げさに表明していることから、これらが実行される可能性は高い。

グローバル・インバランスは、グローバリゼーションの本質にとって不可欠なものだった。そして、金融崩壊によってのみ後退した。

この意味を説明してみよう。現在のグローバリゼーションには設計上の欠陥がある。その欠陥とは、高成長を生み出す際に、持続不可能な歪《ゆが》みを悪化させることでのみ、成長できる仕組みになっていることだ。しかも、その歪みを修正するのは金融危機である。よって、この歪み、つまりグローバル・インバランスを縮小させるために、私たちはこうした形の新自由主義の成長を抑制しなくてはならないのだ。

情報技術革命――情報経済は市場経済と共存できない

ここまではマイナスの要素について説明してきたが、技術革命というプラスの要素についても述べたいと思う。技術革命は新自由主義によって生み出され、経済危機にもかかわらず、その勢いが止まることはなかった。哲学者のルチアーノ・フロリディは、「情報社会は、史上で最も成長した技術によってもたらされた。これまで、社会変化と倫理的責任に対応しつつ、技術力の現実を超えたこのような驚異的な速さで技術進歩を遂げた世代はなかった」と書いている[36]。

技術革命は、計算能力の拡大によって複雑な国際金融システムの実現を可能にした。デジタルシステムが、現金の必要性に取って代わり、通貨供給量の増加を下支えした。また、労働賃金が安い新興市場に、生産と供給の物理的な再分配を可能にした。技術労働者の熟練度を下げ、半熟練労働者という労働力を過剰に生み出し、未熟練のサービス業務の増加を加速させた。

しかし、フロリディが書いているように、「情報技術は、私たちの時代を象徴する技術になった」が、新たに技術が出現すると、旧技術が突然姿を消すという特徴がある。例えば、大型汎用コンピュータが登場したと思ったら、サーバーに取って代わられて姿を消した。サーバーも会社本社から消え、今やどこでもエアコン付きの巨大な格納庫に納められている。シリコンチップはますます小さくなった。かつて職場に散らかっていた付属物のモデム、ハードドライブ、フロッピーディスクは、小型化し、減少し、やがて姿を消した。専用のソフトウェアは、企業のIT部門によって作成されていたが、価格が10分の1の既製のものになった。まもなくしてIT部門も無くなり、インド、ムンバイのコールセンターが取って代わった。パソコンはノート型パソコンになった。ノート型パソコンは小型化し、より性能が良くなった。しかし、スマートフォンとタブレット型コンピュータにその座を奪われた。

最初の頃は、こうした新しいテクノロジーは資本主義の古い構造と関連づけられた。現に、1990年代、IT業界では、最も高価なソフトウェアである統合業務パッケージ（ERP）は、工業製品のように作られるものだと言われていた。生産ラインがコンピュータ化されるまでは、革新とは、古いものを取り払い、新しいものをもう一度最初から組み立てるということだった。

2004年ごろを過ぎて、インターネットとモバイルデータの進歩で、新しいビジネスモデルが可能になる。それが「Web2・0」と呼ばれるものだ。また、多くの人々にこれまでなかった行動が見られるようになった。例えば、プラスチック製のカードで支払う、自分の私生活をすべてオンライン上に掲載する、利息1000％のペイデイローンをオンラインで利用する、といったことが普通に行われるようになった。

最初は、人が新たなテクノロジーに興奮気味に飛びつくのは、自由市場を経験して受けた痛みを正当化しているのだと受け取られた。フェイスブックを手に入れるためには、英国の鉱夫が仕事を失わなければならなかった、とか、誰もが第3世代(3G)携帯電話を持つようになるには電気通信事業が民営化される必要があったといったように、暗黙のうちに理由づけされたのだ。

しかし、結局のところ、これは人間にとって不可欠な変化だった。新自由主義の最も重要な構成要素は、労働者や消費者を1人ひとりの人間として個別化したことだった。人々は毎朝「人間資本」としての新しい自分を作り出し、お互いに激しく競争し合った。これは、ネットワーク技術がなければ不可能なことだったに違いない。社会学者のミシェル・フーコーが、テクノロジーが人にもたらすこと――自己を企業家にする――を予言したが、それがまだ実現するとは考えられなかったのは、当時はインターネットに似た技術がグリーンスクリーン・ネットワーク(フランスが所有したミニテルと呼ばれる端末)しかなかったからだ(37)。

新たなテクノロジーに期待されていたことは、情報経済と知識社会の誕生だった。確かに情報経済と知識社会は生まれたが、心に描いていた形ではなかった。映画『2001年宇宙の旅』の暗黒郷《ディストピア》では、コンピュータ「ハル」は悪党だった。テクノロジーは反逆者だったのだ。実際、ネットワークによって、人間は「反逆者」になった。

まず、ネットワークによって、人は産業資本主義の時代に形成された活動分野とは別に知識を生み出して消費できるようなった。このため、私たちはニュースと音楽の業界でまず崩壊が起こったことに気づき、政治的プロパガンダとイデオロギーを独占してきた国家体制が突然失われたことを知った。

次に、資産と私生活についてこれまでの概念が崩れ始めた。米国家安全保障局（ＮＳＡ）により収集された大量の監視データをめぐるウィキリークスやそれについての論争は、誰が情報を所有し、蓄積するかをめぐる戦争の新たな局面に過ぎない。こうした中で最も大きな影響が今になってようやく理解されるようになった。

「ネットワークの影響」は、今から100年前に、ベル電話会社のゼネラルマネージャーだったセオドア・ヴェールが初めて理論化した。ヴェールは、ネットワークによって何か特別なものを無料で創造できることを理解した。電話の利用者にとっては有用性を、所有者にとっては収入をもたらす。それに加えて、ネットワークに参加する人が多ければ多いほど、すべての人が使いやすくなる、ということに気づいた。

しかし、ヴェールが最後に気づいたことが確かかどうかを測定し、把握するのは困難だった。1980年、ネットワークの構成要素であるイーサネットスイッチを発明したロバート・メトカーフは、「ネットワークの価値は金《カネ》を出した利用者の数」で決まると言った。ネットワークの構築コストは一直線に上昇していた一方、ネットワークの価値は幾何級数的な上昇カーブを描いている。[38] 直線とカーブとの違いをすべて把握することが、知識経済でビジネスを行うための術だと暗に言えるだろう。

では、その価値をどうやって測ればよいのか。節約によって、あるいは稼いだ収入によって生じた利益で測ればよいのだろうか。2013年、ＯＥＣＤのエコノミストたちは、従来からある市場の測定基準によって把握することはできないという意見で一致した。「インターネットによる市場取引と付加価値への影響は多大であることは間違いない。非市場取引への影響はさらにもっと大きいだろう」と彼らは記した。[39]

エコノミストは非市場取引を無視しがちだ。当然のことながら、非経済の重要度はスターバックスの列に並ぶ顧客同士で微笑むのと同じ程度だと考える。ネットワークの効果について、その恩恵はより低い価格に定量化され、生産者と消費者の間で分配される、と彼らは考えた。しかし、30年も経たないうちに、ネットワークテクノロジーは市場を超えて、協働と生産の可能性にまで経済生活全体の領域を広げた。

2008年9月15日、ノキアとモトローラの社員がスターバックスの店内で、道路の向かい側にあるリーマン・ブラザーズの本社の方を見て、それから無料のWi-Fi信号に視線を移した。彼らにとって、これはリーマン・ブラザーズの破綻と同じほど重要なことだった。**情報経済は市場経済と共存できるものではない。**あるいは少なくとも市場原理に支配されたり、規制されたりするものではない、という、未来から現在への究極の市場シグナルを伝えていたのだ。

これが、新自由主義の崩壊と分断化とゾンビ国家をもたらした根本的な原因であることは、後で述べることにしよう。資本主義（市場や資産、所有、交換に基づいたシステム）は新しいテクノロジーによって生まれた「価値」を把握できない可能性がある。だから、この25年間に創造されたマネーと、構築された金融の速力や勢いに反発することもあり得る。つまり、情報商品が市場メカニズムとの根本的な対立構造が生じていると示す証拠がますます増えているのだ。

ゾンビシステム

資本主義の崩壊を免れるための回避ルートを想像してみよう。今後10年間に、中央銀行は秩序正しい方法で量的緩和策から手を引く。紙幣増刷という方法を用いて政府債務を帳消しにすることを控える。10年間抑制されてきた民間市場での国債の取引を回復させる。各国政府は金融への過熱を永久的に抑えることに同意する。今後発生するあらゆるバブル対策で金利を上げることを約束する。今後一切、銀行救済への暗黙の保証はないとする。これで、信用と株式、デリバティブの市場はすべて、金融資本主義の高まるリスクを反映し、正されるだろう。資本は生産力のある投資に再配分され、投機的融資からは遠のくことになる。

最終的には、ＩＭＦによる管理の下、新たな国際通貨に対して為替レートを固定する制度に戻らなくてはならないだろう。中国のＲＭＢは、ドルのような取引可能な準備通貨になる。こうして不換紙幣によって突きつけられた組織的な脅威――グローバリゼーションの崩壊による危険から生じる信頼性の欠如――に対処する。そして、価格がグローバル・インバランスを永久的に終わらせる。というのも、黒字国の通貨の価値が上昇し、中国やインドなどの国は、安い労働力という有利な点を諦めなくてはならなくなるからだ。

同時に、金融化は後退するはずだ。先進国で高賃金の雇用を創出するために金融化を支持する銀行や政治家から、国内で産業を活発化させる政策、および国外から欧米諸国にサービス業務を戻す政策を支持する人たちに、政治的権力を移行させる必要がある。そうなれば、金融の複雑さが減り、賃金が上昇し、金融部門の対GDP比が減少し、信用への私たちの依存も減少するだろう。

グローバル・エリートの中で最も先見の明がある者ならわかっているはずだ。不換紙幣の安定化、金融化からの後退、不均衡の終結が、資本主義の崩壊を免れる唯一の道だということを。けれど、そこには巨大な社会的・政治的障害が待ち受けている。

最初の障害は、賃金の増加と金融の規制に対する富裕層の反対だ。つまりその逆のことを望んでいるというわけだ。次は、国レベルでの勝者と敗者の存在だ。ドイツの支配層エリートは債務植民地であるギリシャとスペインから利益を吸い上げ、中国の支配層エリートは、14億の安い労働力で成り立つ経済を守ることで利益を得ている。この2国が回避ルートを封じる特権を掌握していることになる。だが、ここに最大の問題がある、このシナリオ通りに進めるためには、世界の家庭と企業の借金の割合とともに、返済できそうもない巨額の公的債務残高を減らさなければならない。

しかしながら、これを達成するための世界規模のシステムがない。米国の債務を減らせば、中国の貯蓄家が損をする。こうなると、アジアと欧米との間にある必要不可欠な取引、つまり「あなたが借りて、私が貸す」という関係が壊れる。ギリシャの欧州連合（ＥＵ）への債務を帳消しにすれば、ドイツの納税者が数百億ドルを失うことになり、これも両国に必要不可欠な取引を壊してしまう。

最善のシナリオで、たとえ移行が波風の立たないようにうまくいったとしても、グローバリゼーションを完全に破滅させてしまうのだ。

言うまでもないが、波風の立たないように平和的に移行させるなど到底無理な話だ。

2014年以降、ロシアは西側諸国を混乱させることに情熱を注いだ。だから、西側諸国と協力することはない。中国は、あらゆるソフトパワーを拡大するプロジェクトを開始したが、米国が第2次世界大戦の終わりに実施したような、世界の借金を吸い上げて、明白なルールを定め、新たな国際通貨体制を築くことはできないだろう。

同時に、西側諸国に前述の策を講じる兆候は見られない。フランスの経済学者トマ・ピケティをもてはやすことや、2014年の欧州の賃金上昇を求めるドイツ連邦銀行の呼びかけなど、対策を試みようとする話はあった。しかしながら、主流の政党が新自由主義に固執しているのが現状なのだ。回避ルートがなければ、ますます景気停滞が長期化すると見込まれる。

2014年、OECDは、今後2060年までの世界経済の見通しを発表した。[40] パリに拠点を置くシンクタンクは、世界経済の成長率は2・7%と緩やかな伸びだと予測する。その理由は、発展途上国では人口増加、教育、都市化が背景にあり、これまで成長を後押ししてきた遅れを取り戻すための懸命の努力が次第に衰えると考えられるからだ。しかし、それが起こる前に、先進国がほぼ低迷状態であることから考えて、今後50年にわたり、世界経済の平均成長率は3%ほどにとどまるだろう。危機以前と比べて大幅に下がることになる。

半熟練雇用は、自動化によって消滅するため、賃金の高い雇用と低い雇用だけが残される。よって、世界の不平等は40％上昇するだろう。２０６０年までに、スウェーデンのような国でさえ、今の米国で見られるようなレベルにまで不平等が高まる。ストックホルムの郊外が、インディアナ州のゲーリーの街のような廃墟地帯になることを考えてみてほしい。さらに、気候変動が首都や沿岸部、それに農業を破壊し始めるというかなり現実的な危機も待ち構えている。気候変動で、世界はＧＤＰの２・５％、東南アジアではＧＤＰの６％を失うことになる。

ＯＥＣＤの報告書には、「情報技術によって生産性が急上昇する」という希望が持てることも書かれている。しかし、それは根拠のある推定ではなく、想定ということだ。２０６０年の成長率の４分の３が、生産性向上によるものと見込まれるという。しかし、これはあくまでも想定で、「最近の生産性と比べて高い」と遠回しに言っているだけだ。

第5章で詳しく述べるが、実際、過去20年間進展してきた情報革命が、今後市場の観点から測れるような成長や生産性のある種類のものに変化するかどうかは皆目見当がつかない。もし、現実的なリスクがある場合、ＯＥＣＤによる今後50年間の見通しでは年間成長率は3％だったが、０・75％近くに下がることも考えられる。

それに、人の移動の問題がある。ＯＥＣＤが中心に据える成長シナリオ通りに進むためには、欧州と米国はこれから２０６０年までの間に５０００万人の移民を受け入れなくてはならない。さらに、そのほかの先進国も３０００万人を受け入れる必要がある。移民の受け入れがなければ、欧米の労働力と税の基盤は大幅に縮小し、崩壊レベルにまでなるだろう。しかも、フランスの政党「国民戦線」

が25％の票を集めたことや、メキシコとの国境があるカリフォルニア州で武器を保有した右翼が移民の子どもを前に熱弁をふるっていることからもわかるように、先進国の国民が移民の受け入れを拒んでいる。

ＯＥＣＤが予想する２０６０年の世界を想像してみよう。ロサンゼルスとデトロイトは、今日のマニラのようになるだろう。そこでは警備された高層ビル群のそばにみすぼらしいスラム街が並んでいる。ストックホルムとコペンハーゲンは、中間所得層の雇用先を失った米国のラストベルト地域のようになる。資本主義は４度目の10年規模の景気低迷の中にいるだろう。

ＯＥＣＤによると、少なくともこの物悲しい未来を迎えるために、「もっと柔軟な労働力」を作り出し、経済をもっとグローバル化させる必要があり、高等教育を民営化して（大学生の需要を満たすための高等教育拡大のコストで、多くの国が破産する）、先進国で数千万人の移民を同化させなくてはならない、というのだ。

私たちがこれらの課題に頭を悩ませているときに、現在のような国家への融資の手段は消滅している可能性が高い。所得が高いグループと低いグループで国民が二極化することで、所得税の効果がなくなる、とＯＥＣＤは指摘する。トマ・ピケティが示唆するように、その代わりとして富裕層に税を課す必要があるだろう。ここで問題となるのが、富裕層への課税を避けるために、流動資産（スター競走馬かもしれないし、隠し銀行口座、あるいはナイキのロゴの著作権かもしれない）が、法制度で守られる傾向があることだ。たとえ、その問題を取り上げようとする意思があっても、今のところ実行に移す動きはない。

このまま変化が起こらなければ、欧米での景気低迷の予測は現実味を帯びることになる。新興市場での成長のペースは減速し、おそらく多くの国家が破綻する、とOECDは述べている。

それだけでなく、ある時点で、グローバル化をやめて保護主義に走り、債務を帳消しして通貨を操作する国家は1カ国ではとどまらなくなるだろう。反グローバリゼーションの危機は外交的・軍事的紛争を引き起こし、ひいては世界経済に拡散して、同じ結果をもたらす。

OECDの報告書から、私たちはシステムを完全に作り変える必要があることがわかった。人類史上、最も教育を受け、最も連携した世代が、深刻な不平等を抱え、成長が停滞する未来など受け入れられないはずだ。

世界を反グローバル化する支離滅裂な競争をあおり、景気停滞と高まる不平等が何十年も続くような未来ではなく、新しい経済モデルが必要だ。そんなモデルを設計するためには、ユートピア的な思考に取り組むだけでは不十分だろう。1930年代半ば、ケインズが天才だと言われたのは、彼が当時の危機によって既存システムの実態が明らかになったと理解したからだ。実現可能な新モデルは、永遠に効果の出ない旧モデルを中心にして構築されなければならない。このことが主流派経済学者にはわからなかった。

今回の問題はそれよりも一層大きくなる。

本書はこのような前提を中心に置いている。金融危機と人口動態から生じた長期にわたる景気低迷の問題と並んで、情報技術が、ダイナミズムを創造するはずの能力を市場原理から奪ってきた。その代わり、情報技術はポスト資本主義経済に向けた条件を生み出しつつある。ただし、ケインズが急進的な政策を用いて資本主義を救済したように、今度も資本主義を救済できるとは限らない。なぜなら、技術的な基盤が変化したからだ。

したがって、「グリーン・ニューディール」政策、あるいは国有銀行、大学教育の無償化、長期的ゼロ金利を要求する前に、出現しつつある新たな経済に、それらがどう適合するかを理解しなくてはならないだろう。今の私たちはこれを実行するための準備ができていない。秩序が崩壊したのに、従来の経済ではその崩壊の規模がどれほど大きいのかまったくわからないのだ。

前に進むために、私たちに必要なのは、「金融の秋を迎えて衰退する帝国」よりももっと小さなイメージを描き、景気の過熱と崩壊の循環理論よりももっと大きなイメージを描くことだ。過去2世紀にわたり資本主義が進化する中で、なぜすさまじい勢いで変異が起こったのか、どのように技術的変化が資本主義の成長のバッテリーを再充電するのか、を説明できる理論が必要だ。

現在の危機を資本主義の将来の全体像に当てはめた理論が必要なのだ。これを探るためには、従来の経済学を超えて、従来のマルクス主義を超えた道をたどることになる。まずは1938年のロシアの監獄の一室から始めることにしよう。

第2章

コンドラチェフの長い波、短い記憶

Long Waves, Short Memories

致命傷となった長い波

波は美しい。砂浜に打ち寄せる波の音から、自然には秩序が存在することがわかる。波の形を物理的現象として考えると、より美しく感じる。逆に向かおうとする動きが見えるからだ。海水を持ち上げるエネルギーは、海水が落ちるエネルギーと同じ力を持っている。

波の形を数学的特性として考えると、より感動する。1500年前、インド人の数学者が、三角形の2辺の比をすべて図に描くと、どれも波のようなパターンになることを発見した。中世の学者はそれを「正弦」と名づけた。今日、自然界に存在する滑らかに繰り返す波は「正弦波」と呼ばれている。電流も正弦波の形を作って流れる。音も光も正弦波を作る。

波の内側にも波がある。サーファーにとって、波は1つひとつではなく、まとまってやってきて、大きくなるという。だから、6番目か7番目に乗りたくなるような大きな波がくる。実際には、いくつもの短い波を通り抜けて、より長く、より平らな大きな波ができる。

この短い波と長い波との関係は、音響にある秩序の源となる。音楽家にしてみたら、長い波とその内側にある短い波から生まれる心地よく響きあう音が、楽器が奏でる音ということだ。長短の波が数学的に厳密な比を作るとき、音が調和している、と言い表す。

波は自然の至るところに存在する。原子レベルでは、素粒子の存在を知ることができる唯一の方法が、波のような動きを捉えることだ。波はまた、大きくて複雑で自然に反したシステムの中でも存在する。例えば、市場でも見られる。株式市場を分析する人たちにとって、波の形は宗教的なイコンのようなものだ。日々絶えず変動する「音」をふるいにかけ、予想曲線を作る。波の頂点を意味する「ピーク」や波と波の間にあるという意味での「底」が経済用語として日常的に使われている。

経済学では、波の形が危険なこともある。実はそうではないのに、秩序のある正常な状態に見えることがあるからだ。音波は単に消滅すると無音になるが、ランダムなデータから生じた波は、しばらくすると歪み、分裂する。そして、経済は複雑な世界で、ランダムな出来事が発生し、単純な波ではない。

景気後退の予測に失敗したのは、最近の景気過熱の波チャートを分析した専門家たちだった。波を見誤ったのだ。サーフィンでいう、まとまりの波として見るべきなのに1つひとつの波として見て、潮流として見るべきなのにまとまりとして見て、津波として見るべきなのに潮流として見ていた。私たちは、津波を大きな波、海水の壁と考えがちだが、実は津波は長い波なのだ。海面を隆起させ、何度もやってくる。

そして、経済学で波の存在を発見した男にとって、長い波は致命傷となった。

銃殺隊による処刑

その囚人は足を引きずっていた。歩けないのだ。ほとんど目が見えなくて、慢性の心臓疾患とうつ病を抱えていた。「物事を系統的に考えることなんてできやしない。資料や本を多く読むこともせず、この頭痛では、科学的に考えることはとても難しい」と彼は書いている。(1)

ニコライ・コンドラチェフは、政治犯として送り込まれたモスクワ東部のスーズダリの強制収容所で、スターリン政権下の秘密警察が許可した本や新聞だけを読んで8年間過ごしてきた。冬には寒さで凍え、夏には暑さに苦しめられた。彼の苦しみも間もなく終わるはずだった。1938年9月17日に刑期が満了することになっていたのだ。しかし、その日、コンドラチェフは反ソビエト活動を煽動した罪で2度目の有罪となり、銃殺隊によって射殺された。

コンドラチェフの死によって20世紀の偉大なる経済学の1つが消滅した。当時、コンドラチェフは、ケインズ、シュンペーター、ハイエク、ジニなどの世界的な影響力を持つ思想家と並ぶ地位にいた。コンドラチェフの「罪」は偽造されたものだった。彼は地下政府組織「勤労農民党」の最高指導者ということになっていたが、それは存在しなかった。

コンドラチェフの本当の罪は、迫害者としての視点から、資本主義について思いも寄らぬことを考えたことだった。資本主義は危機の下で崩壊するのではなく、たいがいは適応して変異する、と論じたのだ。コンドラチェフは大量のデータから有用な知識を得る手法「データマイニング」の2つの先駆的な研究を行い、短期的な景気循環を超えるパターンを発見した。資本主義と大きな戦争の内部で起こる大きな構造的変化と一致する転換点が、50年という長い循環で訪れるということを明らかにしたのだ。このため、こうした極端な危機と存続の機会をもたらすのは混沌ではなく、秩序だということがわかった。この発見で、コンドラチェフは経済史上初めて長期波動の存在を世に示した。

これはのちに「波動論」として世に広まった。さらに、コンドラチェフの洞察力の最も優れた点は、なぜグローバル経済は突然変化するのか、なぜ資本主義は構造的危機に見舞われるのか、資本主義はそれに応えるためにどのように形を変えていくのか、を理解したことだった。景気を生態系になぞらえて、数十年間続いた後に内部崩壊する理由を説明した。コンドラチェフは「波」ではなく「長期循環」という言葉を使った。というのも、科学的な思考で二次用語を作ることができるため、とても便利だったからだ。例えば、局面や状態、それらが突然に入れ替わることについて話すとき、「長期循環」

の方が説明しやすかった。

コンドラチェフは産業資本主義を学んだ。中世まで遡って価格の長期波動を見つけたと主張する人もいるが、彼の一連のデータは1770年代の産業革命から始まっている。

彼の理論では、長期循環の波はそれぞれ、約25年で上昇が続き、新たなテクノロジーや大きな資本投資によって勢いづく。それから同じく約25年で下降し、通常は不況で終わりを迎える。景気後退がこの「上昇」の局面で起こるのはまれで、「下降」の局面ではよく起こる。上昇局面に資本は生産力のある産業に流れ、下降局面では金融システムの罠にかかるというわけだ。

話はまだ続くが、これが波動論の基本的な理論だ。本章では、この理論が根本的に正しいこと、現在の危機はこのパターンが壊れかけている現れであること、50年の循環の終焉よりも大きなことが起こっている兆候について詳しく説明する。

コンドラチェフ自身が、自分の理論が示唆することを極度に懸念していた。自分は今後何が起こるかを予言できるとは決して言わなかったが、1930年代の世界大恐慌を、発生する10年前に予言している。厳しい批評や論文審査を受けつつ、自分が発見したことを発表しようと準備していた。[2]

スターリンの影響下にある警察は、コンドラチェフよりも彼の理論を理解していた。もし、その結論を追求することになれば、きっとマルクス主義を持ち出し、「資本主義の危機に『終わり』はない」という危険な説に直面することになる。カオスとパニックと革命はあり得る。しかし、コンドラチェフの証拠に基づくと、資本主義のすう勢は崩壊に向かっているのでなく、変異しているというのだ。

資本を包む巨大な布はずたずたにされ、ビジネスモデルはばらばらにされ、帝国は世界戦争を清算して解体させられることもあり得るが、資本主義のシステムは生き残る。元の形とは違っているが。

1920年代の正統派マルクス主義にとって、こうした変異を引き起こすものは何かについてコンドラチェフが説明した内容も、同様に危険だった。大きな転換点を引き起こすと思われる事象、例えば、戦争や革命、新たな金の鉱床や新たな植民地の発見は、経済そのものの需要によって生じる結果に過ぎない、というのだ。人間は経済史を形づくろうとしているにもかかわらず、長い年月をかけてもそれをやり遂げるには力が及ばない、というわけだ。

1930年代の一時の間、長期波動論は西側諸国に影響を及ぼすようになった。オーストリアの経済学者ヨーゼフ・シュンペーターは独自に景気循環の理論を考え出し、「コンドラチェフの波」という言葉を広めた。しかし、1945年以降、資本主義が安定すると、長期波動論はもはや必要がないように思えた。経済学者たちは、国家の介入によって資本主義のわずかな上昇と下降でさえ、平坦にできると信じていた。50年循環に関しては、ケインズ学派の専門家ポール・サミュエルソンは、「サイエンス・フィクション」だとはねつけた。(3)

1960年代、新左翼《ニュー・レフト》がマルクス主義を、重要な社会科学として復活させようとしたとき、コンドラチェフと波にあまり時間を割かなかった。彼らは資本主義の存続ではなく、崩壊の理論を探していたからだ。

主に投資家で、ほんの数人の頑固な抵抗者たちが、コンドラチェフにまだ取りつかれていた。

1980年代、ウォール街のアナリストは、コンドラチェフが仮の発見として慎重に発表していたものを、理解しがたい不完全な予想に仕立てあげた。その複雑なデータの代わりに、簡単な線を引いて、高騰、横ばい、危機、崩壊といった特定の型にはめて波を表し、「K波」と名づけた。

コンドラチェフが正しければ、1940年代終わりに始まった経済回復は、50年循環の始まりだった。ということは、1990年代終わりのある時点で不況に見舞われるはずだ。そう考えた投資家たちは、大惨事に損失が出るのを防ぐために、複雑な投資戦略を立てた。それから、彼らは待機した……。

コンドラチェフが本当に言ったこと

2008年、投資家たちが待っていた大惨事がついに起こった。しかし、それは当初予想していた1990年代終わりよりも10年遅かった。その理由は後で述べることにしよう。

そのときから、主流派の人たちは再び、長期循環に興味を持つようになった。リーマン・ショックは偶然発生したものではない、とアナリストは理解し、技術革新と成長が相互作用したことで生じるパターンを探し始めた。2010年、英銀行スタンダードチャータードのエコノミストたちは、私たちは世界的な「スーパーサイクル」の真っただ中にいる、というコメントを発表した。(4) 白人系ベネズエラ人の経済学者でシュンペーターの信奉者でもあるカルロタ・ペレスは波動論を利用して、「金融パニックを切り抜け、戦後の好景気をもたらした国費による技術革新のやり方に立ち戻りさえすれば、資本主義の新たな『黄金時代』を約束できる」と述べた。[5]

しかし、コンドラチェフの洞察力を正しく利用するためには、彼が本当に言ったことを理解する必要がある。1920年代に、彼が研究していたことは、1790〜1920年に見られた5カ国の先進経済国のデータに基づいていた。GDPの動向を直接追うことはなかったが、金利と賃金、物価、石炭・鉄生産、外国貿易のデータを追跡している。当時では最新の統計技術――「コンピュータ」の代わりの仕事を担当する2人のアシスタント――を使って、未加工データから傾向線を設定した。データを人口規模で分け、ランダムな変動とより短い循環をふるいにかけるために9年の「移動平均」を用いて、データを平滑化したのだった。

こうして正弦波のように見える図表のコレクションができた。これが最初の長期波動であり、英国の工場制度が出現した1780年代から始まり、1849年に終わっている。それから、よりはっきりした第2の波が1849年に始まった。これは鉄道や蒸気船、電信装置が世界中で開発された期間と一致する。そして、景気は1873年から下降局面に入り、1890年代のある時期に波が終わった。これが、いわゆる「長期不況」だった。

1920年代初めまでに、コンドラチェフは、第3の循環は進行中だと考えていた。景気は、おそらく1914〜20年のどこかでピークに達して下降に転じていた。しかし、下降は止まりそうになかった。それを見て、彼は、1917〜21年に欧州を消耗させる政治的危機は、経済崩壊をもたらすことはないだろう、と予想した。不況がまだ来てもいないのに、不安定だが景気回復は可能だ、と述べたのだ。これは、数々の出来事によって、完全に裏づけられることになった。今日のウォール街のアナリストたちと違って、コンドラチェフは、結局のところ波の形そのものに興味を持つことはなかった。グラフ用紙に描いた正弦波を、何か大きなことが現実に起こっている証拠だとみなした。「局面」が交互に現れる現象が続いていた。これは、私たちが目的のため、つまり、50年の循環を理解するために最も有用なツールになる。(6)

コンドラチェフの説明を振り返って、これらの局面をもっと掘り下げて考えてみよう。最初に景気が上昇する。局面は通常、約10年間の熱狂的な発展で始まる。これは戦争や革命にともなうものだ。前の波の下降局面で作り出された新しい技術が突然標準化され、本格的に展開されるからだ。次に、景気が下がり始める。この要因は資本投資の減少、貯蓄の増加、銀行や産業による資本の蓄積だ。さらに、戦争による破壊の影響と非生産的な軍事費の増加で悪化する。しかし、これは上昇局面の一部に過ぎない。景気後退期とは短くて浅い一方、成長期は頻繁に発生し、堅調である。

最後に、資本に対して物価も金利も下がる下降局面が始まる。生産力のある産業に投資されるはずの資本より蓄積される資本の方が多くなる。そのため、金融部門内に資本が蓄えられる傾向が現れ、これが金利を押し下げる。なぜなら、信用の供給が十分にあることで借入価格を押し下げるからだ。景気後退はさらに悪化し、頻繁に起こるようになる。すると賃金や物価が急落する。そしてとうとう不況が始まる。

コンドラチェフは、このプロセス全体で事象が発生する正確なタイミングについて触れておらず、また波が定期的に生まれるということも述べていない。長期波動は、これまで起こった循環に基づく新たな状況の下で、生産力がある程度のレベルに発展したときに発生するが、前の循環が単純に繰り返されるというわけではない、と強調している。[7] 要するに、デジャブ——前に経験したことがあると感じる——というわけではなく、新しい事象なのだ。

ここで、コンドラチェフ理論の中で最も論争を呼んでいる点について触れよう。コンドラチェフは、50年循環はいずれも何らかの事象が引き金となって始まると気づいた。古い言葉使いだが、彼の説明の全文を引用したい。現在の言葉と比べると、強い印象を受けると思う。

> われわれは、長期循環の上昇波が始まる前の最初のおよそ2週間に、技術的発明の活性化を観察した。上昇波の始まる前と初期に、生産関係の再編成によって産業的実施へのこうした発明を幅広く応用したことも観察した。長期循環の始まりは通常、世界の経済関係の範囲の拡大時期と一致する。最後になるが、最新の2つの連続的循環の前には、貴金属の採取と流通通貨に大きな変化が起こっている。[8]

わかりやすく要約すると、長期波動の始まりは次のようなものである。

・新たなテクノロジーの展開

・新たなビジネスモデルの出現
・複数の国家が新たに世界市場に引きずり込まれる
・マネーの量の増加と有用性の向上

このリストの関連性について私たちならはっきりわかるだろう。1990年代半ばからリーマン・ショックまでの間に、世界経済で起こった出来事を非常にうまく言い表しているからだ。コンドラチェフは、こうした現象は原因ではなく、単なる引き金だ、と確信している。現に、彼は「これが、長期循環の原因を説明していると考える気はない」と言い切っている。[9]

コンドラチェフは、長期循環の原因を、テクノロジーや国際政治においてではなく、経済において見つけようと決めた。彼は正しかった。しかし、それを調べるのに、カール・マルクスが展開した理論に頼った。簡単に言うと、それはより短い19世紀における10年の景気循環に関することだった。すなわち、資本投資の枯渇と再投資の必要性ということになる。

もし、10年ごとの「定期的」に起こる危機が、道具と機械を入れ替える必要性があるために発生するとしたら、50年ごとの危機はおそらく、長い年月と生産のための膨大な投資を必要とする資本財の摩滅や取り換え、増加によって引き起こされるのだろう、とコンドラチェフは論じている。[10] 18世紀の終わりの運河建設や1840年代の鉄道建設による好景気が、彼の念頭にあったようだ。

コンドラチェフの理論はこういうことだ。金融システムに大量の安い資本が蓄積され、集中し、流通されるために長期波動が始まる。これには、通常は通貨供給量の増加がともなうが、これは投資ブームの資金繰りのために必要なことである。そして、盛大に投資が始まる。例えば、18世紀終わりには運河や工場へ、19世紀半ばには鉄道や都市のインフラへ投資された。新しいテクノロジーが利用され、新たなビジネスモデルが創造されると、新しい市場に争いが引き起こされる。これが、植民地をめぐる競争の高まりに発展し、戦争の激化を招く。新興の産業とテクノロジーと関連する新しい社会グループが、古いエリートと衝突し、社会不安をもたらす。

細かいことを言うと、循環それぞれに特異な点があるのは明らかだ。けれど、コンドラチェフの理論で重要なのは、原因と結果について論じていることだと言える。循環が始まる原因は、その前の不況の局面で投資されるスピードよりも資本が蓄積されるスピードの方が速くなったことだ。この影響の1つは通貨供給量の拡大の模索だ。もう1つは、新しくて、より安いテクノロジーの有用性の高まりである。そして、急激な成長がいったん始まると、戦争や革命が勃発するという結果となる。

原因は経済的な側面があり、結果には政治・技術的な側面があるというコンドラチェフの理論は、3方向から攻撃を受けた。まず攻撃してきたのは、マルクス主義だった。資本主義の大きな転換点は外的ショックだけが原因だと彼らは主張していたからだ。次の攻撃は、同じ時代を生きたシュンペーターからだ。長期波動は設備投資の周期的変化ではなく、テクノロジーによって駆り立てられる、という理論を有していた。そして最後は、どのケースでもコンドラチェフのデータは間違っていて、波動論の証拠は誇張されている、という一連の批評による攻撃だった。

しかしやはり、コンドラチェフは正しかった。彼の因果関係に関する主張を用いれば、1945年以降に経済に起こったことを見事に説明できるのだ。もし、私たちがコンドラチェフの理論との違いを埋めることができれば、どのように資本主義が危機に対して適応し、変異するのか、なぜその適応能力が限界に達するのかを理解するための一歩になるかもしれない。第2部で述べるが、産業資本主義が200年もの間見せてきた長期循環のパターンが、元に戻らないほど深刻な崩壊に直面しており、私たちはそれを乗り切ろうとしているところだ。

しかし、まずは、こうした批評に回答しなければならない。

トロツキーの想像上の曲線

1922年、コンドラチェフが初めて長期波動の概要を発表すると、すぐさま物議を醸すことになった。当時、ロシア共産主義体制の最高指導者3人のうちの1人だったレフ・トロツキーは、「もし、50年循環が存在するというなら、その特徴や継続は、資本主義の力の内側にある相互作用ではなく、資本主義の発展に通じる外的状況によって決まる」と書いている。[11]

20世紀初めに、革命的マルクス主義者は、経済よりも人間の活動（主観的意思）の方が重要だという考えに取りつかれていた。経済の罠にかかったように感じていたのだ。この考えは、革命は不可能だと信じた穏健派社会学者の議論によく使われるようになった。コンドラチェフは物事を逆に捉えている、とトロツキーは次のように言った。

資本主義による新しい国と大陸の獲得や、天然資源の新たな発見、そしてこれらの結果として、戦争と革命のような「上部構造」の秩序という重大な事実が、資本主義発展の特徴および向上と停滞、衰退の転換を決定している[12]

経済を決定する形としてマルクス主義を知っている人にとっては、この論は奇妙に感じるかもしれない。トロツキーはここで、経済力よりも国家と階層との間にある政治的摩擦の方が重要だと言っているのだ。長期波動の代わりに、トロツキーは、ソビエト経済学は、誕生から開始、衰退まで「資本主義発展の曲線」全体、つまり、歴史全体を説明することに集中するべきだ、と論じた。長期波動論は興味深い。しかし、資本主義の終焉を願う人たちにとって、最も重要なパターンは、資本主義の寿命であり、資本主義には間違いなく終わりがなければならないのだ。

マルクス主義者はこれまで、1890年以降の産業構造における大きな変化について独自の説明を導き出した。彼らはそれを「帝国主義」と呼び、資本主義が到達し得る最終、あるいは「最高」の段階だとみなした。そのため、コンドラチェフのデータを突き付けられて、トロツキーも曲線を描いた。その曲線はまったくの彼の想像の産物だった。90年にわたる資本主義国家の船出と衰退を想像上で表したものだった。図表を作成した目的は、念入りに計算されたデータを使えばどのようなものが作成できるかを示すことだ、とトロツキーは説明している。彼によると、資本主義経済の傾向を理解し、その50年循環が（もし、存在するとしたら）上昇、下降、終わりのうちの一部であることが理解できるという。トロツキーは自分が作成した曲線の想像上の性質について弁解していなかった。現実の曲線を描くには、データは十分ではなかったが、もしそれが手に入れば、現実に沿った図を作成できるだろう、と彼は言った。

トロツキーが1922年に仕掛けた攻撃は、その後も、50年循環の考えに反論する目的で使われてきた。しかし、実は攻撃と言えるものではなかったようだ。トロツキーの反論は、簡単に言うと、50年循環は（a）規則的に起こりそうになく、外的ショックにより生じており、（b）資本主義自体が上昇して下降する、より大きくて単一の波の形に合わせる必要がある、というものだった。ほかの言い方をすると、トロツキーは、計算された50年循環に反する「傾向」について、もっとうまく、もっと史実的な定義を求めていたのだった。

これ自体には一理ある。あらゆる傾向を用いて、統計学者は「トレンドブレイク」と呼ばれるものを探している。これは上昇する曲線が平たんになり、下降に転じる変わり目のことだ。20世紀を通じて、資本主義でのトレンドブレイクの調査に取りつかれていたのが左派の経済学者だった。しかし、結局、彼らには理解できなかった。

この間、コンドラチェフは多忙な時を過ごしていた。

モスクワの冷たい独房

1926年1月、コンドラチェフは、最も権威のある論文「Long Cycles of the Conjuncture（景気の長期循環）」を発表した。2月6日、ソビエト経済学界の上部が、モスクワのトヴェルスカヤ通りにあるコンドラチェフのシンクタンク「景気研究所」に集結する。その論文をずたずたに引き裂くためだった。

この会議の逐語的記録では、恐ろしいことや不合理なことが行われたかは確認できないが、スターリンによる粛清はほどなくして学究生活にも及ぶことになる。参加者は荒々しい声を上げて勝手気ままに発言した。コンドラチェフを批判してきた3方向の攻撃（「統計方法が間違っている」「波の原因を誤解している」「政治的決定は受け入れられない」）を用いて追及する。

まず、コンドラチェフの主な反対者で経済学者のドミトリー・オパーリンは、「より短い循環を平滑化するために用いた方法は適切ではなく、結果を歪めた。それに、貯蓄の上昇と下降に関する長期的データは、コンドラチェフの理論を裏づけるものではない」と述べた。

それから、会議は原因と結果の問題へと移った。経済学者のV・E・ボグダーノフは、長期循環のリズムは、資本投資ではなく革新によって決定される、と主張した（この発言で、ボグダーノフは長期循環の理論を技術革新の歴史に置き換えた最初の人物となったが、後にもこの議論を唱える者がいた）。そして、もっともだと思われる点を挙げた。「運河や鉄道や製鋼所のような大規模な建造物を築くためのコストが、50年にわたる世界経済のリズムを左右する、というのは理論的ではない」。資本主導の循環に異論を唱えるために、彼は技術主導の循環という考えを示した。この論を元に、トロツキーの「外的ショック」論をより的確なものに進展させた。

ボグダーノフによると、仮に長期波動が存在するとしたら、2つの根本的な原因がランダムに交差することで引き起こされるはずで、その2つの原因とは、資本主義の内部のダイナミクスと、外部の資本主義ではない環境にあるダイナミクスであるという[13]。例えば、19世紀終わりの中国やオスマン帝国が直面した非資本主義社会の危機が、西側諸国の資本に新しいチャンスをもたらしたことや、ロシアのように農業の進歩が遅れていることが資本部門の成長を方向づけ、フランスや英国から資金調達を模索せざるを得なくなることだ。

ボグダーノフの言うことには一理ある。コンドラチェフの理論では、資本主義のリズムは、非資本主義社会を引き入れる一方的な引力を働かせる、と推定されている。実際に、この2つは度々、お互いに影響しあう。コンドラチェフの理論に関する総合的な説明ではいずれもこのことを考慮に入れなければならないだろう。

この会合が終わるころ、共産党に長期にわたり雇われてきた経済学者のマイロン・ナヒムソンは、長期波動論に政治的な意見を入れて評価した。長期波動に執着したことはイデオロギー的だ、と彼は言った。「その目的は、正常な国家の問題として危機を正当化することである。そして『資本主義は上昇と下降を繰り返し、永遠に続く。よって、社会的革命の夢には当てはまらない』と世の中に伝えることだ。この長期循環は、ボリシェビズム——資本主義の迫りくる滅亡を前提とする思想——に理論上異議を唱えているのだ[14]」

この論争は、コンドラチェフの研究が抱える問題の核心をかなり突いている。

1　コンドラチェフは、資本投資のダイナミクスを、50年危機の主な原因と捉えている。しかし、こうしたダイナミクスに関する説明は理解しがたい。

2　コンドラチェフは、そうでない場合も非資本主義社会は資本主義の波のパターンに対して受け身の傍観者である、と決めてかかっている。

3　この点について、コンドラチェフはそれぞれの波について、次にくる波の方がより複雑なものだと捉えているが、長期波動の役割は、資本主義の最終的な運命の中にあることを見過ごしている。

コンドラチェフの研究にはもう1つ問題がある。データの問題だ。計算尺の時代からコンピュータ用OS「リナックス（Linux）」の時代まで、あらゆる点で、データの問題は長期波動論に付いて回った。数世代にわたって、コンドラチェフの研究には問題があるというレッテルが貼られたままになるだろうから、ここできちんと考えておこうと思う。

ランダムな数にある課題――資本主義内部の変異を理解する

コンドラチェフの野心を象徴するのが、彼の研究グループが20世紀で最も優れた数学者の1人であるエヴゲニー・スルツキーを雇ったことだ。コンドラチェフが実数データと格闘していた一方、スルツキーはランダムな数を用いて、自身のプロジェクトに取りかかった。

スルツキーは、移動平均をランダムな数のデータに応用することで、実体経済の事実のように見える波のパターンを簡単に作り出すことができることを示した。無作為に選んだ数からさまざまな波のパターンを作り、英国の経済成長の統計の図表に重ね合わせて、これを証明している。ある1つの波を、他の波の上に重ねると、波の形が驚くほど似ている。統計学で「ユール＝スルツキー効果」と呼ばれ、データを平滑化することで、見せかけの結果が生まれるというものだ。しかし、スルツキーはこれと反対のことを考えた。ランダムな事象から現れた規則的な波のパターンは、見せかけではなく本物だと考えたのだ。[15] これは経済学だけではなくて、自然界でも起こる、というのが彼の意見だった。

おそらく、自然界でとりわけ大きな役割を果たしているのは、何らかの加重値を用いて移動和で求められる過程のようだ。つまり、それぞれの結果の規模は、前の原因のうちの1つの原因による影響ではなく、多数の原因による影響で決められる。例えば、農作物の収穫量は、1日の降水量でではなく、何日かの降水量で決められる。[16]

言い換えれば、雨粒は1キロメートル四方にランダムに落ちる。しかし、穀物を収穫する季節の終わりに、前年の雨量を測ることができる。ランダムな事象が積み重なった結果、規則的・周期的なパターンが生まれるのだ。

スルツキーがこの論文を書いたころには、コンドラチェフは知るのも危険な状況に陥っていた。1927年、ソビエト政府の官僚組織内の対立から追放が突然始まり、通りでは闘争が起こった。コンドラチェフは、公然の市場社会主義者として疑いを受けていた。歴史学者のジュディ・クラインによると、スルツキーが、コンドラチェフとの関わりを否認することは容易だったはずだった。しかし、スルツキーは、コンドラチェフの基本理論を擁護した。[17]

実際、スルツキーの実験は、長期波動に重大な見識を加えていた。ランダムなデータをふるいにかけることで生まれた波は、永久的に繰り返すことはなかった、とスルツキーは書いている。それを何度も計算すると、パターンが突然崩れる。彼が「レジームの変化」と名づけた現象は、「多かれ少なかれ、相当な数の周期を経て、レジームが混乱し、別のレジームへの移行が、臨界点の辺りで、時にはゆっくりと、時には突然起こることがある」というものだった。[18]

経済学の長期波動パターンに興味を持つ人から見ると、スルツキーの観察によって提起されたこの問題ははっきりしている。まず、長期波動の明白な原因を見つけられない可能性がある。原因が革新、外的ショック、資本投資のリズムであってもだ。徐々に現れるどの複雑な経済システムにもある特質なのかもしれない。そして、原因が何かにかかわらず、通常の波のパターンは崩壊し、再び戻ると予想するべきだということだ。

スルツキー自身は、この突然崩壊するパターンが、10年の景気循環と50年の長期循環の2つのレベルで起こると考えた。しかし、彼の研究から3つ目の可能性も挙げられる。産業資本主義が200年を超える期間に一連の50年周期の波を作ってきたとすると、おそらくある時点でパターンが崩壊し、以前と大きく異なるパターンをもたらすレジームの変化が始まるというものだ。

過去20年にわたり、コンドラチェフに対して国家による激しい反発があった。さまざまな近代的研究が批判している。より優れた平滑化のテクニックを使えば、コンドラチェフの波は単に消えるか、途切れ途切れになってしまうだろうというのだ。ほかにも、1945年以降に洗練された世界市場が出現すると、最初の3つの波で観察されていた長期的な価格変動が消えたことを正確に指摘した。[19]

しかし、膨大な余剰データと私たちが手にするより優れた手法を考えれば、世界の成長に関する統計学で、コンドラチェフの波の本質を見極めることが可能なはずだ。

2010年、ロシアの研究者コロタエフとシレルがまさにそれを実行する。[20] 2人は「周波数分析」と名づけた技術を用いて、GDPのデータ上に50年間隔の強い波動があることを確認した。1945年以後の生データを提示し、1945年以降に上昇局面が始まり、1973年に下降に転じて長期化したことがわかる明白な証拠を示している実際に、ＩＭＦが定義する景気低迷（世界成長率が3％の期間が6カ月続くもの）を使って、2人が計算すると、1945～73年には低迷はなく、1973年以降では6回あった。コンドラチェフの波は、1870年以降の世界のＧＤＰの値でも存在し、欧米諸国ではそれ以前であっても観測できる、と確信している。

さらに、イタリアの物理学者チェーザレ・マルケッティの研究では、長期循環の根拠をさらに明確に示している。エネルギー消費とインフラ計画の歴史的データを分析したのだ。1986年には、およそ50年続く循環で、経済活動の多くの部門で「周期的あるいは波動的な動き」が非常にはっきりと現れた、と結論づけた。(21)

しかし、マルケッティは、これらが波、または主に経済の波（社会行動で好まれる呼び名を使うと長期的「波動」）であるという考えを拒否している。そして、経済学では、不明瞭なことは物理学的側面を分析すれば非常にはっきりわかる、と述べた。

マルケッティによると、長期循環で最も明確な根拠は、物理的なコミュニケーションの「網」への投資パターンにあるという。彼は運河や鉄道、舗装道路、航空網を例に挙げ、それより前のテクノロジーがピークだったときから約50年後に、どのようにこれらのインフラ建設がそれぞれピークに達したのかを示した。これを元に考えると、新しい網のタイプは2000年ごろに現れるはずだ、と彼は予想した。これが書かれたのはそのほんの14年前だが、その網がどんなものかは考えつかなかったようだ。現在に生きる私たちならその答えを知っている。それは「情報網」である。

これで、50年のパターンが存在するということが物理的にも経済的にも証明されたことになる。パターンが存在するという事実の次に重要となってくるのが、こうしたパターン、つまり波動によって形成された波の形である。経済学者にとって、波の形はより大きなプロセスが作用していることを表している。宇宙物理学にとって、ブラックホールは、その周りの物体の動きによって、見つけることができるのと同じことだと言える。

どうして、これが重要なのか。それは、コンドラチェフが資本主義の内部の変異を理解する方法を教えてくれたからだ。左派の経済学者は、ただ崩壊だけをもたらすプロセスを探してきたが、コンドラチェフは崩壊の恐れが、どのように適応と存続をもたらすのかを明らかにしたのだ。

コンドラチェフ理論にある問題は、循環を動かす経済の力についての説明がなされていないことだ。このシステムの最終的な運命と寿命との間に経済の力がどう関係するのだろうか。私たちが解決しなければならないことはこの問題なのだ。

コンドラチェフを擁護する

私は英国の大学で、200人の経済学部の学生に、コンドラチェフについて講義したことがある。講義の間、学生たちは、私が話す人物が誰かも、何をしたかもまったくわかっていなかった。講義の後、1人の教員が私に、「あなたはミクロ経済とマクロ経済を混合していたが、それは誤りじゃないか。

学生たちはそういう話に慣れていない」と言った。経済史を教えている別の講師は、コンドラチェフのことを一度も聞いたことがなかった。

しかし、彼らは1939年に出版されたヨーゼフ・シュンペーターの『景気循環論』(有斐閣2001)については知っていた。シュンペーターはこの本の中で、資本主義は連動する波の循環によって形づくられている、と述べている。その波の循環は、ビジネス内にストックが構築されることで生まれる3~5年で循環する短波からコンドラチェフが観察した50年の長波まで幅がある、としている。

回りくどい理屈をこねて、シュンペーターは信用循環や外的ショック、感覚の変化、彼が「成長」と呼んでいるものを、50年循環の原因から排除した。そして、「革新は、資本主義社会の経済史上、驚くべきことである……私たちがまず、ほかの要素のおかげだと考えることのほとんどは、実は革新のおかげなのだ」と述べた[22]。それから、革新の循環として、コンドラチェフの波について時系列で詳しく説明している。最初の波は1780年代に、工場制度の発明によって引き起こされた。次の波は1842年から鉄道によってもたらされ、3つ目の波は1880年代から90年代にかけて、今日私たちが第2次産業革命と呼んでいる連続的に発生した革新によって生じた[23]。

シュンペーターはコンドラチェフの波動論を取り上げ、資本主義者にとって、非常に魅力的なものにした。シュンペーターの説明では、企業家や革新者はそれぞれ新しい循環を促している。逆に、崩壊の時期とは革新の勢いが衰えている結果であり、資本は金融システムに蓄積されている。シュンペーターにとって、危機は資本主義には欠かせない特質を持っている。というのも、古くて効果のないモデルに「創造的破壊」をもたらすからだ。

人々から忘れ去られた存在となったコンドラチェフは、シュンペーターの研究の中で、宗教的洞察力を持つ者として生きてきた。標準的な考えが不十分な場合、危機が起きたときに主流派経済学者が目を向けるのが、この技術決定論者の景気の過熱と崩壊の論である。

今やシュンペーターの信奉者の中で最も著名なカルロタ・ペレスは、この技術主導論を用いて、新しい波が始まれば、２０２０年代に新たな「黄金時代」が到来することを約束し、国家が情報技術やバイオテクノロジー、グリーンエネルギーを後押しするよう政策立案者に働きかけている。

ペレスは波動論に緻密な推論を付け足して、現在の局面を理解するために使えるようにした。そのうち最も重要なのが「技術経済のパラダイム」だ。ペレスによると、波の循環が始まる際には、革新は十分に連続して発生していない、もしくはこうした革新が発生しても互いにうまく相互作用していない。そのため、「革命の拡散を導く新しい常識」が生まれる必要がある。テクノロジーとビジネスの慣行をほかのものと取り換えられる、はっきりとした「新たなものの論理」も必要となるのだ、という。

ペレスはコンドラチェフとシュンペーターの論から逸れ、主要テクノロジーの展開ではなく、発明によって波が発生する時期を考えた。そして、異なる偶然の発生について提案する。この提案は、「革命者が発明し、金融業者は興奮して投機する。すべてが失敗し、涙に終わると国家が動いてこの状況を調整する。こうして、高い成長率と生産性を持つ黄金時代を迎えることができる」というものだった。

ペレスの支持者は、この提案はシュンペーターの論にある各波の開始時期を25年早めて作り直しただけだとしている。だが、実はそれだけではない。彼女が長期波動で主に重点を置いたのは、「それぞれの技術革新の急増と段階的な同化」であり、コンドラチェフが注目したGDPの上昇と下降ではなかったのだ。(24)

この結果、あらゆる種類の一貫性の問題が彼女には残された。なぜ第4の波(1909~71年)は約70年に及んだのだろうか。この問いに対して、彼女は、1930年代の大恐慌に対処するための政策は、1945年になっても成果が出なかった、と答えた。なぜ、「革命、バブル、バブル崩壊」が1990~2008年に2度も起こったのだろうか。この問いにも、政策が誤っていたからだ、と彼女は答えている。

ペレスの波動論の説明では、危機が起こった時点に政府が講じた政策に彼女は重点を置いている。けれど階級の対立、あるいは富の分配にはほとんど注目していない。経済学者はテクノロジーによって駆り立てられ、テクノロジーは政府によって駆り立てられているというコンドラチェフの論とは、ほぼ反対のことを主張しているようだ。

技術主導の波動論の魅力は、それに明白な根拠があることだ。革新の連続的発生は、長期波動が始まる前に起こる。そして、その相乗作用についても立証されている。社会的行動における革命と変化を、より大きな何かの成果物としてみなしているのは物理主義者だ。新たなテクノロジーは、シュンペーターが呼ぶ「新しい人」に力を与える。新しい人とは、消費に自身の好みと常識をもたらす人だ。

しかし、コンドラチェフが大きな変化の原動力がテクノロジーであるという説を拒絶したのは正しかった。50年循環の始まりを説明する際に、なぜ発明の連続発生が起こったのか、なぜ新たな社会的パラダイムが出現したのか、なぜ波が終わるのか、という問いをうまく説明できないからだ。

コンドラチェフにこだわるなら、長期波動の連続性を現在に展開し、マルケッティの「物理的側面」を描き出し、1920年代に利用できたデータよりもはるかに優れたデータを用いて、次のことを読み取ることができる。

産業資本主義は、第1から第4の長期循環を経て、第5の波の開始を行き詰まらせている。

1　1790～1848年　最初の長期循環は、英国とフランスと米国のデータから確認できる。工場制度や蒸気式機械、運河が新たなパラダイムの基となる。転換点は1820年代終わりの不況だ。欧州で起こった1848～51年の革命的な危機は、米墨戦争や、奴隷制度に関する取決めであるミズーリ妥協を反映したものであり、明確な区切りとなる。

2　1848～90年代半ば　第2の長期循環は先進諸国において具体的に見られる。これが終わるころまでに、グローバル経済が現れた。鉄道や電信、海上の蒸気船、安定した貨幣、機械が製造する機械装置がパラダイムを設定する。1870年代半ばに、波はピークに達し、米国と欧州の経済危機が長期不況（1873～96年）をもたらした。1880～90年代に、経済的・社会的危機を受け、新たなテクノロジーが開発される。それとともに第3の循環が始まる。

3　1890年代～1945年　第3の波では、重工業、電気工学、電話、科学的管理、大量生産が主要テクノロジーとなる。第1次世界大戦の終結で始まり、1930年代の大恐慌の後、第2次世界大戦中に資本の崩壊が起き、景気の下降が終わる。

4　1940年代終わり～2008年　第4の長期循環では、トランジスタ、合成物質、大量消費財、工場の自動化、原子力、自動計算器がパラダイムを生み出す。これは、史上最も長い好景気をもたらしたが、ピークはあまりはっきりしない。1973年10月にオイルショックが起こり、不安定な時期が続くが、大きな不況は起こっていない。

5　1990年代終わりに、前の波の終期と重なって、第5の長期循環の要素が現れた。これはネットワーク技術と携帯電話、真の世界市場、情報財が原動力となっている。しかし、これまで失速している。その理由は、新自由主義が関係するほか、テクノロジー自体にも関係する。

先に言っておくが、これはただの概要で、始点と終点、テクノロジーの連続発生、大きな危機などを挙げただけだ。先に進むために、コンドラチェフに加えて、さらに資本蓄積のダイナミクスを理解する必要があるだろう。それは、技術理論家たちがほとんど触れていない方法で行おうと思う。資本主義が変化することだけでなく、経済の中の何がその変異を促すのか、それに限界を設けるのは何かを理解することも必要だろう。

コンドラチェフは、経済学におけるシステム理論で言う「メソ」のレベル――システムの抽象的なモデルとその経験との間にあるもの――を理解する方法を私たちにもたらした。外的要因と滅亡のシナリオに重点を置いていたマルクスが提唱した理論は、20世紀の彼の信奉者によってさらに強化されたが、コンドラチェフはその理論よりも、資本主義の変化を理解するための優れた方法を私たちに残した。

まだ、コンドラチェフの話を終わるわけではないが、彼がやろうとしたことを完成させるために、1世紀以上にわたり、経済学に付きまとってきた問題に取りかかろうと思う。その問題とは、危機をもたらす原因だ。

第3章

マルクスは正しかったのか

Was Marx Right?

帰ってきたマルクス

2008年、カール・マルクスの身の上に奇妙なことが起こった。ロンドンタイムズ紙に「彼が戻ってきた！」という見出しが掲げられたのだ。マルクスの『資本論』（大月書店　1982）を出版するドイツの出版社によると、売上が300％伸びたという。事の発端は、ある大臣の「マルクスの考えも捨てたものじゃない」という発言だった。そのころ日本では、『資本論』の漫画本が突然人気を集めていた。フランスでは当時大統領だったニコラ・サルコジが、フランス語版の『資本論』のページをめくっている姿が写真に撮られている。

言うまでもないが、マルクスがブームになったきっかけは金融危機だった。資本主義は崩壊しつつあった。マルクスはそれを予言していた。そのため、マルクスは正しかったと再評価された。すでにマルクスはこの世にはいないのだから、他人の不幸を喜んだとしても許されるだろう。

だが、問題がある。マルクス主義ではさまざまな理論が展開されていて、そのうち歴史の理論〔史的唯物論〕と危機の理論〔恐慌論〕があるのだが、歴史の理論においては、マルクス主義は非の打ち所がない、と言える。それは、階級や権力、テクノロジーを理解すれば、権力をふるう者たちがまだ決めてもいないうちに、彼らが何をしようと企んでいるのかを予見することができる、というものだ。しかし、危機の理論においては、マルクス主義には欠陥がある。現況にマルクスの理論を利用するつもりなら、限界があることを理解しておかなければならない。現に、彼の信奉者たちがその限界を克服しようとしたとき、理論上の混乱に陥っている。

それは現在でも続いている。主要新聞の金融危機の記事が載るページにマルクスの髭面を掲載すればするほど、未来の若者に引き継ぐ社会的大惨事が大きければ大きいほど、マルクス信奉者（ボリシェビズムと市場の廃止を訴える強行軍）が誤った実験を繰り返す機会がますます多くなるだろう。しかし、本書は、資本主義を超える別の経路が存在し、それに到達する手段が存在することを前提としている。だからこそ、ここでマルクス主義者の危機の理論を取り上げたいと思う。

では、その問題とは何だろうか。

資本主義は不安定でもろくて複雑なシステムである、とマルクスは理解した。そして、階級は、市場のあらゆる要素に不均衡な力を与えると認識していた。しかし、マルクス主義では、資本主義の適応能力が過小評価されていた。

マルクス自身、一度だけ資本主義が世界規模で適応するのを目の当たりにしている。1848年に欧州各地で起こった革命からおよそ20年にわたり、第2の長期波動が上昇したのだ。第3の長期波動の半ばに彼の信奉者がいたが、そのときまでにマルクス経済学は有効なシステム理論としての進展が不幸にも途絶えていた。

最後に、マルクス主義に挑むために、複雑な適応システムにある一般的な3つの特徴を挙げておこう。まず、こうしたシステムは、「開かれている」傾向にある。つまり、外側の世界と接触することでシステムが発達するということだ。2つ目は、システムは予測できない方法で革新したり、変化したりすることで、問題に対応する。革新は、システム内での成長と拡大のための複雑な新しい機会を作り出す。3つ目は、システムは「突発的な現象」を生む。これは、システムそのものの働きよりももっと高いレベルで研究されている。例えば、アリの集団行動は、遺伝子コードの産物だと考えられているが、その研究のためには遺伝子ではなく、行動に着目しなくてはならない、ということだ。

マルクス主義は、ある点では、突発的な現象の解明を試みたこれまでで最も体系的な研究だが、その性質のためにたびたび混乱した。ようやく1970年代になって、マルクス経済学に「相対的自立性」という考え方が現れたとき、真実のあらゆる層が、その下層を単純に表しているわけではないと理解し始めた。

この章では、過去100年にわたる資本主義に備わる適応性が、マルクス主義だけでなく、さまざまな左派をどのように混乱させてきたかについて述べる。マルクスの『資本論』には、どのようにして市場メカニズムが崩壊をもたらすのかが書かれている。これには正当な根拠があり、大規模な適応を理解するためには不可欠である。

マルクスの危機の理論は、何が変化を駆り立てるのか、なぜ発生をやめるかもしれないのかについて、コンドラチェフの理論よりも、うまく説明している。ここで私たちが関心を持つのは、19世紀を生きたマルクスが想像した21世紀だ。

マルクスが言ったこと

産業資本主義が始まってからの最初の80年間、経済学者の将来像は悲観的だった。スミス、セイ、ミル、マルサス、リカードといった古典派経済学者は、資本主義の存続を疑い、悩んでいた。資本の限界、つまり資本の拡大に対する障害、利潤の減少、安定成長の脆弱性が、彼らの研究のテーマだった。

彼らが論争の中心に据えたのは、人間の労働は価値の源であり、モノの平均価格を決定する、という考えだ。これは「労働価値説」と呼ばれ、資本主義から非市場経済への移行を計画する際に役に立つ考えとなる。詳しくは第6章で述べることにする。

マルクスは、初期の資本主義を苦しめてきた危機や崩壊を説明するために、この労働価値説の欠陥を修正することに人生の大半を費やした。マルクスによると、完全に成熟した市場経済では、もともと備わっている不安定性が表に現れるようになる、という。モノが豊富にあるのに、危機が訪れるかもしれないということは、人類にとって初めての経験だ。モノが作られても、買ったり、使ったりされないというのは、封建制度の下や、古代社会に暮らしていた人たちに頭が変だと思われるだろう。

マルクスはまた、実在するものと、実在するように見えるものの間にある経済学上の緊張を認識していた。市場はこの2つを調和する役目をする。モノの本当の価値は、それを作るための仕事、機械、原材料の量によって決定される。あらゆるものが、労働者の価値という観点で測られるが、前もって計算されることはあり得ない。私たちにはそれが見えない。なぜなら、経済の法則では、関与するいずれの人たちにも隠れてこっそりとそれが行われていることになっているからだ。

この緊張によって小さな修正が施される。市場が閉まる時間に売り場に果物がたくさん売れ残っているときや、規模が大きい例を挙げれば、米政府がリーマン・ブラザーズを救済するよう求められたときなどだ。もし、危機について学ぼうとしているなら、ウォール・ストリート・ジャーナル紙の第1面に書かれている内容よりももっと奥深いレベルで、何が間違っているのかに目を向けなくてはならない。

マルクスは、完全に成熟した資本主義の利潤は平均に集中する傾向がある、と述べた。管理者は、心の中ではお互いが野蛮にも競い合っていると考えていても、実際には各部門や経済全体で、平均利潤率を生み出し、それに対して価格を設定し、業績を評価している。そして、管理者は金融システムを経由して、利潤を蓄積する。そこから、投資家はどの程度のリスクがあっても、一定の収益率で公平にすくい取ることができる、という。マルクスが『資本論』を執筆していた当時の金融部門の規模は小さかったが、金融のあり方を利子という形でとてもはっきりと捉えていた。それは、平均の部門別のリスクと報酬に応じて資本が合理的に配分されるための主要メカニズムとなる。

マルクスは、利潤の究極の源が労働である、と理解した。とりわけ、仕事場の不公平な力関係によって雇用者を強要してもたらされるのが剰余価値だ。しかし、生産性を向上させるための必要に迫られて、機械が労働に取って代わる傾向がある。労働が利潤の究極の源であることから、これが一般的な傾向になると、経済全体において機械化が広まり、利潤率が減少する。現に、機械や原材料、その他の非労働の投入に投資する資本の割合を増加させている会社や部門、経済全体では、労働によって利潤を生じさせる範囲が狭くなりつつある。マルクスはこれを「資本主義の最も基本的な法則」と呼んだ。

しかし、システムは自発的にこの脅威に反応するという。利潤率が低下する傾向に反作用する制度や行動を生み出すということだ。投資家は、利潤がより大きくて新しい市場に乗り換える。労働コストは、消費財や食料を安くすることで抑えられる。管理者は、安い労働力を海外で探したり、あるいは生産での労働時間を減らすために機械を製造したり、機械集約型産業から労働集約型産業に転換したり、もうけ（利潤率）ではなく市場の占有率（利潤の大きさ）を求めたりする。

マルクスは、金融の出現をより戦略的な反作用する傾向とみなした。投資家の一部は、企業を立ち上げて、操業することで生じる完全な企業家の利益よりも、莫大なマネーを所有する者への当たり前の報酬として、利子を受け入れるようになった。民間資本やヘッジファンドが現在も行っているように、今もなお一面的なリスクを取っている。企業家は、金融システムを通じて、低リスク・低報酬の投資で生き残れるようにシフトしている。マルクスは、こうすれば、利潤が低下したときに、資本主義が稼働し続けていられる、と述べている。

ここで、はっきり理解しておこう――**マルクスにとって、こうした反作用する傾向は絶えず働いている。**衰退したり、崩壊したりしたときだけ、危機は起こる。(1) つまり、安い労働力が尽きたとか、新しい市場の欠陥が明らかになったとか、リスクを嫌がる投資家が貯蓄しようとしている資本をすべて、金融システムが安全に保持できない場合に危機が起こるのだ。

要するに、マルクスは、危機とは総じてシステムにとって圧力弁のようなものだ、と述べている。これが、資本主義の通常の特徴であり、技術的ダイナミズムの産物なのだ。

こうした基本的なアウトラインから、マルクスは複雑なシステムとして資本主義のモデルを作っていることが見て取れる。資本主義は表面上安定していても平衡状態ではない。内在する崩壊のプロセスが、内在する数多くの安定要素によって平衡が保たれているのだ。危機の理論では、いつ、そして、なぜ安定要素が機能しなくなるのかが説明されている。

全3巻から成る『資本論』を通じて、マルクスはいくつかの危機の形を説明している。その1つが過剰生産による危機である。消費財が多くなりすぎて、需要が少なくなりすぎると、利潤は生産過程の中で生まれる状態となり、商品を売ることで利潤を生むことができなくなるのだ。もう1つは、部門間で資本の流れが非効率なことから生じる危機だ。当時、重工業が、消費財を生産する部門とペースを合わせずに成長したために部門間のバランスが崩れ、それが回復するまでに、景気低迷が引き起こされた。マルクスはその危機の中を生きてきた。ほかにも、これまで述べたような反作用する傾向が働かなくなったことが引き金となり、訪れる危機もある。こうした危機は、利潤率の崩壊や投資の凍結、解雇、GDPの下落をもたらす。

金融危機については、『資本論』の第3巻で説明されている。その仕組みはこうだ。信用が拡大し過ぎると、投機や犯罪によって信用は持続不可能なレベルの限界に追い込まれる。そうなると、過熱した景気を正常に戻そうとする力が過剰に働き、崩壊が起こり、経済は数年にわたる不況に突入する。この想像力をかきたてる内容を読むと、大規模な不正を働いたエンロン社と、巨額詐欺事件を起こした米実業家バーナード・マドフと、1%の富裕層がいる未来の世界を、マルクスが予測していたことがわかる。信用の主な働きは、労働の搾取を最も純粋で最も巨大な賭博や詐欺になるまで発展させて、社会的富を搾取する少数の人間の数を一層減らすことだと、彼は書いている。(2) 2008年に、金融崩壊のニュースと先述のマルクスの有名なくだりが並び、「マルクスは正しい」と主張する記事が数多く掲載された。現在、金融危機の記憶は遠のいたが、欧州諸国で実質所得が伸びていない。人々は再び

「マルクスは正しい」と声を上げている。この場合の問題は過剰生産で、そのために利益や成長は跳ね上がったが、労働者の賃金が上昇していないのだ。

しかし、マルクスの危機の理論は不完全である。理論的に欠陥があり、彼の信奉者は時間をかけてそれを解決しようとしている。結局のところ、マルクスは抽象的なモデルを、具体的に実在するものに結びつけて考えようとした。さらに言えば、それは当時の時代の産物だった。マルクスは、20世紀の主な現象である、国家資本主義、独占、複雑な金融市場、グローバリゼーションを考慮に入れることはできなかった。

本当に「マルクスは正しい」と言えるようにするには、つまり、「危機は普通のことだ」と言った予言者を超えるには、私たちは、彼の理論を首尾一貫させ、証拠と一致させる必要がある。それに、複雑な適応システムにある共通の特質を含めるために、調整もしなくてはならない。その特質とは、開放性と危険への予測不可能な対応、長期循環（つまり、通常の危機と最終的な崩壊の間での動き）に問題があることだ。これらが修正されたとしても、周期的危機の理論では、本書で探っていくような、存続できるかどうかのレベルの変化と向き合うには不十分だ。

1859年に記された有名な文の中で、マルクスは、「発展のある段階に達すると、社会の物質的な生産力が、既存の生産関係と矛盾するようになる……生産力の発展の形から、それらの生産関係は束縛されるものに変化する。そして、社会的革命の時代が訪れる(3)」と予測している。しかし、突発的な危機が、どのように新たなシステムが出現する条件を作り出すのか、もしくは作り出すことができるのかを説明しなかった。そのため、この穴を埋めるのが彼の信奉者に残された仕事となった。

マルクスの死後、支持者たちが推測したのは、新たな市場を見つけたり、考案したりすることでは、過剰生産の危機が長期にわたり緩和されることはない、ということだった。ドイツ人社会主義者カール・カウツキーが1892年に、「市場の拡大には限界がある。今日では新たな市場はほとんど開かれていない」と書いている。(4) 信奉者たちは、完全に崩壊に至らせる、勢いがあって急拡大する短期の危機を待ち望んだ。1898年には、ポーランド生まれの社会主義者ローザ・ルクセンブルクは、「資本主義システムは、搾取できる新たな市場が尽きると、爆発し崩壊するだろう。そのときには、私たちは支払不能の会社の破産を言い渡す行政官の役割を担うことになるだろう」と予言していた。(5)

だが、すでに述べたように、第3の長期循環の始まりを見ると、資本主義は変異していることがわかる。植民地の争奪戦が終わりに達したときでさえ、資本主義は適応して国内に市場を作り出すことができ、存続するために市場の要素を抑制できることが明らかになった。

1890年代にマルクス主義が残した資本主義の滅亡の兆候は誤りであったことが証明された。マルクス主義は資本主義が大きく好転している中を生き抜かなければならなかった。やがて、1914～21年に混沌と崩壊が訪れる。この影響が左派経済を1世紀の大半にわたって混乱させることとなる。

市場を抑制する資本主義

1900年まで、世界経済は大規模な変遷の真っただ中にあった。テクノロジーやビジネスモデル、貿易パターン、消費習慣が同時に著しく進歩した。これらは今では新しい種類の資本主義に融合している。

その進歩の大胆さと速さには驚くべきものがある。鉄が鉄鋼に、ガスが電気に、電信が電話に取って代わられた。映画とタブロイド紙が登場し、工業生産高が急上昇し、鉄骨鉄筋コンクリートビルが世界各国の首都に立ち並び、自動車がその間を走り抜ける。

当時、ビジネスリーダーはすべてが当然のことのように思っていた。彼らが懸念していたのは、大企業と市場原理の関係だ。できることなら、市場原理が無くなればいいと考えていた。

1901年、米エンベローブ社の社長ジェームズ・ローガンはこう書いている。「競争は産業戦争だ。知識もなく制限されない競争は当然の結果をもたらすだろう。戦闘員には死者も出るし、ほかの誰かがけがを負うことになるのだ」[6]。同時期に、ベル電話会社のゼネラルマネージャーだったセオドア・ヴェールは、「攻撃的でコントロールの利かない競争のコストはすべて、直接的にしろ、間接的にしろ、結局は一般市民が負担することになる」[7]と警告した。ヴェールが米国のありとあらゆる電話局を取得したのは、市民のこうした負担を軽減するためだったのだろう。

競争は生産に混沌をもたらし、価格を下落させ、新たなテクノロジーが価格で市場展開できなくなる、と実業界の有力者たちは論じた。この解決策として独占、価格の固定、市場の保護が考案された。これはつまり、(1)積極的な新しい投資銀行によって促進される合併、(2)カルテルの創出と価格設定への「懸念」、(3)輸入品に政府が課す規制ということになる。

1901年、米国で138の企業が集まってUSスチール社を結成し、瞬く間に市場の60%を支配した。その間に、スタンダードオイルが米国の石油精製能力の90%を占めるようになり、権力を振りかざし、無慈悲にも鉄道会社に損をさせることになっても石油を輸送させた。ベル電話会社は1980年代半ばまで電信通信産業の独占を謳歌していた。そして、1909年に、ヴェールがJPモルガンと手を組んで競合他社を買収し、独占を取り戻した。

ドイツでは価格カルテルが政府により奨励され、合法的に登録された。その数は1901～11年にかけて倍増している[8]。こうしたカルテルのうちの1つ、ライン・ヴェストファーレン石炭シンジケートは、67の会社が関わっており、1400の価格を決定し、その地域のエネルギー市場の95%を占める権力を持っていた[9]。

はっきりさせておくが、今では理解するのが難しいことだが、これは需要と供給が価格を決定するシステムではない。億万長者が決定していたのだ。

1915年まで、巨大企業2社が、ドイツの電力部門を支配していた。化学製品、鉱業、海運業を支配していたのも同様にたった2つの会社だった。日本では、6財閥が国家の経済全体を支配していた。貿易会社から始めたコングロマリット（複合企業）で、鉱業、鉄鋼業、海運業、兵器産業が、強力な銀行事業を中心に垂直的に統合されていた。例えば、1909年まで日本の電気工学分野の生産量の少なくとも60％を三井財閥が占めていた。[10]

こうした巨大企業を作るために、新たな方法で金融が組織化された。米国、英国、フランスでは、株式市場と投資銀行がこのプロセスを推進した。1890年にはウォール街で相場を見積もっていたのは10社だった。それが1897年には200社を超えていた。[11] 日本とドイツでは、産業資本主義は、独裁的な政府の下で「上層部」が創造したようなものだった。金融は株式市場を通じてというよりも、銀行、そして国家までも通じて組織化されたのだ。乗り遅れたロシアは、大半が外資系企業とのハイブリッドモデルに適応したようだ。

したがって、アングロサクソン型とドイツ・日本型では非常に違って見える。どちらの方が良いかについて議論を始めたら100年はかかるだろう。[原注] しかしどちらも基本的に考え方は同じで、それが派生しただけだ。金融は産業の利害関係を支配し、可能であれば独占地位を築き、市場原理を抑制した。そして国家はその計画に直接関係した。

要は、市場は組織化され、保護されなければならなくなった。強国は植民地をめぐる争奪戦と並行して、対外貿易で法外な関税が課せられた。それは自分たちの企業の利益を増進する目的であからさまに考案された方法だった。例えば、1913年には、産業国の大半が、製品に2桁の輸入税をかけて自国の産業を守った。[12] 見返りとして、この独占によって、重要な人材が政府の中に送り込まれた。

経済活動を屋根から見守る「見張り人」という国家の役割は跡形もなく消えた。

この新たなシステムの出現によって危機が起こらなかったわけではない。米国では、1893〜97年に小規模の不況が起こり、企業合併が加速した。1907年に株式が暴落し、合併が盛んな時期に発行され、過大評価されていた株式の相場価格が修正された。日本とドイツで見られたのは、1890年代の短期の景気過熱と崩壊を受けて、権力の集中化のプロセスが加速したことだった。

しかし、1895年ごろから第1次世界大戦までの期間を見ると、危機よりも進展の方が大きい。欧米経済の規模は1910年までの10年間で2倍に拡大し、カナダはそれを上回る3倍に拡大した。(13) 欧州でさえ、労働者の移住による好景気はそれほど良くなかったが、その10年間でイタリアの経済は約3分の1成長し、ドイツは4分の1成長した。

これがコンドラチェフの第3の上昇波だったのだ。ニューヨーク、上海、パリ、バルセロナの都市景観からそれが読み取れるだろう。図書館、パブ、オフィス、公共浴場などの最も耐久性のある美しい建築物が、1890〜1914年に建設された。これらの建築物から読み取れる物語は、私たちが「べ

【原注】ややこしいが、米国型資本主義は1911年以降に発展した。あからさまな独占から、ウォール街に真の独占力を集中させた大企業と新設のFRBとの間の統制された競争から成るシステムへと移行したのだ。これによって、右派から反独占の風が吹き荒れ、この全期間を通じて米国は混乱で暗い影に覆われていた。独占は米国では当たり前のことだった。

ル・エポック（良き時代）」や「進歩主義時代」と呼んでいるものだ。急成長、自由主義化、文化的高揚の時代。世界は市場を通じて繁栄したのではなかった。市場の抑制が支配されたことで繁栄したのだ。その当時、これが保守派に小さな混乱をもたらした。混乱させたのはマルクス主義者だった。

変異する資本主義

マルクス経済学を最新版にする任務は、33歳のオーストリア人医師ルドルフ・ヒルファーディングに託された。ヒルファーディングは、ベル・エポックの典型的な知識人で、1890年代終わりに、ウィーンで小児科医学を学ぶ一方、経済情勢にも没頭していた。彼の周囲にはすばらしい顔ぶれが並んでいた。マルクスに関する有名な評論を書いた経済学者オイゲン・フォン・ベーム=バヴェルク教授が主催する研究会に参加していたのだが、そこで、シュンペーターや、新自由主義思想を生んだルートヴィヒ・フォン・ミーゼス、後に大きな影響を及ぼしたヴァルガ・イェネーと共に困難に耐えていた。

1906年、ヒルファーディングは医学の勉強をやめてベルリンに移り、ドイツ社会党の教育センターで経済を教えるようになった。ドイツ社会党は世界中の左派が集まる知識人のグループを形成していた。1910年、ヒルファーディングは銀行と産業資本との融合をどう呼ぶかを考えた。「この関係を通じて……資本は金融資本の形を帯びている。これは最も優れていて最も抽象的な表現だ[14]」

ヒルファーディングの著書『金融資本論』（岩波書店　1982）は、あらゆる左派が1世紀にわたり、資本主義の今後について語る上で参考にした本となる。彼はマルクス主義者の中で初めて資本主義の変異の大きさを理解した人物だった。さらに、新しい構造には恒久的な性質が多くあることを指摘しているが、それは、マルクスが、利潤率の低下に対して反作用する傾向として挙げたものとまったく同じだった。例えば、資本の輸出や、移住をともなう白人による植民地への余剰労働者の輸出、株式市場を通じた利潤の蓄積、企業家精神から不労所得生活での投資への移行などだ。

その1世紀前までは、金融システムは営業利益を再分配するための小さな中心地として、また当てにならない資本の源として機能していたが、その頃にはビジネスの世界を支配し、威圧する存在となっていた。危機への反作用する傾向は、より安定した新しいシステムに合わさるようになった。

ヒルファーディングは、この新しい構造が周期的な危機を抑えるだろう、と述べている。その仕組みはこうだ。大手銀行や大企業はたとえ利益が低かろうが、ゼロだろうが長期間生き残ることができる。投資家は、危機によってシーメンスやベル、三井のような会社が突然破壊されるよりも、長期停滞を受け入れる。その結果として、金融資本主義の下では、危機の期間中は景気停滞が長引き、急な変化や大きな外傷は生じない。銀行はその破壊力を理解しているため、投機をやめさせる。カルテルは市場原理の働きを抑え、ひいては危機を抑える。大手企業は、経済的に力の弱い部門に損失を転嫁する。小企業は景気後退に直面すれば、独占による買収を急ぐだろう。

不安定な性質は消えなかったが、ヒルファーディングはそれを経済の生産部門と消費部門との間に生じる不均衡の中に含めた。また、危機の原因として「過少消費説」を除外し、資本主義は古い資本主義が衰退したところに新たに市場を作り、それから生産を拡大し続ける、と指摘した。しかし、それぞれの部門が異なるスピードで拡大する可能性が残っていた。したがって、こうした不均衡を避けるために国家の介入が必要になるというのだ。

前述のヒルファーディングの著書は、左派にとって、非常に影響力があり、真偽を確認するには最適の本だった。社会変化の引き金として「急拡大する危機」の理論は不要となった。というのも、マルクス主義が主流派経済と共通する概念や言葉を導入したからだ。またこの本には、シュンペーターよりも先に、革新の主な原動力は、応用科学を用いる大企業であり、仕事場でだらだらと時間をつぶす企業家ではない、と書かれていた。[15]

しかし、左派の経済学はヒルファーディングの本のおかげで袋小路へ入り込むことになった。金融資本をシステムの「最新の段階」に過ぎないと説明しておきながら、それは最後の段階になり得るという意味が含まれていたのだ。金融資本が支配するシステムは、最も優れていて最も抽象的な資本主義の形であり、それ以上にはなり得ない、と書いている。

金融資本が社会化する機能は、資本主義に打ち勝つために大いに役に立つ。金融資本が、その支配下に最も重要な生産部門を置けば、意識の高い行政組織、つまり労働者階級が征服する国家を通じて、社会が金融資本を掌握し、そうした生産部門をただちに支配できる。

ヒルファーディングは穏健派の社会主義者だったが、年月が経つにつれてより穏健になったようだ。資本主義は社会主義に徐々に進化すると、彼は考えた。しかし、彼の考えは改革論者と革命論者に同じような影響を与えた。労働運動のどちらの分派も、国家の支配を掌握することで社会主義が導入されるだろうという信念に執着した。後にレーニンが言ったように、「金融資本とは、絶滅寸前の資本主義、つまり社会主義に移行途中にある資本主義であり……すでに死にかけている資本主義である」というわけだ[16]。異なる行動をしていた社会主義者たちだが、それはすべて資本主義を滅亡させるのに必要な行動だった。

ヒルファーディングの特筆すべき点は、社会主義と国家主導の移行計画とを結びつけているだけでなく、1900年代に構築されたモデル以上に資本主義が変異することを効果的に排除していることだろう。それに、彼の基本理論は、私たちの時代にも影響した。1970年代になっても、資本主義は予想以上に長く生き延びたものの、根本的にはいまだに国家の規制下にあり、独占がはびこり、国家的なシステムのままだと私たちは論じることもあった。左派の労働者は、航空機や鉄工所、自動車が国有化されている世界は、進展（自由市場→独占→社会主義）の第2段階だと信じていたに違いない。

だが、この考えは、1989年を過ぎてソビエト圏の崩壊とともに消滅した。今日私たちが目の当たりにしているようにグローバリゼーションが現れ、断片的で市場化・民営化された経済が創造されたのだ。80年にわたり、社会主義を暗黙のうちに導いてきたヒルファーディングが想像した進展は崩れ去り、流れはまさに逆行している。

しかしながら、その考えは長く続いただけでなく、直線的で必然的な移行というドクトリン――スタンダードオイル社から社会主義への移行――となり、あらゆる力を有していた。

大惨事に左派にとって必要なもの――システムの適応と「外側の世界」

ヒルファーディングの本が出版された1910年には、いずれの先進国も社会民主主義運動の影響を受けていた。その中枢がベルリンにあったことは広く知られている。ドイツ語を話す指導者たちの研究報告が、米国のシカゴの工場や、オーストラリアのニューサウスウェールズ州の金鉱山や、ロシア戦艦内の秘密組織で翻訳されたり、議論されたりした。たとえ、労働者がヒルファーディングのメッセージを受け取ったとしても、どこかうそっぽく思えただろう。ニューヨークの縫製工場の労働者から東京の路面電車の運転手まで、大衆のストライキは進行中で、あらゆることがどっちつかずの状態だった。バルカン半島では戦争が起きていた。このシステムなら危機が起こらないという前提があったので、政治的にも社会的にも混乱した。

ヒルファーディングに代わってベルリンの社会主義者教育学校で教えていたローザ・ルクセンブルクは、彼の安定性の主張に反論する壮大な本を書き始めた。ルクセンブルクは大規模なストライキを奨励し、軍国主義を攻撃していた。実際は革命的政治のエリート主義概念を掲げるレーニンを攻撃していた。そして今度はヒルファーディングを攻撃したのだった。

1913年に出版されたルクセンブルクの『資本蓄積論』（岩波書店　1934）には2つの目的があった。植民地をめぐる大国間の争いにつながる経済的動機づけについて説明すること、そして資本主義が滅亡すると世に知らしめることだ。その過程で、過少消費を現代的な理論に初めてまとめた。ルクセンブルクは、マルクス経済学の数式を修正して、少なくとも資本主義は恒久的な過剰生産の状態にあることを証明した。労働者の消費力が少なすぎれば、いつまでも問題を抱えている状態にあるというわけだ。そのため、原材料を手に入れるだけでなく、市場を開放するためにも、植民地を開拓せざるを得なくなる。軍事費を背負い込む一方で、植民地を獲得して守ることは、余剰資本を取り込める利点はあるが、無駄で贅沢な消費と同じで、余剰資本を徐々に枯渇させることになる、とルクセンブルクは述べた。

植民地の拡大が、危機が起こりやすいシステムにおける唯一の「圧力弁」であるため、ひとたび地球全体が植民地化し、植民地すべてに資本主義が導入されれば、このシステムは崩壊するに違いない、とルクセンブルクは予言している。そして、「資本主義は、経済の最初の状態であり、それ自体で存在することはできないので、媒体や土壌としてほかの経済システムが必要となる。資本主義は普遍的なものになろうとするが……崩れ落ちるに違いない。なぜなら、生産が普遍的な形になることは資本主義の中だけでは不可能だからである」と結論づけた。[17]

彼女の本はただちに、レーニンや彼女と研究をともにした大半の社会主義者の教授によって酷評された。生産と消費の食い違いは一時的なもので、重工業から消費財へと動く資本の投資によって解決され得るし、いずれの場合でも、新たに開拓された植民地市場は危機を免れる唯一の「逃がし弁」ではない、という彼らの反論は正しかった。

それでも、ルクセンブルクの本は依然として、非常に重要なものには違いなかった。この本は左派経済に「金融危機」という考えを導入したからでもあったし、多くの活動家が直感していたことを言い表していたからでもあった。1900年代の平和で繁栄していた時期だったが、独占や金融や植民地支配主義による歪みが蓄積されて、手の打ちようがない悲劇的な結末を迎えることになるのではないか、と彼らは不安に感じていたのだった。1920年代までには、過少消費が、左派にとって危機の理論の中心となった。それから、物事が落ち着くと、その後50年にわたり、ケインズ経済学が共通の土台となった。

ルクセンブルクは当を得た説を残した。それは、現在、ポスト資本主義の議論に重要なこと——システムの適応が成功するには「外側の世界」が重要だということ——を明らかにしたからだ。

仮に、ルクセンブルクの植民地や軍事費への執着心を無視して、単に「資本主義は開かれたシステム」と捉えたとしよう。そうすると、閉ざされたシステムとして資本主義のモデルを作成してきたマルクス信奉者よりも、私たちの方が適応性をほぼ認めることになる。

社会主義者の教授たちが、ルクセンブルクの洞察で頭を悩ませていたのは、次の点だ。歴史全体を通じ、その本質の一環として、資本主義は、非資本主義という外側の世界と相互に影響し合わなくてはならない。すぐ近くの外側の世界を変えてしまえば、つまり、先住民社会を消滅させ、農民を土地から追い出してしまえば、また次の土地を探さなければならなくなる。こうして同じことが繰り返される。

しかし、ルクセンブルクは植民地の所有に限定している点が間違っていた。新たな市場は、自国でも形成されることがあるからだ。労働者の消費力だけでなく、非市場活動が市場活動に転換することによっても新たな市場を築いたことになる。こうした転換は彼女の周辺のあらゆるところで起こっていたのに、このことに気づかなかったのは不思議なことだ。

ルクセンブルクが本を執筆している間、デトロイトにあるフォード社のハイランドパーク工場では初めて生産ラインで自動車が製造され、ビクターの蓄音機が米国国内で年間25万台販売されている。彼女が執筆に取り掛かった1911年にはベルリンに専用の映画館は1軒しかなかったが、1915年までに168軒に増加した。[18] 第3の長期波動（1896～1945年）が勢いよく上昇していた。中でも、下位中産階級と熟練労働者の間で新たな消費者市場が誕生している。また、19世紀には、基本的に非市場活動だったレジャーが商業化された。

新たな市場は相互作用して複雑な方法で形成されるということや、植民地だけでなく、国家の経済、地域、家庭、それに人々の脳の中でも市場は構築され得ることを、ルクセンブルクは無視していたのだ。

ルクセンブルクの洞察によって提起された本当の疑問は何だろうか。それは、世界全体が産業化されたらどうなるのか、ではなかった。外側の世界と相互に影響し合う手段を使い果たしたら何が起こるか、ということだ。その上、既存の経済の中に新たに市場を形成することができなかったらどうなるだろうか。後でわかるように、これが今日、情報技術が資本主義に突きつけた問題である。

大混乱――移行期の資本主義

1919年1月、ローザ・ルクセンブルクは右翼の民兵に殺害された。遺体は運河に投げられ、この事件を受けてベルリンで暴動が起きたが失敗に終わった。ルドルフ・ヒルファーディングは、自殺か拷問かはわからないが、いずれにしろ1941年に、パリのゲシュタポの官房で死んだ。この2つの事件の合間に、反資本主義の経済に大きな混乱がもたらされた。

ルクセンブルクは常にボリシェビズムに反対していた。レーニンの政党がロシアで政権を握れば、専制的統治が始まることを予想していたのだ。しかし、皮肉にも、1920年代半ばには、ルクセンブルクの理論はソビエト連邦の国家のドクトリンとなっていた。その理由と経緯についてはいまだに左派の間で問われているが、それを理解するには、1920年代初めに人々が乗り越えたものが何かを理解する必要があるだろう。それはカオスだった。

1919~20年は景気の過熱と崩壊の循環がこれまでで最も急カーブの線を描いていた。金利が突然上昇した後、激しいインフレが続いたことで、株式市場が暴落し、ワシントンから東京まで影響が及んだ。失業者が大量に出て、巨大工場が操業を停止し、1914年の生産量を大きく下回る状態が続いた。

こうした事態の最中にほとんどの社会主義者はあえて夢を語ることはなかった。1917年に起こったロシア革命はたった1年で幕を閉じた。そのころ、バイエルンとハンガリーで労働者の共和国が樹立した。ドイツは、ワイマール共和国の発足時に、経済を「社会主義化」する約束を含めた広範囲にわたる改革を行っただけで、社会主義革命を食い止めた。1919年に、イタリアで工場が占領され、フランスとスコットランドで暴動になりかけるほどのストライキが起こった。シアトルと上海でもゼネストが発生した。すべての西側諸国で、主流派の政治家は革命が起こる事態に直面しなくてはならなかった。

左派の活動は、ルクセンブルクの本よりも長く続いた。戦時中、レーニンとボリシェビキの理論家ニコライ・ブハーリンはヒルファーディングに感化されて、これから何を行うかを考えた。2人は、金融支配の資本主義はシステムの差し迫る滅亡を証明するものだという結論に達していた。レーニンはこれを衰退する新たな「帝国主義」のモデルと呼び、「移行期の資本主義」と定義した。垂直的に統合された会社やカルテル、国家による組織の大きさが、経済は実は資本主義の下で社会主義化しつつある、ということを意味していた。レーニンは自著『帝国主義論（1916）』（光文社　2006）の中で、「私有財産を囲む殻は、もはやその中身にはふさわしくないものになっている。もし、その殻を人為的に取り除くことが遅れれば、間違いなく腐ってしまう。腐った状態で長い間とどまるかもしれないが、いずれは取り除かなくてはならなくなるだろう」と書いている。(19)

1915年にニューヨークの深夜も利用できた図書館に保管されたブハーリンの小論文はさらに踏み込んでいる。その中で、国家は、支配する事業会社の関係者たちと手を結ぶようになるため、唯一残された競争は戦争となるのだ、とブハーリンは主張した。[20]

こうした小論文は、数十年にわたり左派に崇拝された。素人の経済学者によって書かれたものだったが、データが用いられていてわかりやすかったからだ。独占は植民地の征服を招き、次に完全な戦争をもたらし、そして戦争が革命につながる。金融の支配は資本主義の組織化につながる。これにより社会主義路線を続けていくために労働者階級が権力を奪う準備が整うということになる。

レーニンとブハーリンは2人とも、新しい種類の資本主義が出現し、そこでは国家間の協力体制が存在し得る、という考えを覆そうと相当な時間を費やした。この考えは、ドイツの穏健派社会主義者カウツキーが第1次世界大戦の直前に思いついたものだ。彼は、多国籍企業の支配によって、1つの世界市場が形成されることを予見した。しかし、カウツキーの論文「超帝国主義」が発表される前に戦争が始まったため、それは机上の空論のように思われた。[21]

しかし、ボリシェビキは、カウツキーの超帝国主義の論点は彼らに対する抗議だと理解した。ボリシェビキの攻撃は、はっきりと言葉で説明された。資本主義は限界に達している、最初のチャンスに権力の奪取が必要だ、労働者階級の話をもっと教育的で、もっと社会的な問題にするには、「もっと時間」が必要だということは間違っている、と。

ボリシェビキの目には、自由市場から独占へ、植民地化から世界戦争へという明確な弁証法的な進展があるように見えた。ひとたびそれが起こると、哲学的なスキームによって、さらなる進化が遮られる。つまり、資本主義の進展はあり得ず、崩壊しかないというわけだ。

その頃、極左は実際にルクセンブルクの重要な提案の1つを受け入れていた。その提案とは、危機の理論は、資本主義の周期的な動向ではなく、最終段階を説明するべきだ、というものだった。

市場社会主義と一国社会主義

1917~23年、社会主義のどちらの分派も、労働者は資本主義を社会主義にするために国家の力を利用できるという考えが正しいかを試そうとした。

1919年1月に、ヒルファーディングはベルリンでドイツ政府が開催した社会主義化委員会に出席した。この委員会は4カ月かけて、社会主義化と経済計画を試みたものだ。しかし、政府内の穏健派社会主義者とリベラル派に妨害され、このプロジェクトは計画段階で崩れ去った。オーストリア＝ハンガリー帝国の荒廃から建国されたオーストリアでは、社会主義化がより成功していた。社会主義者のキリスト教徒と政府が連携し、衰弱した企業の国有化を許可するための法律改正を断行した。だが、銀行システムを乗っ取る社会主義者の計画は受け入れられなかった。結局、オーストリアは、靴工場と製薬工場と軍需工場の重要な国営企業3社とともに残された。これらの工場はオーストリア＝ハンガリー帝国時代に設立されたもので、政府はそれらを多種生産する企業に転換しようとした。このプロジェクトの運命について、それを運営しようとした人物がうまく言い表している。「この新しく創設された会社の目の前にある課題は、まだ設立されていない市場に向けて品物を製造するために人を雇い、機械を導入しなくてはならないことだ」[22]

ハンガリーでは1919年に、ハンガリー評議会共和国が一時的に樹立し、かつてウィーンでヒルファーディングとともに講義に参加していたヴァルガ・イェネーが財務相に就任した。ヴァルガは、従業員が20人以上の会社をすべて国有化させる法令を定めた。大きな店は贅沢品を購入する中産階級を避けるために閉店し、それらを投資に使った。土地は国有化された。このハンガリーの労働者による共和国はもう1つの問題に直面した。工場は管理することが必要だが、労働者は管理することができなかった。ヴァルガはこの問題を率直にこう語っている。

職場委員会のメンバーは、生産的労働を回避しようと努めている。管理者として、全員が事務所のテーブルを囲み……職場研修でも、要求する仕事量でも、賃金での譲歩でも、一般的な利害関係を損なうことまでも、彼らは労働者に気に入られるよう模索している。[23]

言い換えれば、職場委員会は、人民委員会の利益ではなく、労働者の利益を優先して活動していた。ロシアでは、ボリシェビキが工場に軍事訓練を導入し、労働者の支配を廃止して問題を乗り越えた。しかし、その頃、それよりも大きな問題を抱えていた。産業上の混沌や物不足が起こり、それに農家が都市に穀物の供給を拒否する事態となっていた。

1920年、ブハーリンが解決策を打ち出した。それは、「戦時共産主義」で知られる即興で作られた体制から、経済全体を中央政府が計画する恒久的な体制に、迅速に移行するための詳細な計画だった。レーニンは1年後にこの体制を廃止した。飢餓と混沌に苦しめられたボリシェビキは、市場社会主義という不完全な形に移行せざるを得なかった。

数十年もの間、戦前の社会民主主義の指導者たちは、自分たちが権力を掌握した場合、何をするかを計画することは意味のないことだと言ってきた。これはボリシェビキでも、英労働党を率いる穏健派でも誰もが考えていたことだった。彼らの考え方は、そのむなしい実験と夢によって、ユートピア的社会主義とは正反対だった。1914年の直前に、技術的進歩と企業再編成が矢継ぎ早に起こったため、政党本部の引き出しの中の計画は、必要となった時には時代遅れになるだろう、と彼らは認識していた。そして、金融システムを支配するか、国有化するかの策が必要だとわかっていた。農家のニーズと都市の消費者のニーズがかち合わないことも知っていた。両方を同時に満たすことができないからだった。労働者の単独行動、短期的な自己利益の追求、テクノクラート（技術専門家）による管理と集権的計画の必要性の衝突など、社会主義化の改革案も革命案もどちらも停止させるかもしれない問題への対策を指導者たちはほとんど示さなかった。

ブダペストの反抗的なヴァルガの職業委員会、自己統制を主張するロシアの労働者、管理者の助けなしで自動車を製造しようとまでしたミラノのフィアット社の労働者など、労働者の支配と集権的計画との対立という問題が発生することを、社会主義者の指導者たちはまったく想定していなかったのだ。

社会主義の初期の試みが失敗するのなら、資本主義者の安定化の試みも失敗するかもしれないと記憶しておいた方が良いだろう。1919年のパリ講和会議では、ドイツの復活を非難し、賠償を課すことでそれを阻止した。英国の代表団が激して会場から飛び出した直後に、ひどく動揺したジョン・メイナード・ケインズは、「欧州大陸では、地球が苦しそうに喘いでいるが、誰もその不満に気づいていない。それは浪費の問題や『労働紛争』だけの問題ではない。生きるか死ぬかの問題、飢餓と生存の問題、死にゆく市民が恐ろしくも痙攣《けいれん》しているのだ」と書いている。(24)

後になって判断してみれば、私たちはほぼ最終段階にある社会的危機として、1917~21年を捉えることもできる。けれど、経済危機として見れば、これは必然的な出来事ではなく、お粗末な政治決定の結果だったのだ。ドイツにとっては、それは支払不可能な戦争賠償金を負う羽目になった。英国と米国では、それは1919年の景気の過熱を抑えるために中央銀行が高すぎる金利を設定したことで生じた。オーストリアとハンガリーは、パリ講和会議で有罪となり、巨額の債務を抱えることになったが、それを支払うはずの皇帝もすでに存在していなかった。

1921年以降、状況は安定し始めた。本書ですでに述べたように、コンドラチェフは1917~21年を、長期波動の最初の危機に過ぎないと説明している。しかし、この安定によって、「独占→戦争→崩壊」の流れを受け入れていたマルクス主義者は行き場を失った。彼らは、資本主義が維持されたのは、プロレタリアートが未熟だったこと、労働者の中に権力を掌握することを喜ばない者がいたこと、それに社会主義政党の戦術が誤っていたことが原因だ、と考えた。レーニンはさまざまな部門で急成長する可能性を受け入れたが、資本主義のシステム全体が残存することは認めなかった。

1924年、レーニンは死んだ。トロツキーは中心部から外されていて、実権はスターリンが掌握した。ハンガリーからロシアに逃亡していたヴァルガは、スターリンの下で主席エコノミストとなった。スターリンは複雑さを説明する理論ではなく、確実性の理論を必要とした。資本主義がいつか崩壊することが確実であれば、左派の経済学者の誰もが不可能だと言った「一国社会主義」の試みを正当化できるからだ。これは極端に衰退した国での試みだった。破局理論の土台となったのはルクセンブルクの本だったが、それだけでは不十分だったので、ヴァルガが埋め合わせをした。

この「ヴァルガの法則」は、労働者の実質所得が絶えず下がることを予測した。「これは資本主義の一般的な危機にとっての経済上の原則だ。……労働者階級の絶対的貧困が表面化する」と彼は書いている。[25] ヴァルガの言いたいことは明確だ。大量消費の減少傾向は周期的なものではなく、20世紀特有のものであり、この傾向が続けば、改革論者や労働者の中のリベラルな政策はあらゆる支持を失う、というのだ。つまり、あるのは成長ではなく、ヴァルガの言葉を借りれば、「衰退」ということになるだろう。

今では思い出されることもないだろうが、この考えは、かつては労働者階級の人々の食卓の会話の中で交わされるほど強い影響力があるものだった。1920~30年代には、ヴァルガの法則は、労働運動活動家によって普通に用いられていた。彼らが直面している賃金の減少についてヒントをくれたからだ。1920年代の英国とフランス政府の戦略には賃金カットを強行する目的があったのではないだろうか、1929年に経済崩壊が起こったとき、米政府は賃金を引き下げようと企てて意図的に状況を悪化させたのではないか、と彼らは考えた。こうした考えは完全に間違っていたが、過少消費の理論に対する評価は高まっていった。

1930年代にヴァルガは自身に繊細な仕事をいくつか課した。ルクセンブルクの信奉者として、彼は依然として、先進国以外の世界での状況が、危機のダイナミクスに影響を与えることができるという考えを意識していた。そのため、西側諸国での経済再生を抑制する要因として、植民地での農業の失敗に大きく重点を置いた。その結果、マルクス経済学の「改訂版」として、避けることができない差し迫った崩壊の説はもっともらしいものになった。スターリンに追い詰められたトロツキストでさえ、1930年代終わりには資本主義の滅亡を確信し、彼らの指導者は「生産力の成長は止まる」と言及している。[26]

マルクス主義から派生したモスクワの同志が、今や世界的な労働運動を牛耳っていた。彼らには、崩壊以外の可能性は認められなかった。

資本主義と共存できるのか

マルクスは資本主義について抽象的な説明を心がけていた。一般的な概念の使用を最小限に抑え、危機が持つ複雑で表面上の現実を説明しようとした。そのため、マルクスの論では、総利潤の純粋な世界でも、植民地や搾取の汚れた世界でも、利潤率の低下により、多くの抽象的なレベルで反作用の傾向が生じている。マルクスにとって、現実の危機にはどれも具体的な原因があるため、あらゆる危機の背後で働くプロセスを説明することが目的だった。

しかし、資本主義の最初の主な構造変化は、この枠組みの中に含めることはできなかった。金融資本主義が新たな現実を生み出したからだ。

1900年代、金融資本主義を理解するためには、具体的な現象に対してマルクス主義の理論を持ち出すことは必須だった。例えば、部門間の食い違いや低消費の疑問、多部門経済、マルクスが取り上げた抽象的な労働量ではなく実質価格などだ。

この「実質」に重点をおいたことで、ヒルファーディングは、周期的な危機は終わったと結論づけた。ルクセンブルクは、危機の理論を崩壊の領域に移した。レーニンは、経済の衰退を元に戻せないことだと推定した。ヴァルガについては、合理的見解から信条になった。つまり、少なくとも洗練されたすべての危機の理論が、残酷な国家の議論の余地のないドクトリンとなった。世界中の共産党はいずれもスパイになり、この世代の左派の知識人はいずれもつまらない話をすることを教わった。

議論全体を通じて、社会科学者ならあり得ない方法で、この議論の参加者たちは政治的な影響に追い詰められた。もしヒルファーディングが正しいなら、社会主義は必然的なものではない、とルクセンブルクは言った。これは労働者階級にとって「ぜいたくなこと」になる。彼らは資本主義との共存を容易に選ぶことができる。彼らの政治意識からして、おそらくそうするだろう。だから、ルクセンブルクは崩壊の客観的な理由を探すしかなかったのだ。

しかし、過少消費の理論はいずれの形にも欠点があった。大衆の低消費という力に打ち勝つ方法を、資本主義がまさに見つけたらどうなるだろう。1928年になると、ブハーリンはそれが起こったと直感した。資本主義は1920年代に安定した。それは一時的でもなく、部分的でもない。資本主義は技術革新の新しいうねりを解き放ったのだ、と彼は主張し、こう言った。「このうねりの原因は『国家資本主義』の出現であり、独占と銀行とカルテルと国家との融合である[27]」

この主張により、危機の理論は完全に一回りし、組織された資本主義は危機を抑制する可能性があるという論に戻った。ブハーリンにとっての災難は、不況がウォール街を襲う直前で、しかも、スターリンと党派上の論争の真っただ中だったときに、この主張を持ち出したのだ。彼は党の指導者から外された。それでも、不安定な時期にもかかわらず、スターリンとの共存を試み、公の場で過去の見解を取り消した。しかし、1938年、コンドラチェフのように処刑された。

危機の理論にある問題——資本主義の運命と変異

1970年代になってようやく、堅実な学術的研究組織がマルクス理論の異なる部分をつなげる作業を始めた。ニュー・レフト出身の経済学者のおかげで、真のマルクス理論は理解しやすくなり、救い出されたが、根本的な問題が残された。資本主義の運命と変異を理解するためには、危機の理論では不十分なのだ。

マルクスが言うように、労働が機械によって追い出されると、利潤率が低下する傾向が現れる。同様の傾向として、利潤の減少が適応によって相殺されることもある（反作用する傾向）。こうした適応に失敗したら周期的危機が起こる。

しかし、コンドラチェフは、危機が頻繁に起こり、根が深くて混沌と化すときに、どのように構造的な適応が引き起こされるかを示した。20世紀初めのマルクス主義者の経済モデルは、構造的適応に対応できなかったため、歴史的な「時期」、あるいは寄生や衰退、移行などの言葉を使って哲学的な分野の観点から危機を説明するしかなかったのだ。

実際に、資本主義が変異する節目は基本的に経済に関係している。ビジネスモデルやスキルセット、市場、貨幣、テクノロジーなどの構造全体が疲弊すると、新しい構造にすぐに取って代わられる。

危機は、システムの専門用語で言うと「メソ」のレベルで起こる。メソは、ミクロとマクロ経済との中間にある領域のことだ。メソのスケールでは危機は信用循環とシステム全体の滅亡の間のどこかにあると見ている。変異が定期的な出来事のように理解された場合の資本主義モデルは、危機を偶然、あるいは自由意志で起こると扱うため、劣悪のものになる。

システムの変異の現象全体を含めた危機の理論はないが、危機の理論によって、それぞれのケースで何が原因かは説明できる。

現在の危機の理論は抽象的にではなく、マクロ経済で考える必要があるだろう。マルクスのように基本的な市場メカニズムを把握するためなら、抽象概念を使うことができるかもしれない。しかし、経済の力や組織労働者、独占、貨幣、中央銀行として国家を無視することはできない。それに危機を加速させる要因として、金融システムも無視することはできない。現在なら、金融化された消費者行動の影響や不換紙幣の導入による不安定性も無視できない要素だ。不換紙幣は信用の拡大と投機を可能にする。19世紀の資本主義の規模では持ちこたえることができなかった。

この点を考えれば、ヒルファーディングやルクセンブルクなどが、抽象概念から離れて具体的事実に目を向け始めたからといって、「間違ったマルクス主義」にはならない。優れた唯物論者になりつつあったからだ。2人の誤りは、独占化された国家資本主義がポスト資本主義システムに向かう唯一の道だと主張したことだ。現在ならそれが間違っていると確信できる。

マルクス主義の経済学者は、2008年に何が起こったのかを理解しようとした私たちに、洞察を与えてくれた。フランスの経済学者ミシェル・ウッソンとニュースクール大学のアハメド・シェイク教授は、どのように新自由主義が1980年代終わりから利潤率を回復させたかを説明してきた。しかし、利潤率は2008年の金融危機の前の数年間に著しく下降している。[28] ウッソンが、新自由主義は、個々の会社やシステムにとって利潤性の問題を「解決する」と述べたのは正しいと言える。個々の会社の利潤性は労働コストの抑制によって解決され、システムは金融収益の著しい拡大によって解決されるとした。だが、利潤が高まると同時に、1970年代以降の投資率は全体的に見て低い。

投資が低下しているのに利潤が上昇するという謎は、現代の危機の理論にとって注目すべきことで、かなり明確に説明されている。新自由主義のシステムでは、会社は利潤を再投資に使わず、配当に使っている。財政困難に陥り（明らかに1997年のアジア経済危機の後）、会社は信用収縮に対処する緩衝材として手元資金を増やすために利潤を使っている。また、厳格に債務を返済し、投資家への思いがけない利潤の配当のために、良いタイミングで株式を買い戻す。こうした会社は、金融的に利用されていることを最低限見せないようにし、金融市場で戦う能力を最大限に高めている。

ウッソンとシェイクが2008年以前に「利潤率が低下していること」をうまく説明したが、彼らが考えた以上に危機は大きくて、構造的なものだった。ローレンス・サマーズが長期停滞に対処していた際に示唆したように、この原因は数十年にわたる非効率と低生産性の埋め合わせをしてきた要素が突然消えたことだった。[29]

危機の原因を探し出すために総じて1つの抽象的な原因に目を向け、実際に続いている構造的な変異を無視したことが、マルクス主義理論で混乱をもたらした。私たちはこの失敗を避けなければならない。説明は具体的にする必要があり、そのためには資本主義の真の構造（国家や企業、福祉制度、金融市場）を含めなければならない。

２００８年に勃発した危機は、資本主義の崩壊による結果でも、反作用した要因でもない。短期間に利潤率が下降した結果でもない。これは、新自由主義と呼ばれ、利潤率を支える要素となるシステム全体が崩壊した結果だ。新自由主義とは、好景気でもなく、一部で言われるような見えない景気後退期でもない。それはまさに失敗した実験なのだ。

完璧な波

次の章では、何がこの実験をもたらしたかを説明する。１９４８年と２００８年の間にどのように第４のコンドラチェフの波が展開したのかを詳しく述べるつもりだ。そして、その波を混乱させた原因と、その波を長引かせた原因も見ていく。テクノロジーが影響を及ぼしたことや、外側の世界が突如として新たに利用できるようになったことで、長期パターンが生まれた。このことについて取り上げようと思う。

まず、メンタルツールとして、通常の波のモデルを作成しなくてはならないだろう。コンドラチェフが、それぞれの波が、次の波の上にできて、そのパターンで新しいバージョンを作ると言ったことは当を得ていた。私たちは、最初の３つの波の本質を抜き出すだけで、どのようにして第４の波に分かれていったのかを知ることができる。

マルクス主義者の危機の理論の合理的な点を加えて、長期循環理論を私なりにわかりやすく言い換えて次に挙げておこう。

1　波は通常、金融システムにおける資本の蓄積により始まる。これに刺激され、新たな市場を探したり、新たなテクノロジーが次々と生まれて展開されたりする。初めのうねりは戦争や革命を誘発し、ある時点で、新たに一連のルールや取決めが定められて世界市場の安定化をもたらす。

2　新たなテクノロジーやビジネスモデル、市場構造が相乗効果で作用し始め、新たな「技術パラダイム」が明らかになると、資本は生産部門に急激に流れ、それが活力となって、いくつか景気低迷を経験しながら、平均か平均以上の成長が続く黄金時代が築かれる。こうなると、どこにでも利潤があるため、合理的に利潤を分配するという発想がプレイヤーたちの間で広まる。同様に富の低下を再分配する可能性も出てくる。「協調的競争」と社会的平和を感じられる時代となる。

3　循環全体を通じて、機械が労働に取って代わる傾向が生じる。波が上昇する中、利潤率が下がっても生産規模の拡大によって相殺される。よって、全体的な利潤は増加する。それぞれの上昇循環において、生産性が増大しても、総労働人員に新しい労働者を加えても経済に問題は生じない。1910年代には、例えば、機械に取って代わられたガラス吹きの職人が、映画の映写技師や自動車生産ラインの労働者になった。

4　黄金時代が一度行き詰まると、それが頻発するようになる。なぜなら、好景気から続く高揚感によって、部門ごとに過剰な投資が行われたり、あるいは、インフレが起きたり、支配的権力がもたらす傲慢な戦争になったりするためだ。通常、外部からもたらされる「ブレイクポイント」が存在し、そこでは今後のビジネスモデルの不確実性や、通貨協定、世界的な安定が一般的になる。

5　最初の適応が始まる。賃金への攻撃、機械などによる仕事の単純化が行われる。再分配のプロジェクト――福祉国家や都市インフラの公的供給など――に圧力がかかる。あるだけの利潤を手に入れるため、ビジネスモデルが急速に発展し、国家はより迅速な変化を促す。不況がより頻繁に起こるようになる。

6　もし、最初の適応に失敗したら（1830年代や1870年代、1920年代のようなことが起こったら）、資本は生産部門から撤退し、金融システムに流れるだろう。そうなると、明らかに金融危機の様相を帯びることになる。物価が下がり、不況の次はパニックが起こる。さらに新たに斬新なテクノロジーやビジネスモデル、通貨供給を探し求め始める。世界の権力構造が不安定になる。

この時点でそろそろ私たちには「エージェント（経済主体）」という概念、つまり、自己の利益を追求する社会グループが必要になってくる。シュンペーターが考えた波動論は、革新とテクノロジーに重点が置かれる傾向があり、階級について考慮されていないことが問題だった。社会史で詳しく見てみると、労働者階級の抵抗が理由で「適応の失敗」の時期が生じている。適応が成功しているのは、国家によって統制されている場合だ。

最初の長期波動は英国ではおよそ1790～1848年だった。その間、貴族政治国家の中に産業経済が取り込まれていた。長期的な危機が始まったのは1820年代終わりで、工場主が機械化による仕事の単純化と賃金カットによって生き残りを図ろうとし、銀行システムが混乱した。労働者階級の抵抗（1842年のゼネストで絶頂期を迎えたチャーティスト運動）が、国家を動かし、経済の安定化に着手させた。

1840年代になると、適応が成功し始めた。イングランド銀行が紙幣の発行の独占権を手に入れた。工場法が改定されて、男性熟練労働者を女性と子どもに入れ替えることができなくなった。穀物法——特権階級に有利となった保護関税——が廃止された。所得税が導入された。英国国家はこれまで産業資本家と古い特権階級との戦いの場として機能してきたが、とうとう支配する産業資本家のための機械としての役目を果たすようになった。

第2の波は英国、西欧、北米から始まり、ロシアと日本を巻き込み、1873年に下降に転じた。システムは独占体制を形成することで適応を試みた。例えば、農業改革、熟練労働者の賃金への攻撃、安い労働力として新たな移民を引き入れることなどだ。各国が金本位制に移行し、通貨圏を形成し、貿易関税政策を講じた。しかし、散発的に経済が不安定になったため、まだ成長には至らなかった。

1880年代には、大衆労働運動が初めて起こった。運動自体は敗北に終わることが多かったが、熟練労働者は自動化を食い止めるのに見事に成功した。一方、未熟練労働者は社会福祉制度の開始により恩恵を受けた。1890年代にようやく独占体制は銀行と融合するか、あるいは流動性の高い金融市場に支えられて、戦略的な変更が行われた。1840年代のように急進的に次々と生まれた新たなテクノロジーが導入された。経済面での役割において国家に段階的変化があった。ドイツにしろ、日本にしろ、米国にしろ、国家は巨大な独占企業のために、関税、帝国拡大、インフラの構築を通じて、最適条件を維持する必要に迫られるようになった。

もう一度言うが、これは、技術革新なしで、安い労働力に適応するシステムを食い止める労働者階級の抵抗だ。

第3の波は、1917～21年が下降の始まりだとすると、システムの適応は、産業への国家統制を厳しくすることや、金本位制を復活させようとしたことで行われた。大半の国で、1920年代の間に賃金への攻撃があったが、引き下げは危機の解決には間に合わなかった。そして、大恐慌が始まると、社会的不安から生じた恐怖に追い立てられ、主要国は出口に通じる経路を求めて競い合った。金本位制を破壊し、閉鎖的な貿易圏を形成した。そして、成長を後押しするために政府支出を増やし、失業者を減少させた。

これを重視する際に、私なりに考えて波動論に付け足すことがある。それぞれの長期波動で下降が始まると賃金と労働条件への攻撃が行われる、というはっきりしたパターンがあることだ。こうした攻撃が1830年代の階級闘争、1880～90年代の労働組合化、1920年代の社会紛争に火をつけた。その結末は危険なものだった。もし、労働者階級が攻撃に抵抗すれば、システムはより根源的な変化を余儀なくされ、新たなパラダイムの出現を許すことになる。しかし、第4の波では、労働者が抵抗に成功しなくてもそれが起こったことがわかった。

新たなパラダイムが形成される際の国家の役割も同じくはっきりしている。1840年代には、通貨学派の経済学者が勝利した。彼らは、イングランド銀行が紙幣発行を独占していると主張し、英国の資本主義に安定した通貨を強要した。1880~90年代には、国家による介入が増加した。1930年代、国家は完全に資本主義およびファシズムと化した。

長期循環の歴史を見れば、資本家が賃金の引き下げに失敗したときや、新たなビジネスモデルが劣悪な条件によって役に立たないときに、国家が行動せざるを得なくなっていることがわかる。例えば、新たなシステムを公認したり、新たなテクノロジーに報酬を与えたり、革新を進める者には資金を提供し、保護したりしているのだ。

大規模な転換で国家の役割は深く理解されてきた。それに比べて、階級が重要視されなくなった。経済学者カルロタ・ペレスの長期波動の研究では、労働者の抵抗を、「変化のための抵抗」という一般的な問題の一部として扱っている。しかし、労働者の抵抗が次の長期波動を形づくるときに重要な役割を担っている、と私は考えている。

仮に、労働者階級が賃金カットや社会福祉制度への攻撃に抵抗できるとしよう。革新者は新たなテクノロジーとビジネスモデルを求めざるを得なくなる。そうなれば、搾取ではなく、革新とより高い生産性によって、賃金上昇を基盤とするダイナミズムを再び構築できる。概して、最初の3つの長期循環では、労働者階級の抵抗によって、既存、あるいはそれより高い消費レベルに基づいて、資本主義が作り直された（けれど、裏では帝国権力が周辺国から利益を搾り取ろうと、一層残酷な方法を模索していた）。

ペレスの長期波動の説明の中では、旧システムの消滅に抵抗することは無駄だとみなされている。それは、「懐かしい想いにかられて過去の習慣にしがみつく人と、新たなパラダイムを受け入れる人」を区別しているという。(30)

しかし、階級や賃金、福祉制度が整っている国では、労働者階級の抵抗は技術の面でも進歩的になり得る。そのため、新たなパラダイムが、生産性と消費がより高いレベルで出現するようになるのだ。そして、次の時代の「新しい男と女」の出現を約束し、より生産力のある資本主義の形をもたらす方法を見つける。これが本当の賃金の上昇につながる。

長期循環は、経済学にテクノロジーが足されるだけでは生じない。第3の重要な推進力は階級の闘争だ。この文脈では、マルクスの危機の理論の方が、コンドラチェフの「投資の枯渇」理論よりも、明快に理解できるだろう。

波を作るものとは？

マルクスの理論は、50年の波を作るエネルギーはどこからくるのかを効果的に説明している。彼の信奉者によって付け加えられた間違いを取り除けば、マルクスについて何が正しいのかが理解できるだろう。これまでに説明してきた50年の変化にぴったり合うところはどこかが把握できる。

50年間の循環全体にわたって、利潤率が低下し、反作用する傾向があると考えられる。その勢いがなくなってきたときに、崩壊が起こる。19世紀の未熟な資本主義では、それが頻繁に起こった。下降時期には通常もっと頻繁に起こるものだ。マルクスは、労働者階級の賃金カットへの抵抗は、利潤の危機のきっかけとなる可能性を過小評価した。しかし、利潤率の低下は根源的なもので、利潤率を上昇させる設計となっている社会的慣習をかいくぐって発生している。

コンドラチェフの説明ははるかに単純だ。50年循環はインフラを新しく作り変える必要性によって駆り立てられるという。もっと上手い言い方をすると、波はそれぞれ上昇中に、利潤率の低下に対して明確で具体的な解決策——一連のビジネスモデルやスキルやテクノロジー——を生み出している。解決策が尽きたり、混乱したりすれば下降が始まる、ということだ。上昇中に生み出される最も効果的な解決策は、マルクスの理論でも説明されているが、生産性の向上、投入コストの低下、利潤の増加といった生産過程にあるものだ。波が逆転し、解決策の効果が落ち始めたら動き出すのは、より偶発的で表面的な要素だという。資本主義システムの外に新しい市場が形成されるのだろうか。投資家が配当という形で、減少した利潤の一部を手にするのだろうか。

利潤率が低下する傾向は、反作用する傾向と絶えず相互作用している。こちらの説明の方が、コンドラチェフの説明と比べて、50年循環を駆り立てているものをはるかにうまく説明できるだろう。この2つの論を融合させると、長期循環理論は、正統派マルクス主義者が疑問を残した論よりもっと強力なものとなるはずだ。

簡単に説明すると、50年循環は、利潤のシステムにある長期的なリズムということだ。機械が労働に迅速に取って代わる策はしばらくの間は効き目がある。利潤の拡大を促進するが、やがて行き詰まるのだ。これが、私が考えたコンドラチェフの「投資の枯渇」理論の別バージョンだ。

金融危機については、危機は長期循環の上昇局面に発生する可能性が常にあるが（例えば、米国で発生した１９０７年の金融恐慌）、ほとんど下降局面に発生している。資本が問題の多い生産部門から金融に流れるため、後に不安定となり、投機的な景気の過熱と崩壊の循環を引き起こす。そして、最初の3つの長期循環では、資本の流れは全体的に金融上でより手が込んだものになり、複雑になっている。

最後に、資本主義が、商品を売るための新たな市場と新たな労働の供給を探し出すために、外側の世界と相互作用する必要性があることが考えられる。これは、システム理論において考慮すべき重要なことにもかかわらず、マルクスの危機の理論では注目されていない。マルクスは閉鎖的で抽象的なモデルに重点を置いているためだ。

19世紀には、大半の資本主義国家で内部市場が開発される準備が整っていた。ただし、そのためには農業経済が崩壊のショックから生き残る必要があった。さらに、手元には豊富な労働力の供給があった。１８４８年以降、適応するために、外部市場を探索する手段もとった。

20世紀初めに、国内での労働力の供給が減少した。その理由は子どもと女性の労働に対する労働者階級の抵抗があったことと、出生率が低下したことだった。新たな市場に関しては、1930年代には、実際に世界全体で貿易圏が封鎖された。

第4の波とともに、最初に外側の世界の重要な部分が閉ざされた。冷戦が始まると、世界のGDPの約20%が市場の外で生み出されている。[31] 1989年になって、新たな市場と労働力が突如利用できるようになり、波を長期化させた。西側諸国が、以前は公式に立ち入りが禁止されていた中立国で自由に市場を形成できるようになったからだ。

言い換えれば、1917~89年に、資本主義にある複雑な適応行動のすべての潜在能力が抑制されていた。1989年以降、労働と市場と企業家の自由、そして新たな規模の経済で歓喜を経験した。このことが基になって、1989年という年に波局面を歪める原因の一端があるに違いない。しかし、1989年が必ずしもすべての原因というわけではない。このことについてこれから述べるつもりだ。

長期波動のパターンは崩壊した。第4の長期循環は長引き、歪み、最後には資本主義の歴史上、これまで起こらなかった要因により崩壊した。その要因とは、組織労働者の勝利と道徳の放棄、情報技術の出現、そしてかつては問題にされていなかった超大国の存在の発見だ。さらには、長い間何もないところからマネーを創り出すことができたことだ。

第4章
長く混乱した波
The Long, Disrupted Wave

国家独占資本主義と「奇跡」

1948年、マーシャル・プラン（欧州復興計画）が動き出し、冷戦が始まり、ベル研究所がトランジスタを発明した。こうした出来事が、見えかけていた第4の長期循環を形づくったと言えるだろう。マーシャル・プランで、米国が欧州に約120億ドルを援助し、米国のリーダーシップの下で、戦後の好景気を確実なものにしようとした。冷戦が第4の波を歪めた。初めは資本が届く範囲から世界の生産量の20%を取り込み、1989年に冷戦が終結したときには成長の新たなうねりのエネルギーとなった。トランジスタは、戦後時代の核となるテクノロジーとなり、産業規模での情報の利用を可能にした。

戦後の好景気を生きた人たちは、その活気に驚き、戸惑った挙句に、いつか終わるのではないかと絶えず心配した。英国の政治家ハロルド・マクミランでさえ、1957年に「これほどすばらしい時期を経験したことはなかった。あまり景気が良すぎて、夢ではなく本当に現実の世界なのかと心配し始める人もいるくらいだ」と国民に語ったほどだ。(1) ドイツ、日本、イタリアでは、各国それぞれの大衆紙が国の成長を「奇跡」だと呼んだ。

その数値は驚くべきものだった。マーシャル・プランと、国内の再建政策が合わさって、欧州諸国のほとんどは年間10%を優に超える成長を遂げ、1951年には大半の国が戦前の最高値に達した。(2) 成長は一定していて驚くほど順調で、とどまることを知らなかった。米国の経済は1948～73年に2倍を上回る規模に拡大した。(3) 英国、西ドイツ、イタリアの経済はそれぞれ、同期間に4倍の規模に成長した。その間、経済規模を10倍にまで拡大したのが日本だった。これは戦前の平時に近い数値を基準として計算したもので、原爆の投下で被った破壊からの復興は考慮されていない。この期間に西欧諸国の年間成長率は平均で4・6%となり、1900～13年の上昇期の倍に近かった。(4)

この成長は、空前の規模の生産性によってけん引された。1人当たりのGDPのデータがこの結果を明確に示している。最先進国16カ国で見ると、1950～73年の1人当たりのGDP成長率は年平均で3・2%となっている。1870～1950年の全期間の同平均は1・3%だった。(5) 実質所得は急激に増加した。米国では、家庭の大部分の実質所得が、1947～75年に90％以上増加した。[6] 日本はというと、平均実質所得が700％増という信じられないほどの伸びを示した。[7]

先進諸国中で各国がそれぞれ異なる成長をしていたとしても、技術・経済の新たなパラダイムがはっきりと見られた。大量生産が標準化した。人々は賃金が上がったので、工場が生産する製品を次々と買えた。まるで、社会全体が束縛から解放されたかのようだった。ひとたび復興期間が終結すると、男性は正社員の職を得た。文化的な変化が生じ、女性や10代の若者の雇用が増えた。先進諸国では、農地で働いていた大勢の人々が工場に移った。1950～70年に欧州の農業就業人口は6600万人から4000万人に減少した。米国でも同期間に、総人口の16％だった農業従事者はたった4％にまで減少した。[8]

人類史上、最も熱狂した時代は突然問題が生じる運命にあった。しかし、経済は洗練された管理技術によって問題を克服した。管理技術となるのは、例えば、リアルタイムでの統計、国家レベルでの経済戦略組織、大企業本部に配属されたエコノミストの要員と計算機などだ。

好景気の兆しが現れると、左派は方向性を失った。ヴァルガ（スターリンの言いなりの経済学者）はこの現象を正しく理解していた。1946年、彼はソビエトの指導者たちに、戦時中に開拓された国家資本主義という制度が西側諸国を安定化させるだろう、と警告した。[9] そして、支配的なアングロサクソンの勢力はおそらく、ほかの諸国が再び消費をできるように金《カネ》を貸し、国家が戦時に培った方法が、「無秩序な資本主義的生産」に取って代わることになるだろう、と予想した。[10] これを口に出したせいで、彼は職を解かれた。そして、意見を撤回させられ、「国際主義者」になることを受け入れた。西側諸国の安定はあり得ない、とスターリンは宣言していたからだった。

西側諸国では、極左が論壇で悲運な側に立たされていた。「資本主義国家の経済活動の復活は戦争によって弱まった。……経済は不振と停滞の境界線でとどまるような、とりわけ緩やかな速度になると考えられる」と1946年にトロツキストが書いている。[11]

これが無意味な言葉だと証明されたとき、困惑したのはマルクス主義者だけではなかった。穏健派の社会民主主義の理論家たちでさえ非常に当惑し、西側諸国の経済システムは事実上、非資本主義になった、と表明したほどだった。「資本主義の最も特徴的なものが消滅した。私有財産の絶対的支配や市場影響下でのあらゆる生物の征服、利益追求の支配、政治の中立、典型的な自由放任の所得分配、個人の権利のイデオロギーが消え去ったのだ」と1956年に英労働党議員アンソニー・クロスランドは書いている。[12]

1950年代半ばには、左派のほぼ全体が「国家独占資本主義」の理論を受け入れていた。最初に主張したのはブハーリンで、次にヴァルガだった。そして、米国の左派経済学者ポール・スウィージーによる成熟した理論に変化した。[13]彼は、国家の介入と福祉政策、恒久的に高い軍事費が危機の傾向を終わらせたと信じていた。利潤率の低下が生産性の向上で相殺されることがある。しかもこれも恒久的にだ。ソビエト連邦は、資本主義との共存に慣れる必要があったのは明確だった。西側諸国の労働運動は、革命を忘れる必要があったし、景気の上昇を受け入れなくてはならなかった。そしてこれはとても重要なことだった。

この期間全体で、論争の焦点は、国家や工場、スーパーマーケット、役員室、実験室のレベルでどんな変化があったのかに置かれた。マネーにはほとんど注意を向けていなかった。しかし、1950年代と60年代に経済的な現実を下支えしていた重要な要素は、安定した国際通貨体制と効果的に抑制が利いていた金融市場だったのだ。

明白なルールの力

1944年7月1日、経済学者と政治家と銀行員を乗せた特別列車がバーモント州のホワイト・リバー・ジャンクションに向かった。そこからフェリーがニューハンプシャー州のホテルまで彼らを運んだ。「すべての列車は、時刻が決められていても、われわれの都合に合わせる必要がある。われわれはあらゆる権利を掌握しているのだ」と、この一行が言ったことを機関士が覚えていた。(14) 彼らが向かったのがブレトン・ウッズだ。そのホテルでは、国際通貨体制を決定することになっていた。彼らは、列車と同様、そこでもあらゆる権利を握っていた。

このブレトン・ウッズ会議では、1914年以前の安定を取り戻すために、この時だけは明白なルールを用いて、固定相場制を採用する協定が連合国の間で結ばれた。米ドルが基軸通貨となり、米ドルとほかの国の通貨をいくらで交換するかを固定する仕組みが作られ、金《キン》1オンスを35米ドルで交換すると決められた。こうなると、貿易収支の悪化が深刻化していた各国は、自国の通貨を守るために合意した設定価格でドルを売買しなければならなくなる。

会議では、英国の経済学者ジョン・メイナード・ケインズが国際通貨の創出を強く提案したが、米国が反対した。代わりに、米ドルが非公式の国際通貨としての地位を保証された。国際的な中央銀行は存在していなかったので、この体制での衝突を減らすためにＩＭＦと世界銀行の創設が決定された。ＩＭＦは、最後の頼みの綱として短期融資を行い、このルールを施行する役割を担った。

この体制は米国に有利となるように作られたのは明らかだった。しかも、米国は世界一の経済大国であるだけでなく、戦争によるインフラの破壊を免れた国でもあった。当時、最大の生産力を誇示しており、米国はＩＭＦの専務理事を任命しようとしていた。この体制はインフレにも有利となっていた。というのも、金《キン》が直接関係していなかったことや、固定相場制に自由裁量の余地があったこと、均衡貿易や構造改革のルールが緩いために、インフレを生み出す設計になっていたのだ。このことは、ブレトン・ウッズへ向かう列車が駅を出る前から、自由市場の権利によって認識されていた。自由市場の権威者ルートヴィヒ・フォン・ミーゼスの親友の、ジャーナリストのヘンリー・ハズリットは、ニューヨークタイムズ紙でその計画を非難した。「あらゆる国の政治家の関心を容易に引きつけるような、世界的なインフレが連続的に起こるという予想より、世界の安定と完全操業に対するより深刻な脅威を考える方が難しいだろう(15)」

しかし、これは大型融資には不利となる制度でもあった。銀行のレバレッジは法律と「道徳的説得」

によって厳しい制限が課されていた。貸付を非常に多く行っている銀行は中央銀行から相当な圧力がかけられた。米国では、大手銀行は貸付額の24％に相当する現金あるいは債券を保有することが求められた。英国ではその比率は28％だった。(16) 1950年には、先進資本主義国14カ国の銀行貸付はGDPのほんの5分の1に相当する額となり、1870年以来最も低い額だった。1914年以前の上昇期での銀行貸付規模よりもはるかに小さなものだった。

こうして形成された資本主義は大いに国家主義的なものだった。銀行と年金基金は自国の国債を保有するよう法律で求められ、国境を越える金融取引に手を出すのを思いとどまった。最高に達した金利に加え、私たちが「金融抑圧」と呼んでいる事態となった。

ここで、どのように金融抑圧が働くかを見てみよう。インフレ率よりも金利を低く抑えると、貯蓄者は事実上、マネーを保有しているという特権に支払いをすることになる。国家は、貯蓄者がより良い取引を求めてマネーを国外に出そうとするのを防ぐ。そうなると、貯蓄者は高い値段で自国の国債を買わざるを得なくなる。そのため、経済学者のラインハートとスブランシアが示したように、先進諸国の合算した債務は劇的に縮小することになる。(17)

1945年には、軍事支出のため、先進諸国の公的債務はGDPのほぼ90％に達した。戦後すぐに急激なインフレが始まり、それから戦後の好況期全体を通じて穏やかなインフレが続いた。実質金利はマイナスとなった。米国では1945〜73年に、長期実質金利は平均で1・6％だった。銀行規制が、金融資産への効果的な税としての役割を果たしたため、好景気の間、経済学者が計算したところ、税収が政府の収入の5分の1に相当するまで増加した。英国ではそれを上回った。[18] この結果、先進諸国の債務は1973年までに対GDP比で25%に縮小し、歴史的に見ても低い額となった。

要するに、ブレトン・ウッズ体制によって成し遂げたことは前例のないものだった。世界大戦中に膨れ上がった債務を縮小し、投機を抑制した。預金を生産性のある投資へ誘導し、驚くほどの成長を可能にした。この体制にある潜在的な不安定性はすべて通貨間の関係の中に押し込まれ、米国の支配によって最初に閉じ込められた。右派はインフレを誘発する要素があることに対して憤慨した。しかし安定していた時期であり、生産は前代未聞の完全操業を実現していたことでその怒りはかき消された。

ケインズは、制度の設計段階で、明白なルールの重要性を強調してきた。それは金本位制の背後にある紳士協定の一線を越えるものだった。結局、世界の超大国が裏で操作する明白なルールには想像できないほどの乗数効果があった。

大恐慌を招いた理由の一端が、英国が衰退したことと、米国が世界の超大国の座につくのを拒否したことであったとしても、ブレトン・ウッズでは米国が多大な熱意をもって大国の義務を負っただろう。実際、戦後25年間は近代史で唯一、大国が主導権を握っていた時代だった。英国が19世紀に世界を支配していたのは、常に他国との話し合いと関係を築いていたからだ。一方、20世紀半ばの資本主義世界で、米国の支配は絶対的なものだった。世界経済に強力なリセットボタンのような働きをし、上昇を増幅させた。だが、リセットボタンが押されたのはこれだけではなかった。

戦後の好景気は1つの循環

戦時中、国家が技術革新の支配権を握ったことで、2つ目の大きな変化が引き起こされた。1945年までに、国家官僚政治は、民間部門の行動を定めるために、国の所有権と支配権、それにマスコミをうまく利用するようになっていた。一般の管理者たちは、「負けたら、死ぬぞ」という究極のプレッシャーの下で、テクノクラートが政策決定過程で大きな権力を握っていた社会体制を調整していた。しかも、1945年に解体されたドイツ、イタリア、日本といった枢軸国でさえ、革新の文化とテクノクラートの体制は戦争を乗り越え、維持されていた。

ゼネラル・モーターズ（GM）の場合は教育だった。1940年、米政府はGM社長だったウィリアム・ヌードセンを採用し、戦時中の経済を調整するために設立した生産管理局の指揮を任せた。ヌードセンは政府とGMとの間で140億ドル相当の契約締結に成功する。戦時中、GMは200の工場すべてを軍需生産向けに転換し、戦車3万8000台、航空機エンジン20万6000台、砲弾1億1900万発を製造した。つまり、1人の顧客を相手にする巨大軍需企業に成り上がったというわけだ。ほかにも、「利益主導型国家政策局」とでも呼べるような、米国の産業を管理するための巨大組織が効果的に機能していた。史上まれに見る規模だった。

連邦レベルでは、科学研究開発局（OSRD：Office of Scientific Research and Development）によ

り研究開発が中央集中化、および産業化された。その取決めで重要となるのが、研究からの直接的な利益を禁止したことだった。「利益とは、産業の体制での生産活動の結果であり、研究開発の結果ではない」としてOSRDが宣言したのだ。[19]契約が結ばれるのは、技能が高い企業や大量生産に負荷をかけすぎる危険が最も少ない企業で、「できる限り多くの組織」に広げられた。コストよりも基準が優先された。基準が同等な場合だけ、コストが最も低い企業と契約するというやり方だった。競争や特許所有権の交付は保留された。[20]

研究が公共資産として扱われて競争が抑えられ、生産だけではなく、直接研究を国家計画に含めるといったことが資本主義の中で実行されたのには驚かされる。米国はそれを完璧に行い、それを手本に主要参戦国が試みた。こうして、戦略的な分野で前例のない文化の相互交流が促進されたのだった。産業プロセスの中核に数学と科学を導入したり、政治意思決定に経済とデータ管理を考慮に入れたりするといった新たな取り組みもあった。

情報理論の提唱者クロード・シャノンの腕を買ったのはOSRDだった。彼をプリンストン大学からベル研究所に招き、高射砲のためのアルゴリズムを開発させた。[21]シャノンはそこでアラン・チューリングと知り合い、「考える機械」が作れるかどうかを議論した。チューリングも英政府によって大学から引き抜かれた1人だ。彼は政府の暗号施設があったブレッチリー・パークで、ドイツの暗号「エニグマ」を解読する任務が与えられた。

こうした革新の文化は戦後の平和な時代に受け継がれる。企業が特許権をめぐり、成果を独占しようとしたり、争いになったりしたこともあった。また、技術革新の勢いが制限されることはなかった。

1942年、GMは、マネジメント理論の第一人者ピーター・ドラッカーに研究の機会を提供した。ドラッカーは最初の近代的マネジメント本と言える『企業とは何か』（ダイヤモンド社 1946）を書き進めた。組織の命令系統の終わりと支配の分散を主張した本だったが、GMは彼のアドバイスを受け入れなかった。ほかの多くの企業の反応もGMと同じだった。しかし、戦後の日本の自動車産業はドラッカーの教えをすべて採用したのだ。こうして、マネジメント理論は秘密裏の知識ではなく、広く普及した学問となる。コンサルタント会社の支持者たちは、密かに学ぶよりも、成功の手法を広めるのに熱心だった。

この点において、戦時経済は長期好景気の資本主義に根本的な反応を引き起こした。それは、大胆な技術的飛躍によって問題を解決することだ。そして、学問分野から専門を引き入れ、部門の成功事例をほかの部門にも広めた。製品そのものが変化するとビジネスプロセスも変えられた。

あらゆる面で、国家の役割は金融の小さな役割とは対照的だった。長期循環のいずれの標準モデルでも、革新を促進し、より生産性のある新しい部門に資金が流れる手助けをするのが金融だ。しかし、1930年代、金融には実際のところ活気がなかった。

戦争から現れたのは、これまでとは非常に異なる資本主義だった。必要なのは新たなテクノロジーだけだった。しかも、それは豊富にあった。ジェットエンジン、集積回路、原子力、合成材料などだ。1945年以降には、ナイロンやプラスチック、ビニールといった新しい材料が数多く開発され、目まぐるしい速さで電化が進んだ。

目に見えない重要なテクノロジーもある。「情報」だ。「情報経済」は、今後数十年は続くだろう。戦後には情報は産業規模で利用されていた。科学、マネジメント理論、データ、マスコミという形で、また神聖な場所から――コンピュータ、ペーパーナプキンが載ったトレイから――情報が流された。

トランジスタは作動部分がない簡単なスイッチだ。トランジスタに情報理論を組み合わせたことで、人は物理的プロセスを自動化できる能力を手に入れた。西側諸国の工場の設備は半自動化機械に一新された。例えば、空気プレスやドリル、切断機、施盤、ミシン、生産ラインなどだ。こうした機械に足りなかったのは、洗練されたフィードバック・メカニズムだった。電子センサーや自動化の論理系はあまりにも未熟で、機械の自動化には圧縮空気を使っていた。今ではｉＰｈｏｎｅのアプリを用いて行っている。働き手はたくさんいたので、手作業の多くは半自動化プロセスを操作する仕事となった。

英国の経済学者アンドリュー・グリンは、戦後の好景気の成功は、「独特な経済体制」だけで説明できるものではないと考えた[22]。そして、「経済と社会、地政学的な要素が混合していた。上昇局面では順調に機能していたが、1960年代終わりには壁にぶち当たり、崩壊した」と説明している。

国家の方向性が、科学主導の技術革新という文化を生み出した。革新が刺激となり生産性が高まった。高い生産性と連動して賃金が上昇し、そのため消費が25年間、生産と同じペースを保つことができた。明白な国際ルールの体制が上昇を増幅させた。部分準備銀行が「快適な」インフレを促進し、金融抑圧をともなって、資本を生産部門に流し、投機的な金融取引に制限をかけていた。先進国では肥料の使用と機械化で、土地の生産性が急上昇し、投入コストが安く保たれた。同時にエネルギーの投入も安くすんだ。

こうして、1948~73年の期間は、巨大化したコンドラチェフの波の上昇局面として説明された。

何が波を壊すのか

1973年10月17日は経済史上、明確な分岐点となった。アラブ諸国とイスラエルとの間で第4次中東戦争が勃発したのを受け、産油国は米国に対して石油禁輸を断行し、生産量を削減したのだ。原油価格は4倍にも跳ね上がった。このため、主要経済国は景気後退期に突入することになる。米経済は1974年1月~75年3月に6・5%縮小した。[23] 英経済は同期間に3・4%の縮小だった。戦後期の平均成長率が10%近かった日本でさえ、しばらくの間その勢いが鈍化した。[24] この経済危機は珍しいものだった。というのも、最も打撃を受けた国がインフレに直面したのだ。1975年までに、英国のインフレは20%に達し、米国でも11%となった。「スタグフレーション」という文字が新聞の1面を飾った。

だが、当時でさえ、石油ショックだけが引き金ではないことは明白だった。上昇の勢いがすでに衰えていたのだ。1960年代終わりには、各先進国で、インフレや労働問題、生産性の懸念、金融スキャンダルの混乱など、国内や地元地域の問題によって八方ふさがりになっていた。そのような中で、

1973年の分岐点を迎えた。よりによって第4の波の上昇をけん引してきた石油というエネルギーが原因となって、上昇はピークを迎え、下降に転じたのだった。一体何が起こったのか。この答えがわかれば、近代経済がどういうものかが明らかになるだろう。

右派の経済学者は、この答えはケインズ学派による政策の疲弊にあると考えた。一方、左派の意見は時期で分かれた。1960年代終わりでは、賃金が高かったことが要因に思えた。その後の約10年については、ニュー・レフトの経済学者がマルクスの過剰生産の理論を応用しようとしたことが要因のように考えられた。

実際は、1973年の出来事を、コンドラチェフの波のパターンにおける典型的な局面変化と理解するのが妥当だろう。こうした変化は経済循環の中で約25年ごとに、世界規模で起こっている。そして、再発する危機が長期化する先触れとなる。上昇に変化する原因――高い生産性と明白な国際ルールと金融抑制――を理解すれば、どのように衰弱するようになるのかがわかる。

戦後の取決めによって、貨幣同士の関係と階級同士の関係という2つの領域で不安定性は効果的に閉じ込められていた。ブレトン・ウッズ体制の下、自国の輸出品を安くし、雇用を増やすために、自国の貨幣の価値を下げることはしてはいけないことになっていた。もし、自国の経済に競争力がないとすれば、その国家は貿易障壁を用いて国際競争から自国を守るか、賃金引き下げや価格統制、社会福祉の支出の削減などの「内的減価」を実施するしかない。けれど、実際のところ、保護貿易主義はブレトン・ウッズ体制によって妨害され、賃金引き下げは1970年半ばまで本格的に行われることはなかった。そのため残された策が通貨切り下げだった。過去に遡ると、1949年に英国はドルに対して30%のポンド切り下げを行い、23カ国が後に続いたことがあった。現に、1973年までに公式に行われた通貨切り下げは全部で400事例ある。

ブレントン・ウッズ体制は初めから、国家がドルに対して自国の貨幣レートを操作することで、景気後退の相殺を繰り返すことになるシステムだった。米政府はこれを不正な競争として捉え、反撃に出た。1960年代までに、実質的に競合国の通貨に対して、価格の差を比較してドルを切り下げたのだ。このように、1960年代終わりのインフレ危機には、経済戦争が水面下で繰り広げられることになった。

企業の工場内では、長期の好景気は生産性と賃金に直結した。先進国の生産性は年4・5%上昇し、個人消費が4・2%上昇した。自動化機械の生産高の増加分が、機械を動かす作業員の賃金の上昇分を上回った。これはすべて新たな投資のおかげだった。しかし、投資によってそれまでの比率で生産性を向上させることができなくなると、上昇が止まった。

1973年以前のデータには、生産性が緩やかに低下し、投資された資本に対する産出量の比率が下がっている兆候がはっきりと現れている。[25] 利潤を低下させる力に反作用する傾向としての生産性の勢いが失われたのだ。状況が厳しくなったとき、各国の完全雇用の労働者階級は強い交渉力を持っていた。それに戦後の社会契約を破棄する意志もなかった。管理者はそのため賃金引き下げに取り掛かることはなかった。それどころか、賃金と賃金以外の手当を上げざるを得なかった。労働時間も短縮された。

その結果、「利潤の搾り取り」が始まった。アンドリュー・グリンが、米国と欧州、日本を対象に、1973年とそれぞれ好景気の期間のピークとなった年とを比べたところ、いずれも利潤率が3分の1低下していた。こうした利潤の低下、賃金の上昇、警告レベルの労働闘争に加え、2つの圧力弁が存在していた。1つはインフレ上昇をそのまま放っておくこと。そうすれば、さらなる論争をする余地もなく実質賃金の価値が損なわれる。2つ目は社会的賃金の上昇に従うこと——例えば、家族手当など国家から労働者への給付金の増額などで、民間企業の圧力を和らげたりすることだ。このため、とりわけ欧州では、給付金や補助金や所得を押し上げるほかの政策への国家の社会的支出が、機能不能なレベルにまで膨れ上がった。1950年代終わりにこれらのGDPに占める割合は8%だったが、1975年には16%に上昇している。[26] 米国については、およその同期間で見ると、社会福祉や年金、医療費への連邦政府支出は1970年代終わりまでに2倍に増え、GDPの10%を占めていた。

こうした脆弱なシステムを危機に陥らせようと思うなら、ショックを与えるだけでよかった。それを、1971年8月にリチャード・ニクソンがやってのけた。最終的には金《キン》とドルを交換する協定を破り、ブレトン・ウッズ体制を粉々に破壊したのだ。

ニクソンがブレトン・ウッズ体制を終わらせた理由についての資料は十分ある。[27] 米国の競争国である欧州諸国が生産性で追いつくと、資本が米国から欧州に流れ、その一方で米国の貿易収支が減少した。1960年代終わりには、どの国も景気拡大策を打ち出していた。国内では財政支出が増え、低金利が続いていた。こうして、米国はブレントン・ウッズ体制の敗者となった。しかも、1960年代終わりにはベトナム戦争の代償を払い、福祉制度改革に支出しなければならなかったのだが、それができなかった。通貨の価値を下げる必要があったが、それもできなかった。なぜなら、ドルを切り下げるには、ほかの国がドルに対して自国の通貨を切り上げなければならないが、それを拒否したからだ。だから、ニクソンは行動を起こしたのだ。

世界は金とドルの固定相場制から完全な自由変動相場制へと転換した。その時から、世界の銀行システムは事実上、何もないところからマネーを創り出すようになったのだ。

この転換で、打撃を受けていた国家は、前の体制では実行不可能だったため、生産性と利潤性の問題を解決するのに使えなかった手段が一時的に使えるようになった。それは、財政支出の増加と金利の低下という手段だった。1971～73年は不安ながらもユートピア的な雰囲気が流れていた。だが、1973年1月、ウォール街とロンドンで株価が暴落し、投資銀行が数社破綻した。1973年10月のオイルショックで状況は一気に悪化した。

ケインズ政策の続行

1973年までには、長期の好景気を維持してきた特別体制は崩れ落ちた。この危機は、石油輸出国機構（OPEC：Organization of the Petroleum Exporting Countries）によって壊された低価格の投入、リチャード・ニクソンにより引き裂かれた国際ルール、嫌悪感を覚える「貪欲な労働者」による蝕まれた利益によって、偶然引き起こされたように思えた。

英国コメディ映画シリーズ『Carry On（続けましょう）』は、この時期を選んで時代を反映させたばかばかしいパロディだが、非常に鋭い社会的主張に作り上げている。1971年に公開されたシリーズの1つ『Carry On At Your Convenience（あなたの都合のいいように続けましょう）』の舞台はトイレ生産工場だ。労働者が現場をコントロールし、監督は無能という設定で、性の解放によって小さな町の工場の床上でさえ人生を変えてしまうというストーリーだ。この映画には「この時代のシステムはばかばかしい。進み続けることができないのに、ほかの手段もないのだから」という意味が込められている。それに市民だけでなく、政策の行き詰まりも描き出していることがわかる。

1973年以降、各国政府は昔のケインズ主義を応用することで、この体制を取り繕おうとした。インフレを抑えるために、労働者の動揺を鎮めるために、価格と賃金を統制する政策を導入する。それには財政出動を行った。つまり、経済不振に直面して需要を維持するために借金の規模を増やしたのだ。1975年から成長が回復したが、以前の水準に達することはなかった。

1970年代の終わりにかけて、ケインズ体系は自滅した。この原因を作ったのは政策立案者だけではなく、ケインズのゲームで戦った労働者、官僚、テクノクラート、政治家といったプレイヤー全員だった。

労働者階級の闘争の場はすでに工場から国家相手の交渉へと移っていた。1970年代半ばには、ほぼどの国の労働組合の指導者も、国家との賃金協定、価格統制、社会改良計画に重点を置いていた。それとともに、彼らは特定の部門で支配権を維持する戦略を練っていた。英国の港湾労働者がコンテナ技術の導入に反対したのもその一例だ。そして、先進国での労働運動の最終的な目的が、左派の社会民主主義政府の樹立となっていた。ケインズ政策が永久的に保証される可能性があったからだ。

このときには、実業家階級と右派の主要な政治家はケインズの世界から抜け出していた。

労働者への攻撃

グローバリゼーションと新自由主義の勝利は当然だ、という考えが世間に広まっていた。しかし、そうではなかった。この2つの出現は、1930年代の協調組合主義やファシズムの考えを政府が採用した結果とまったく同じことだった。

新自由主義は理想を求める政治家によって考案され、実行された。それが、チリのアウグスト・ピノチェト元大統領、英国の超保守派のマーガレット・サッチャー元首相、英国のロナルド・レーガン元大統領と彼を権力の座につけた冷戦主義者たちだ。組織労働者から散々抵抗にあってうんざりしていたところだった。これらの新自由主義の先駆者たちは、私たちの時代を左右することになる結論を導き出す。近代経済は組織化された労働者階級とは共存できない、と。こうして、労働者の集団交渉力と伝統と団結を完全に叩き潰した。

労働組合は以前にも攻撃にあったことがある。しかし、その攻撃はいつもパターナリストの政治家から受けたものだった。彼らは労働組合に少しましな提案をした。1つは「交戦状態の職場」を穏健社会主義、つまり国家から送られた要員が動かす労働組合が定義する「平和な職場」に変えること、そして、安定した社会的保守のコミュニティを築く手助けをすることだった。実は、それは兵士と使用人を増やすことになり得た。保守主義、それにファシズムまでもが、資本の利益を増大させるために別の結束を促す計画を企てていた。だが、それはただの結束に過ぎなかった。

一方、新自由主義者はそれとは違う攻撃の形を模索していた。分断化だ。今の世代は新自由主義の結果しか知らないため、あまり気づかないが、この目的――労働交渉権の破壊――が彼らのプロジェクト全体の中心にあり、ほかのあらゆる目的を達成する手段でもあった。実は、新自由主義の指導原則は、自由市場でもなく、財政節度でも、通貨価値の維持でも、民営化でも、業務の海外への移管や委託するオフショアリングでもない。グローバリゼーションでさえもなかった。これらはすべて、目的達成の副産物、あるいは兵器とでも言えるものだ。繰り返すが、主たる目的は、その現状から組織労働者を排除することなのである。

先進工業国すべてが同じ道を、同じペースで進んでいるわけではなかった。日本は1970年代に、個々に賃金交渉したり、工場内でプロパガンダを大音量で流す時間を設けたりして、生産ラインで小さなチームワークを作るといった画期的な取り組みを始めた。先進国の中で、1973年以降に、合理的な生産ビジネスモデルの構築に成功したのは日本だけだった。言うまでもなく、抵抗運動があったし、首謀者を捕まえて、運動を止めるまで連日殴るような野蛮な取り締まりもあった。この時代の証人として、社会運動家の武藤一羊は、『企業社会』は表面上、国家の法律に影響されていないかのように思えた。しかし、こうした企業社会で、労働者は恐怖で体をこわばらせて、自由な思想を凍結し、沈黙した。これは当然のことだ」と書いている。(28)

反対に、ドイツは2000年代初めまで労働改革に抵抗していたが、それよりも、パターナリスト社会とともに、低水準のサービスと建築の仕事で周辺国からの移民から成る労働力を作り出すことを好んだ。エコノミスト誌は1999年になって、ドイツのこうした状況を「ユーロの病んだ人」と描写し、「膨らみ過ぎた社会福祉制度と過剰な労働コスト」を嘆いている。(29) ドイツは2003年に、通称「ハーツII」と呼ばれる法律を施行し、労働市場改革を行ったことで状況を改善させてきた。これが、今やドイツを貧困から抜け出せないコミュニティを数多く抱え込む著しく不平等な社会にさせたのだ。(30)

先進国の多くは、1980年代初期の景気後退に便乗して、大量の失業者を出した。採用した政策は過剰なものだったのでかえって景気を一層後退させた。金利を引き上げ、古い産業を窮地に追い詰めた。石炭や鉄、自動車、重工業生産を民営化するか閉鎖した。そして、好景気の数年、管理者を悩ます危険な活動や団結行動を禁止した。だが、社会福祉制度はまだ廃止しなかった。というのも、精神的に傷を負ったコミュニティの社会秩序を維持する必要性があったからだった。

組織労働者への攻撃はいくつかの事件がきっかけとなって中断される。1981年、米国の航空管制官のリーダーたちが逮捕され、鎖につながれ行進させられた。多くの従業員がストライキのために解雇された。サッチャーは1984～85年の炭鉱労働者のストライキを破るために警官隊を動員した。しかし、労働運動への攻撃は道徳と文化的なレベルで成功した。1980年以降、先進国ではストライキが減り、労働組合の人口も減少した。米国では、労働組合への加入者の労働人口に占める割合は1980年には20％とすでに少なくなっていたが、2003年には12％とさらに減っており、民間部門では、労働組合に残る者が集団で行動するのは難しい状況となっていた(31)。日本の労働組合員の数は、同期間に31％から20％に減少した。英国はもっと深刻で、同期間に50％から30％にまで下がった(32)。

労働組合が社会の表舞台から退くと、労働環境は本格的に変容し、従業員の分断と不安定な状況が今日まで続いている。1980年代の組織労働者の敗北を生き抜いた人にはトラウマとなったが、彼らは祖父の時代の人も同じ目に遭ってきたと自分に言い聞かせた。しかし、過去に遡って、長期波動論にある複雑多彩な歴史を通して労働闘争を見てみると、実はこの時期の出来事が類のないものだったことがわかる。

1980年代は、労働者の抵抗運動が崩壊した、長期波動の歴史上初めての「適応期間」だったと考えられる。第3章で大まかなことを述べたが、通常のパターンでは、抵抗によって、資本主義者はもっと徹底的に適応せざるを得なくなり、より高い生産性とより高い実質賃金に基づく新たなモデルを構築するようになる。1979年以降、労働者が抵抗運動に失敗したことで、主要資本主義国は低賃金と価値の低い生産モデルを採用して、危機の解決策を探すことができた。これが、根本的事実であり、次に起こるさまざまなことを理解するためのカギとなる。

新自由主義者の考えからすると、組織労働者に対する勝利によって「新たな種類の資本主義」が実現できなかったのではなく、賃金上昇の停止と分断を土台とする第4の長期波動を長引かせることができたということだ。前の第3の循環のときのようにテクノロジーを使って危機から抜け出す方法を用いる代わりに、1%の富裕層は労働者階級を貧困に陥れ、分断させたのだ。

西側諸国はどこも、GDPに占める賃金の割合が著しく低下した。国際労働機関（ILO）のエコノミストであるエンゲルバート・ストックハマーは、労働者が被った損失について調査している。こうした賃金分配率の低下はもっぱら、グローバリゼーションの影響と金融化、福祉の供給の削減によるものだと明らかにした。「これは、戦後時代の賃金分配率が安定、あるいは上昇してきた状況を歴史的に大きく変化させた」と彼は書いている。[33]

今にしてみると、この発言は控えめだ。これは世界の形を大きく変える引き金だったのだ。

波の混乱の全体像

変化が大きくてはっきりしていて、しかも十数年に及ぶ場合、その全体像をはっきりと理解するために2次元のグラフを使うことがある。次のグラフは、コンドラチェフが予想した典型的なパターンと何が合致するか、何が合致しないかをはっきり示している。また、その理由についての手がかりも与えてくれる。

図1　世界の年間GDP成長率

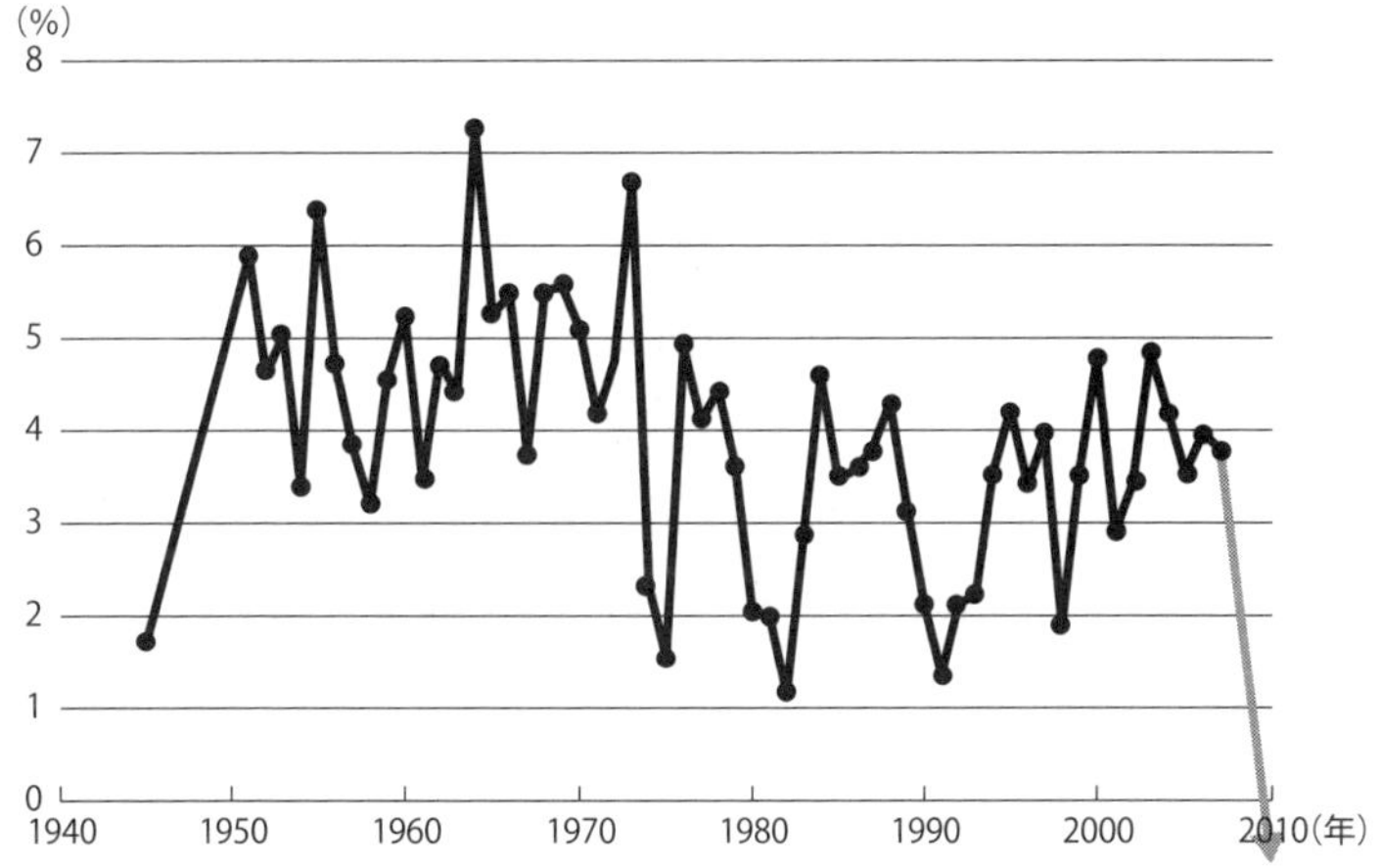

１　世界のＧＤＰ成長率

図１を見ると、第４長期波動の全体の形が一目でわかる。１９７０年代初めに局面に明確な変化が起こっている。ＩＭＦは成長率が３％を下回ると世界的な景気後退と定義している。その定義を用いると、最初の25年間と、１９７３年以降の６年間に景気後退は見られない。１９７３年の変化は異例だった。[34]

２　金利[35]

コンドラチェフは金利を用いて波の変動を調べた（図２）。１９４５年以後の期間で、最も明確な基準となるのが、米国の銀行が企業や個人に課す平均金利だった。金利は長期好景気に段階的に上昇し、１９８０年代初めに一気に上がった。これは古い産業を一掃するために、高い金利を課した時期にあたる。その後、金利は徐々に下がり、グラフの最後では水平となる。量的緩和策がとられたためだ。それ

図2　米国の平均金利

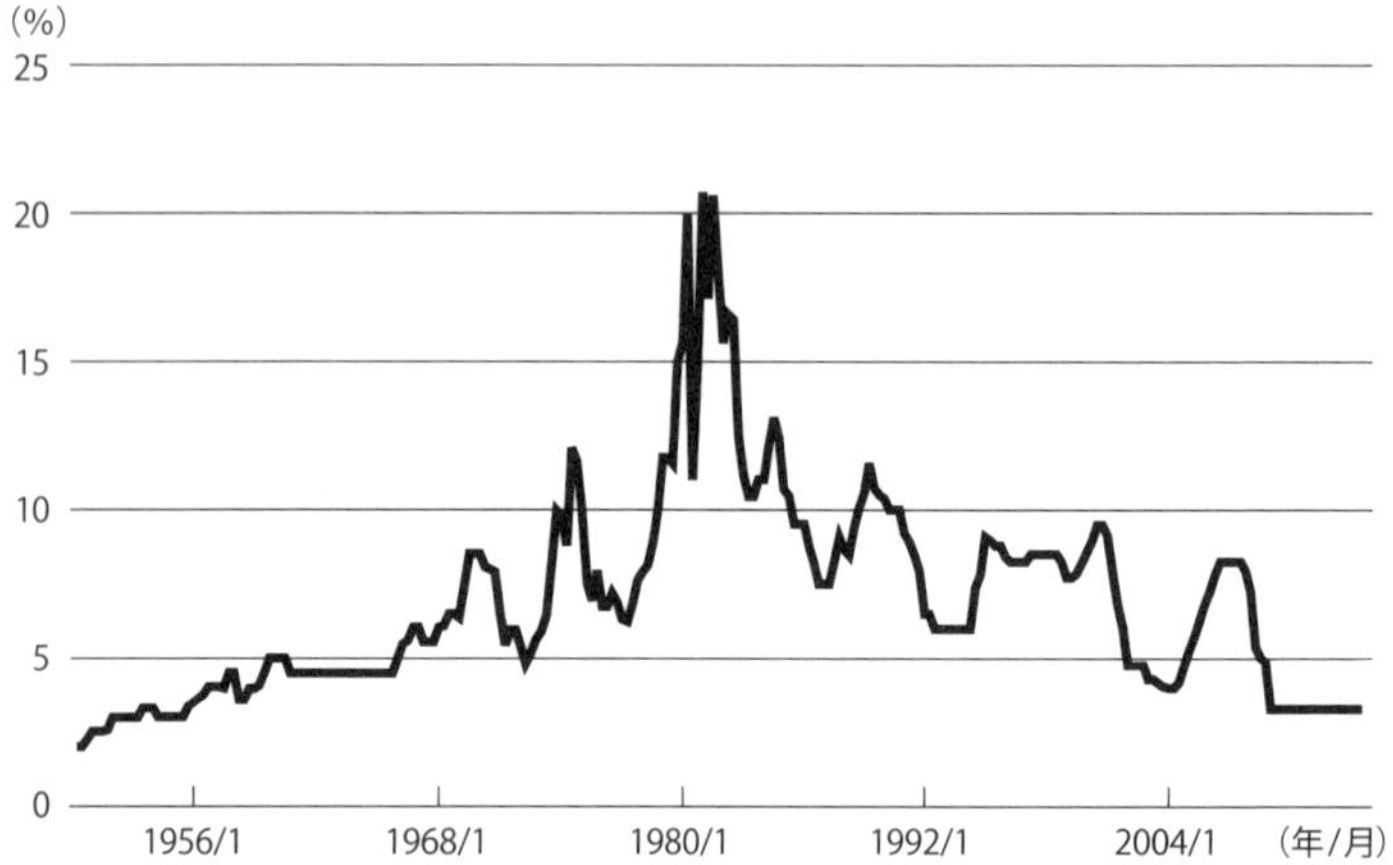

までのすべての循環でこの正確なパターンを捉えていたコンドラチェフの同僚は、「これは長期波動である」と結論づけた。

3　物価：ニッケル

コンドラチェフは石炭や鉄などの基本物価も調査している。このグラフ（図3）は、57年間において、現在の基本物価であるニッケル（鉄鋼の主な材料）の価格の変動を示したものだ。コンドラチェフはこれを見てかなり驚いただろう。たった1つの例だが説明はほとんどいらないと思う。というのも1945年以降の原材料価格に何が起こっていたかを如実に表しているからだ。グラフの右側には突き出た部分がいくつか見られるのは、とりわけ中国やグローバル・サウス（発展途上国）で急速に産業が発達し、大量に消費されたからだ。

米地質調査所の2007年の報告書によると、中

図3　ニッケルの価格

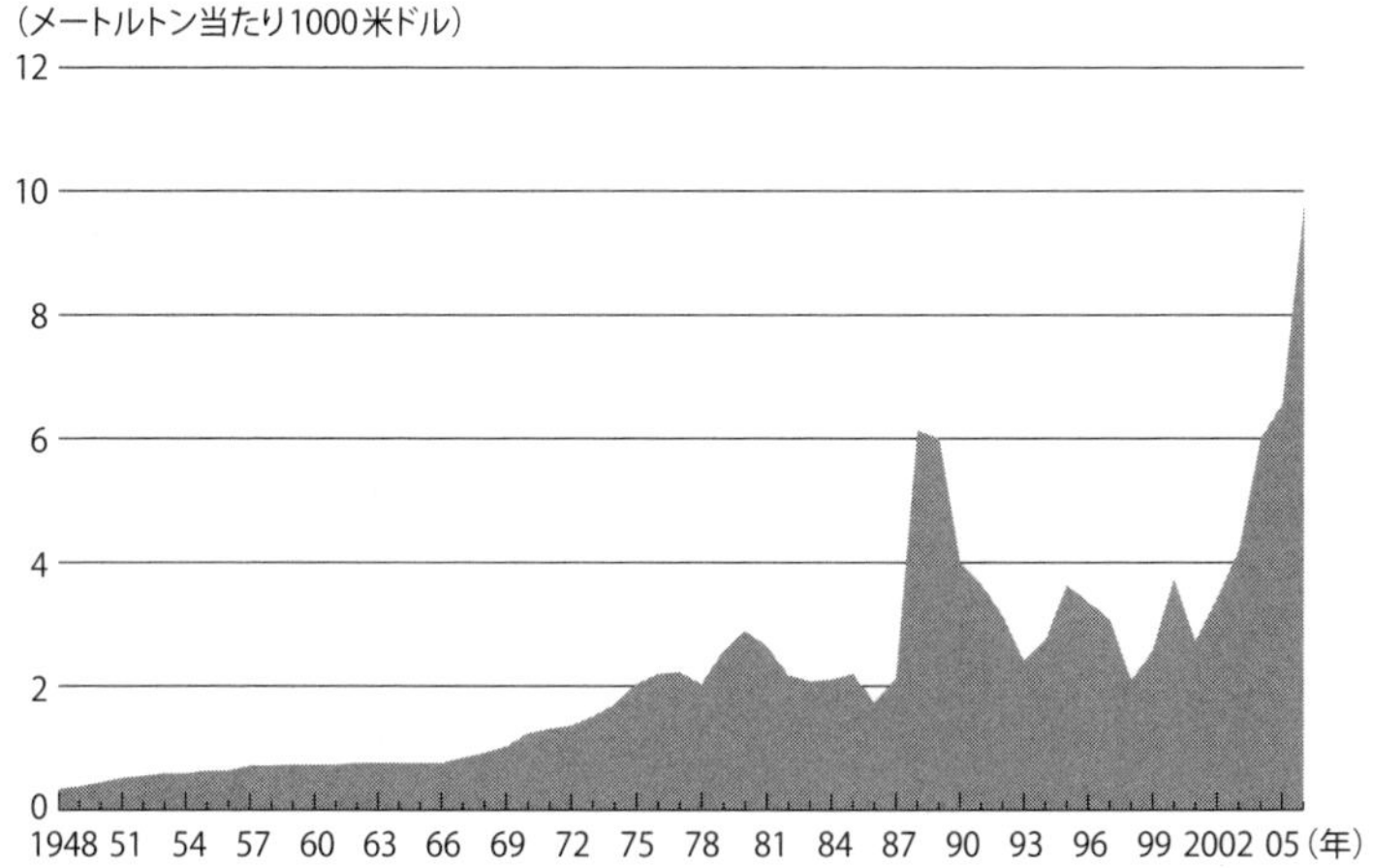

国が世界市場に参入したことで、１９８９年以降、工業用の金属価格が押し上げられたという[36]。中国のニッケルの使用量は、１９９１年には30トンだったのが２００１年には60トン、２０１２年には７８０トンと急増している。対照的に、同期間で、ほかの産業国でのニッケルなどの金属消費量の伸びはかなり緩やかとなっており、例えばドイツは80トンから１１０トンとなっている[原注]。

4　G20諸国の総政府債務の対GDP比[37]

政府債務の変動は、コンドラチェフの調査分析に

【原注】 経済学者は通常、物価とインフレとを比較する。１９８９年以後の期間でニッケルとほかの金属の価格をインフレと比較した場合、ほぼ一定か、下落すらしている。長期循環を分析するのに、インフレやデフレで確認したいところだが、要因に含まれていない。

図４　G20諸国の総政府債務の対GDP比

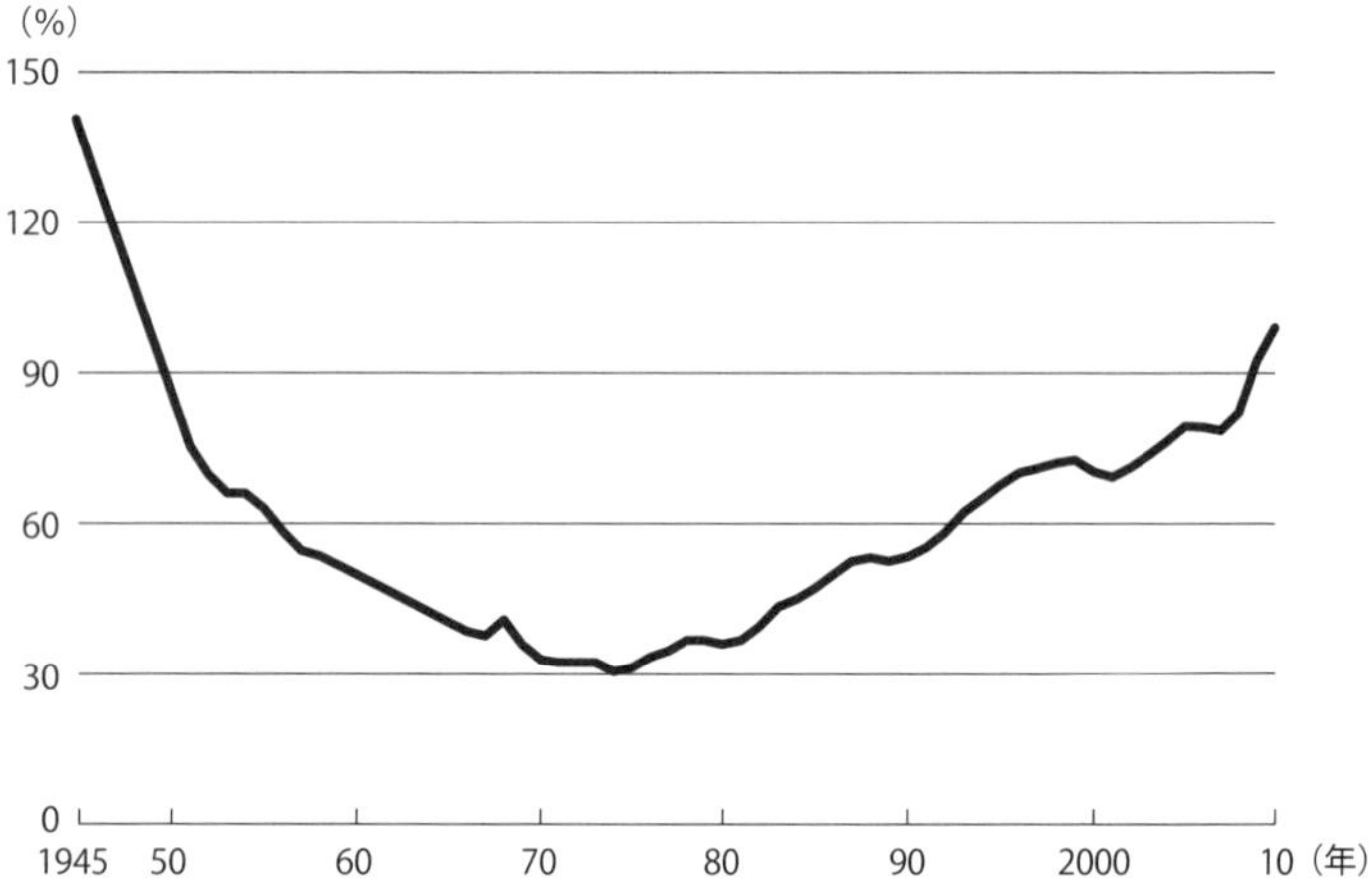

注　GDP（PPP）加重平均

は入っていないが、近代国家の経済全体の健全性を測るための優れた指標である。このグラフ（図４）は国家債務と年間ＧＤＰとの比較を示したものだ。金融抑圧政策はインフレと合わさり、25年にわたり成長を維持し、戦争の債務を消し去った。それから、１９７３年に危機に直面した後、先進国はやむなく債務を増やすことになる。社会福祉を削減したり、民営化を促進したりしたにもかかわらず、債務は対ＧＤＰ比１００％近くまで膨らんでいる。

５　通貨供給量

ここで不換紙幣の話をしよう。不換紙幣とは、金《キン》と交換される保証のない紙幣のことだ。このグラフ（図５）は、１９７１年にニクソンがブレトン・ウッズ体制を廃止したときから始まっており、世界90カ国における通貨供給量を示し

図5　通貨供給量

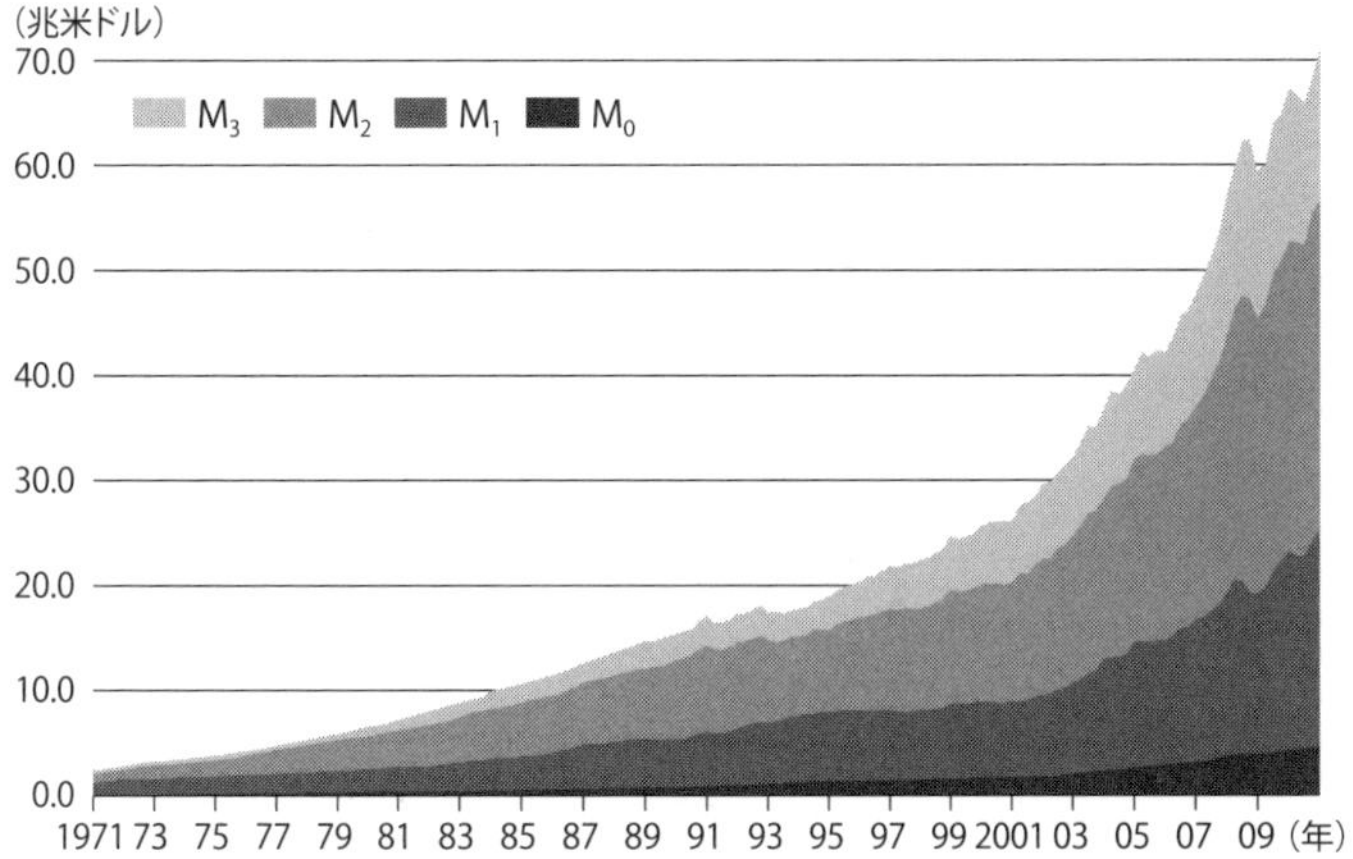

注1　通貨供給量（90カ国）
注2　マネー・サプライ（通貨供給量）の動きを示す指標。国によって分類が異なり、ここではユーロ圏のECBによる定義。M_0：流通現金通貨、M_1：流通現金通貨＋預金通貨（マネー）、M_2：マネー＋準通貨、M_3：広義のマネー

ている。通貨には、ほとんど変化していない現金から、新自由主義時代に着実に増加して２０００年以降に激増した信用証券や金融商品までさまざまな種類がある。(38)

ニクソンは根底にある現実からマネーと信用を切り離した。この自由を最大限利用できる金融システムを構築するのに数十年かかったが、１９９０年代終わりから、通貨供給量の増加率が一気に上昇している（図5）。

6　不平等

黒の線は、第４長期波動における、99％の庶民層の実質所得を示している（図6）。第２次世界大戦中に農場で働いていた人々が工場へと移ったことで、所得はすでに2倍に増加していた。戦争とオイルショックの間の期間にはさらに2倍に増加している。１９８９年以降では全

図6　米国における庶民層と富裕層の所得比較

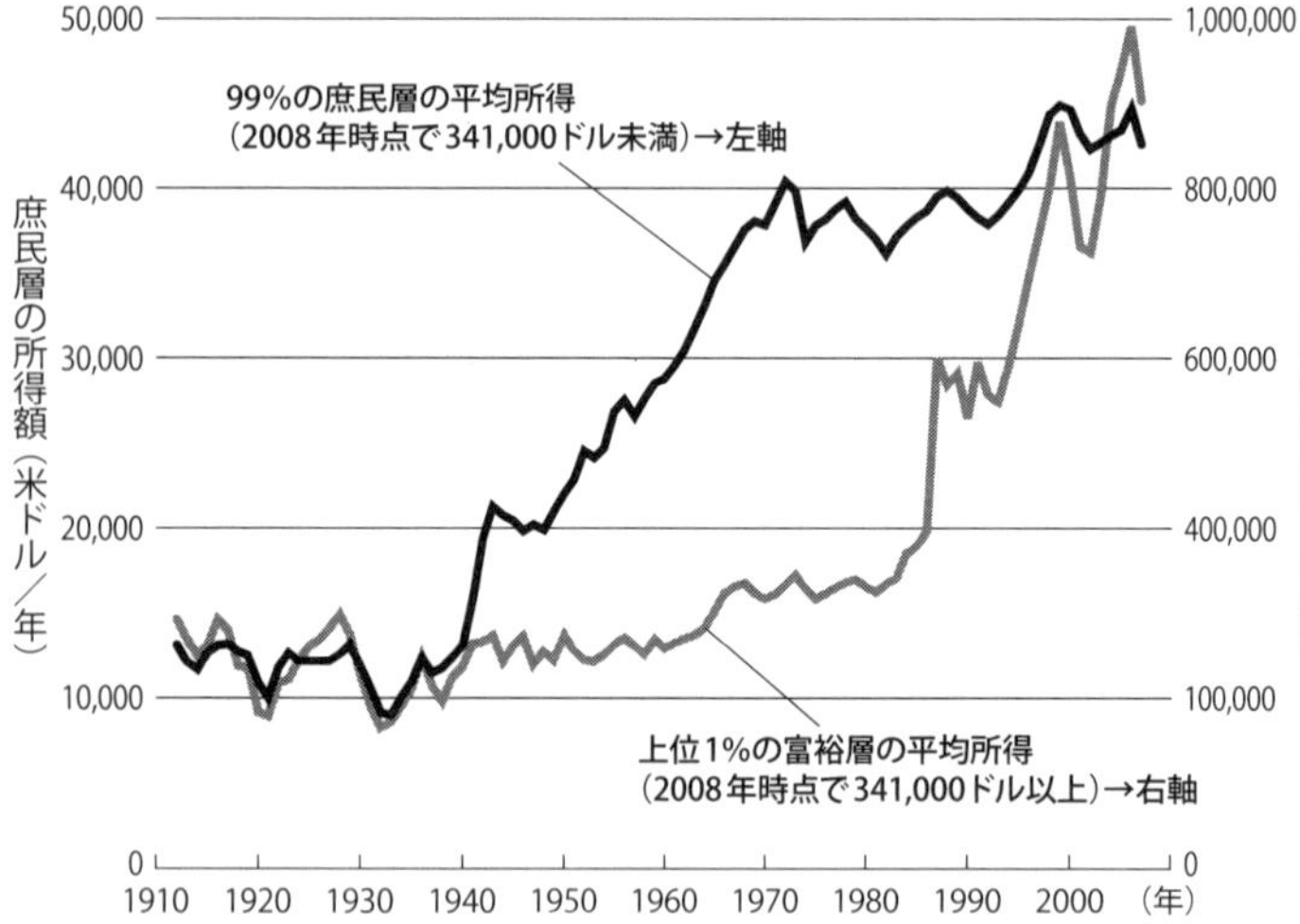

期間にわたり、成長が緩やかになる。一方、1％の富裕層のケースではその逆のパターンが見られる。循環の下降局面で莫大な富がもたらされているのだ。好景気と危機が交互に続いた時期は、上下変動はほとんどないが、1980年代終わりに自由市場経済へと開放されると、富裕層の所得（灰色の線）が一直線に上昇している。循環が下降に転じたときに、先進国の中で勝者と敗者がこれほどはっきりとわかるグラフ[39]はほかにはないだろう。

7　金融化[40]

このグラフ（図7）は米国の全営業利益に占める金融部門の利益の割合を示している。長期の好景気の間、米国の金融部門の利益は小さいものだった。1980年代半ばに変化のペースが上がった。リーマン・ブラザーズの破綻前の

図7　米国における全営業利益に占める金融部門の利益の割合

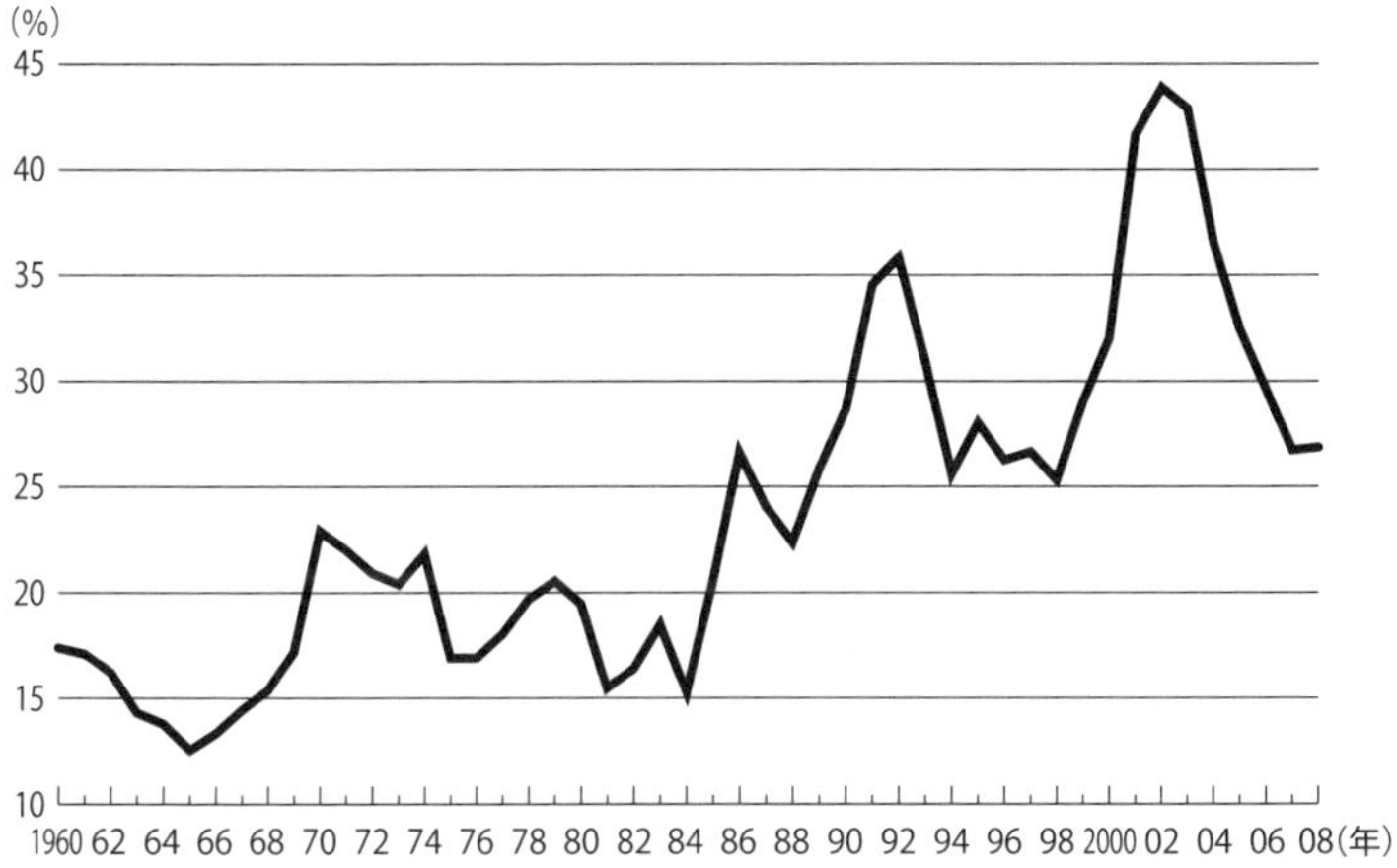

数年間、銀行とヘッジファンド、保険会社が全営業利益の40％を超える利益を稼いでいた。金融資本主義によって金融部門が大儲けした利益は、私たちが借金したり、消費したりすることで生まれており、私たちを雇用することで生じた利益の方が少ないことを、このグラフがはっきりと証明している。リーマン・ショックの直前の社会では、企業が稼いだ10ドルのうちの4ドルを金融機関が稼いでいたことになる。

8　グローバル投資の流れ

グローバリゼーションの現実を強く印象づけるのがこのグラフだ（図8）。上の線は、1970〜2012年の世界の海外直接投資（FDI）の総額を表している（本書執筆時の価格と為替レートで換算。単位は100万米ドル）。中央の線は、発展途上国への投資金額、下の線は旧共産

図8　海外直接投資

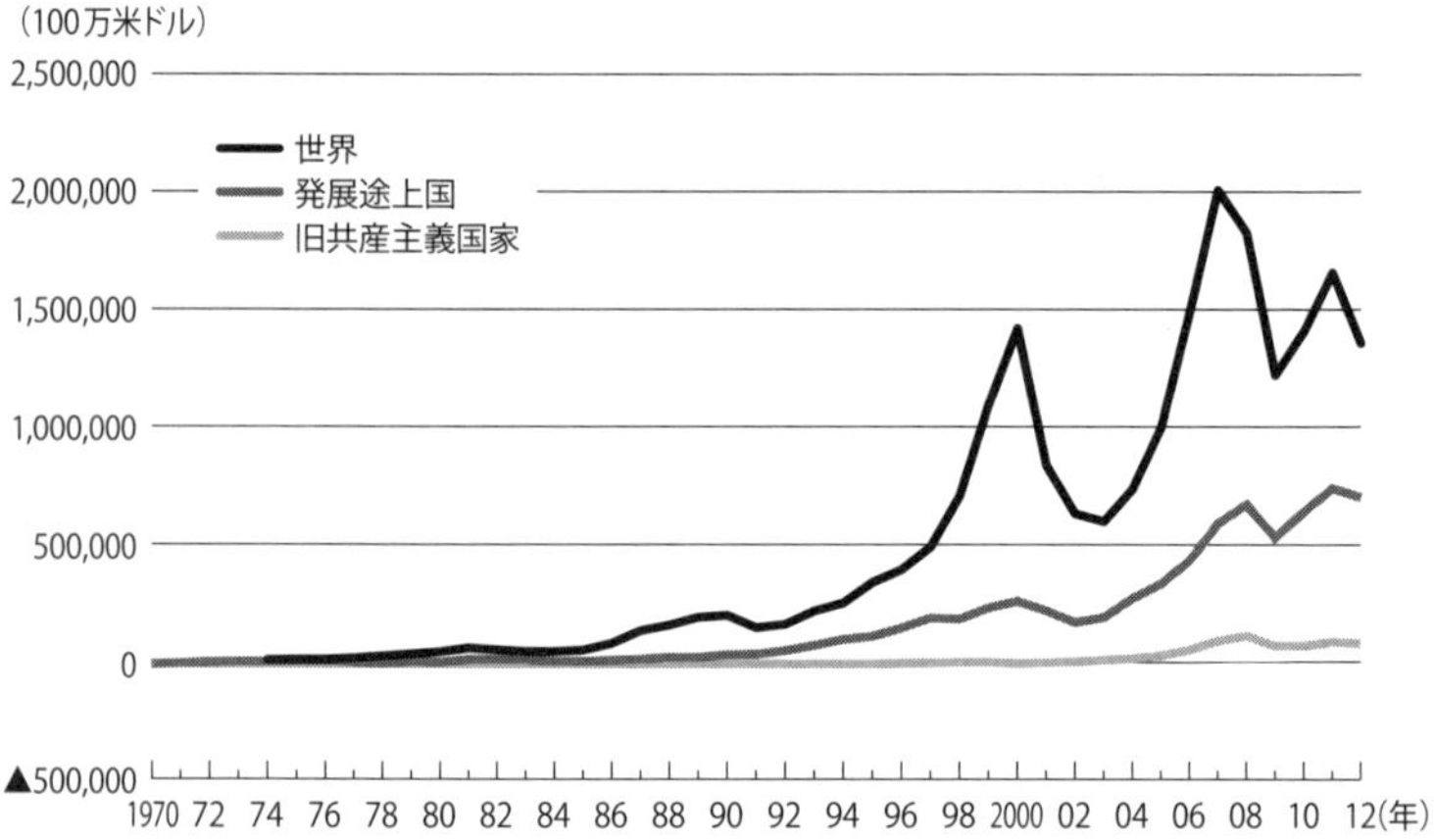

主義国家への投資金額だ。上の線と中央の線との違いから、先進諸国間で外国投資が流れていことがわかる。(41)

ケインズのパラダイムを断念したとき、グローバリゼーションが始まっている。先進国間の国境を越えた投資の高まりは、「第3世界」と呼ばれている国家への安定した投資の流れと合わせ鏡のように変動が似ている。ロシアとその衛星国への資本の流れは、それらの経済規模を考えれば重要だが、全体像で見るとそれほど重要ではない。

9　1人当たりのGDP(42)

1人当たりのGDPとは人間の進歩を映し出す指標のことで、簡単に言うと、経済成長した分を国民の間で分けると1人どのぐらい得られるかを表している。このグラフ（図9）では、墨の濃い線が世界の1人当たりのGDPを示している。1989～

図9　1人当たりのGDP

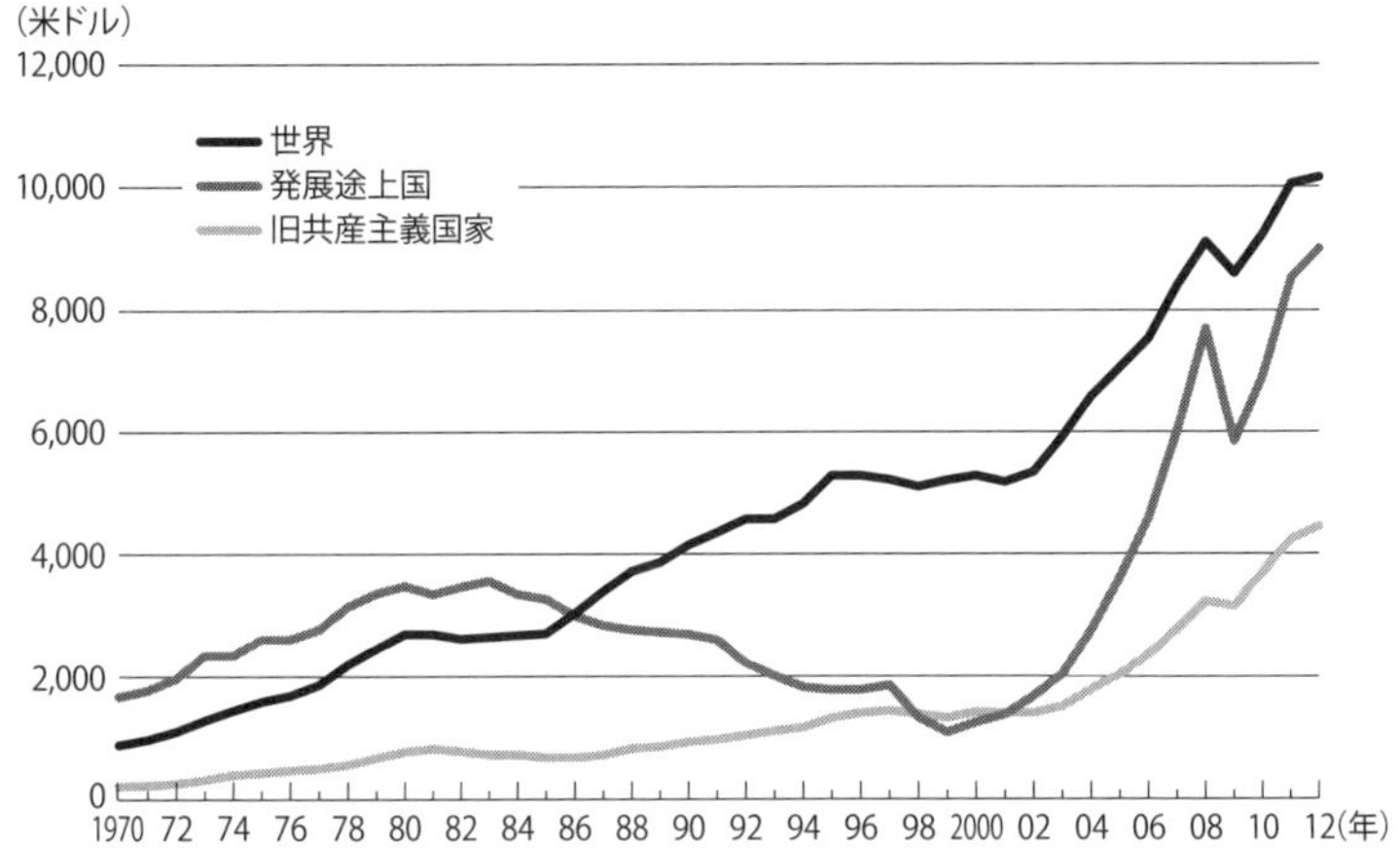

2012年に、世界全体で162％上昇した。旧共産主義国家も同様に成長を遂げている。12年間の悲劇的な後退期を経て、衛星国がユーロに加盟したことや、ロシア自体がオイルマネーで潤ったことによって成長が加速した。このグラフで目につくのが、2番目に濃い墨の線で示した途上国の変化だ。1989年以降、404％も伸びている。

英国の経済学者ダグラス・マクウィリアムズは、グレシャムの法則［悪貨は良貨を駆逐するという法則］についての講義を行ったとき、最近の25年間の経済は「人類史上、最も偉大なものだ」と評した。世界のGDPは、アメリカ大陸発見後100年間で33％上昇し、1人当たりのGDPは5％上昇した。欧州と米国だけで産業革命が進行していた1820年以降の50年間は、世界のGDPは60％上昇し、1人当たりのGDPは30％上昇している。一方、1989～2012年までの世界のGDPは20兆ドルから71兆ドルと255%増加した。1人当たりのGDPはすでに述べたように162%増加している。どちらの指標からも、1989年以降の成長のペースは、戦後の長期好景気のペースを上回るほどの勢いがあるのがわかる。(43)

10 グローバリゼーションの勝者

戦後の好景気の間、資本主義はグローバル・サウスの発展を抑制した。その手段は明らかにされていて、資料も多く残されている。(44) 不平等な貿易関係によって、中南米の多くや、アフリカのすべて、アジアの大半の国は、発展モデルを無理やり押しつけられた。これが欧米の企業と国内の貧困層に莫大な利益をもたらした。チリやガイアナなどのように発展モデルの採用を拒否しようとした国もあった。そうした国は米中央情報局（CIA）の攻撃や、グレナダのように軍事侵攻によって、政府が転覆させられた。多くの国家の経済は債務により崩れかけ、債務を帳消しにしてもらう代わりに受け入れたIMFの「構造調整計画」によって崩壊した。小規模な国内産業とともに、こうした国の成長モデルは原材料の輸出と、上がらない所得に頼っていた。

グローバリゼーションがすべてを変容させた。グラフ（図10）からもわかるように、1988〜2008年に、世界の人口の3分の2の実質所得が大幅に増加した。それを物語るのが、グラフの左側で線が隆起していることだ。

今度はグラフの右側に目を向けると、上位1%の富裕層の所得も60%上昇している。けれど、超富

図10　実質所得の伸び

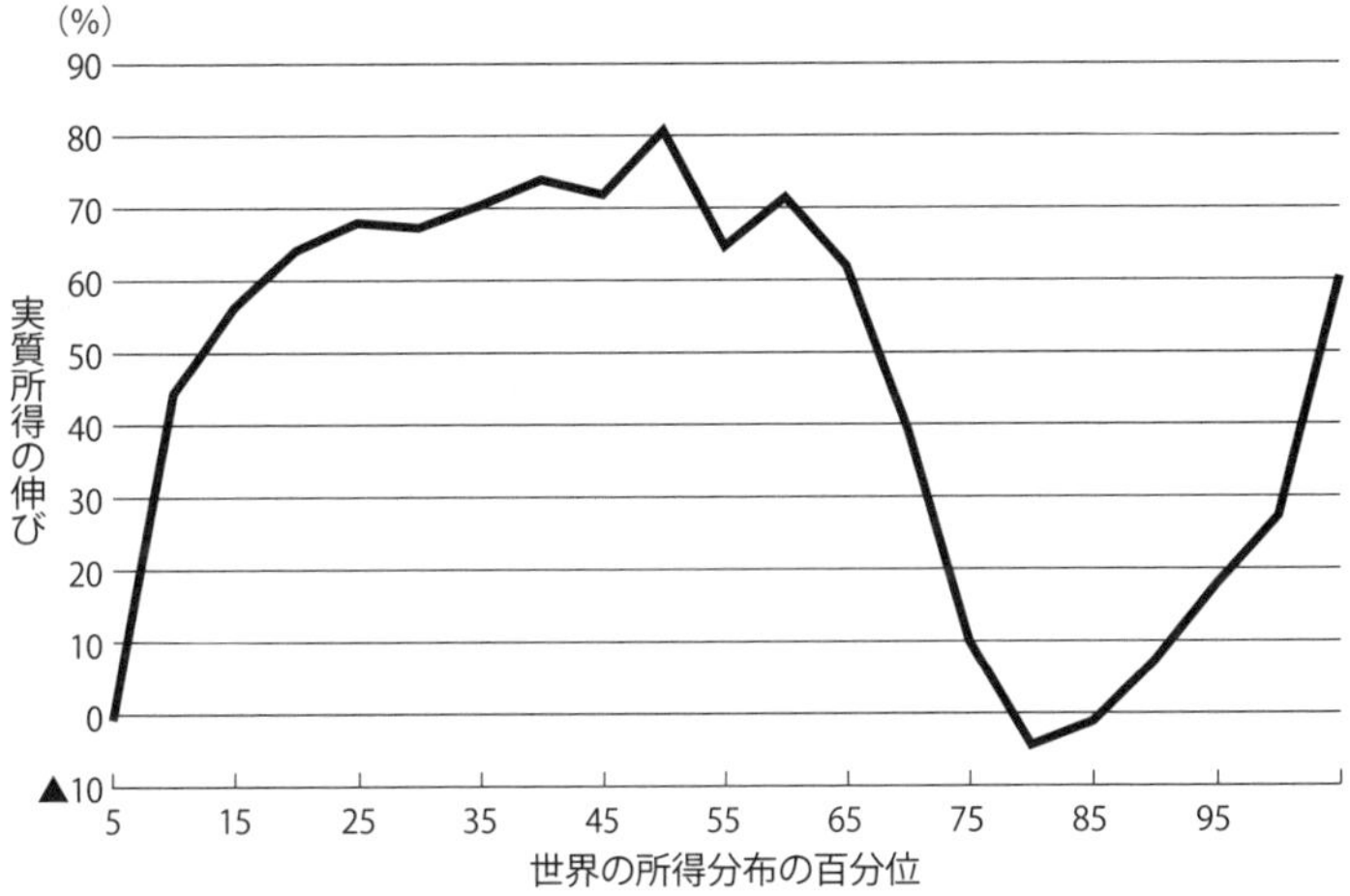

裕層と発展途上国の人々の間に位置する人々――欧米の労働者や下位中産階級――については、U字形に窪んでいて、ほとんど、あるいはまったく所得が増加していない。この窪みの部分が、米国と日本、欧州の大多数の人々に当たる。過去20年にわたり資本主義からほとんど恩恵を受けていないことになる。実際、この中には不利益を被った人たちもいる。グラフでは窪みの底の部分は所得の伸びがゼロからマイナスとなっている。米国の黒人、英国の貧しい白人、南欧の労働者の大半がこれに含まれる。

世界銀行でこうした統計を行っているエコノミストのブランコ・ミラノヴィッチは、「人々の経済的な立場が産業革命以降で最も大きく入れ替わっている」と述べた(45)。

11　倍増した世界の労働人口

ハーバード大学の経済学者リチャード・フリーマンは、1980～2000年に世界の労働者人口の絶対数が倍増し、労働者に対して資本の比率が半減していることを割り出した。[46] 人口増加と海外投資が途上国の労働人口を押し上げたのだ。中国では都市化が2億5000万人強の労働者階級を生み出している一方、過去にコメコン（経済相互援助会議）の加盟国の労働者が突如として世界市場に加わったことが要因だ。

次の2つのグラフ（図11、図12）は、貧困国の膨大な数の低賃金労働者を雇うことで達成し得る、成長の限界を表したものだ。

1つ目のグラフは、グローバリゼーションが始まってから、途上国の労働者の所得にどんな変化が起こっているかを示している。

グラフでは、1日の稼ぎが4ドルから13ドルの人が、6億人から14億人へと最も急激に増加している[47]（米国では貧困ラインがおよそ1日13ドルで引かれており、人口統計学では「開発途上国の中産階級」と呼ぶ）。こうした人々は主に労働者だ。銀行口座を持ち、保険に加入しており、テレビを所有していることも多く、普通は小家族で暮らしている。スラム街で3世代での同居や、家族と離れて共同宿泊施設での1人暮らしをする人ではない。こうした人たちの4人に3人はサービス産業で働いている。途上国でのサービス産業の雇用は伸びている。これは、現代資本主義の下で、自然とさまざまなサービス業が混合するよう変化してきたことと、コールセンターやIT開発、事務や管理といったバックオフィス

図11　経済的階級別の雇用

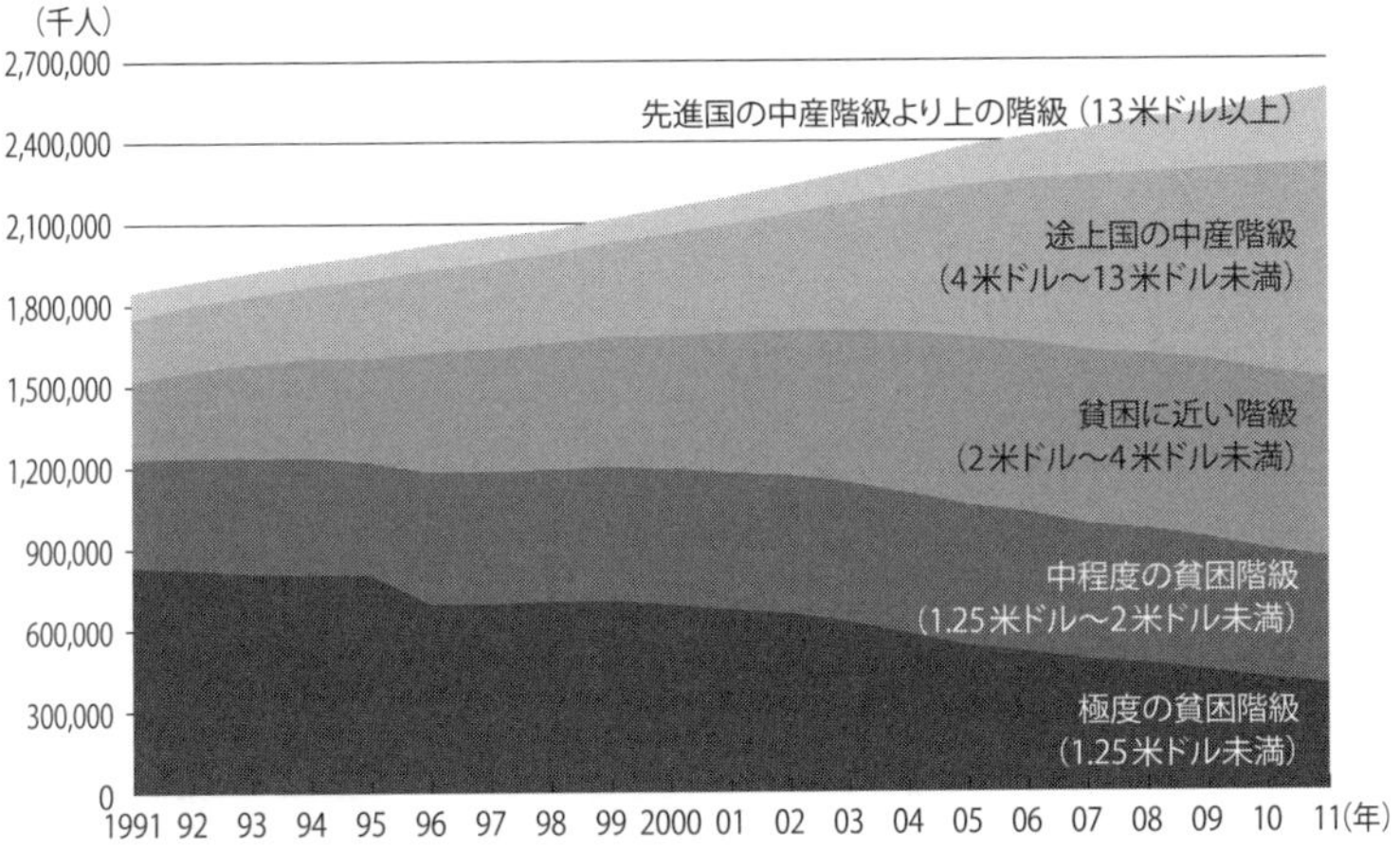

図12　生産性

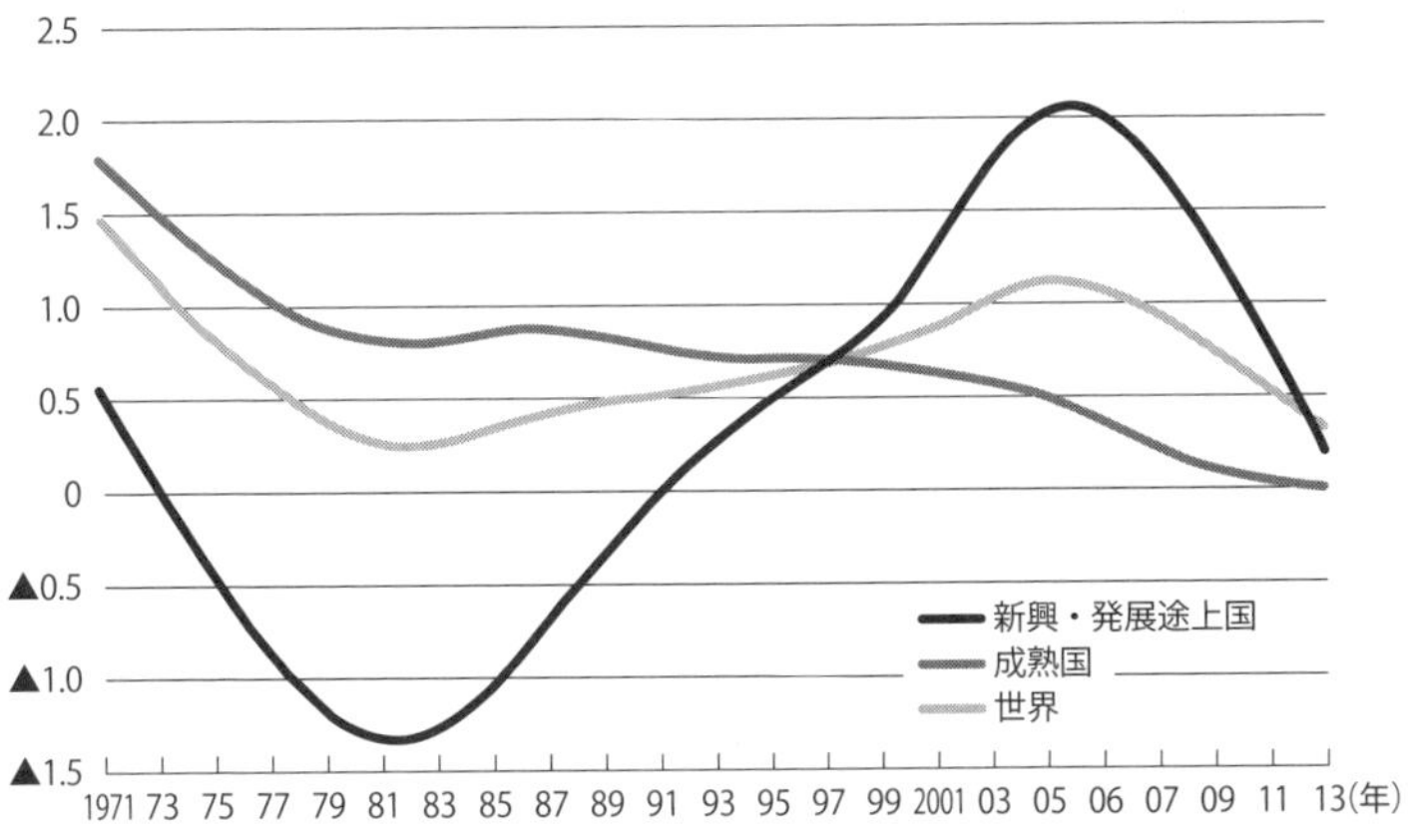

業務などを、海外に委託・発注をするオフショア事業が進んできたことが反映している。このグラフから言えることは、オフショアでできることは限られているということだ。1日13ドルを稼ぐ労働者の割合が増加し、米国でも最貧困労働者の所得階層が現実のものとなっている。

これはどういうことかというと、これまで海外に生産部門を移転する企業が成功してきたが、それが終わりに近づいているということだ。過去25年にわたり、グローバル・サウスにおける産業の大部分が生産増強のために用いたのは、集約的手法ではなく、「拡張的手法」と言える。例えば、仮に工場の指導者を2倍に増やしたいと考えているとしよう。それには国内でより効率的な生産方法に取り組むのではなく、海外で工場を新たに建てるというやり方もある。しかし、こちらのやり方を選んだ場合、米国の貧困者と同等の賃金を海外の高い技能を持つ労働者に支払わなくてはならなくなった時点で工場を閉鎖することになるだろう。2つ目のグラフで表されているように、実際に、途上国での賃金上昇は生産性に反対の影響を及ぼしている。オフショアの数億人の雇用によって最初のうちは生産性が増加したが、やがて下降に転じたのだ。

2つ目のグラフの3本の線を見てほしい。成熟国を示した線はゼロまで落ちている。先進国の労働者は世界の生産性にほとんど貢献していないということだ。途上国の線は、グローバリゼーションの開始時に大きな貢献を果たしたが、この数年にはその貢献度はしだいに下がり、ほとんどゼロになっていることを示している。労働力のグローバル化による生産性が向上しなくなり、中国やブラジルなどの新興市場の成長の低迷が戦略的な問題に変わろうとしている。この2つのグラフから、波の正常のパターンがかなり混乱してきていることが見て取れる。

パターンの混乱はどのように起こるのか？

1960年代に波の上昇の勢いが衰えたときに、コンドラチェフがその理由を知っても驚くことはなかっただろう。その理由は、賃金上昇とそれにともなう生産性の向上を促進してきた体制が衰退したからだ。これが、1960年代にインフレとデフレが交互に発生するという良く知られる現象をもたらしたのだ。世界システムによって、各国政府はやむなく成長を抑制せざるを得なくなったときだった。そして、その後、自信過剰だった米国が、世界の経済秩序の崩壊と高インフレ、ベトナム戦争で、自信を失ったことの精神的ショックからいまだ回復できないでいる。

ここには決定的な違いがある。最初の3つの循環では、危機に直面し、見せかけだけの劣悪な対応——賃金の切り下げ、労働の単純化、社会的賃金の削減——に労働者が抵抗した。第4の循環では労働者の抵抗が失敗に終わった。その理由を第7章で探ることにする。この失敗によって、グローバル経済全体が資本に有利になるようにバランスを取り直すことになった。

約20年にわたり、このバランスが保たれた。これがとてもうまくいっていたために、多くの分別のある人は、新たな時代がやってきたのだと納得した。コンドラチェフの理論が示したことは景気の低迷と不況をもたらすはずだった。しかし、社会の崩壊や軍事衝突と合わさって利益が増加し、好景気に沸いた20年をもたらした。それと同時に、欧米諸国では絶望的な貧困や犯罪がはびこる社会に再び戻り、1％の超富裕層が生まれた。

これは社会の秩序ではなく、無秩序だ。生産から金融への転換（コンドラチェフが予想したと思われること）と労働者の敗北と分断化が合わせて起こったことで、社会は無秩序となったのだ。そして、大富豪のエリートたちが金融収益に頼って生活するようになる。

新自由主義がもたらされた要因には、不換紙幣、金融化、倍増した労働力、グローバル・インバランス、それに安い労働によるデフレ効果、情報技術の影響によりあらゆるものの値段が安くなる現象などが挙げられる。どれもが、まるで経済の宿命を抑制できる「魔法の切り札」のようだ。しかし、これまで述べてきたように――大半の人々がある意味で経験してきたように――私たちは大きなつけを払わされている。

この敗れた夢から生まれるものは何だろうか。新たな技術・経済システムは原材料に始まり、「手」に至るまで作り出さなければならない。それが、ネットワーク、知識労働、科学の応用、グリーンテクノロジーへの巨額の投資に関わることだと、私たちは知っている。

問題は、このような資本主義があり得るのか、ということだ。

第2部

機能しない情報資本主義と無料の世界

私たちは今、あらゆる生物とあらゆる物体の関係とコミュニケーションを向上し、増幅させ、強化し、拡大させるための壮大な計画を推し進めている。

ケヴィン・ケリー、1997年[1]

第5章 ポスト資本主義の予言者

The Prophets of Postcapitalism

第3の資本主義は機能したのか——知識経済・情報社会・認知資本主義

1945年以後、ジェットエンジンは長期波動のコア技術の1つになった。「ターボファンエンジン」というのが正式名称で、第2次世界大戦中に発明された技術にしては驚くほど成熟している。

このエンジンの仕組みは、前部に圧縮空気を送り込んで点火させ、炎が空気を膨張させる。この膨張した空気が後部のファンを動かす。熱エネルギーが運動エネルギーに変換されたということになる。ターボファンエンジンの効率は非常に高い。最初のジェットエンジンは、熱から推力への変換効率は

20％だった。しかし、２００１年までには35％に達している。この業界のある古参者は、21世紀の第２四半世紀には変換効率が55％に向上するだろう、と控えめな予測をしている。[1]

私たちはこの技術に関心を寄せるべきだ。というのも、２０３０年までに、稼働する航空機の数は２倍になると航空機メーカーは予測している。ターボファンエンジンが新たに６万台増えるということだ。[2] これは地球温暖化に大きく影響する。２００５年時点で、地球温暖化の原因の３・５％が航空機業界によるものだと言われている。もし、航空機が倍増すれば、21世紀の半ばにはおよそ５％に上がることになる。[3] ターボファンエンジンの効率は飛行機オタクの問題ではなくて、地球の存続に関わる問題なのだ。

航空機の利用が始まってから50年の間に、ターボファンエンジンの効率は年０・５％上昇していた。今日では革新的に向上し、65％に達するところまできている。それに、まったく新しいタイプのエンジンが導入されようとしている。こうした効率改善をけん引しているのが、炭素排出量のルールと燃料価格の組み合わせだ。そして、これを実現可能にするのが、第５長期波動のコア技術である「情報」である。

エンジン製造者はかつて硬い金属板をハンマーでたたいてファンのブレードを作っていた。１９６０年代からは鋳造という方法が使われた。溶かした金属を型に流し、冷やして固める製造法だ。鋳造した金属には欠陥があるため、ブレードに不具合が発生することがよくあった。

そこで、ある工学的解決法が採用された。おそらく読者が聞いたことがないような驚くべき方法だ。

1980年、米国の航空機用エンジンメーカーであるプラット・アンド・ホイットニー社のエンジニアが、真空管で形成された単結晶の金属からファンブレードを作った。[4] このような原子構造を持つ金属はそれまで存在しなかった。この単結晶のブレードならより速いスピードに耐えられる。それに、単結晶超合金を用いることで、ブレード自体の融点よりも高い温度の空気にも対応できる。こうした技術開発は今後ますます進展するだろう。現に、航空機用エンジンメーカーが発表したロードマップ[5]には、2015年にエンジンにギアが追加され、2020年までにオープン型の面白い形をしたファンシステムが採用され、2035年以降には熱効率100%の自己冷却エンジンが搭載される、というものもある。

こうした進展の原動力となっているのが情報技術だ。最新のジェットエンジンはコンピュータ制御により、性能の分析や故障の予測、維持管理が行われている。最も進んでいるエンジンになると、フライト中に機体からメーカーの本部にリアルタイムで自己データを送信できるという。

ここで情報技術が設計工程でどんな役割を果たしているかを考えてみよう。実際飛行している航空機の中にはいまだに図面上で設計されているものもある。計算尺を用いて、ストレステストを実施し、実物大の模型に組み立てられ、シルクの布がかけられるという工程だ。一方、新しいタイプの航空機は、設計と検査のほとんどがスーパーコンピュータ（スパコン）で行われる。「われわれが戦時中にトルネード戦闘機の垂直安定板を設計していたときは、12回のストレステストを行った。しかし、タイフーン戦闘機に代わってからは、ストレステストを1億8600万回行ったものだ」とある古参のエンジニアが話してくれた。

組立工程でもコンピュータは革命をもたらした。スパコンで仮想上の模型が作成できる３Ｄデジタルモックアップだ。このツールを使って、航空機のあらゆる構成要素を実際に組み立てる。仮想上の模型では、その「真鍮のネジ」から本物の真鍮のネジの物理的な品質がわかり、炭素繊維シートは本物のように折れ曲がる。製造工程ではいずれの段階も、物理的に製造される前にこうした模型を作成している。

ターボファンエンジンの世界市場価値は年間２１０億ドルに上る。ここからはこの２１０億ドルについて考えたい。このエンジンを製造するために使われた物理的な部品にいくらかかっているのだろうか。また、労働にいくらかかり、具体化された情報にいくらかかっているのだろうか。

計算書を見ても答えは出てこないだろう。現在の会計基準では、知的所有権は当て推量で値がつけられているからだ。ソフトウェア会社のＳＡＳインスティチュート社の２０１３年の調査では、データの価値を評価しようとしたところ、データ収集コストも市場価値も将来所得についても、適切に計算されていないことがわかった。それらのデータが本当に価値のあるものだということを会社側が株主に説明できるのは、非経済的利点とリスクを含めた会計だけとなっている。(6)

この報告書から、米国と英国の企業のバランスシートでは、「無形資産」が有形資産比率のほぼ３倍に膨らんでいる一方、ＧＤＰ値ではデジタル部門の実際の規模に変化がないことがわかった。近代経済で最も重要なものを評価するために用いている論理で何かが壊れているのだ。

しかし、どのような計算方法にしろ、インプットの組み合わせは変化してきた。飛行機は古いテクノロジーのように思える。しかし、ファンブレードの原子構造に始まり、簡潔な設計段階やメーカーの本部へのデータ送信に至るまで、これは情報を使った「生きている」テクノロジーなのだ。

バーチャルな世界とリアルな世界が混ざり合うという現象は、多くの分野で見られる。例えば、自動車エンジンは、物理的性能はシリコンチップによって指図されている。デジタルピアノは、演奏者の鍵盤を弾くレベルに応じて、本物のピアノで奏でられた数多くのサンプル曲から伴奏を選ぶことができる。私たちが今日観ている映画はフィルムに代わって画素で構成されているし、映画の全シーンがカメラの前にリアルなものがない状態で制作されていたりする。自動車の生産ラインでは、各部品がバーコード化されていて、機械音を立てて猛スピードで動くロボットと並んで人間が作業し、コンピュータのアルゴリズムによって命令・確認される。身体的労働と情報の関係が変化してきているのだ。

21世紀初めの大規模な技術的進歩は、新しいものによってではなく、知識で作られた古いものによってけん引されている。しかも、製品の中の知識は、それを作るために使われた身体的要素よりも価値の高いものになりつつあるのだ。

1990年代、情報技術の影響が理解され始めたとき、異なる専門分野の人々が同じことを考えていた。それは、資本主義が質的に変化しつつある、ということだった。

知識経済、情報社会、認知資本主義といった専門用語が生まれた。情報資本主義と自由市場モデルは、一方が片方を作り、もう片方を強化するというように連携して作用していると想定された。18世紀に商業資本主義から産業資本主義に移行したのと同様に、この変化を重要なものだと結論づけた人もいた。しかし、経済学者はこの「第3の資本主義」がどのように機能するのかを慌ただしく説明しようとして問題にぶち当たった。実は、うまく機能していなかったのだ。

情報技術は、安定した形の資本主義を新たに創造することはない。情報技術は市場メカニズムを腐食させ、所有権を侵食し、賃金と労働と利潤との間の古い関係を壊している。情報技術が資本主義を消滅させつつあることを裏づける証拠がますます増えているのだ。最初にこのことを言い出したのは、哲学者やマネジメントの専門家、弁護士のこれまでの常識にとらわれない人たちだった。

本章では、こうした人たちの考えを調査し、批評するつもりだ。それから、もっとラディカルに私の考えを述べることにする。情報技術はポスト資本主義経済に向けて私たちを導こうとしている、というのが私の意見だ。

的を射た質問を投げかけたドラッカー

1993年、マネジメント研究の第一人者であるピーター・ドラッカーはこう書いた。「知識は、数あるうちの1つに過ぎない資源でなく、何よりも不可欠な資源となった。このことが、『ポスト資本主義社会』をもたらし、社会構造を根底から変える。新たな社会的ダイナミクスを生み出し、新たな経済的ダイナミクスを引き起こす。そして新たな政治を作り出す[7]」。当時80歳を過ぎ、経済学者ヨーゼフ・シュンペーターの弟子として最後の生き残りとなったドラッカーは、時代にやや先んじたが、その洞察は正しかった。

ドラッカーの洞察は、それまで生産要素とされてきた「土地」、「労働」、「資本」よりも、「情報」が重要になった、という主張に基づいている。ドラッカーは、著書『ポスト資本主義社会』（ダイヤモンド社　2007）で、資本主義にとって極めて重要な基準が取って代われた、と述べた。彼がこの本を書いた時にはまだインターネットブラウザが普及していなかったが、情報が豊富に手に入るようになった1980年代の資本主義を観察し、次の20年に出現するネットワーク経済のアウトラインを大まかに描き出したのだった。

これは先見の明のある者だからこそできたことだ。ドラッカーの周りには、完成された資本主義として「新自由主義に情報技術が加わった」と捉える者が多かった。しかし、彼は情報資本主義を、何かほかの社会へ移行する過程にあるものと想像した。ドラッカーは、情報についてあれこれ論じられているが、経済的な観点から情報が実際にどのように機能するのかについての理論は存在していない、と書いている。そのような理論がない中で、ポスト資本主義経済には何が必要か、といった一連の問いをドラッカーは投げかけた。

最初の問いは、どうすれば知識の生産性を向上できるか、だった。機械と労働の生産性向上を基盤とする時代を経て資本主義が生まれたのであれば、次の時代は知識の生産性向上が基盤となるに違いない。そのためには異なる知識分野を創造的な形でつなぎ合わせる必要がある、とドラッカーは考えた。「それらをつなぎ合わせる能力は天賦のもので、『天才』と呼ばれる神秘的な力の一部かもしれない。だが、個人でも、チームや組織でも、異なる知識分野をつなぎ合わせることで、既存知識の生産性を高める方法を大いに習得できる」(8)

これはアインシュタインのような頭脳を持つ人なら無意識に行っていることだが、知識労働者ができるよう教育するには難しい課題だった。そこで、ドラッカーが解決策として打ち出したのは、マネジメント理論の戦略からそのまま抜き出した方法論やプロジェクト、教育の改善だった。

ところが、人類はより優れた解決策を考え出した。それは「ネットワーク」である。「ネットワーク」は集権的な計画やマネジメントグループの関与によって生まれたのではなく、系統化された情報経路や情報形式を利用する人たちの交流によって自然に生じたのである。25年前にはそれらが存在していなかったにもかかわらず、ドラッカーは生産性向上のカギとして、「つなぎ合わせること」に重点を置き、異なる情報をひとまとめにして利用することを思いついたのだ。

2つ目も深遠な問いだった。ポスト資本主義の社会的モデルとなるのは誰か、である。仮にそれが、封建社会では中世の騎士であり、資本主義ではブルジョワジーであったとしよう。物事の歴史的な成り立ちからすると、ポスト資本主義の社会関係を築く担い手は誰だろうか。カール・マルクスの頭を占領していたのもこれと同じ問いだった。伝統的な左派の大半は、それはプロレタリアートであると考えていた。しかし、ドラッカーが出した答えは意外なものだった。彼は「普遍性を持つ、教育のある人間」と提唱したのだ。

ドラッカーが思い描いたのは、欧米社会の知識階級と管理階級が融合した新しいタイプの人間だった。つまり、単一の概念に取り組む知識人の能力と、知識を応用できる管理者の能力を併せ持つ人である。博学者とは正反対のタイプの人（例えば、標準中国語と原子核物理学を同時に専門としている珍しい人など）のようにとれるがそうではない。新しいタイプの人は、狭い分野での研究で得られた専門知識を集めて採用し、広く応用できる人である。例えば、カオス理論を経済学に、あるいは遺伝子を考古学に、データマイニングを社会史に応用したりできる人ということだ。

ドラッカーは、新しい社会を先導するグループとして、このような人たちの出現を切望した。「統合する力……とりわけ、長年の慣習あるいは信念によって異なる捉え方をしていた価値観を共通や共有のものに、卓越性の概念を共通のものにし、互いに尊重できる人間」と彼は描写している。[9]

そして21世紀初め、ドラッカーが思い描いた人たちが現れた。Tシャツを着たブルジョワジーのグループだ。このグループはテクノロジーに長けていた。情報をクラウドに蓄積し、性や環境保全、慈善事業に対して超リベラルな態度をとり、新しい常識《ニュー・ノーマル》とみなされた。今後の50年が、資本主義の第5の長期波動であり、それが情報を基盤とするものだとすれば、長期波動論で予想される新しいタイプの人間はすでに登場していることになる。問題はこの新しいタイプの人間が古い資本主義を打破することにまったく興味がなく、政治に少しも関心がないことだ。

ネットワーク化された個人

しかし、ポスト資本主義をもたらすためには、こうした諸学に通じる教育を受けた人が数多く存在しなければならない。彼らは20世紀を支配した階層的な企業とは逆のことに興味を持つかもしれない。ブルジョワジーのように、新たな経済モデルのために戦わなければならないし、彼らの価値を行動に具体化させなければならない。歴史への唯物論的アプローチの中で、古い社会に新しい社会関係を取り入れる担い手にならなければならない。

私たちの周りを見てみよう。

ロンドンの地下鉄では、35歳以下ぐらいの人はみな、白いワイヤーで耳と機器をつないで、ネットワークからダウンロードした音楽か何かを聴いている。彼らは、明らかに通勤途中の営業職、あるいは管理職で、わざとカジュアルな服装をしているようだ。Wi-Fiがないのに、スマートフォンのEメールで仕事をしている人もいる。いや、それともゲームをしているのかもしれない。スマートフォンで仕事をしていても、ゲームをしていても、体の動きや集中力は見た目には変わらないから判断しようがない。彼らはデジタル情報に夢中になっていて、電車を降りて地上に出たら、3Gを通じてグローバル・ネットワークにすぐにつなぎ直すだろう。

車両内の人たちはみな20世紀の人口統計のいずれかのグループに適合している。例えば、帽子にツイードの服を着た中産階級の年配のカップル、新聞を読んでいる無精ひげを生やした肉体労働者などだ。とても忙しいのかヘッドホンをつけたまま、ノートパソコンのキイを叩いているスーツ姿の男性は、それでも靴を磨く時間はあるようだ（例えば、私のような人だ）。

1つ目の社会グループは、社会学者が「ネットワーク化された個人」と呼ぶ人たちで構成されている。彼らは比較的開放された世界システムから知識を引き出すことに精通している人たちだ。仕事や消費、交友関係、文化的な活動はネットワーク化された方法で行っている。米国の作家スチュアート・ブランドが言った有名な言葉に「情報は無料になりたがっている」というのがあるが、こうした人たちは本来「情報は無料になるべきだ」と無意識に考えているはずだ。ダンスクラブでドラッグに金は払うが、音楽のダウンロードに金を払うのは抵抗があるだろう。

次のグループはロンドン、東京、シドニーなどの都市ではすでに拡大していて、明らかにそれだとわかる。実はマイノリティに属している20世紀タイプのグループで、いまだにGPSではなく、紙の地図に頼り、スターバックスでコーヒーを選ぶのに戸惑い、ほかのグループなら当たり前に思える変化の激しいライフスタイルに驚いたり、好奇心を持ったりする。

21世紀初期のネットワーク化された個人「白いワイヤーの人たち」は、ドラッカーのような人がまさに思い描いていた「諸学に通じる教育を受けた人」だ。彼らはもはや人口学的にニッチだったテクノロジーオタクの項目には入っていない。バーテンダーでも管理職でも法律関係の派遣社員でも、基礎教育とスマートフォンさえあれば、なりたければ諸学に通じる教育を受けた人になることができる。

最新の研究によると、実際、モバイルインターネットの出現で、中国の工場で働く人たちでもそういう人物になれることがわかった。労働時間が長くて厳しい仕事でも、仕事以外の時間には熱心なネットワーク化された個人になっている。(10)

情報がどのように経済上の資源として働くのか、どんな人が新しい社会的原型なのか、を理解すれば、ポスト資本主義への移行がどのように起こり得るのかを理解できるだろう。しかし、完全に理解できるわけではない。どうして資本主義への移行が起こるべきなのか、という疑問が残されているからだ。ドラッカーの答えは思弁的だが、ポスト資本主義の理論上の枠組みを初めて的確に示している。

ドラッカーは産業資本主義の歴史を4つの局面に分けた。19世紀の大半で続いていた機械革命、1890年代の科学的管理法の出現にともなう生産性革命、ビジネスプロセスに知識を応用した1945年以降の管理革命、そして最後は「知識に対する知識の応用」を基盤とする情報革命だ。

シュンペーターの弟子であるドラッカーは、意識的にコンドラチェフの長期循環を用いている（最初の2つの局面は1つにまとめている）が、ぶれることなく個人的な視点で洞察し、重要な結論に達した。それは、労働の経済学を理解せずに長期循環の転換期を見極めることはできないということだった。ローマの叙事詩人ウェルギリウスからマルクスまで、農地や工場で働く人たちが毎日何をしているのかを研究する者はいなかった、とドラッカーは話す。19世紀末期になってようやく、資本家は労働者が実際行っていることと、それを変えようとしていることに気づいた。

「いまだに労働の歴史はない」とドラッカーは不満に思い、25年後には、調査を基に労働の歴史を残した。労働市場の経済学は引き続き、失業と賃金率に焦点を当てていて、学問の世界では低い地位に置かれている。しかし、情報が、仕事や仕事と自由時間との境界、賃金に対してどんなことを行っているかを理解すれば、私たちが生き抜いてきた変化の規模がはっきり見えてくるだろう。

最後に、ドラッカーはいくつかの問いを私たちに残した。それらは的を射た問いだったが25年経った今でも、情報資本主義の総合的な理論は確立されておらず、ポスト資本主義の議論は取り残されている。それが偶然、主流派経済学がその理論を発見するところにまで近づいた。

コピー・アンド・ペースト——情報商品があらゆるものを変える

1990年に米国の経済学者ポール・ローマーは、近代経済学の重要な仮説の1つを崩して、情報資本主義の問いを主流の中に押し込んだ。

経済学者たちは、国家の成長率を予測するモデルについて研究する中で、貯蓄や生産性、人口増加など、さまざまな要因をリストに挙げていた。技術変化がリスト上のすべての要因に影響していることは知っていた。そのモデルの目的からすると、それは「外生的なもの」だと科学者たちは推測した。つまり、そのモデルにとってそれは外側にあるもので、自分たちが論文に書こうとしている難しい問題とは無関係だと考えたのだ。しかし、ローマーは初めから議論をやり直し、「Endogenous Technological Change（内生的技術変化）」という表題の論文を書いた。[11] 技術革新は市場原理によって駆り立てられるため、それを経済成長にとって偶然な要因とか外的な要因として扱うのではなく、経済成長に内在する（「内生的」の）ものであると考えなくてはならない、とローマーは論証している。技術革新そのものを、成長理論の中に据える必要がある。その影響は予測でき、偶然の成り行きではない、というわけだ。

ローマーは、資本主義について通常通り代数を使って整然と数字を並べるだけでなく、革命的意義とともに情報資本主義に特化した提案を考えついた。そして、技術変化を「原材料を混ぜ合わせるための説明書を改善したもの」とわざと簡単な言い方で定義した。モノとアイデアを切り離して考えた。だから「説明書」が必要なのだ。ローマーにとって、情報は、物質世界にしろ、デジタル世界にしろ、何かを作る青写真やレシピのようなものだというのだ。そこで彼は「新たな基本前提」と呼ぶ考えを導き出す。「原材料を処理するための説明書は、もともとほかの経済財とは違っている[12]」

情報商品はこれまで生産されたいずれの実物商品とも違っている。そのため、情報商品をもともと基盤におく経済は、財の生産やサービスの提供を基盤とする経済とは異なる動きをするだろう。ローマーはその理由をこう語る。「新しい説明書を作成するコストが発生すれば、それ以上コストがかからないように、何度も繰り返して使える。新たに改善された説明書を作成すれば、固定費がかかるということだ[13]」

この革命的な可能性をローマーが1段落でまとめたものを、私はＰＤＦから抜き出して本書に引用した。この簡単な作業、いわゆる「コピー・アンド・ペースト」こそが、彼の言う革命的な可能性なのだ。1段落をコピーして貼り付けできれば、音楽や映画、ターボファンエンジンの設計、工場のデジタルモックアップでもそれが可能だということになる。

何かをコピーして貼り付けできれば、無料で再生できる。経済学でいうところの「限界費用ゼロ」というわけだ。

これに対して情報資本家は解決策を持っている。情報を法的にコピーできないようにすることだ。例えば、私がローマーの論文を本書で自由に引用できるようにするには、学術雑誌をオンライン上で提供するJSTORに16・8ドル支払って、彼の有名な1990年の論文のPDFをダウンロードすればいい。しかし、ターボファンエンジンの設計をコピーして貼り付けすると、刑務所に送られる。

知的所有権は面倒なことで有名だ。CDのコピーは、iTunesフォルダに入れて所有できるが、DVDにコピーしたら違法になる。要は、法的に可能なことと不可能なことの境目があいまいなのだ。知的所有権は法的にも社会的にも強要される。そして、デジタル時代以前の特許のように、時間とともに衰退する。

もし、読者がロックバンドのメンバーとかターボファンのメーカーだとすると、情報を「所有」しようとする場合の問題は、使用で劣化することではなく、1人が消費しても、他人が消費することを防げないということだ。経済学者は「消費の非競合性」と呼んでいる。簡単に言うと「共有できる」という意味だ。

純粋な実物商品の場合、通常はある人が消費すると、ほかの人は使うことはできない。私のたばこはあなたのものではないし、私のレンタカー、私のカプチーノ、私の心理療法の30分間もあなたのものではない。しかし、ソフトウェアMP3の楽曲の場合、商品は情報となる。技術的にはさまざまな物質的な形状で存在させることもできる。5センチほどのUSBメモリでiPodに保存すれば、一生楽しめるほどの大量の音楽を持ち運ぶことができる。

商品が「消費の非競合」であれば、その所有権を守る唯一の方法は、経済学者が言うところの「排除」することだ。DVDでやっているように、コピーできないようにソフトウェアにバグ（不具合）を仕掛けるか、コピーすれば違法になるようにするかで、対処できる。しかし、情報を守るためにどんなことをしても、バグや暗号を使ったり、駐車場で個人コピーしたDVDを売る人を取り締まったりしても、情報自体をコピーしたり共有したりすることは可能なままで、しかもコストはほとんどかからない。

これには市場が機能する上で大きな意味がある。

主流派経済学者たちは、市場が完璧な競争を促していると想定しており、独占や特許、労働組合、価格カルテルのような市場の欠点は常に一時的なことだと考えている。また、市場にいる人々は完璧な情報を持っていると想定している。ローマーは、経済が共有できる情報商品によって構成されてしまえば、不完全競争が当たり前になることを明らかにした。

情報技術経済の釣り合いが取れた状態とは、独占が支配し、人々が合理的に購入を決める際に必要な情報へのアクセスが不平等の場合のことだ。要は、情報技術は通常の価格メカニズムを破壊していることになる。通常なら競争によって価格が生産コストに近づくまで下がるからだ。iTunesの楽曲は、アップル社のサーバー内のストアでかかるコストはほとんどゼロだし、私のパソコンに転送するコストもほとんどゼロだ。レコード会社が楽曲を作成するのにかかるコスト（アーティストへの支払いや製造のコスト）がいくらになろうとも、勝手にコピーすると不法になるから、支払ったところでせいぜい99ペンスだ。

iTunesの楽曲の価格には需要と供給の相互作用という関係はない。iTunesに入っているビートルズの『ラヴ・ミー・ドゥ』の供給に制限はないし、物理的に録音している曲とは違って、価格が需要の変動に合わせて変化することもない。1曲に99ペンスを請求するためのアップルの絶対的な法律上の権利は、価格を設定することだ。

情報を基盤とした数十億ドル規模のビジネスを経営するために、アップルは著作権法に頼るだけでなく、高価な技術（Mac・iTunes・iPod・iCloud・iPhone・iPad）を1カ所にまとめ、全体を取り囲む壁を築いた。そうすれば、私たちは壁を壊すよりも法に従う方が簡単になる。その結果、iTunesは世界のデジタル音楽の売上を支配し、市場のおよそ75%を占めている。(14)

情報資本主義では、独占は利益を最大化するための単なる堅実な戦術だけではなく、業界が順調に成長する唯一の方法でもある。そのため、各部門を支配している少数の企業が攻撃している状態だ。従来の部門では、それぞれの市場に4～6社の巨大企業が存在している。巨大な会計事務所は4社、巨大なスーパーマーケットグループは4か5社、巨大なターボファンエンジンメーカーは4社ある。

けれど、情報技術の市場では特徴のあるブランドの完全な独占を必要とする。グーグルは唯一の検索会社でなければならないし、フェイスブックは、オンライン上でアイデンティティを築ける唯一の場所でなければならない。ツイッターは自分の考えを掲載できる唯一の場所で、iＴｕｎｅｓはオンラインで音楽が買える唯一の店でなければならないのだ。オンライン検索とモバイルオペレーションシステム（携帯ＯＳ）というカギを握る2つの市場では、2社による死闘が繰り広げられ、今のところグーグルがどちらの市場でも優勢となっている。

共有可能な情報財を手にするまでは、何もかもが希少であることが経済の基本法則だった。需要と供給が希少な状態にあることが想定されていたのだ。今では、商品が少ないということはない。むしろ商品であふれている。だから、需要と供給に関連性がなくなった。iＴｕｎｅｓの楽曲の供給元は、結局はカリフォルニア州のクパチーノにあるサーバー上の1つのファイルだ。技術的には誰もが共有できる。サーバー内にあるこれまで作成された音楽すべてを、地球上の誰もが所有できることを防いでいるのは、知的所有権法とiＴｕｎｅｓの楽曲の小さなコードだけだ。アップル社が自社の使命を明記するなら、「アップル社の使命は音楽が大量に出回るのを防ぐこと」とするのがふさわしいように思う。

ローマーの新たな理論は、主流派経済学にとっては悪いニュースであると同時に、情報資本主義の新興巨大企業にとっては安心できるニュースでもある。彼の理論は、従来の経済学では説明するのに苦労していた多くの異例を1つの説明にまとめているからだ。また、技術部門での独占という市場での地位を、言葉では表していないが、正当化している。米国のジャーナリストのデイビッド・ウォーシュがこの影響についてこう述べている。

200年もの間、経済分析の根本的なカテゴリーは、土地、労働、資本であったが、そうではなくなった。これは、人、アイデア、モノにより取って代わられたのだ。……よく知られた希少性の原則は、潤沢という重要な原則によって改良されていたのだった。(15)

1990年にローマーの論文が発表されたとき、経済学界が諸手を挙げて喜んだだろうか。実は違う。ローマーは敵意と無関心で迎えられた。経済学者たちの脳裏には主流派経済学の批評家ジョセフ・スティグリッツのことがあったのだ。スティグリッツは何年にもわたり、完璧な情報と効果的な市場という一般的な仮定は間違っていると語ってきた。主流派の中で研究し、主流派の手法を使ってきたローマーが、今やこうした批評に対する主流派の守備を論破した。ローマーの研究が示したのは、私たちが情報経済に移行すると、価格を設定する市場メカニズムは、商品の限界費用が徐々にゼロに近づくよう駆り立て、その過程で利益が損なわれる、ということだった。

つまり、情報技術が価格メカニズムという通常の働きを弱らせつつあるのだ。これがあらゆるものにとって革命的意義となる。その話は後で語ることにする。

もし、ローマーと彼の支持者たちが、資本主義は限りあるシステムだと理解しているのなら、この驚くべき発言にある大きな意義を探ろうとしたかもしれないが、彼らは違った。経済の教科書にある通り、経済は価格形成者と価格受容者から成ると仮定した。市場を通じて自己利益を追求しようとする合理的な人たちが経済を構成しているというのだ。

経済学の専門的な世界では見つけられなかった全体像を、テクノロジーの先見の明のある人たちの間で発見した人がいる。彼らはローマーが理解しなかったことを1990年代の終わりには理解していた。それは、情報技術が非市場経済を可能にし、非市場活動を通じて、自己利益を追求しようとする社会的グループを生み出したということだ。

オープンソースの登場

キンドル（Kindle）やネクサス（Nexus）、ｉＰａｄなどのタブレット端末で本を読んでいる人には耳寄りな話だ。それらのタブレットはめったにクラッシュしない。自分でプログラミングをするとは夢にも思わないだろうが、タブレットはこれでもコンピュータだ。ｉＰａｄ Ａｉｒに使われているチップは、シリコンの集積回路に10億個のトランジスタが集積されている。その処理能力は、30年前のデスクトップ型パソコン５０００台分に匹敵する。[16]

ｉＰａｄの作動に必要なソフトウェアの基層はオペレーションシステム「ｉＯＳ」だ。今日では演算がとても簡単になったため、ＯＳが１９７０年代の先駆者たちに突きつけた難問を私たちはほとんど理解できないだろう。ソフトウェアの幕開けの苦悩はＯＳで始まった。誰が情報を所有すべきか、あるいは誰が所有できるのかをめぐって苦悩したのだ。

最初の30年間は、コンピュータは大きくて珍しいもので、企業や大学に置かれて演算が行われていた。デスクトップ型パソコンが発明されたのは１９７０年代半ばで、大きさは電子ボードやスクリーンの組み立て品よりも小さかった。実は、パソコンを組み立てたのは会社ではなく、パソコンいじりが趣味の人たちだった。

それがアルテア８８００だ。画期的な機械で、プログラムを学びたいという変わり者のためのサブカルチャーとして、雑誌を経由して販売されていた。自分が望むことをしてくれるコンピュータを作るにはプログラム言語が必要だった。シアトルに住んでいた2人の男がアイデアを出し合って完成させたプログラム言語が「アルテア・ベーシック」だ。紙テープに穴を開けた形で販売され、価格は２００ドルだった。まもなくして、プログラム言語がコンピュータよりも売れていないことに2人は気づいた。ユーザーが勝手にコピーして、穴を開けた紙テープを無料で配っていたのだ。公開書簡に怒りをしたためて、そのソフトウェアの制作者は、コンピュータクラブの会合から海賊版を取り除くようにユーザーに要請し、価格を上げた。「君たちの大半がソフトウェアを盗んだ。ハードウェアに金を出す必要はあるが、ソフトウェアなら共有してもいいと思ったのだろう。ソフトウェアの制作者は報酬を受けるべきなどとは誰も考えていないようだ[17]」

ソフトウェアの製作者とはビル・ゲイツのことである。ゲイツはすぐに解決策を思いついた。それはプログラム言語とともにOSを所有することだった。そして、パソコンの標準的OSとなるウィンドウズを開発する。ほどなくして、ウィンドウズは企業のデスクトップ型パソコンをほぼ独占し、ゲイツは超富裕層となる。彼の公開書簡はデジタル経済学の歴史上2番目に重要な資料となった。

ここで私が1番重要な資料と思うものから引用しよう。

もし、どんなものでも報酬を受ける価値があるとしたら、それは社会的貢献となる。創造性は社会的貢献となり得る。ただし、その結果を自由に使える社会である場合に限る。その使用を制限し、プログラムのユーザーから金を巻き上げることは破壊につながる。なぜならば、制限することで、プログラムが使われる量や方法が減るからだ。このため、人がプログラムから享受する恩恵の量が減少する。[18]

これはリチャード・ストールマンが「GNU宣言」の中で述べた言葉だ。GNU宣言とは1985年に始まったフリーソフトウェアの運動だ。ストールマンはマイクロソフトだけでなく、さらに強力な業務用コンピューターメーカーによる試みにうんざりしていた。そのメーカーの試みとは、競合するOS「ユニックス（Unix）」をユーザーに「所有」してもらうことだった。一方、ストールマンの計画は、「GNU」と呼ばれるユニックスの無料版を書き、無料で配布することだった。そして、愛好家に協力してもらい、ソフトを改善する。このソフトは誰も所有することができないし、ソフトで金儲けもしない、という但し書きも添える。こうした方針は、「オープンソース」として知られるようになる。

1991年までに、GNUにリナックスが組み込まれた。リナックスは、パソコン用のユニックス版で、数百人のプログラマーにより共同開発されたものだ。GNUは無料で、ストールマンが考えた独自の合法的な契約の下で使用が許可された。

2014年まで話を進めよう。その頃にはおそらく企業用コンピュータ全体の10％がリナックスを使用していた。世界で最速上位10位までのスパコンもすべてリナックスを使っている。さらに重要なことに、ウェブサイトを実行するための標準ツール――OS、ウェブサーバー、データベース、プログラム言語――がオープンソースとなっている。

オープンソースのブラウザであるファイアフォックス（Firefox）は現在、世界のブラウザ市場のおよそ24％を占めている。[19] 驚いたことにスマートフォンの70％はアンドロイドを搭載しているが、これも技術上ではオープンソースだ。[20] この理由の1つには、サムスンとグーグルによるあからさまな戦略がある。アップルの独占の牙城を崩し、市場の地位を維持するのが狙いだ。だが、地球上を支配しているスマートフォンが誰も所有できないソフトウェアで作動しているという事実は変えられない。

オープンソースのソフトウェアの成功には驚くべきものがある。新しい形の財産の所有・管理が可能になっただけでなく、情報があふれる経済には不可欠なものとなった。情報商品に関しては、独占企業でさえ独占できないことがあることがわかった。

標準的な経済学によると、リチャード・ストールマンのような人物は存在すべきではないという。

なぜなら、彼は自己利益を追求せず、経済上だけではなく道徳上の共通の利益のために、自己利益を抑制しているからだ。

市場理論によると、私有財産の追求によって動機づけられた人はより有能な革新者になるはずだという。また、主流派経済学によると、グーグルのような大企業は、ビル・ゲイツの行動を真似るべきだという。それは、あらゆるものを収奪し、オープンソースのソフトウェアを破壊しようとすることだ。今や、グーグルは攻撃的な資本主義企業となり、自己利益の追求のために、一部をオープンスタンダードやフリーソフトウェア化する戦いを余儀なくされている。グーグルはポスト資本主義者ではないが、アンドロイドのオープンソースを続けるかぎり、非資本主義の所有、交換という形をあらかじめ示す方法で行動せざるを得ないのだ。たとえ、EUの調査が入っても、グーグルはこの立場を用いて支配の道を切り開いていく。

1980年代のフリーソフトウェアの誕生と、ソフトウェアの協働プロジェクトの追求は、戦いの始まりに過ぎなかった。戦火はいまだに拡大し、前線は移り変わっている。また、オープンソースの運動は、ウィキペディアやウィキリークスなどの情報の自由化運動の起動力にもなった。そして、オープンと共有の可能性に対抗する書面契約を扱う法律専門家の分野が広がるきっかけにもなった。

こうした環境の中で1990年代終わりに、ローマーではなく、明らかにドラッカーへの問いについてシステム思考という方法が初めて使われた。情報ネットワークを基盤とした経済は、資本主義を超える新たな生産様式を創造することができるのだろうか。

カオスの瀬戸際にまで近づく――ネットワーク経済と「限界費用ゼロ」

今では忘れ去られてしまったが、1980年以前に生まれた世代の記憶の中に刻まれている音がある。それは「ピポピポ」と高い音に続いて「ピィィーゴォォー」という音に変わり、最後に「ザー」の低音で中断する。ダイアルアップ接続の音だ。

いつだったか1980年代に初めてこの音を聞いたのは、「コンピュサーブ」につなげようとしていたときだった。コンピュサーブは、米国のパソコン通信会社が提供するプライベートネットワークで、Eメールやファイルの送信、数多くのコミュニティの掲示板が利用できた。文字だけの白と黒の世界で、そこには怒りや破壊、ポルノがあふれていた。

1994年にコンピュサーブからイージーネットに乗り換えた。イージーネットは最初のインターネットプロバイダーの1つで、コンピュサーブと技術は同じだが、環境が違う。説明書にあるが、アクセスするのは「道路システム全体であって、1つのサービスエリアではない」ということらしい。世界中の連結するパソコンを利用してどんなものでも探すことができるシステム「ワールド・ワイド・ウェブ（WWW）」にアクセスできるのだ。

実は、それほどたいしたものではなかった。私の仕事場のパソコンは、情報出版会社リード・エルゼビア社のビルにあるほかのパソコンとだけつながっていた。初めてウェブページを書こうとしたとき、

ＩＴ部門が自分たちのサーバーに私の書いたものを保存するのを許可しなかった。それは給与の支払いに使われていたからだ。仕事場のＭａｃのパソコンにはＥメールもなく、ウェブへのアクセスもできなかった。パソコンはデータを処理するためのもので、特定のタスクのためだけにつながっていた。

先見の明がある人とはジャーナリストのケヴィン・ケリーのことだろう。彼は１９９７年にこう書いた。

私たちの時代の大きな皮肉を挙げるとすれば、コンピュータの時代が終焉を迎えたことだろう。すでに独立したコンピュータによる成果はすべて得られている。確かにコンピュータは私たちの暮らしのスピードを少しだけ速くしたが、それもここまでだ。その一方で、今、最も将来性のあるテクノロジーが展開しようとしている。コンピュータ同士のコミュニケーションである。つまり、演算ではなくコンピュータとコンピュータをつなぐテクノロジーだ。[21]

米国のワイアード誌に掲載されたケリーの論文は、私たちの世代がこの変化を認識するきっかけとなった。それまでのあらゆるもの——大学の大型コンピュータ用の５インチフロッピーディスク、初期のアムストラッド・コンピュータのグリーンディスプレイ、モデム接続の甲高い音——は前触れだった。そして、ネットワーク経済が突然姿を現した。「『情報経済』よりも『ネットワーク経済』という言葉の方が気に入っている。というのも、私たちが目の当たりにしているテクノロジーの変化を

『情報』では十分説明できないからだ。前世紀に私たちは大きくなり続ける情報の波にもまれてきた。……しかし、ようやく最近になって、情報自体が完全に再構成され、経済全体を変えている」とケリーは書いている。[22]

ケリー自身はポスト資本主義の支持者ではなかった。彼の書籍『ニューエコノミー勝者の条件』（酒井泰介訳　ダイヤモンド社　1999）は、古いビジネスが相互につながる世界に関わろうとしたときのことを描いた息をのむサバイバルマニュアルだ。ケリーの貢献は重要だった。彼のおかげで、私たちは、「インテリジェントマシン（知能機械）」とはコンピュータではなくネットワークだということを理解するようになったのだ。ネットワークが変化のスピードを上げ、変化を予測できないものにした。「私たちは今、あらゆる生物とあらゆる物体の関係とコミュニケーションを向上し、増幅させ、強化し、拡大させるための壮大な計画を推し進めている」。[23]ケリーはまさに私たちの時代を言い当てている。

昔と今との一里塚となるのが、イーベイの創立だろう（1997年）。これがITバブルをもたらした。1999年には最初のWi‐Fiが利用できるノートパソコン（Mac）が発表された。ブロードバンドインターネットが登場した。これは常にオンの状態で、ダイアルアップ回線よりも通信速度が10倍以上速くなった。2001年以降に3Gが展開した。これによってモバイルインターネットが使えるようになった。2001年にはウィキペディアが発足。2004年頃に安価で標準化されたさまざまなデジタルツールが突然登場し、Web2・0と呼ばれるようになった。

この時点で、個々のパソコン上ではなく、ネットワークの中にプログラムやデータが置かれ始めた。

典型的なものには、検索、自己出版、交流、それに数十億ドル産業のオンラインゲームなどがある。

そして、ソーシャル・ネットワーキング・サービス（SNS）のマイスペース（2003年）、フェイスブック（2004年）、ツイッター（2006年）が始まった。それからiPhone（2007年）が最初のスマートフォンとして登場する。同年にiPadとキンドルが電子書籍出版の急増に火をつけた。電子書籍の市場価値は2009年には15億ドル未満だったが、2015年には世界中に普及し、150億ドルに急上昇した。2008年にノート型パソコンの販売台数がデスクトップ型を上回った。2009年に、サムスンが初のアンドロイド系携帯電話を発売した。[24]

一方、高性能の演算機能では、2008年にIBMが初めて1秒間に1000兆回を達成した。2014年までに、リナックスを採用した中国の天河2号が3京3000兆回を達成する。データ記憶に関しては、2002年に世界のデジタル情報の総量がアナログ情報の総量を上回った。2006～12年に、人類の年間情報生産量は10倍に増加した。[25]

今、読者が技術革新のどの位置にいるのかははっきり伝えることは難しい。しかし、2009～14年にタブレットやストリーミング配信のビデオと音楽が同時に登場し、ソーシャルメディアが急拡大したことは、相乗効果が起こる重要な転機だと私は直感している。今後10年間に、数十億台もの機械を連結する「モノのインターネット（IoT）」が本格化すると、地球上の人間の数より多いインテリジェントデバイスが世界の情報ネットワークとつながることになるだろう。

私たちはこうしたテクノロジーに囲まれて十分爽快な生活を送っている。もっと爽快な気分になるのが子どもたちだ。初めてスマートフォンを手にして、ブルートゥース、GPS、3G、Wi-Fi、ストリーミングビデオ、高解像度写真、心拍数モニターなどあらゆるものを見つける。彼らは、スマートフォンがあることが当然のように思うだろう。

ネットワーク経済が出現して、それが社会となった。インターネットにアクセスを持つ人口の割合は1997年には世界人口の2％を占めていた。それが今では38％に増加し、先進諸国では75％に上っている。現在、世界で100人当たり96台の携帯電話が契約されており、世界人口の30％が3G（あるいはそれより高性能の）携帯電話を手にして使用している。1人当たりの固定電話の数は実際、減少している。(26)

10年という期間に、ネットワークが私たちの生活にすっかり浸透した。スマートデバイスを使いこなす平均的な10代の若者の方が、15年前にコンピュータにはまっていたオタクよりも、情報機器に心理的につながっている。

ローマーとドラッカーが貢献した1990年代初めには、この問題はまだインテリジェントマシンの影響ですんでいた。しかし、今、私たちは、ネットワークが機械に相当すると暗黙のうちに理解している。ソフトウェアとデータがネットワークに入れられると、情報技術の経済的影響に関する論争も、ネットワークに焦点が向けられるようになった。

1997年、ケリーは新たに生まれた3つの経済秩序の特質を明らかにしている。「それは世界規模である。無形――アイデアや情報、関係――を好む。そして、結びつきが強いことだ。これらの特質によって新たなタイプの市場と社会を創り出している[27]」

ケリーはローマーがその7年前に新たな現象として見ていたことを、普通のこととして受け入れた。その現象とは、情報技術のすう勢がデータと物理的な製品の価格を下げ、そのために生産の限界費用がゼロに向かっていることだ。しかし、ケリーは、終わりのない供給と価格の下落、すなわち、終わりのない需要に釣り合いが取れていると自分の読者を安心させた。「テクノロジーと知識は、価格の下落より速いスピードで需要を高めている。……人間のニーズと欲望の範囲に限界を決めるのは、人間の創造性だけだ。実際問題として、それには限界がないということだ[28]」

ケリーは解決策にも触れている。価値が下がるよりも速く、新たな財やサービスを発明することだ。価格はゆくゆく崩壊すると想定し、価格を守ろうとせず、限界費用を1とゼロの間に設定したビジネスを築く。「顧客がウェブサイトで交流するとき、彼らが寄付した無料の知識を利用するためには、カオスの瀬戸際にまで近づかなくてはならない」とケリーは警告する。1990年代終わりまでに、この問題を理解した人たちに受け入れられた英知とは、資本主義は今後も生き残るというものだった。技術革新が、価格を下げるテクノロジーの影響への反作用になる、というのが理由だ。しかし、もし、これが間違っていたら、どんなことが起こるかについて、ケリーは模索しなかった。

そして、ついにITバブルが崩壊した。2000年4月にナスダック市場で株価の急落が始まる。これが、ダイアルアップモデムで頭を抱え、金持ちになった世代の認識を変えた。サイバースペースの権利を訴える運動家ジョン・ペリー・バーロウは財産の95％を失い、かなり乱暴な結論に達した。

「ドットコムに関連する物事全体が、まだそれが存在していなかった19世紀と20世紀の経済概念を利用した結果だった。そしてインターネットはそうした経済概念を根本的に振り払った。これはインターネットが持つ自然力によって拒絶されたエイリアン勢力による攻撃だ」そして、彼はこの議論の次の段階がどうなるかを指摘している。「長い目で見ると、ドットコム共産主義にとっては願ってもないことになるだろう」と。(29)

新たな生産様式？――オープンソースによる分散と協働

２００６年、イエール大学の法律学教授のヨハイ・ベンクラーは、ネットワーク経済は「世界の最先進国の真ん中で誕生した新しい生産様式」である、と結論づけた。(30) ベンクラーは、「クリエイティブ・コモンズ」で知られるオープンソースの出版事業に向けて法的枠組みを明確化しようとしているところだった。著書『Wealth of Networks（ネットワークの富）』の中で、経済的要因が知的所有権を脅かしつつあり、共有モデルと管理されていない生産を広める原因となっていると説明している。

ベンクラーによると、まず、安価な物理的演算の能力とコミュニケーションネットワークが出現したことで、知的商品の生産手段が多くの人々の手に渡ったという。ブログをしたり、映画を製作して配布したり、電子書籍で自己出版したりすることができるようになったのだ。出版社でさえそういう作家の存在に気がつかないうちに、総勢１００万人を超える読者を生み出している事例もいくつかあるという。そして「その結果、価格システムを通じた市場参加者よりも、今や人間として、社会に生きる者として、社会的に交流し合う個人の方が、人類の価値をもっと多く生み出すことができるようになった」[31]。

これが非市場メカニズムをもたらした、とベンクラーは述べる。個人による行動の分散、協力を通じた仕事、自主的に作られた組織などだ。「ピアツーピア（P2P）」［ネットワーク上でコンピュータ同士が対等に通信を行う方式］の経済という形が生まれつつある。それには貨幣は存在しないか、存在したとしても価値を測る主な尺度ではない。

その最たる例がウィキペディアだ。2001年に創設され、百科事典のようなものだが、個人が協働して書いている。本書を執筆している時点で、2600万ページに及び、2400万人の人が執筆と編集に寄与するために登録している。そのうち、およそ1万2000人が定期的に編集に携わり、14万人が思い思いに参加している[32]。

ウィキペディアの従業員数は208人だ[33]。ということは、数千人が無償で編集していることになる。ユーザーを対象とした調査で、71％の人が無償で作業を行うというアイデアを気に入っていて、63％の人が情報は無料であるべきだと考えていることがわかった[34]。ウィキペディアのウェブサイトへのアクセス数は月に85億件に上り、世界で6位となり、地球上で最も成功している電子商取引企業のアマゾンのすぐ上にランキングされている[35]。ある試算によると、もし、ウィキペディアが商用サイトとして運営されれば、年間28億ドルの収益となるという[36]。

しかし、ウィキペディアは利益を得ていない。また、そうすることで、同じ空間でほかの誰かが利益を得るという行為をほぼ不可能にしている。さらに、これまで考案された最も価値のある学習資料の1つと言え、検閲や妨害や荒らしや潰しという行為を（今のところ）許していない。数千万もの人の目が大きな力となり、政府や利益団体、妨害活動家、サイバーストーカーは対抗できないのだ。

ウィキペディアが機能する原理は、GNUやリナックスを使用した初期のオープンソースプログラマーと同じで、それは大量消費製品に応用されている。アマゾンのウェブサイトでカメラや本を買うと、購入者が何を選択したかが記録されて、ほかの利用者の選択の参考となる。経済学では、これを「正の外部性」と呼ぶ。予期せぬ経済的利益という意味だ。

アマゾンは、販売力と購買力を高めて利益の大半を得る企業だ。一方、ウィキペディアにあるのは人の恩恵だけだ。かつて私が子どもだったころ、街の小さな図書館の椅子に座って、取るに足らない雑学の知識に没頭していたが、もうそんな子どももいなくなるだろう。それに、知識自体が紙に印刷されている場合、新しい本に書き換えられることがないかぎり、最新のものにされたり、修正されたりすることはなかったが、今後はこれも解消されるだろう。

ベンクラーはウィキペディアのような現象から経済上の教訓を引き出した。それは、ネットワークが、市場も経営階層も利用せず、分散と協働という方法による生産を可能にしたというものだ。

経済学者は、「ソビエト連邦がスターバックスを作ろうとしたらどうなるか想像してみよう」といった心理ゲームを用いて、指令型計画経済にある古い体質を説明するのが好きだ。では、もっと面白いゲームとして、アマゾンやトヨタ、ボーイングがウィキペディアを作るとしたらどうなるかを想像したらどうだろう。

協働生産やオープンソースがない場合、生産を行うためには2つの方法しかない。市場を使うか、企業の指令構造を使うかのどちらかだ。ウィキペディアには1万2000人の活動中のライターと編集者がいることから、このゲームでも同じ人数を雇うことができるとしよう。雇用者の中には、米国のサンベルトで高給取りの経営層にこき使われる下請けをしていた人もいるかもしれない。そこで、こうした従業員にやる気を起こさせ、ウェブサイトで最高の百科事典を制作してもらう。そのためには、目標やボーナスを与えたり、品質管理サークルなどを通じてチームワークを向上させたりすることもあるだろう。

けれど、ウィキペディアほどダイナミックなものを作り出すことはできないに違いない。ウィキペディアの2600万ページを作成する総勢1万2000人と同じ人数の協力を得ても、ソビエト連邦がソビエト版スターバックスを作るのと同じぐらい効果がないだろう。ウィキペディアの総勢208人の従業員が行う仕事の方が勝っている。それにたとえ、ウィキペディアのようなすばらしいものを作り上げたとしても、きっと大きな問題にぶち当たるだろう。競争相手のウィキペディアは、何と言ってもすべて無料だからだ。

おそらく、ウィキペディアを作るために上からの指令で協力を得る以外に、ウィキペディアを作る取引をするために市場原理を使うこともできるだろう。結局のところ、ビジネススクールでは市場が最も効率の高いシステムだと教わったはずだ。

人はパブリック・ドメインと呼ばれる共有してもよい情報を無料で使うアイデアに満足しても、おそらくちょっとした知識にちょっとした金額なら払ってもよいと思うかもしれない。ページを作成する学者や素人やただ熱心な人も、自分が貢献したことにちょっとした報酬をもらえるのはうれしいはずだ。

こちらの方が、実際に起こっていることよりも現実的だと思う。この場合、参加者が交換するものは貨幣ではなくて、ギフトと言えるだろう。人類学者が以前から認識していたように、ギフトは、「善意」とか「幸せ」とかと呼ばれる形のないものに形を与えた象徴的なものだ。

リナックスのように、ウィキペディアも極端なところが2点ある。まず、作成されるものは共有であるという性質がある。使うのは自由だが、手に入れたり、所有したり、搾取することは不可能だ。そして、生産過程には協働という性質が備わっている。本社がページの内容を決めることはない。ウィキペディアの従業員が定期的に作成されたものを標準化したり、編集したり、また、資産・経営階層による侵食から、プラットフォーム全体を守ったりしているだけだ。

ベンクラーはこれを「コモンズを基にしたピアプロダクション」と定義した。さらに、この概念は主流派経済学が確信しているものに異議を唱える形となった。つまりこういうことだ。人を変えるものなど何もない。人は友達を作り、お互いに信頼や責任の関係を築き、感情・精神に必要なものが満たされるよう求めている。この概念が経済生活にも広がったのだ。

市場や会社がなくてもモノを製造できるようになった歴史的な時を迎えて、相当な数の人がそれを開始した。

最初の段階では、コンピュータの処理力とネットワークのアクセスが安価になると、今のように少数ではなく、多くの人が情報商品を生産する能力を持つようになる。次に、ベンクラーが「計画的モジュール化」と名づけた作用が必要となる。これは、タスクを部品のように細かい単位で分けることで、参加者自身で完成できるようにし、完成品をより幅広いネットワークに提出する方法を取ることである。ウィキペディアのページが完璧な例だ。断片的な情報を付け加えたり、間違った情報を削除したりする作業は、2階建てバスのデッキに座っていても、あるいはマニラのスラム街にあるネットカフェにいても、スマートフォンやパソコンを使ってできるモジュール式の作業なのだ。

ベンクラーにとって、安価なテクノロジーと生産のモジュール式は、非市場となる協働作業に人々を引き寄せる。彼は、これを一時的な流行ではなく、「人類の持続可能な生産パターン」だと捉えている。「新たな生産様式」という言葉を使っているが、資本主義とは異なるものだとは言わずに、これまでとは違う持続可能な形の資本主義をもたらすと論じている。支配的な会社とエリート層から、個人やピアネットワークや新しい状況に適応できる事業家などのより幅広いグループに、富と権力の再分配が行われることをベンクラーは予言した。

ここでの問題は、ベンクラーが、情報資本主義のダイナミクスを語ることなく、新しい形だけを説明していることだ。実は、この2つは必然的に矛盾している。

情報技術は生産過程から労働者を締め出した。商品の市場価格を下げ、いくつかの利益モデルを崩した。無料のものに心理的に慣れた顧客の世代を作り出した。情報技術が現れて最初の約10年は、世界の経済危機をあおることになった。先進国で最貧困層が生ごみをあさるようになった一方、そんな状況のときでさえ、彼らは携帯電話でかろうじて金《カネ》を借りているのだ。

情報資本主義は現実だ。けれど、ネットワーク技術と新自由主義経済の衝突を全体的に分析すると、これは危機状態にあると結論づけざるを得なくなる。

無料の経済学

19世紀後半、経済学者は、資本主義の影響について、売買という行為を通じてすべてが理解できるものではないことに気づき始めた。大半の工場が、炭鉱の捨石の山やスラムや悪臭のする川に囲まれていることを考えると、資本主義が市場の外にも影響を及ぼしていることを気づかないではいられなかった。彼らはそれを「外部性」と呼び、原因は何かを議論し始めた。

経済学者はまず、「負の外部性」に注目した。電力会社から石炭火力で発電した電力を買うと、大気を汚染する。この汚染が外部性となる。負の外部性を解決することは簡単だ。買い手と売り手にそのコストを割り当てればいい。例えば、汚染物を排出する「汚れた」発電所に汚染税を課すということだ。

しかし、「正の外部性」もある。近隣地域で同じようなビジネスが群がれば、賃金が上がる。正の外部性には解決策は必要ないが、コストと活動が低下すれば、解決策が考え出されることがよくある。

情報経済では外部性が大きな問題となっている。古い時代に、経済学者は情報を「公共の利益」に分類していた。例えば、科学のコストは社会が負担し、誰もが恩恵を得られた。しかし、1960年代に経済学者は情報を商品として理解し始めた。1962年、主流派経済学の権威者ケネス・アローは、自由市場経済では、何かを発明する目的は知的所有権を生み出すことだ、と言った。「まさしく、これが成功する限り、情報が十分使用されることはないのだ」[37]

このように考えると、最新の抗HIV薬ダルナビルの特許を取る目的は、ただ年間1095ドルの価格を維持するためだけにある。そうなると、国境なき医師団が言ったように、「この薬はあまりに高すぎる」のだ。この情報はもともと数百万人が最新のHIV治療を受けられるために存在しているのだが、特許があるせいで、利用が進んでいない。反対に、インド政府が製薬会社による最新HIV薬の20年間の特許申請を取り下げたことは有名だ。2000年以降、薬のコストが下がり、その薬の製造方法に関する情報が利用されてきた。

経済には情報が至る所にある。だから外部性も存在する。情報資本主義の巨大企業を調査すれば、それらのビジネスモデル全体が正の外部性の副作用を手に入れようとしていることがわかるだろう。

例えば、アマゾンは、利用者の選択の好みを基に、商品を売り込むことで商売している。しかも、その情報は利用者が無料で提供していて、情報を伏せることができない。だから、このビジネスモデル全体が、アマゾンが一方的に手に入れた外部性に基づいているのだ。これはスーパーマーケットでも言えることだ。顧客データを集め、それをほかの人に利用されないようにすることで、ウォルマートやテスコなどの大手スーパーマーケットは商業上の有利な立場を得ている。

では、ウォルマートやテスコが顧客データ（適しているのは匿名化したデータ）を無料で公開したらどうだろう。社会的には利益があるはずだ。農家から伝染病学者までさまざまな人がデータを利用することができるし、もっと的確に決断できる。個人客は一目で合理性のある買い物とそうでない買い物の区別がつく。けれど、スーパーマーケットの方は有利な立場を失ってしまう。売れ筋の価格帯を設定するプライスポイントを使ったり、販売期限を設けたり、2個買うと1個の値段で売ったりして、顧客の行動をコントロールできる能力が下がるのだ。巨大な電子商取引システムの重要な点は、顧客データが「十分に活用されていない」ことだと、アローなら言うだろう。

アローの観察を違った角度で言い直してみるとしたら、その革命的意義ははっきりしている。知的所有権のある自由市場経済は、情報が十分に活用できない状況をもたらす。そして、十分活用できる情報が土台となっている経済では、自由市場の存在はあり得ないし、あるいは絶対的な知的所有権を持つことも考えられない。また、ベンクラーとドラッカーが理解したことを言い換えると、情報技術は、資本主義が機能する上で何らかの土台を崩しているのだ。

では、崩れた土台の代わりに何を創造するのだろうか。「ポスト資本主義」という言葉に意味を持たせるためには、どのようにしてネットワーク技術がその移行の引き金となるのか、ポスト資本主義世界のダイナミクスとはどんなものかを説明する必要があるだろう。

私が調べたところ、これをうまく説明した書物はないようだ。資本主義自体について十分に完成された理論に取り組んだ人がいなかったからだ。もし、情報は資本主義の崩落に拍車をかけることになる、と予測した人がいたらどうするだろう。もし、情報がまとめて分配され、機械に収録されたら、価格を生む能力が消される、とはっきりと予言する人がいたらどうするだろうか。おそらく、その人を先見の明のある人として、褒め称えるはずだ。それをやってのけた人物がいた。カール・マルクスだ。

一般的知性――誰が「知識の力」をコントロールするか

舞台は1858年2月、ロンドンのケンティッシュ・タウン。マルクスはドイツでは指名手配中だった。革命を志して10年が過ぎたがその先行きを考えると憂うつになるばかりの日々を過ごしていた。そして、ウォール街で株価が急落し、欧州中の銀行が経営破綻に陥った。早朝4時、マルクスは、ずい分前から約束していた経済学の本を急いで書き終えるところだった。「一晩中頭がおかしくなったように執筆に勤しんだ。だから、少なくとも、大混乱に見舞われるまでに概要をはっきりしておきたい」と心境を打ち明けている。(38)

マルクスが持っていた資料は限られていた。大英図書館の利用者証を持っていたので、最新のデータにアクセスできた。昼間はニューヨークトリビューン紙に英語で記事を書いた。夜になると、ドイツ語のやや読みにくい走り書きの字で8冊のノートを埋めた。それらは、つきることのない意見と思考実験とメモ書きの草稿だった。

ノートの内容はまとめて「Grundrisse」と呼ばれ、『経済学批判要綱』(大月書店 1958—65)という題名に訳されている。草稿は長い間読まれることなく、エンゲルスの手によって保管された。1920年代にソビエト連邦に買い上げられるまで、ドイツ社会民主党本部で保管されていた。西側諸国では1960年代終わりまで人の目に触れることなく、1973年になってようやく英語に訳された。学者たちは、1858年の寒々とした夜にマルクスが書き上げた草稿を読んだとき、「マルクスについて誰もまだ思いついていない解釈までをすべて取り上げようとする内容だ」と認めている。[39] それは「機械についての断章」と呼ばれている章だった。

「機械についての断章」は、大規模産業が発達するにつれ、労働者と機械の関係が変化する、という内容で始まる。初期の産業にあったのは、人間と人間の手で動かされる道具と製品だった。しかし、そのころには機械が道具に取って代わろうとしていた。「労働者が自然過程を産業過程に変えて、自身と非有機的自然の間に手段として挿入し、それを習得する。労働者は主体ではなくなり、生産過程の脇に寄ることになる」と描写されている。[40]

マルクスは、機械の主な役割は生産で、人の役割は機械を監視するという経済を想像した。「自動で動く」綿糸紡績機械、電信、蒸気機関車のような機械の生産力は、「生産に費やす直接的労働時間との釣り合いをまったく失ったが、科学の一般的水準と技術の進歩、あるいは生産への科学の応用に依存

している」と考えたのだ。(41)

つまり、組織と知識は、機械を作って動かす労働よりも、生産力に大きく寄与しているということだ。

マルクス主義が、労働時間が奪われることを基盤とする搾取の理論となると考えると、これは革命的な意見と言える。知識がそれ自体で生産力となり、機械を作るのに使う実際の労働よりはるかに重要だとすると、大きな問題は賃金と利潤の対立ではなく、誰が「知識の力」をコントロールするか、ということになる。

そこで、マルクスが爆弾発言をする。仕事のほとんどを機械が行う経済では、人間の労働とはまさに機械を監視し、修理し、設計することになる。機械の中に閉じ込められた知識の本質が「社会的」となるに違いないというのだ。

現在の例を使って説明しよう。もし、今日ソフトウェアを開発するプログラマーが、ウェブページとデータベースをつなげるコードを書くためにプログラム言語を使ったとすると、彼女は明らかに社会的知識を使って働いている。ここではオープンソースプログラミングといった具体的な例を挙げているのではなく、一般的な商業用ソフトウェアのプロジェクトについて話している。この過程の各段階では情報を共有したり、それを蓄積したり、コードやインターフェースを微調整したりする。

プログラマーが開発に取り組んでいるコードを、彼女自身が所有していないことは明らかだ。しかし、彼女を雇用している会社も同様にその一部でさえ所有することはできない。会社は彼女が作成したコードはすべて合法的に特許を受けることができる。それに、仕事以外の時間に書いたコードについても、強要して彼女の同意を得れば、特許に含めることができる。けれど、そのコードには、特許を受けることができない、ほかの人が以前に書いたコードが数多く含まれている。

さらに、そのコードを作成するための知識はプログラマーの脳にある。もし、市況が許せば、このプログラマーは仕事場を変え、要求されると同じ行動をとることもあるだろう。情報とともに、その生産物の一部が労働者に残される。これは産業時代には起こらなかったことだ。

プログラマーが道具として使ったプログラミング言語についても同じことだ。これは、数万人もの人々が自身の知識や経験を提供して開発されている。そのプログラマーが最新版をダウンロードした情報には、その前にほかの人が利用し、学んだことを基にして施された変更が必ず含まれている。

さらに、顧客データ――ウェブサイトでやり取りすることで残された記録――は、会社によって完全に所有されているかもしれないが、そのデータは社会的に作成される。例えば、私が読者にリンク先のアドレスを送ると、読者がそれをクリックする、あるいは1万人のフォロワーにリツイートした場合などだ。

マルクスがウェブサーバーを想像していたはずはないが、電信システムなら観察できたに違いない。1858年までに電信が世界で最も重要なインフラとなっていたからだ。電信設備は世界の鉄道線路に沿って敷設され、駅や事業本部が最終地点だった。英国だけでも通信装置がロンドンの外に1178台、それにシティと国会議事堂、ロンドンの波止場をつなぐ数百台のネットワークを保有していた。[42]

電信オペレータが高いスキルを持っていたが、電鍵《でんけん》を扱うために必要とされた知識はたいしたことはなかった。それは、ソフトウェアのプログラマーと同じで、実際に管理されていた幅広い分野を横断する機械に知識が具体化されていたのだ。

電信オペレータの回想からテクノロジーの社会的な性質がどのようなものだったかがよくわかる。その仕事が最優先するルールは、受信側にできる限り早く情報を送ることだった。電信システムは複雑だった。しかも、送信側と受信側の部屋は混雑していた。はるか遠くにいるオペレータと込み合った通信ラインを使って交渉しなくてはならない。「人のエゴに対処することも、電鍵を扱うのと同じく、オペレータの大きな仕事の1つだった。察しの良い、有能なオペレータはとても簡単に仕事をこなした。傲慢で横柄、あるいは自分本位のオペレータには難しい仕事だった」[43]。彼女たちの仕事も社会的だし、機械の中に具体化された知識も社会的だった。

「機械についての断章」の中には、2つの考えが書かれていた。生産力をけん引するものは知識であるということ、そして機械に蓄積された知識は社会的であるということだ。これらの考えからマルクスは次の結論を導き出した。

まず、高度に機械化された資本主義では、より優れた知識によって生産性を高める方が、労働時間の延長や作業を加速させるよりももっと利潤を増やせる、ということだ。労働時間が長ければ、エネルギーをたくさん使い、人の機敏さやスタミナの限界に早く達することになる。しかし、知識を使って解決すれば、安価でしかも限界がない。

次に、マルクスはこのように論じている。価格メカニズムでは、あるものの価値は、それを生産するために必要な投入の価値で決定されているが、知識が主導となる資本主義は、その価格メカニズムを維持できない。社会的知識の形では、投入を適切に評価することは不可能だからだ。また、知識が主導となる生産は、富を制限なく生み出したり、労働時間の延長に依存せずにすんだりすることにつながる。通常の資本主義システムは、投入コストで決定された価格が基盤となっていて、すべての投入が供給量を制限するようになると仮定されている。

マルクスの論によると、知識が主導となる資本主義では、「生産力」と「社会的関係」との間に矛盾が生じているという。これが「資本主義の基盤を吹き飛ばす物質的条件」を形づくることになる。さらに、このタイプの資本主義は、労働者の知的能力を開発せざるを得なくなる。それは労働時間を減少（あるいはその延長を停止）させ、仕事以外で芸術や科学的な才能を身に付ける時間ができ、経済モデル自体にとって必須となる。最後に、これまで聞いたこともなく、これからも現れないような新しい概念「一般的知性」を、マルクスはこの草稿全体に取り上げている。私たちは技術の発展を評価する際には、「一般的な社会的知識がどの程度まで生産力となったのか、（社会的生活の条件が）どの程度まで一般的知性によって支配されているかを見ている」[44]とマルクスは書いている。

「機械についての断章」の中の考えは1960年代に、古典的マルクス主義の手から完全に離れたとみなされた。20世紀には、左派は国家計画を、資本主義を抜け出す経路として見ていた。資本主義の内部にある矛盾は、人間のニーズを満たす能力がなく、悲劇的な崩壊をする傾向を持つ混沌とした市場の性質にあると想定していたのだ。

しかし、1858年に書かれた「機械についての断章」で、私たちはそれとは異なる移行モデルに直面している。それは、知識を基盤にして資本主義を抜け出す経路で、ここでは主な矛盾は、テクノロジーと市場メカニズムとの間にある。このモデルは、1858年に草稿に走り書きされたものだが、100年以上もの間、左派はこの草稿の存在を知らなかった。このモデルでは、共有知識と共存できないために、資本主義は崩壊する。階級の闘争は、人らしく生きること、および自由時間に教育されることとの闘争に変わる。

「機械についての断章」を「マルクスを超えたマルクス」として描き出したのはイタリア人の左派アントニオ・ネグリだった。彼の仲間の思想家パオロ・ヴィルノは、「『機械についての断章』で記した考えは、マルクスがほかでは書かなかったが、実は、いつも彼が考えていることの代案のようなものだ」と説明している。(45)

では、なぜ、マルクスはこの考えをもっと広く追求しなかったのか。なぜ、一般的知性について、この長らく公表されなかった草稿のほかでは書かなかったのだろうか。なぜ、社会的知識によって崩壊した市場メカニズムのこのモデルは、『資本論』を執筆する際に消えてしまったのだろうか。

この答えは明らかだ。原文の議論にはまったくないことだが、それは当時の資本主義自体がその提案を裏づけることがなかったのだ。1858年の混乱が収まり、社会に安定が戻った。知識の社会化は電信に受け継がれ、蒸気機関車は資本主義の基盤を吹き飛ばすには十分ではなかった。

その後の10年間に、マルクスは資本主義の理論を構築した。その中で、交換のメカニズムが一般的知性の出現によって破壊されることもなかったし、知識が利潤を生み出す独立した源という言及もなかった。つまり、マルクスは「機械についての断章」の考えから手を引いたのだ。

国家社会主義と危機の起因による移行のドクトリンとして、20世紀にマルクス主義が台頭したことは偶然ではなかった。『資本論』を書いたマルクスにその土台が築かれていた。

けれど、マルクス主義の歴史に関心があるというわけではないが、気になることがある。情報技術の出現を基にしたポスト資本主義の経路は存在しないのだろうか。少なくともマルクスはそうした経路を想像していたことは、「機械についての断章」から読み取れるのだ。

マルクスが想像したのは、機械に具体化されるようになった社会的に作られた情報についてだった。これが新たなダイナミクスを作り出し、価格と利潤を生み出す古いメカニズムを破壊するということや、資本主義が知的能力の向上を労働者に強要するということ、また「一般的知性」と呼ばれるものを蓄積し、共有するようになる情報について想像している。「一般的知性」とは、社会的知識によってつなぎ合わせた地球上のすべての人の精神であり、最新のものに取り換えられる度にすべての人が恩恵を受ける。要するに、私たちが生きている時代の情報資本主義に近いものを、マルクスは想像したのだった。

さらに、マルクスは、もし、この世界が永遠に存在するとしたら、労働者階級は主に何を目的にするかということも想像している。彼の答えは、労働からの自由だった。ユートピア社会主義者シャルル・フーリエは、労働は遊びと同じになると予想した。しかし、マルクスは同意せず、自由は余暇から現れるだろうと書いた。「自由時間を持つようになると、当然、その人は別の主体に変わり、別の主体として直接的生産過程に入るのだ。……その人の頭には社会の知識が蓄積されている」[46]

これがおそらく、これまでのマルクスの考えで最も革命的なものだ。労働が最小限にまで縮小されると、社会全体に蓄積された知識を展開できる人間が生まれる。社会的に作られた膨大な量の知識によって人間が変化し、史上初めて労働時間よりも自由時間の方が多くなる世界が生じる。これまでのところ、そうした人間の例が「機械についての断章」で想像された労働者や、ピーター・ドラッカーによって予言された「諸学に通じる教育を受けた人」だ。

私が思うに、マルクスは実験を通じてこの考えを放棄したのだろう。なぜなら、マルクスが生きた社会には関係がなかったからだ。しかし、私たちの社会に大きく関係しているのだ。

認知資本主義は第3の資本主義なのか——社会の工場化

新自由主義者にとって、情報資本主義の出現は自分たちの偉業だと思ったようだ。それには欠陥があることはほとんど想像もしなかっただろう。インテリジェントマシンが脱工業社会を創造する。それは、誰もが価値の高い、知識を基盤とした仕事をし、古い社会的対立はすべて解消される社会だ、と新自由主義者は考える。[47] 情報によって、教科書に載っているような透明性があり、完全競争で均衡のとれた理想的な資本主義が現実になる。１９９０年代の終わりには、ワイアード誌からハーバードビジネスレビュー誌まで、主流派の論説は新たなシステムを称える内容で埋め尽くされていた。けれど、それがどのように機能するかについては気味が悪いほど触れられていなかった。

皮肉にも、その議論は「機械についての断章」を再発見したアントニオ・ネグリの極左の弟子たちの手に委ねられた。彼らは「認知資本主義」と名づけ、情報資本主義の理論に初めて取りかかった。

その提案者によると、認知資本主義は、一貫性のある資本主義の新しい形であり、「第3の資本主義」となる。これは、17世紀と18世紀の商業資本主義、この２００年間の産業資本主義の後に続くもので、世界市場や消費の金融化、非物質的労働、非物質的資本を基盤としているという。

フランスの経済学者ヤン・ムーリエ・ブータンは、認知資本主義のカギは外部性の獲得と考えている。例えば、人がデジタル機器を使うとき、その人は取引する会社と「共同生産者」となる。その人の選択やアプリ、フェイスブックのリスト上の友人はすべて、サービスを提供して情報を収集する会社によって金銭的価値が与えられることがある。「正の外部性を獲得することは、価値にとって最大の問題となっている」とムーリエ・ブータンは書いている。[48]

認知資本主義では仕事の性質が変化する。肉体を使う労働や産業が活動を止めることはないが、置かれている環境が変化している。顧客の行動によって生じた無料の価値を獲得することで、得られる利益が増えているからだ。また、大量生産を重要視する社会では、ひっきりなしにコーヒーが差し出され、笑顔がふりまかれ、コールセンターによるサービスが提供されていることから、社会全体が認知資本主義の「工場」と化している。認知資本主義の理論家にとって、「工場としての社会」は、重要な概念で、搾取の性質だけでなく反抗の性質を理解するのに不可欠となる。

ベトナム、中国、インドネシアにある107のナイキのスニーカー工場では、46万5000人の従業員に、179・99ドルのスニーカーを作る際に、製品の品質をまったく同じにするよう求めている。そして、ナイキは、このプラスチックとゴムと発泡体からできた塊には米国の平均時給の7倍の価値があると消費者に信じさせようとしている。[49] そのためだけに、ナイキは広告費で年間27億ドルを費やしていて（靴と衣料の生産にかかるコストは130億ドル）、スーパーボウルの広告費よりも多い。

実際、2000年代初めに、ナイキは認知資本主義のルールを理解し、テレビと新聞広告を40％減らした。その代わり、デジタル商品に目をつけた。例えば、iPodを使ってランナーのパフォーマンスを記録するNIKE+だ。2006年には、1億5000万のジョギングデータを記録し、ナイキにフィードバックされた。[50] あらゆるビジネス同様、ナイキは実際に、「情報がプラスされたもの」となる過程にある。

これが、認知資本の理論にある「社会の工場化」ということだ。この世界ではもはや、生産と消費の境目がわからなくなっている。アイデアや行動、顧客とブランド企業との交流が利益を生み出す重要な要素となったため、境目があいまいになったのだ。だから、新しい資本主義に対する取り組みの多くが、消費者問題またはブランドの価値［例えば、企業の社会的責任（CSR）］に焦点を当てている。

それに、抗議行動の参加者たちが、結束したプロレタリアートではなく、マーケティング調査の「集団」のような行動をとるのもこれが理由の1つだ。認知資本の理論家、例えばドラッカーにとって、新たな労働力の主な活動は「知識という手段による知識の生産」となる。(51)

けれど、認知資本理論は大きな欠陥を抱えている。「情報資本主義の新たな形は産業資本主義の終わりごろに誕生した」と言われることもあるが、認知資本の理論家はこれとは反対のことを言っている。認知資本主義はすでに完全に機能しているシステムであると彼らの多くが信じているのだ。中国・深圳《せん》市の工場や、フィリピン・マニラのスラムや、英国・ウルヴァーハンプトンの金属加工業で10年前に起こっていたことと同じかもしれない。しかし、これらの経済機能はすでに変化を遂げている、というのが彼らの主張だ。

これは、欧州の思弁的思考でよく使われるテクニックだ。カテゴリーを作り出してそれをあらゆるものに応用する。新しいアイデアが生まれると下位カテゴリーとして既存の考えをすべて分類し直すというやり方だ。このやり方なら、複雑で矛盾する現実の出来事を分析するときに発生するトラブルを防ぐことができる。

このために、認知資本主義の理論家は、ＢＲＩＣｓ（ブラジル、ロシア、インド、中国）で、旧式の産業生産が出現する重要性を過小評価したり、２００８年の金融危機以後の重大さを軽んじたり、あるいは新たに生まれたシステムのトラブルがただの初期特有のものに過ぎないと捉えたりするようになるのだ。

実際に、私たちが暮らすこのシステムは、新しくもないし、首尾一貫した機能的な資本主義の形をしていない。矛盾があるのだ。階層制と並んでネットワークがあって、ネットカフェのそばにスラム街がある時代に私たちは住んでいる。だから、このシステムは緊張し、熱を帯び、不安定となっている。この状況を理解するためには、不完全な移行の未完成モデルとして見る必要がある。

ポスト資本主義の仮説

ピーター・ドラッカーがポスト資本主義を提唱して以来、この議論は長い道のりを経てきた。しかし、まだ方向性が定まっていないように思える。ポスト資本主義は思弁的思考やＩＴバブルによって注目されてきた。またむしろ過去に実際起こったこととの関係を探るというよりも、新システムの存在を明言することでも注目された。

ベンクラーやケリー、ドラッカーはそれぞれ、「新たな生産様式」のようなものを明言したが、そのダイナミクスがどんなものかについて説明していない。オンタリオに拠点を置く経済学者ニック・ダイヤー－ウィズフォードは、１９９９年に出版された著書『Cyber-Marx（サイバー・マルクス）』で、情報主導の共産主義がどのようなものかについてしかるべき思弁的な説明をしている。(52) しかし、この本では、経済学の立場にほとんど触れていない。

マネジメントコンサルタントのジェレミー・リフキンが、２０１４年の著書『限界費用ゼロ社会』

（ＮＨＫ出版　２０１５）で描いた世界は現状に最も近い。[53] リフキンによると、ピアプロダクションと資本主義は異なるシステムだが、最近になってこの２つは共存し、互いにエネルギーを与え合うようにまでなっている。最終的には、ピアプロダクションは資本主義経済をニッチな分野に縮小させるだろう、という。

リフキンの洞察で最も急進的なのが、ＩｏＴの可能性についての理解だ。ＩｏＴに熱心なコンサルタント会社、例えばマッキンゼー・アンド・カンパニー社などが、このプロセスの影響は、主に医療・製造業界において最高で年間６兆ドルに達すると評価した。しかも、６兆ドルの大半は、コスト削減と効率の向上によるものだ。つまり、これは実物商品やサービスの限界費用の縮小につながる。「コピー・アンド・ペースト」で情報商品のコストを下げることと同じだと言える。

リフキンによると、知的ネットワークに人とモノをつなぐ影響は急速に増大しているという。これが、インターネットがデジタル商品に影響したように、エネルギーと実物商品の限界費用を激減させることになり得る。

空港の書店のビジネス書籍棚に並ぶ本のように、リフキンの著書は社会の方向性を明るく照らしている。モノが無料の世界は資本主義ではあるはずがないし、デジタル世界のように物理的な世界にも無料化が普及している、と理解している。しかし、このふたつのシステムの対立は、ビジネスモデルと優れたアイデアとの対立に変わった。

社会的理論家、法律家、テクノロジーのビジョンを持った人の間では、ポスト資本主義について話し合うと平行した議論となる。経済学者の間では新自由主義の危機について議論され、歴史家の間では第5長期波動の始まりに問題があると議論されるのだ。ここから前に進むためには、私たちは新たな情報技術経済を理解する必要があるだろう。2008年の危機以後と長期パターンを組み合わせてみよう。初めての試みとなるが、これから説明していく。これは仮説だが、証拠に基づいていて、現実と比較して検証することもある。

ネットワークと階層制との闘い

1990年代半ば以降、私たちが情報を処理・蓄積・交換する方法に起こった革命は、ネットワーク経済の始まりをもたらした。これによって、資本主義における従来の資産の関係が次のように徐々に弱められていった。

主流派経済学者が理解するように、情報財を模造するコストをゼロに近づけることで、デジタル商品の価格メカニズムが損なわれる。

実物商品に高度な情報コンテンツを加えて、純粋な情報財として同じゼロ価格の渦の中に巻き込む。物理的な生産コストではなく、例えば、ランニングシューズなどの製品を作るとともに、社会で創造されたアイデア（ブランド）にもっと依存した価値観を創り出すことが多くなる。

これには金融化が必要となり、一般市民から資本への利益の流れを2つ作る。1つは財やサービス、知識を作り出す労働者から、もう1つは利子を支払う借り手からの流れとなる。「社会全体が工場となった」というのは現実のこととなっている。しかし、搾取のメカニズムは以前と同じだ。まずはあらゆる賃金、そして信用、最後になってようやくブランド価値の創造、テクノロジー企業の外部性となる無料サービス、という流れになっている。

実物商品、過程、エネルギー供給網の生産性を革命的に変化させるプロセスの中で、機器と機器とのインターネット接続が、人と人とのつながりを数で上回るようになる。

情報によって価値が損なわれる場合は、企業は生き残りをかけて3つの戦略で対応する。1つ目は情報の独占体制を敷き、知的所有で強力な守備を固める。2つ目は「カオスの瀬戸際にまで近づく」の手段に出て、拡大する供給と下落する価格のギャップに耐えられるよう試みる。3つ目は、顧客データなどの社会的に作られた情報を捉えて搾取する。プログラマーが自由時間に作成したコードを会社が所有するという契約を強制的に取りつける。

しかし、企業の対応とともに、私たちは非市場生産の出現を目の当たりにしている。組織や権力に管理されない、水平に分散されたピアプロダクションのネットワークが、完全に無料あるいはオープンソースで生産した商品は、商品価値が非常に限られているのだ。

ピアプロダクションで作られた無料のものによって、販売するために製造された商品が追いやられる。ウィキペディアはビジネスとしては成り立たない空間だ。リナックスやアンドロイドについては、明らかに商業的に搾取になるが、瀬戸際に立たされている。というのも、主力製品を所有するという基盤がないからだ。それに、同じプロセス上で生産者にもなり、顧客にもなる可能性がある。

こうした状況を受けて、資本主義は、情報を独占したり、賃金関係を弱めたり、二酸化炭素を多く排出するビジネスモデルを不合理にも追求したりすることで、変化して自身を守り、ピアプロダクションに対抗している。

協働で取り組む――無形の価値を持つギフトの交換――という人間の基本的な性向は常に存在しているが、経済生活の端にある。それを非市場の生産や交換が利用している。これは公共財と私有財とのバランスを取り戻すこと以上の意味がある。完全に新しい革命的な活動だ。非市場の経済活動が拡散すれば、協力的で公正な社会が出現する可能性があるだろう。

テクノロジーの急激な変化が、仕事の性質を変えつつある。仕事と余暇の境目があいまいになり、仕事場だけでなく、生活全体にわたり、価値の創造に関わることが求められている。そのため、経済上の複数のパーソナリティが人々に与えられる。これが複数の自己を持つ、新しいタイプの人間が基になる経済だ。(54) この新しいタイプの人、つまり、ネットワーク化された個人こそが、これから台頭し得るポスト資本主義社会をもたらす人なのだ。

この革命の技術上の方向性は、社会上の方向性と食い違う。私たちは、技術上では、価格ゼロのモノや予測できない仕事、生産性の急激な上昇、物理的な生産過程での自動化拡大の方向に進んでいる。社会上では、独占と非効率の世界、金融が支配する自由市場の荒廃、「くだらない仕事」の急増から抜け出せなくなっている。

現在の資本主義における主な矛盾は、財が無料で社会的に潤沢に作られる可能性と、権力と情報の統制を維持しようともがく独占、銀行、政府のシステムとの間に存在している。つまり、あらゆることがネットワークと階層制との闘いによって広まっているのだ。

こうしたことが今起こっているのは、新自由主義の台頭が、資本主義の通常の50年周期のパターンを乱したからだ。言い方を変えると、産業資本主義の寿命が240年で終わりに近づいているのかもしれない。

この先、私たちには基本的に2つの可能性がある。1つ目は、新しい形の認知資本主義が現れて安定する。これは企業と市場とネットワーク化された協働が組み合わされていることが基盤となる。そして、産業システムの残骸が、この第3の資本主義の中の混乱のない場に落ち着く。2つ目は、ネットワークが仕事と市場システムの合法性を損なわせる。もし、そうなれば、衝突が起き、市場システムが廃止され、ポスト資本主義に取って代わられる。

ポスト資本主義は多くの異なる形を取ることがある。本書でこれまで見てきたように、例えば、膨大な数の商品が安くなったり無料になったりすると、市場原理に関係なく、その商品を作り続ける、ということがあるだろう。また、仕事と余暇、時間と賃金の関係があいまいになるとそれが制度化される、ということもあるはずだ。

ポスト資本主義がさまざまな形を取る条件はたくさん揃っているので、自然発生的に社会正義の形になることもあるだろう。社会正義の形になることやそれが優先されることは広く受け入れられるに違いない。資本主義社会は常に「兵器か生活用品か」という選択に悩まなくてはならなかった。一方、ポスト資本主義社会は「成長か持続可能性か」という選択をめぐって争うことになるだろう。あるいは、基本的な社会的目標や、移民や女性解放、高齢化の問題を解決するための時間枠をめぐって争うことになるかもしれない。

だから、私たちがポスト資本主義への移行を設計する必要があるのだ。ポスト資本主義の理論家の大半は、ただポスト資本主義が存在すると明言したり、あるいはそれが必然的なこととして予言したりするだけだった。中には少数だが移行の問題を考えた者もいた。私たちが最初に取り掛かる作業は、こうした過渡期の経済がどのように機能するかを示す幅広いモデルの輪郭を描き出して実証することだ。

今日、私たちは「移行」という言葉に慣れている。これは、低炭素経済の構築を試みる地域の取り組みを表すときによく使われる。例えば、地域通貨、時間銀行、「トランジション・タウン」などだ。けれど、ここで使う「移行」はもっと大きなプロジェクトとなる。

これを実現するために、移行に失敗した事例を教訓にする必要があるだろう。１９２８年以降、ソビエト連邦は集権的計画を通じて強制的に社会主義の道に進もうとした。この試みは資本主義よりもひどい体制を生み出すことになった。現代左翼《モダン・レフト》の中にはこの話を持ち出すのをひどく嫌がる者もいる。

しかし、ポスト資本主義社会を創造したいと思うなら、過去の誤りを詳しく知っておかなければならない。本書で説明してきた自然に生じる非市場の形とスターリン主義の５カ年計画に根本的にどんな違いがあるのかを理解する必要がある。

どのように情報商品が市場メカニズムを徐々に弱らせたのか。もし、この傾向が抑制されるのではなく、促進されたらどうなるのか。どんな社会グループがこの移行の実現に関心を寄せるのか。私たちが前に進むためにはこうしたことを知っておく必要もある。次の章では、価値とはどういうものかをより明確にし、労働がどんな歴史をたどってきたのかをもっと詳しく見ていくことにする。

第6章

無料の機械に向けて

Towards the Free Machine

「労働価値説」を再考する

そこはキャンプサイトとなっていた。騒がしい人混みの中に催涙ガスが漂い、無料の物資がそそくさと積み上げられていた。これは2013年、イスタンブールのゲジ公園で起きた抗議デモの様子だ。キャンプでは抗議者たちが数日間やりたい放題で過ごした。差し入れが希望の最たる意思表示だった。

1日目は物資の山は小さかった。それらはサラミやジュース、紙巻タバコ、アスピリンなどだ。最後の日には、食料や衣類、薬、タバコといったあらゆるものがピラミッドのように積み上げられていた。若者がこれらの物資を両手いっぱいに抱えて、集団で公園を歩きまわり、何か欲しいものがないかと人々に声をかけていた。言うまでもないが、これらはもともと無料ではなく、誰かが購入して寄付したものだ。生活に必要なものは共有される社会に住みたいという願いを象徴していた。

人々は昔からこうした希望を抱いていた。19世紀の最初の数十年間は、あらゆるものに値段をつけようとするシステムに囲まれていて、左派が、共有、協力、協働の労働を基盤とするユートピアのコミュニティを作っていた。こうした試みの大半は失敗した。最大の理由は何もかもが不足していたからだ。

今日では、不足しているものはそれほど多くない。イスタンブールのような街に暮らす人々には山ほどの無料の食料を寄付できる余裕があることが、このキャンプを見るとわかる。欧州の街ではリサイクルで出されたものが山積みされているが、それも同じことだ。ゴミを捨てるように、まだ着られる衣類、汚れ1つない本、使える家電製品をリサイクルに出す人を見かける。これらの品物は、かつては価値があったが、今では売値がなく、手放されてリサイクルやシェア（共有）される。もちろん、エネルギーは不足している。というより、不足するほど私たちの生活が炭素ベースのエネルギーに過度に依存しているのだ。しかし、21世紀の生活で最も重要な必需品が不足することはまったくない。それに、情報はあふれるほどある。

モノが希少な状態から潤沢な状態に生活が向上したことは人類史上、重要な発展であり、第4波動の資本主義における最大の成果だ。けれど、経済理論にとっては大きな課題となる。資本主義の価格メカニズムは、経済生活において、非常に有機的で、自然発生的で、細かい仕組みがあるものということがわかった。今度はそれが消滅する理論が必要となる。

まずは、需要と供給の一般的な話をしよう。需要と供給の働きははっきりしている。バングラデシュでたくさんの縫製工場が操業すればするほど、安価な衣類がより安くなる。警官が、クラブの開店直前に、多くの麻薬密売人を逮捕すればするほど、エクスタシーの売値が高くなる。しかし、需要と供給の話はなぜ価格が変動するかということしか説明していない。需要と供給が等しいとき、なぜ価格はゼロにならないのだろうか。どう考えてもそんなことは起こらないはずだ。通常の資本主義経済では、価格にあるもともとの性質がそうなっているからだ。希少な商品と労働を基にして販売価格が上下する。では、何がそれを決めるのだろうか。

過去200年にわたり、この問いにはまったく異なる2つの答えがあった。そのうちの1つだけが正しいと言える。しかし、残念なことに、経済学の講義で教わるのは正しい方ではない。

この章では、「労働価値説」と呼ばれる理論で守りを固めるつもりだ。この理論は、うまく機能している安定した市場システムの中での動きを計算したり、予測したりするにはあまり有効ではないので、広くは知られていない。情報資本主義が現れると、価格メカニズムと所有、または労働と賃金の関係が徐々に損なわれる。しかし、これが崩壊につながらないことを説明するのに唯一使えるのが労働価値説だ。知識経済の中で、価値が創造され、いずれは終わりを迎える適切なモデルも唯一もたらしてくれる。機械が無料で、しかも永遠に稼働できる経済の中で、どのように価値を測るのか。労働価値説を用いて考えてみたいと思う。

労働が価値の源

スコットランドのカーコーディのさびれた本通りに並ぶ空き店舗の中に「グレッグズ」の店がある。グレッグズは高脂肪の食品を低価格で販売しており、ランチタイムに混み合うこの辺りでは数少ない店の1つだ。スコットランドの貧困地区を記した地図を見ると、この町は極度に衰退しており、健康問題が深刻な地域が点在している。(1)

グレッグズの店の外側の壁には、アダム・スミスが『国富論』を書いた家であることを示すプレートが掲げられている。けれど、誰も気にかける様子はない。ここは1776年に、資本主義の経済原理が最初に説明された場所だ。スミスが、産業の空洞化によって衰退している今の故郷を気に入るかどうかは私にはわからない。しかし、この原因は理解するはずだ。スミス曰く、富の源は労働だからだ。

「世界のすべての富はもともと、金や銀ではなく、労働によって獲得されている。富を所有し、何か他の生産物と交換したいと望んでいる人にとって、富の価値は、それで購入できるか支配できる労働の量にまったく等しい(2)」［アダム・スミス『国富論』山岡洋一訳　日本経済新聞出版社　2007］。これは典型的な「労働価値説」である。ものがどのくらい価値があるのかを決めるために必要な尺度は労働だということだ。

これにふさわしいロジックがある。もし、水車を長期間眺めていれば、物理学がわかるようになるだろう。機械が動く仕事場で、1日13時間汗水流している労働者を見ていれば、付加価値を生み出しているのは機械ではなく、労働者だということがわかる。スミスもそのようにして、この説を考え出したのだ。(3)

一般的な教科書では、スミスは労働価値説が原始社会だけに通用すると考えており、社会が資本主義になると、「価値」は賃金や資本、土地が組み合わさった産物となる、と説明されている。しかし、これは間違っている。(4)スミスの労働価値説は矛盾しているが、『国富論』を細かく読んでいくと、この論点がはっきりわかる。労働は価値の源であるが、スミスが「駆け引きや交渉」と呼ぶ行動を通じて、市場はそれを大まかに反映しているだけなのだ。完全な資本主義経済では表面下でこの法則が働いている。利潤と地代は労働によって生み出された価値から控除されているのだ。(5)

19世紀初めの最も影響力のある経済学者デイビッド・リカードが、より発展した労働価値説のモデルを作った。それは1817年に発表され、現在の需要と供給の説と同様に、労働価値説が一般の人々の精神の中にしっかりと確立された。リカードは工場制度の急激な発展を目の当たりにし、機械が富を増加させる源だという考えをばかにした。リカードに言わせれば、機械は生産物に価値を移すだけで、労働だけが新たな価値を付け加えるのだ。

機械によるマジックは生産性の向上にある。(6)少ない労働で何かを作ることができれば、その生産物は安くなり、利潤は大きくなる。もし、帽子を作るのに必要とする労働の量を減らせば、需要が2倍、3倍、4倍に増加しても、帽子の価格は最終的に自然な価格にまで下がるだろう、とリカードは書いている。(7)

リカード以後、労働価値説は、産業資本主義を象徴する考えとなった。この理論は利潤を正当化するために使われた。工場主の労働に報酬をもたらした。また、土地を所有する特権階級を攻撃するのに使われた。彼らは働かないで地代で暮らしていたからだ。そして、労働者による労働時間短縮や労働組合権の要求を阻止するためにも使われた。その要求に従えば、労働の価格を「人工的なレベル」まで高めることになる。つまり、家族を食べさせ、衣類を与え、住むところを与えるために最低限必要な賃金を上回ることになる、というのだ。

しかし、超資本家の論拠にもかかわらず、労働価値説は破壊的であることが証明される。誰が何を得たかという論争になり、まもなく工場主は敗北した。初期の労働組合が集った酒場のロウソクの光の中で、デイビッド・リカードは偶然にも新たな信奉者の仲間を得ることになった。

1820年代の労働者の知識人は、労働価値説に革命的意義があることを理解していた。もし、すべての富の源が労働であるなら、どのように富は分配されるべきなのか、というもっともな疑問を抱いた。地代を求める特権階級は生産的経済に寄生していると言えるように、資本家もほかの人の労働に寄生していると言える。彼らの労働は必要とされているが、工場制度は、あたかも彼らの元に余剰の報酬が運ばれるために構築されているよう思える。

「資本家が生産の分け前を要求するために（工場を立ち上げるために）必要なものは知識と技能と労働以外にない」と海軍中尉から社会主義者に転向したトーマス・ホジスキンは1825年に書いている。(8)

非合法の労働組合が「リカード派社会主義」のドクトリンを広めると、工場主による労働価値説への熱意は弱まった。1832年に英国の中産階級が選挙権を獲得したときには、理論を用いて資本主義を正当化する必要がなくなっていた。賃金と価格と利潤は社会科学が研究するものではなくなり、説明して計算するためだけに存在した。リカードがこの論争から抜けると、彼に取って代わったのは理論上の混乱だけだった。(9)

もし、その結果として、19世紀半ばの経済学が「説明と計算だけのもの」に縮小されていたら、自然科学と類似したものになっただろう。1844年に、チャールズ・ダーウィンは自然選択説を打ち立てた。アルフレッド・ラッセル・ウォレスは3年後にほぼ同じ説を考えついた。この説が意味するものは、創世神話説を否定することにつながる。1859年になってようやく地球を揺るがす理論の出版にこぎつけるまで、2人は検体の「収集と名前付けと項目分け」を繰り返す作業を続けていた。

経済学で地球を揺るがす理論に達したのがマルクスだ。マルクスがスミスやリカードの理論を基にしたという主張も多かった。しかし、実際、彼はそれらの理論を打破したのだ。マルクスは政治経済を批判するとして自分の計画を説明した。彼が批判したのは、スミスやリカード、それにリカード派社会主義、リベラルな道徳主義者、統計学者だった。1870年代に主流派経済学者がリカードを批判したずっと前に、マルクスは、彼の労働価値説は寄せ集めだ、と冷評し、労働価値説を最初から書き直さなければならない、と考えた。

労働価値説には欠陥があった。それにもかかわらず、マルクスは、資本主義がどう働くか、なぜいつかその機能が止まるのかを説明できることを、労働価値説で確認する。彼が考え出した労働価値説は一貫しており、時の試練にも耐えてきた。それが正しいと教えた終身在職権を持った学者が数千人はいる。中には世界で最も引用されている学者も含まれている。問題は、経済を教えることを任せられる学者があまりにも少ないということだ。

数字による労働価値説

欧州の衣料品メーカー、プライマークの社員がバングラデシュの工場とTシャツ10万枚の製造の契約を交わすことは取引である。バングラデシュ人の労働者が毎朝工場に出勤して月68ドル相当を手にすることも取引だ[10]。彼女が日給の5分の1を1キロの米を買うのに費やすことも取引となる[11]。

私たちが取引をするとき、頭の中で購買した財やサービスにどんな価値があるのかを大まかに考えている。労働価値説が正しければ、それらの財やサービスに費やしたほかの人たちの仕事の量に対する価値を判断していることになる。

これから労働価値説について大まかに説明していく。長くてややこしい説明もあるが、ポスト資本主義がどのように働くかを理解するなら、基本的なことだけわかればいいだろう。

商品の価値は、それを生産するのに必要な労働時間の平均量で決定される。[12] 価値を定めるのは、実際の労働時間ではなく、各産業や各経済で定着した「社会的に必要な」時間だ。だから、ここで計算に使う基本単位は「社会的に必要な労働時間」となる。もし、1時間の基本的な労働コストがいくらかがわかれば――例えば、バングラデシュの最低賃金は1時間当たり28米セント――それを貨幣で表すことができる。ここでは時間についてだけ考えることにする。

商品の価値に資するものは2つある。（a）生産過程で行われた労働（マーケティング、リサーチ、設計なども含まれる）と（b）そのほかのあらゆるもの（機械、プラント、原材料など）だ。どちらも、含まれる労働時間を量で測ることができる。

労働価値説では、機械やエネルギー、原材料を「過去の労働」として扱っていて、それらの価値が生産物に移っているとしている。だから、例えば、1枚の服を作る綿を得るために、育てて、摘んで、紡いで、移動させるのに要する平均労働時間が合わせて30分かかるとすると、それらの価値が完成したシャツに移っていることになる。しかし、機械やほかの大規模な資本財を用いると、その過程で時間がかかる。それらの価値を小さなものに移しているからだ。機械が、あるものを生産するのに100万時間分の労働の価値が発生し、機械の寿命がくるまでに100万個を生産するとしたら、各生産物の最終価値に1時間分の機械の価値が入ってくることになる。

次に、工場の生産過程で費やされた実際の労働を新しい価値として扱うことにしよう。その価値は、マルクスが「生きた労働」と呼ぶものが付け加えたものだ。

この過程では、労働時間が新しい価値の量を決定する。労働者や管理者、卸売り仕入係、プライマークの販売員が仕事をすると、見えないところでこの過程が働くのだ。私たちが価格を交渉するときには、供給や需要、短期間の有用性、それを買わなかったことで失う機会、貯蓄せずに消費したことのコストなど多くの事柄に影響を受けている。これらをアダム・スミスは「駆け引き」という一言で表した。要するに、ある特定の経済で売られている財やサービスの価格はいずれも、どれだけの労働が商品を作るのに費やされたかを金銭的に言い表しただけということになるのだ。

ここでの問題は、私たちが適正な価格を支払っているかは買った後にしかわからないということだ。市場は、社会的に必要なコストを正確に推測した人に報酬を与え、過剰な労働を要した人には罰金を科す巨大な計算機のような働きをする。

価格は常に、モノの潜在的価値とは異なるが、最後に価格を決めるのは価値となる。その価値は商品を作るのに費やされる必要労働量で決まる。

では、労働の価値を決めるのは何だろうか。ほかのすべての事柄と一致させると、その答えは、ほかの人間の労働だ。労働の平均量は、各労働者が工場の門の中にいて労働ができる状態で得られる。これには、労働者が消費する食料、使用する電力、着用する作業着を作る労働も含まれる。社会が発展するにつれて、労働者がその仕事をするために必要となる教育や訓練、医療、余暇の消費も含まれるようになった。

言うまでもなく、1時間の労働コストは国家によって違ってくる。違いがあるために生産拠点を海外に移転させる企業もある。バングラデシュでは労働者の子どもの保育手当は1日38米セントに相当する一方、ニューヨークのベビーシッターは1時間15ドルだ。[13] この10年間、世界の生産チェーンは中国からバングラデシュに仕事を移している。中国の労働者の賃金が高くなっているからだ。バングラデシュの方が生産性は低いが、時間給がとても安いことから、非効率が相殺されるのだ。[14]

では、利潤はどこから生まれるのだろう。労働価値説では、利潤は盗まれるのではなく、収奪される。労働の月給は大抵、食料やエネルギーのニーズ、作業着などの生産に必要なほかの人による労働の量を反映しているはずだ。しかし、雇い主が取り去っているものがある。私の上司は、私が働いた8時間ぴったりの真の価値を支払っている。けれど、実は支払われたのは4時間分だけかもしれない。

こうした労働投入量と産出量の食い違いはこの理論の核心になるものだ。これをある事例から考えてみよう。

バングラデシュのシャツ工場で働くナズマは、1カ月の食料と家賃、余暇、交通費、エネルギーなどをほぼ十分賄えると思われる賃金を受け取ることに同意している。貯金もできるように少し上乗せしてもらった。もし、彼女がもっと稼ぎたいと思っても、工場の仕事の賃金幅は比較的狭かった。だから、自分のスキルなら得られるかもしれない平均時給をかなりはっきりと把握していた。

けれど雇用主は、正確な意味で彼女の労働を買ったわけではない。彼が買ったのは、仕事の能力だった。

「必要労働時間」に貨幣と計算のことを入れずに考えて、どのように利潤が生じるか見てみよう。週に6日、工場の門の中にナズマを入れておくコストが、社会全体で（彼女の食事や作業服、エネルギー、育児、家賃などをもたらすために）ほかの人たちが働いた30時間になるとする。ナズマが週60時間働いたら、彼女の労働は投入に対して2倍の産出量をもたらしたことになる。雇用主は30時間分のコストを払い、60時間の労働を受け取るのだから、30時間は剰余労働となり、雇用主の利潤となる。完全に公平な取引が不公平な取引となるわけだ。これが、マルクスが言うところの「剰余価値」であり、利潤の本源なのだ。

労働とはユニークなものだとも言える。私たちが売買しているものすべてに、労働は価値を追加できる能力を持っている。労働は価値を測る尺度であるだけでなく、利潤を掘り当てる鉱脈でもある。

この真理を知る手がかりは、タダで労働を得ることができる場所だ。例えば、米国の刑務所システムやナチスの死の収容所などである。資本家はすぐにそれをうまく利用する。手がかりはもう1つある。平均の価値より労働への支払いが下回る場所だ。中国の輸出産業の活況期に、管理者は社員寮や制服、簡易食堂などの投入をひとまとめで提供する手段を用いる。社員寮が併設された仕事場での労働は、自宅で家族の生活費に基づく社会的平均よりも相当安くすむ。しかも、社員寮の労働者は、言うまでもなく、より簡単にスキルを身につけることができる。

しかし、1週間の真の労働価値がほかの人の30時間に匹敵するというのに、どうして私たちは60時間も働くのだろうか。それは、労働市場は決してタダにならないからだ。労働市場は強制によって構築された。そして今では、法律、規則、禁制、罰金、失業への恐れによって絶えず改造されている。

資本主義の幕開けには、人々は1日平均14時間以上働くよう強要されていた。しかも、成人だけでなく8歳の子どもも含まれた。厳しい時間管理制度が導入され、トイレの時間が決められ、遅刻や製品の欠陥、無駄話には罰金が科された。仕事の開始時間が強制的に決められていて、期限はきっちり守らなくてはならなかった。1790年代の英国のランカシャーでも、過去20年間のバングラデシュでも、新設された工場制度を見ても、強制というルールが敷かれている。

先進国でさえ、労働市場は公然と強制の上に築かれた。政治家が福祉について演説する内容を聞けばわかるだろう。失業者や障害者の手当を引き下げるのは、とうてい暮らしていけない賃金でも仕事をするよう彼らに強制するためだ。市民が参加するよう政府が強制することは市場のほかの要素にはない。「君はアイススケートをして遊びなさい。さもないと社会が崩壊してしまう」と言う人は誰もいないだろう。

給与を得るための労働がこのシステムの基盤である。私たちがこれを受け入れているのは、先人が苦労して学んだことだからだ。「もし、従わなければ、食べていけない」と。

だから、私たちの労働は非常に貴重なものなのだ。もし疑うなら、電子商取引の小売業者の商品発送センター、あるいはコールセンター、在宅介護労働者の作業スケジュールでどんなことが起こっているか調べてみるといい。まるで数分間に砂金ほどの値打ちがあると言わんばかりに時間と目標が設定されている。雇用者にしてみたら、そうあるべきなのだ。もちろん、高いスキルで高い賃金の労働市場では、時間や訓練は強制ではないが、目標や品質管理が強制の手段となっている。

労働価値説についてまだ探りたいことはあるが、ここまでにしておこう。すでに述べたように、あらゆる経済学部の手に渡った道具でこの説への攻撃が始まっている。

もっともな反論……

実は、私が労働価値説を好むのには理由がある。労働価値説ではまるで、資本主義の中心部に、市場ではなく、仕事場が作られているかのように利潤を取り扱っているからだ。また、私たちが毎日行っている最も基本的なことの1つである労働を、経済にとって重要なもののように扱っているからでもある。しかし、労働価値説に対するもっともな反論が数多くある。

Q：そもそもなぜ、「理論」が必要なのか？　GDPや会社の会計、株式市場などにあるような事実だけでは、なぜだめなのか？

A：なぜなら、変化について説明したいからだ。科学では、草木の裏に蝶が整然と並んで静止している事実だけではなくて、それ以上のことを知りたいと思う。だから、亜種は微妙に違っている理由に対する理論が必要になってくる。なぜ、生命の営みが幾度も繰り返されていくうちに、わずかに変化した個体が現れ、それから突然大きな変化が起こるのかを私たちは知りたいからだ。

理論は私たちが目に見えない真実を説明するのに役立つ。仮説を立てるときにも理論は役に立つ。あらゆる形の経済学も理論の必要性を受け入れている。しかし、19世紀後半の経済学は、発見したことが違っていたり、その相違の意味と対立したりすると、科学的方法から手を引いた。

Q：なぜ、価値や剰余価値、労働時間は目に見えないのか？ これらが会社の会計で現れてこなかったり、専門の経済学者が認めなかったりするのは、ただ心理的に考えつかないということではないのか？

A：このことについてより洗練した言い方をすると、ケンブリッジ学派の経済学者ジョーン・ロビンソンが1960年代に述べたように、労働価値説は「形而上学的」だからだ。つまり、概念上に存在するものは、それが存在していないことを決して証明できないということだ。さらに、ロビンソンは主流派経済学の主要な考えの「効用」についても同じことを言っている。けれど、形而上学はないよりましなものと受け取っていたようだ。[15]

労働価値説は単なる形而上学ではとどまらない。もちろん、ある程度抽象的なところはある。現実の一部をふるいにかけているからだ。純粋な資本主義のモデルでは、誰もが賃金のために働く設定となっている。だから、奴隷や小作人、ギャング、ホームレスはいない。生産性の管理が重要だと容易に推測できるが、実際の労働時間が、必要労働時間よりも多かろうと少なかろうと誰も計算できない。

一方、労働価値説は経済主体の背後に隠れて機能するプロセスを説明している。

また、労働価値説では、市場は、奥が深くて知り得ないプロセスと、表面に現れた結果を橋渡しする伝達メカニズムの働きをする。個人の選択は市場を通すと総合的な作用となる。社会的に必要な労働時間は市場からわかる。これは市場でないとできないことだ。こうした意味で、労働価値説はこれまで市場について書かれた理論の中で最も優れていると言えるだろう。労働価値説は市場特有のものだ。市場だけが表面下の現実を具体的なものにするメカニズムとなるというわけだ。

だから、やはり労働価値説は抽象的だ。しかし、アダム・スミスが提唱した「見えざる手」や、アインシュタインが1916年に発表した一般相対性理論ほど抽象的ではないだろう。相対性理論は1960年代にようやく実験に基づいて証明されている。

疑問はまだある。労働価値説は証明できるのか？　証拠を用いてそれ自体の表現で、労働価値説の説明を求めることができるのか？　哲学者のカール・ポパーが指摘したように、もし、1つでも反対する事実が本当であれば、その理論は間違っているといえるが、労働価値説はそのテストに合格したのか？

私たちが完全にこの理論を理解できれば、答えはイエスだ。もし、「資本主義に危機はない」と言うなら、労働価値説は間違っていることになる。もし、資本主義が永遠に続くと説明するなら、この場合も間違っていることになる。なぜなら、これから述べるように、労働価値説は、一定の循環プロセスと最終的には長期的崩壊につながるプロセスの両方を同時に説明するものだからだ。

Q：なぜ、こうした抽象的なレベルが必要なのか？　なぜ、データを集めて、数値計算して理論を組み立てることができないのか？　なぜ、具体的な世界のことは主流派経済学にゆだねるのか？

A：最後の問いについては、ゆだねるべきではない、というのが答えだ。マルクスは、労働価値説を正確なものにするためには具体的なレベルで真実を説明するべきだと認めていた。抽象的なモデルを実体経済のより具体的な説明に組み込もうと取り掛かった。これは『資本論』の第2巻に経済（消費と生産）の2つの部門のモデルを、また第3巻で銀行制度を盛り込んだことからも言える。マルクスはこれと並行して、どのように具体的なレベルで潜在的価値が価格に移行するかを示そうと試みている。

マルクスはいわゆる「転形問題」に取り組む方法では矛盾があった。このため、労働価値説が矛盾するかどうかについて、100年にわたる論争を引き起こした。これは理論全体を具体的な問題に当てはめようとする試みのため、マルクス主義の教科書にはないようだ。ここではこの論争については避けておこう。「転形論争」は、「一時的なシステム」の学派で知られる学界グループ（原注1）により解決された（私は満足している）、とだけ言っておく。

要は、矛盾のない形であっても、労働価値説は価格の動きを測り、予想するための実用的なツールにはなることはない。これは価格の動きがどんなものかを理解するための心理的なツールなのだ。労働価値説はアインシュタインが「原理論」として説明した考えの部類に属している。理論の目的は、日々の経験から取り出した1つの命題において実体の本質を捉えることだ。科学の目的は、「全体とし

【原注1】当学界グループは、このプロセスが、まるでスプレッドシートの1列かのように同時に行われるのではなく、時間をかけて行われたと理解した場合、マルクスが計算した中で、疑われた論理的な矛盾はないことを示した。

て」のあらゆる経験データの結び付きを捉えることだ。それを行うためには、主な概念と関係を最小限に活用すると、アインシュタインは書いている。こうした主な概念をより明確に、より理論的に統合すればするほど、データからより離れることになる、と指摘している。(16)

アインシュタインは、経験の予測が成功すれば、理論の真実が証明されると信じていた。しかし、理論と経験の関係は直感的に得るしかないだろう。

次に述べる理由で、主流派経済学は、データを数値計算して得られる所説だけを許す偽善的な科学に成り下がった。この結果、教科書は簡明になった。というのも、内面的には首尾一貫しているが、現実の予測と説明が十分でないことがよくある。

Q：これは観念的過ぎないか？　労働価値説を利用するには資本主義にあまりにも敵対し過ぎていないか？

A：そう、これは問題だ。1870年代以降、経済学で観念をめぐる戦いとなったとき、双方の話がかみ合わなくなった。その結果、主流派経済学に矛盾が生じ、マルクス主義は具体性が欠けることになる。これは、今日私たちが乗り越えなければならないことだ。

左派の経済学者が主流派経済学を「使い物にならない」と非難しているのをよく聞く。しかし、それは間違いだ。実際、その限界を理解すれば、主流派の価格の理論の大半は、労働価値説の表面一部にうまく重ねていると言えるだろう。

問題は、主流派経済学が自分たちの限界を理解していないことだ。現実というものは抽象的で静止状態でほとんど変わらない。それをより完璧に学問的に説明しようとすればするほど、変化が理解できなくなった。この理由を探るため、資本主義の変化の主な原因をこれから考えていこうと思う。その原因とは、高価なものを安価にする力、また、今始まろうとしている無料化する力のことだ。つまり、生産性である。

労働価値説の生産性

労働価値説によると、生産性を得るには2つの手段がある。まず、労働者を訓練してより高い技術を身に付けさせること。訓練された金属プレスオペレータの労働は、失業から抜け出したばかりの人の労働よりも価値が高い。訓練されたオペレータは通常より作業が速く、失敗も少ない。それに、訓練不足の作業員が作る生産物よりも良い仕上がりになる。

しかし、訓練された熟練労働者のコストは量で比較すると通常より高くなる。彼らの労働はより価値がある。生産と品質維持のための労働がより多いからだ。例えば、OECD加盟諸国の高等教育を修了している人の平均所得は、基礎教育を受けただけの人と比べて2倍以上となり、後期中等教育を修了しただけの人と比べると60％高いという[17]。

2つ目の生産性を得られる手段は、新しい機械、あるいは生産過程の再編成、新たな発明だ。これが最もよくあるケースで、マルクスは次のように取り上げている。

1時間の労働は常に、作られる生産物に1時間分の価値を加える。そのため、生産性向上の影響によって、各生産物に具体化された価値の量が減ることになる。

工場が1日1万枚の服を作るとしよう。仕事場には平均10時間働ける人が1000人いる。だから、1万時間の「生きた労働」が、1日の産出量に入れられる。そして、1万時間の「過去の労働」も同様に1日の産出量に入れられると仮定しよう。これは機械の修理や維持、エネルギー利用、布地、ほかの原材料、輸送コストなどの形をとる。工場の1日の合計した産出量は、労働時間で換算すると、2万時間となる。その半分が生きた労働で半分が過去の労働だ。よって、1枚の服に2時間の労働時間が含まれる。市場では、2時間の労働時間に相当する貨幣と交換されるはずだ。

次に、生産性が向上したケースとして、生産過程に2倍の労働生産性が導入されるとする。1万枚に対して、過去の労働は同じくらいの量（この例では1万時間）にする。生きた労働は5000時間に減らす。そうすると、1枚の服に1時間30分の労働時間が含まれる。

これは市場が報酬を与える仕組みを説明している。工場が最初に変化を作り、服が市場に出される。その市場では服を作るのに社会的な必要労働時間はまだ2万時間となっている。これが、市場での服の価格となる。しかし、労働時間が1万5000時間しかいらなくなった。ということは、工場は利潤が高められた形で生産性が向上したことになる。つまり、工場長は、価格を下げ、市場占有率を高めることもできるし、2時間と1時間30分の差を利用して、平均よりも多い利潤を得ることもできる。最終的には、産業全体でその革新と新価格を真似るようになり、服1枚当たりの通常価格が1時間30

分の労働時間となる。(原注2)

これは重要なポイントだ。生産性を向上させるためには、雇用された人の生きた労働に対する「機械の価値」の割合が高くなるということだ。よって、生産過程から人間を抜くと、短期間では、工場レベル、あるいは部門レベルで、利潤が上がるということになる。労働が剰余価値の唯一の源のため、部門全体で革新が展開し、社会的平均が低くなれば、労働の量が減り、機械が増えることになる。ということは、付加価値を生み出す作用の一部がより小さくなる。もし、抑制が利かなければ、その部門の利潤率を押し下げることになるだろう。

革新は、コストを最小限に抑えることや、産出量を最大限に高めること、資源を利用することが必要なために引き起こされる。革新は、物質的な富の増加をもたらすとともに、利潤の増加を助長する。しかし、革新が展開されても、ほかの要因によって相殺されることがなければ、「利潤率の傾向的低下」を生じさせる。その傾向はもともと備わっているもので、繰り返される性質を持っている。

【原注2】マルクスの理論には直観に反する要素がある。生産性の向上は労働の「質」の向上につながるのだろうか。新しい機械と仕事場に再編成された場合、私たちの仕事に新しい質をもたらす。しかし、生産性の獲得によって労働の価値は変わらないということは、生産性の獲得をもたらすのは機械や管理技術、知識で、労働自体の質は変わらない、というのと同じことだ。これらは人間の労働にとって「力を増強させるもの」であり、同じく基本的なこととなる。

このマルクスが用いた「利潤率の傾向的低下」は破滅を帯びた文言だが、それは資本主義の本当の大惨事ではない。第3章で見てきた通り、相殺する要因によって、低下する労働量の影響を通常なら十分埋め合わせできる。結局、より高い価値の投入を必要とする新しい部門を構築することでバランスを取るのだが、それには高い価値の実物商品という形をとるか、あるいはサービス部門を構築するかのどちらかになる。

マルクスが描き出した資本主義の古典派モデルでは、生産性の追求が物質的な富を増加させるが、短期的な危機を繰り返し引き起こした後、大きな変化をもたらす。それによってシステムは労働コストを自発的に高める必要がある。もし、労働者があらゆる商品を買えるほど金持ちにならなければ、あるいは、新たな市場で新たな顧客を見つけることができなければ、機械の価値と労働の価値の対立が積み重なり、利潤率の低下を引き起こすというわけだ。

これが希少性の時代で見られたすべての危機が起こる仕組みだ。利潤性の崩壊により大量の失業者を出して、工場は稼働を停止する。労働価値説を用いればすべて説明がつく。

ほかにも、労働価値説は、労働がまったく入らなくても、生産物と新しい過程が生み出されるときにどんなことが起きているかということを説明するのにも使える。

そのことについて述べる前に、主流派経済学によって提案された価格理論を見ていこうと思う。この理論は「限界効用」と呼ばれている。

「未来の事物」を避けること

マルクスと同様に、主流派経済学の創設者たちはリカードが提唱した理論に穴を開け始めた。リカードの利潤についての説明は一貫していない、と彼らはこう言った。「この説明では何一つうまく機能しない」。そこで彼らは、経済学を異なる領域に移した。価格、需要と供給、賃貸、税、利子率の動きを観察しやすくしたのだった。

彼らが考え出したのは限界効用理論だ。簡単に言うと、本来はどんな商品にも価値はなく、買い手が商品を買うときにだけ価値が生まれる、ということだ。限界効用理論の創設者の1人レオン・ワルラスはこう語った。「生産物の売値は市場で決められる……その効用と量が売値を決める条件であり、これ以外に考えられる必要十分条件はない[18]」

アダム・スミスの時代以降、こうした価値の「有用性の理論」は古いものだと考えられていた。これが復活した大きな要因は、限界の概念に付け加えるためだった。この理論を広めた英国の経済学者ウィリアム・スマートは、「価値の量は、平均ではなく、最終あるいは限界効用によって決定される」と書いている[19]。限界について簡単に説明すると、すべての価値は、製品全体にではなく、消費者が買いたいと思う「ちょっとしたおまけ」にある。だから、ナイトクラブで最後に残ったエクスタシーの錠剤の価値は、ほかのどのドラッグよりも高くなるのだ。

限界効用を支持する理論家にとって、私たちが品物を買うことを決断するときの心理的要素を単純に表すと、次のような問いになる。「ポケットの最後の10ポンドを使わずにとっておくよりも、ビールグラス、あるいはタバコ、コンドーム、リップスティックの購入や、小型タクシーの乗車に使う必要の方が大きいのだろうか」

英国の限界効用理論の先駆者ウィリアム・スタンレー・ジェヴォンズは、こうした効用の判断を「快楽か苦痛かの選択」と理解し、原則として数学を使ってモデルを作成できることを証明した。そして、金銭的価格が変動することは、需要と供給を測定するために唯一必要なことであり、価値に一貫性のある意味を持たせるのは「交換比率」だけである、と述べた。要するに「価値」という言葉を解体しようとしたのだ。

限界効用理論派は表面的に、経済を哲学から解放しようとした。資本主義が「自然」に基づくものだという理由で資本主義を守ることはできない。資本主義は効率的で富を増やすということが正当化されるべきだ、とワルラスは言った。

しかし、限界効用理論派には極めて重要なイデオロギーがあった。市場は「合理的」であるという想定だ。経済の法則は人間の意思の力とは関係なく働いているという考えにワルラスは嫌気がさしていた。人間を動物として扱う動物学のように、経済学を扱うことに等しかったからだ。「宇宙に存在する数多くの目に見えないものや不可避なものと並んで、自意識や独立、つまり人間の意思という力が存在している」とワルラスは書いている。[20]そして経済の新たな科学では、市場は人間の集団の合理的意思を表現したものであると想定すべきだ、と論じている。だが、それは数学的でもあるはずだった。そのため、抽象的モデルを使い、理想的な形ですべての事例を考えることで、倫理や哲学の要素から一時的に離れることになった。

限界効用理論派が達成すべきことは、自由で完全な競争によって支配された市場は「均衡」にならなければならないと示すことだった。これを論証可能な法則にしたのがワルラスだ。すべての価格は合理的な個人による選択（リップスティックを買うか、10ユーロ札を使わずに取っておくかの選択）の結果であるため、供給側に選択肢が尽きると、人は買うことを止めてしまう。反対に、ある品物の供給が増加すれば、人がそれを欲しがることが合理的となり、それに対していくら支払うかが決定される。供給が需要を作り出すというわけだ。理論で言えば、自由に稼働する市場では、対応して価格が変化することで、需要と供給が「均衡」する、ということになる。

マルクスのように、ワルラスもかなり抽象的だった。彼のモデルは、すべてのエージェントが完璧な情報を持っていることを想定している。それには将来についての不確実性はなく、市場に影響する外的要因（独占、労働組合、輸入税率など）は存在しない。こうした抽象的な面は、私たちが現実に即しているかどうかを指摘しない限り、論理的に矛盾してはいない。問題は、限界効用は抽象的だが正しい理論かということだ。

限界効用理論家の危機に対する受け止め方を見ると、正しいとは言えないようだ。資本主義内部の傾向は均衡に向かっていると彼らは強く確信していたため、危機は非経済的要因が引き起こすことだと想定していた。ジェヴォンズは1873年に始まった大不況は、「周期のように繰り返される大規模で広範囲の気象の影響による」定期的な一連の変動により起こったものだと主張した。つまり、太陽の黒点によるものだと考えたのだ。(21)

経済学の教科書は今日、限界効用理論派の発見を基にしている。限界効用理論家は「政治経済学」に関する計算を追求した学問分野を構築した。しかし、これは、生産過程を無視し、快楽と苦痛との間の2次元バランスに対応する心理学的な要素を減らし、労働にある特別な役割を無視している。(原注3)また、すべてのエージェントを商人にし、階級やほかの権力関係を取り除き、深遠で目に見えない、人間の独立した合理的意思に働く経済の法則の可能性を考慮に入れなかった。

限界効用理論派の最も純粋な形では、搾取の可能性だけでなく、具体的な現象としての利潤の可能性も否定した。利潤は資本家が売るあるものの効用に対する単なる報酬であるという。あるものとは資本家の専門知識、または後の理論となるが、節欲――資本を蓄積する行為の中で彼らが被る「苦痛」――となる。要するに限界効用理論派はかなり観念的だと言える。分配と階級の問題を考慮しておらず、今でも専門的な経済学を駄目にし、仕事場の現状への関心を失わせている。

限界効用理論派が出現したのは、管理者と政策立案者が同様に、会計よりも大規模で、歴史理論よりも小規模な経済学の学派を必要としていたからだったのだ。そのため、価格システムが働く方法を細かく説明する必要があり、階級のダイナミクスや社会的正義には関心を示さなかった。

オーストリアの経済学者カール・メンガーは、限界効用理論派の心理学的動機を概説した。これは、スミスとリカードを攻撃したことでよく知られている。「彼らは、離れた事物やまだ存在していない事物、未来の事物に関して、抽象的な人間の幸福に取りつかれている。その取り組みで、……彼らは、現存し、正当化された現在の利益を見過ごしている」。メンガーによると、経済学の目的は、資本主義が自発的に作り出した実体を学ぶこと、そして、革新に向かう偏った合理主義熱狂者から経済学を守ることだった。こうした熱狂者は、社会主義を導く代表者の固い意志に反しているという。[22]

限界効用理論派の、この時が永遠に続くという妄想と未来の事物への敵意は、資本主義が変化も変異も滅亡もしない形であると思い込むためのすばらしいモデルを作った。

しかし、残念ながら、そういうものは存在しない。

なぜそれが問題なのか……

今はビッグデータとデジタル音楽配信サービス「スポティファイ」と高頻度取引の時代だ。それなのに、なぜ、私たちは19世紀半ばのデータをほじくり返しているのだろうか。

それは1つに、システムのリスクに直面している現在の偏屈な経済学を説明しているからだ。経済

【原注3】労働は快楽と苦痛を組み合わせたものだが、より大きな苦痛（飢え）に対する恐れにより、私たちは毎日働くのだ、とジェヴォンズは考えた。

学の教授スティーブ・キーンは現在の限界効用理論派について、何もかもを「効率の高い」市場というドクトリンにしてしまうことで、実は、その崩壊に寄与していると指摘している。そして、「主流派経済学者は、すでに問題となっている社会をより劣化させている。より不平等でより不安定で『効率の低い』ものにしている」と述べている。(23)

しかし、もう1つ理由がある。情報資本主義のダイナミクスをどうにか説明するためだ。情報財の出現は、限界効用理論派に根本的に難問を突き付けることになった。なぜなら、限界効用の想定は希少性であるが、情報は潤沢にあるからだ。例えば、ワルラスは「制限なく増加できる生産物などあるはずがない。社会的富を構成するあらゆるもの……は限られた量でしか存在しない」と断言している。(24)

その言葉を、テレビドラマシリーズ『ゲーム・オブ・スローンズ』の製作者にも伝えてほしい。2014年作のエピソード2の海賊版は、放送から24時間以内に150万人に不法にダウンロードされたのだ。(25)

情報財は潜在的に量に限界がなくても存在している。それが、本当の意味で生産の限界費用がゼロとなる例だ。さらに、物理的な情報技術（記憶保存と無線帯域幅）の限界費用も崩壊してゼロに近づいている。一方、ほかの実物商品の情報量が増加し、より多くの商品が生産コストの急激な低下の可能性にさらされている。これらすべてが、限界効用理論派が完璧に説明する価格メカニズムを崩壊させているのだ。

現在の経済は、希少な財と潤沢な財で成り立っている。私たちの行動は、昔からの「快楽か苦痛か」

という選択が混じり合い、自己の利益で左右され、共有と協力（おそらく限界効用理論家の妨害の対象）と並行している。

しかし、完全な情報経済では、効用のほとんどが情報を通じてもたらされていて、実物商品は比較的豊富にある。限界効用理論派により説明されるような価格メカニズムは崩壊するだろう。なぜなら、限界効用理論派は価格の理論と価格だけを見ているからだ。価格ゼロの商品や共同使用の経済空間、非市場の組織、非所有の製品の世界を限界効用理論では理解できない。

しかし、労働価値説ならそれができる。実際、労働価値説は、それ自体の崩壊を予測し、調整する。つまり、生産性を駆り立てる社会の形と生産性自体の衝突を予測する。

マルクスが描いたように、労働価値説では、自動化によって、必要労働が減り、仕事が選択的になるほど量が縮小することになり得ると予測した。人間の労働量が少なくなることで便利なものができるだろうが、おそらく最終的には無料や共同使用、共同所有に落ち着くことになるだろう。これが正しいのだ。

カール・マルクスと情報機器

もう一度マルクスが「価値法則」と呼んだものを取り上げてみよう。経済ではあらゆるものの価格は、それを作るために使われた労働の総量に反映する。生産性は新たな工程、機械、再編成から得られる。

モノを生産するためにかかる労働量の観点から、それぞれがコストになる。実際には、資本主義は経済の労働量を縮小するため、そして利潤の本源を縮小するための革新を行う傾向に逃げている。なぜなら、新しいニーズや新たな市場、新たな産業を生み出すからだ。そこでは労働コストが高いため、賃金が上昇し、消費を後押しする。

情報技術は過去250年にわたる革新プロセスの最新の結果に過ぎない。だが、情報は新たなダイナミクスをもたらす。というのも、情報技術を用いれば、コストがかからず、永久的に使え、壊れることのない機械を手にすることができる。

もし、誰かがバングラデシュの工場長に永遠に動くミシンを売ろうとしたら、驚いて朝食をのどに詰まらせるかもしれない。しかし、彼がソフトウェアを買うのならとても幸せな気分になる。ソフトウェアは機械だが、一度作られれば永遠に動くものだ。新しいソフトウェアが出るとそれは古いとみなされることもある。しかし、この世界は古いソフトウェアであふれている。古いソフトウェアを動かせる適切なハードウェアを見つけることができれば、それを永遠に動かすことができるだろう。

いったん設計でコストがかかれば、ソフトウェアを生産するコストはメディアのコストに移される。ハードドライブに記録したり、ファイバーネットワークで流したりされるからだ。それに加えて、アップグレードされ、保持される。

こうしたコストは急激に下がりつつある。100万台のトランジスタをシリコン基板に取り受けるコストは10年で1ドルから6セントまで下がった。同期間に、1ギガバイトのデータを保存するコストが1ドルから3セントまで下がっている。1メガバイトのブロードバンドの接続が2000年で1000ドルだったのが今日では23ドルとなった。この計算を行った会計事務所のデロイトは、基本的な情報技術の価格の下落は幾何級数的だと言った。「現在の技術が進歩するペースは、歴史を見ても前例がないものだ。電力などのこれまでの技術革新は最終的には安定したが、今の技術進歩にはその兆候は見られない」(26)

情報を「非物質的」と考えることが一般的になってきた。情報理論の創設者の1人ノーバート・ウィーナーはかつて、「情報は情報だ。物質やエネルギーではない。これを認めない物質主義は現在に存在し続けるわけにはいかない」と主張した。(27)

しかし、これは間違った考えだ。1961年にIBMの物理学者ロルフ・ランダウアーは、理論的に情報は物質であることを証明した。(28) 彼は、「情報は本体のない抽象的なものではない。情報は常に物質的な表現と関係している。これによって、本物の物質的世界や物理法則、利用可能な部品の倉庫というあらゆる可能性と制約と、情報処理とが結びついている」と書いている。(29)

特に情報処理はエネルギーを使うこと、そして情報の小さな一片を削除するのに使うエネルギーの量を測定することが可能であることを彼は示した。2012年に科学者チームが「ランダウアーの原理」を実証した小さな物理的モデルを築いた。(30)

よって、情報は作るためにエネルギーを費やし、物質として存在する生産物ということになる。実際に少し場所を取るものでもある。電力を消費するし、熱を発する、どこかに保存する場所も必要になる。グーグルのよく知られるクラウドは、エアコン設備のあるサーバー・ファーム空間という広い場所に置かれている。

コンピュータ処理の生産物がほかの物質的生産物とは性質上、異なっていることを、ウィーナーが理解したのは正しかった。

情報に関して本当に不思議だと思うことは、情報が非物質的ではないことではなく、情報が計り知れない規模で、労働の必要性をなくすこと、それに機械がすることをすべて行うことだ。情報によって低賃金労働者が熟練労働者に取って代わる。同じ作業を一緒に行う労働がなくなる。以前の労働の形では達成できなかった新しい作業が可能になる。コンピュータによって作られた新しい情報には、使用価値、あるいは効用があり、その構成部品を大きく上回る。

しかし、情報商品に具体化された労働価値の量は取るに足りないものとなるに違いない。マルクスが「一般的知性」の概念で想像したように、知識が実際に社会的なものになれば、次のように、中には無料化に役立つ労働価値もあるだろう。

・情報商品が必然的に一般的な科学知識を利用する。
・利用者が、リアルタイムでデータをフィードバックし、無料で改良できるようにする。
・どこかで知識の改良が行われれば、あらゆる場所にあるすべての機械に迅速にそれを導入する。

例えば、1974年に発表された無料のインターネット・プロトコルは、「基準」であって、製品ではない。しかし、これは、縫製工場が忠実に守っていると思われる安全基準と同じではなく、工場が電力を得る電力網のようなものだ。物質的に有用で、しかも無料である。

もし、この無料の機械を労働価値説に当てはめてみるとどうなるか。マルクスは実際に、こうしたことを考えていたことがわかる。

『経済学批判要綱』でマルクスはこう言う。機械を作るのに100日分の労働力がかかり、その機械の寿命が100日とする。この場合、生産性は向上していない。作るのに100日かかかり、1000日で寿命がくる機械の方がずっといい。機械に耐久性があればあれほど、各製品に移行する価値の量は小さくなる。これを理論的に極端に考えてみると、機械にいつまでも寿命がこなければ、それを取り換えるコストはかからない。マルクスは経済学の観点から、これらが同じことだと理解した。「もし、コストがかからない、つまりゼロの生産の手段を資本家が得ることができたら、どんな結果になるだろうか。資本家にほんのわずかなコストもかかることなく、剰余価値は増加する」と。マルクスはその手段を2つ挙げる。仕事の流れを再構築すること、そして科学的進歩を利用することだ。こうして、19世紀であっても、作業の流れの再組織化、科学的進歩により、資本主義は無料という壁にぶち当たっていた。「機械がいつまでも使えるなら、そして再生産しなければならない一時的な物質でできていなければ……その概念に完全に一致する」とマルクスは書いている。[31]

1858年にガス灯の下で書かれた、この驚くべき洞察に、私たちが畏怖の念を抱くのも当然だ。

理想的な機械の形は、寿命のない素材でできており、コストがかからない。マルクスはここで非物質的なものではなく、一時的なものでない物質について話している。つまり、劣化しないものだ。

価値の一部が社会的知識と公共科学によって無料で投入されている機械は、労働価値説にとって異質的な概念ではない。**これらは、労働価値説の中心に据えられている。**しかし、マルクスは、もし、これらが多数存在したら、労働価値説に基づくシステムを破壊させることになる、と考えた。「粉々に破壊する」と「機械についての断章」の中で述べている。

マルクスが『経済学批判要綱』で使っている例がそのことを明確にしている。永遠に動く機械、つまり、労働なしで作れる機械は、それが作る生産物の価値に労働時間を付け足すことはできない。もし、機械が永遠に動くことになれば、そこから永遠に生産物に移行する労働価値はほぼゼロとなり、そのため、各生産物の価値が減少する。(原注4)

もちろん、実際には、物質的な機械が永遠に動くことはない。しかし、私たちが過去15年間に見てきたものは機械の効用だ。それは機械を動かすことや、あるいは設計すること、製造することに使われた情報に由来する。物質的なものの世界が情報で活気づけば、それが経済的にどんな意味があるかを適切に理解できるのは労働価値説だけなのだ。

機械が考えるとき

1981年に、私はマージー川のそばにある小さな工場で、プレス作業員として数カ月働いた。プレス機を押す原動力は電力と圧縮空気だった。レバーを引くと、工作機械が金属ディスクに打ち付けられ、製品の形に曲げられる。私の作業は、型打ち機に片手でディスクを置き、もう一方の手でレバーを引いて、保護装置が下りてくる前に、ディスクを置いた方の手指を離すというものだった。訓練は必要なく、同じ動作を1分間に10回繰り返す。そこには多数の欠陥ディスクが積み上げられていた。プレス機を押す作業には、情報をフィードバックする仕組みはなかったし、打ち付けるという物理的な動きが自動化されているレバーもなかった。

機械を調整する2人の作業員が私の上司だった。工作機械を修理し、数時間ごとに再調整する半熟練作業員だ。隣の部屋には、機械を作る熟練の金属細工師がいた。彼らは私に決して話しかけることはなかった。しかし、私たち全員が共有していたことがあった。それは、手指をすばやく動かすスキ

【原注4】マルクスはこう書いている。「資本家が1000ドルを投資するとする。それには機械の200ドルが含まれていて、資本家は年に50ドルを稼ぐとする。すると、4年間で機械に投資した分が戻ってくる。そうなると、価値の観点からみると、その資本には800ドルの価値しかないように思える」

ル、欠陥を見抜く鋭い目、そしてこの危険で不完全な作業工程がなければ、工場のあらゆるものが機能しなくなることだった。

今日では、金属のプレス加工はほぼ完全に自動化されている。作業は最初、コンピュータでシミュレートされる。計算して作られた金属の模型に数千のデータ点を用いて金属の上にかかる圧力を把握する。3D設計が直接コンピュータに入力され、これで機械を制御する。型打ち機と工作機械は、私が1981年に使っていたものよりもかなり複雑になっている。今では、レーザービームによって適切な位置を決め、はるかに精度が高くなった。何か間違いがあったら、機械を制御するコンピュータがその誤作動を認識する。部品が機械から外れていたら、ロボットが拾い上げ、分析されて次に進むはずの場所に置かれる。機械の取り換えが必要になると、ロボットアームがそれを行う。

人間が1日かかっていた仕事を、こうした機械なら1時間で行うことができるようになった。誤って指先が切断されて床に転がることもない。なぜなら、そこには作業員がいないからだ。これを可能にするのは、多数のITのアプリケーションだ。アプリケーションには、前段階でコンピュータ分析と3D設計、工程中ではリアルタイムのフィードバックと分析、それに工程が今後改善するのに役立てるためのデータ保持などがある。研究者は今、工作機械そのものの製造を自動化する方法や、コンピュータモデルを使ってその設計を単純化する方法にまで焦点を当てている。

機械全体が情報で動いている。それは生産物も同じだ。自動化された工場では、タグや数字を使って、個別に識別できる小さな部品も必要になる。プレス機もこうした部品を付け足すことができるようになっている。

産業資本主義で最も基本的な仕事の1つ、金属を打ち付ける作業における革命について説明したが、それにわざわざ理論を立てる人はいなかった。自動化された金属プレス加工について書かれた学術文献は大学の工学部にあるが、経済学にはない。(32)

その理由は、すでに述べたように、情報の価値を経済学的に測る方法を誰も知らないからだ。自動化プレス機を買うことがどれだけ企業の損益に影響があるかを把握することができる。それに、資産として3D設計や特注のコンピュータプログラムを評価することもできる。しかし、SASインスティチュートの調査が示すように、それはあくまでも推測に過ぎない。

労働価値説なら、私たちは推測以上のことができるだろう。まず、ソフトウェアを機械として考えることができる。道具や金属型打ち機と同様に、情報（3D設計、プログラム、モニタリング報告書）も過去の労働として考えるのだ。また、労働価値説を用いれば、物質的生産物とそれを作る機械の領域に、純粋な情報商品の「限界費用ゼロ」の影響が波及するプロセスをたどることができる。

1980年代初めに私がいたプレス工場では25人ほどが働いていた。今日、同じ規模の仕事を5人以下で行えるだろう。この大きな違いを生み出したのは、ソフトウェアやレーザーセンサー、ロボットだ。

産業用ソフトウェアの価値は、それが使われたり、無料で複製されたりするのを防ぐ特許法にもっぱら依存している。例えば、長編映画のDVDよりも海賊版を作る方が難しいが原則は同じだ。産業用ソフトウェアの再生産するコストはゼロとなる。そして、付加される価値は、特定の機械とプロセスに価値を付けるためになされた労働に含まれる。

プレス工場のにおいと音は30年前と同じだ。けれど、ビニール盤レコードからiＴｕｎｅｓのトラックに代わったように、私が働いていたころの様子とはすっかり変わってしまった。

混合経済での無料の機械

これまで、限界費用ゼロの製品を価格モデルに取り入れるとどうなるかを見てきた。価格モデルは崩壊する。そのため、私たちは今、無料の機械を資本投資の循環に取り入れるとどうなるかというモデルを作る必要がある。

明確にするために、ここでは超基本的なモデルを使うことにする。付随するすべての機器は極端に単純化している。

労働価値の観点から経済への投入をモデル化したスプレッドシートを用意し、その中に４つの列があるとしよう。単位は労働時間で１００万時間。期間１の労働が移行した最終生産物は次のようになるとする。

・資本：２００

・エネルギー：200
・原材料：200
・労働：200

労働価値説では、資本の列の数字は常に異なっている。機械がその価値を生産物に移すのに数年間かかるからだ。ほかの3列はこの期間内に消費される。だから資本の列は機械などを表している。そのコストは1000、寿命は5年で1年ごとに200単位の価値が削り取られる。

では、資本の列で極端なケースを考えてみよう。このケースでは資本は、永遠に動く1台の機械とする。そうなると、労働価値説では、資本の列から移行された労働はただちに削除され、ゼロになる。それも永久的にだ。初期の支出（機械を作るために費やした時間）に関係なく、もし、機械が永遠に動くとすると、ほとんど価値は移行しない——たとえ初期の支出が10億であっても「寿命がなく、永久的に動く」ため、割るとゼロになるからだ。

そうなると、生産のすべての要素により最終生産物に移行された総労働時間は、600時間に減る（眼力のするどいマルクスならこのモデルで利潤を含めていないことに気づくだろうが、次を見てほしい）。

それでは、スプレッドシートにゆっくりと取り掛かろう。次は期間2だ。資本の列のゼロ効果が波及し、最終生産物に移される労働時間の量が低減する——労働の再生に要する時間が低減されるからだ。もし、このモデルがこのまま続けられ、労働投入量の減少を妨げる作用がなかったら、すぐに資本のコストがゼロになるだけでなく、労働・原材料のコストも急激に減少する。もちろん、実体経済では、機械が永遠に動くことはない。けれど、情報によって機械が普及される限り、機械を作るために費やされる労働の一部は、旧式の方法で循環することはなくなる。そして、価値が消えてなくなる。

このスプレッドシートを最終段階まで進めてみよう。何度か期間を経ると資本と労働の限界再生コストがゼロに近づく。この時点で、労働はエネルギーと物質的原材料を供給することに主に消費される。もし、これが現実の生活に起これば（価値の法則は表面下で働くため）、価格システムが通常のように働き、モノの限界効用を計算しようとするだろう。価格が下がると、企業は独占価格を強いることで対応するかもしれない。機械と製品に具体化された価値がゼロに近づくのを食い止めるためだ。しかし、主流派経済は困惑するだろう。経済活動の領域全体が、平常の市場の枠組みから「収奪された」状態のようになる。

この簡略化した純粋な情報経済モデルでなくても、実際にこうした影響を常に感じることがあるかもしれない。というのも、ソフトウェアや情報商品が無料になるのを食い止めるために独占が増えつつあるからだ。また、企業が当て推量の評価を用いているため、会計基準の事実が歪められている。賃金上昇を促そうとする試みがある一方、現在、労働への投入はほとんどがより少ない労働力で生み出されている。

2013年に、初めて行われたインターネットに関するマクロ経済の主要調査で、OECDは、「市場取引と付加価値へのインターネットの影響が明らかに広がっている一方、非市場取引への影響は…

…さらに大きい。インターネットの非市場取引の特徴は概して価格と市場均衡メカニズムが欠如していることだ」と認めた。限界効用理論派は、測定基準や価格が存在する経済が、実際に価格が存在しない経済になる仕組みを理解するためのモデルを提示していない。OECDのグループが示すように、「非市場取引にはほとんど関心が向けられていない。あるとしても、明確に定義されて基礎がしっかりした計算方法が採用されていることはほとんどない[33]」。

何もかもが不足している資本主義社会なら、限界費用だけで価格モデルを作ることができると認めよう。その一方で、労働価値説だけでモデルを作れるとする。費用ゼロの効果が、情報から機械や生産物の領域へ、そこから労働コストへと段階的に及んでいくというモデルだ。

無料の機械や生産物を、時間をかけて進む資本主義モデルに導入すると、このように簡略化したモデルでも、ゼロの数字を計算式に入れれば驚くべき結果となる。

先述の4列のスプレッドシートは本来なら利潤の行があるはずだ。利潤は下がるのではなく、それぞれの値が対GDP比でおそらく年3％上がる。利潤と成長をスプレッドシートに追加したらどうなるだろう。限界費用ゼロの効果が始まると、利潤と成長が驚くほど上昇し、労働コストへの最終的な影響を相殺するに違いない。言い換えると、15年ごとに産業革命が起こり、名目成長で急激に増加し、より大きな独占企業が現れるだろう。

しかし、こんなことが起こるはずがない。

ある部門で技術革新がコストを下げた場合、より賃金が高く、より利潤が高く、より投入コストが高い部門に、資本が流れる限り、資本主義は機能する。コストがゼロになった場合、資本主義はこの方法で自己再生しない。

この簡略化したモデルから、生産コストがゼロの社会における経済が、エネルギーと原材料を急速に中心に置くようになる仕組みもはっきりと見て取れる。エネルギーと原材料の部門はまだ、希少性が重要視されているからだ。このような労働価値の消滅をモデル化することが、どのように移行に向けた戦略の立案につながるのか、そして、どのようにエネルギーをめぐる問題がうまく適合するのかを後ほど探るとしよう。しかし、まずは、資本主義が経済的な難問に対応するために進展する仕組みを見ていくことにする。

存在することが困難な情報資本主義

無料の情報と無料の機械の出現は新しい現象だ。だが、生産性によって投入コストが低下することは、資本主義と同じく昔からあった。資本主義が制度的な底辺への競争［国家や企業の競争のために労働者の賃金や生活水準が下がること］に走るのを食い止めているのが、新たな市場と新たなニーズの創造、そして、これらのニーズ（ぼろ服に代わって流行の服、雑誌に代わってテレビ）を満たすために使われる社会的に必要な労働時間の量の増加だ。これによって、機械あるいは製品、サービスそれぞれに具体化される労働時間の量が多くなる。

もし、このもともと備わる反作用が適切に働くと、情報革命に直面して、本格的な情報資本主義が訪れる。それはどのように機能するのだろうか。

情報商品の価格の低下を食い止めるためには、独占価格を用いる必要がある。極端な例がアップルやマイクロソフト、ニコン、キヤノンだ。企業による外部性の獲得は最大限にしなくてはならない。あらゆる相互作用、例えば、生産者と顧客、顧客と顧客、友人と友人が価値を掘り出すために必要になる（労働価値説の観点からすると、非労働活動は無料で企業に役立つ労働に変わらなくてはならない）。情報資本主義が繁栄すると、買いだめやほかの独占的行為を通じて、エネルギーや物質的原材料の価値を人為的に高く維持するようにするかもしれない。そうすると、労働を再生産するための平均必要労働時間の増加にコストがかかる。また重大なことに、サービス部門で生産部門を超える新たな市場を創造しなくてはならない。250年間にわたる資本主義は、まだ資本主義が存在しなかった部門に市場原理を押し込んだ。情報資本主義もこうした極端なことをする必要があるだろう。例えば、個人対個人のマイクロサービスという新しい形を作り出し、マイクロペイメント（少額決済）を使って支払いをする。これらは主に民間部門で行われることになるだろう。

最終的に、情報資本主義がそうした活動を続けるためには、自動化された仕事を持つ大勢の人に仕事を見つけなくてはならない。それらは大多数の低賃金の仕事の中では見つけることはできなくなっている。従来の回避メカニズムでは労働コストの上昇が必要となってくるからだ。長期循環論が示す4つの循環波の上昇のときのように、人の生活はより複雑化し、労働投入量は、より少なくなるのではなく、より多くなる必要がある。

これらの出来事がすべて起これば、情報資本主義が始動できる。現代の経済にこうした解決策の要素はすでに存在していて、例えば、アップルは典型的な価格独占者で、アマゾンのビジネスモデルは外部性を取り込むために典型的な戦略を取っている。商品投機が価値を上回るエネルギーと原材料のコストを生じさせている。一方、個人向けマイクロサービスが登場している。例えば、犬の世話、ネイルサロン、個人向けの守衛などがあり、こうしたサービスから資本主義の商業的活動が本来どういうものかがよくわかる。これらの活動は、私たちが友情を通じて、あるいは形式にとらわれないやり方でかつて行っていたことなのだ。

しかし、情報資本主義が機能する上で、明確な構造的障害がある。

1つ目は、通常の回避ルートが妨害されている。つまり、革新が情報技術に取って代わる高価な新しいテクノロジーを創造することは不可能ということだ。情報は、現れたばかりで蒸気エンジンのように取り残される成り行き任せの技術ではない。情報によって、あらゆる未来の革新に、価格がゼロとなる原動力がもたらされるのだ。その革新とは、バイオテクノロジー、あるいは宇宙旅行、脳の再構成、ナノテクノロジーかもしれない。もしくは私たちが想像もつかないことかもしれない。フランク・ハーバートのSF小説『デューン——砂の惑星』（矢野徹訳　早川書房　2016）にも書かれているが、もし、こうした有望なテクノロジーから情報の効果を取り除くというのなら、コンピュータを禁止し、その代わりに高い賃金の人間の専門家が計算するしかない。

2つ目の障害は、労働人口の再設計の規模だ。マルクスの時代には、米国で事務職の数は8万2000人で、労働人口の0・6%を占めていた。情報革命の直前の1970年までには、その数は1400万人にのぼった。これは労働者のほぼ5人に1人という計算になる。[34] 自動化や頭脳労働のあらゆる種類の仕事――銀行の窓口係、速記者、コンプトメータのオペレータなど――の消失にかかわらず、「事務処理や管理支援」が、米国では今もなお最も多い仕事となっており、労働人口全体の16%を占めている。[35] その次に多いのが「販売」で同11%に上る。

2013年のオックスフォード大学マーティンスクールの研究によると、米国の仕事全体の47%が自動化を受け入れる余地があるという。そのうち、事務と販売の仕事が奪われるリスクが最も高いことがわかった。研究では今後20年間でコンピュータ化の波が2度やってくると予想されている。「最初の波では、運輸とロジスティック業務に就く労働者が管理支援の事務員や生産業務の労働者とともに、コンピュータ資本によって取って代わられる可能性が高い[36]」

2つ目の波では、指先の器用さを必要とする作業や観察、フィードバックに依存する活動、あるいはロボット化された狭いスペースでの労働など、さまざまな仕事がコンピュータ化される。一方、自動化の影響を最も受けない安全な仕事はサービスの仕事――例えば看護など、人間同士の関わり合いに深い理解が必要となる仕事――や創造性が求められる仕事だという。

この研究をめぐり、消費主義者がよく口にするような抗議が起こった。ロボットが資本主義を消滅させる。なぜなら、ロボットによって仕事を奪われ、大量の失業者が出て、消費が崩壊する、というのだ。本当に危険なことだ。これに対処するには、資本主義は人間が行っているサービス部門を大幅に拡大しなければならないだろう。今は無給で行っていることの大半が、社会的に有給の仕事にしなくてはならなくなる。風俗関連の仕事と並んで、「愛情をともなう仕事」が現れるかもしれない。雇われガールフレンド、犬の散歩代行人、個人宅の掃除代行人、庭木屋、仕出し屋、個人向けの守衛などの活動は始まっている。裕福な人はすでに最先端の仕事に就く使用人に囲まれている。仕事全体の47％をこうした仕事が取って代わるには、一般の人々の生活に大規模な商業化が求められるだろう。

そして、3つ目の障害にぶつかる。哲学者のアンドレ・ゴルツが「経済的合理性の限界」と呼んだものだ。[37] あるレベルになると、人間の生活と交流は商業化に抵抗する。数多くの人がお互いにマイクロサービスを行う経済は存在し得るが、資本主義の形としては、かなり非効率でもともと価値が低い。

家事代行に賃金を払い、性交渉を風俗ですませることもできる。母親同士が公園に子どもを連れていき、ほかの母親の子どもが乗るブランコを押すたびに、お互いに小銭を交換するということもできる。しかし、技術的進歩に不快を感じる経済となるだろう。

人々を無理やり工場に詰め込んだ初期の資本主義は、非市場的生活の大部分を重大な犯罪に変えざるを得なかった。仕事を失ったら、路上生活者になって逮捕されたし、先祖がよくやっていた密猟をすると、絞首刑に値する罪になった。これは現在も同じだ。商業主義を日常生活の奥底にただ押し込むだけでは済まなくなり、抵抗すれば犯罪になってしまう。無料でキスを交わすカップルを、19世紀の密猟者と同じように扱わなければならなくなるだろう。そんなことはあり得ない。

ロボット化にともなう本当の危険は、大量の失業ではなく、何かもっと大きなことである。古い市場が使い尽くされると新しい市場を創造するという資本主義の250年間の傾向は完全に消耗したということだ。

まだ、ほかにも障害がある。所有権だ。大量の情報にあふれた経済で外部性を取り込むためには、資本が新しい領域にまで所有権を拡大しなくてはならなくなる。私たちの自撮りやプレイリストなどだ。公表された学術論文だけでなく、それを書くために行った調査までもそれに含まれるのだ。テクノロジー自体がそれに抵抗する手段を与えてくれているが、長期的にはそれも不可能になる。だから、私たちが現実に手にしているものは、存在することが困難な情報資本主義なのだ。

私たちは第3の産業革命を生き抜こうとしているはずなのだが、その革命は行き詰まっている。頼りない政策や不十分な投資戦略、傲慢な金融の欠陥を批判する人たちは、この病気の症状を読み間違えている。市場構造の上層部で協働の法的規範を相変わらず強要しようとしている人たちは要点をつかめていない。

製品のコストがゼロで所有権が弱いという性質を持つ情報基盤の経済は、資本主義経済であるはずがないのだ。

労働価値説が役に立つのは、このことを説明している点だ。労働価値説から、私たちは市場と非市場生産で同じ測定基準を用いることができるとわかった。この方法はOECDのエコノミストにはできなかった。そして、重要なのは、移行プロセスの計画を立てられるため、私たちが何を達成しようとしているのかが把握できることだ。それは、無料の機械、価格ゼロの財、最低限の必要労働時間である。

次の問いに移ろう。誰がこれを実現しようとしているのだろうか。

第7章

美しきトラブルメーカーたち

Beautiful Troublemakers

消費者主義と個人主義の奴隷状態

1980年に、フランスの知識人アンドレ・ゴルツは、労働者階級は消滅したと発表した。労働者階級は恒久的に社会グループとして分類され、文化的な意味で財産を奪われた階級である。社会進歩の担い手としての役割は終わったというのだ。

この考えはタイミングを大きく見誤っていた。当時と比べて今の世界の労働人口の規模は2倍になっている。オフショアリング、グローバリゼーション、旧共産主義国家の世界市場への参入によって、賃金労働者が30億人超に膨れ上がった。[1] このプロセスでは、労働者になるということの意味が変化する。約150年にわたり、「プロレタリアート」という言葉の意味は、先進国の白人で男性の肉体労働者を指すことが圧倒的に多かった。この30年間で、それがグローバル・サウスの中心部にいる有色人種と、女性就業者の大部分を指すようになった。

ある意味でゴルツは正しかった。同じ30年間に、先進国では労働組合員の数が減少し、労働者の交渉力が衰退し、対GDP比の賃金の割合が下がった。これが、トマ・ピケティが嘆いた問題の最大要因だ。総生産における賃金の割合の低下に抵抗しようにも労働者の能力が不足している。そして不平等が増加している。[2]

また、労働運動はイデオロギーの崩壊に直面した。ナイロビや深圳市の工場にいても、欧州と米国のラストベルト地帯にいるように感じた。1989年以降に左派政党が完全に敗北したことから、フレドリック・ジェイムソンが書いたように、資本主義の終焉を想像するというより、世界の終焉を想像するほうが容易になった。[3] 容赦なく言えば、この労働者階級――組織を作らず、消費者主義と個人主義の奴隷状態――が資本主義を転覆させるなど想像できなくなっていた。昔のような大衆のストライキやバリケード、労働者の評議会［「ソビエト」と呼ばれた権力機関］、労働者階級による政府などへの運動は、職場での結束が重要な要素だった世界ではユートピアのように見えるが、それは知らない間に消滅していた。

左派の中の楽観主義者は、この敗北は単なる周期的なものだと反論した。労働運動の歴史から、コンドラチェフの長期循環に結び付く形成と分解のパターンが見て取れるというもっともな説明をしている。
しかし、それは間違いだ。これは戦略的な変化だ。プロレタリアートが資本主義を超える社会にできる唯一の勢力だという考えに固執している人は、近代世界の２つの特徴を無視している。ポスト資本主義への経路は別にあるということ、地球上のすべての人間がこの変化の担い手になる可能性があるということだ。
バングラデシュや中国の工場などでの新しい職場は、英国の労働者が２００年前に経験したのとまさに同じくらい厳しい労働環境だ。アップルの製品を製造しているフォックスコンの中国工場で２０１０年、職場でのストレスが原因で自殺をしないという誓約書にサインするよう労働者が強要されたという契約問題を忘れることができるだろうか。[4]
今回ばかりは、産業化のプロセスは、産業革命前の生活の社会的・イデオロギー的な混乱を、吹き飛ばすことができないでいる。民族間の競争、村のネットワーク、原理主義的信仰、組織犯罪は、グローバル・サウスの労働組合の組織者が絶えず直面する障害で、それらを打開することができないのだ。また、こうした昔からある問題と並んで、新しい現象が生まれた。それは、私が「個人の足跡《フットプリント》の広がり」と呼んでいることで、複数のアイデンティティを維持するネットワーク化した人たちの能力のことだ。[5]
こうしたグローバル・サウスの新たな労働力はもともと、20年前の欧米資本主義の中核労働力と関連する縁辺労働力として考え出された。今日でも中核と縁辺は区別されている。ＩＬＯが所得階層によるグローバル・サウスの労働力を調査したところ、すべての所得層（1日2ドルから10ドルほどまで）の産業労働力の数はほぼ同じ割合だった。近代産業部門には、貧しくて不安定な労働者と、より良い地位とより高い所得の労働者がいるということだ。ナイジェリアの工場は、ドイツのケルンや米国のナッシュビルの姉妹工場と同様に熟練度と所得によって階層化されている。

過去の労働運動は団結によって繁栄していた。初期の産業化された地元経済で、そして、技術的変化を吸収して生き延びた政治的伝統のあるコミュニティで頭角を現した。新自由主義はこうした先進国のコミュニティを破壊し、外側の世界でコミュニティの構築を困難にさせた。

不安定な仕事、極端な貧困、移民労働者、スラム街という底土の上に、グローバル・サウスで欧米型労働運動が高まってきたが、欧米型の団結と意識に適合するのは不可能だった。国家エリート層が労働組合の基盤を組織的に支援する術を持っている国だけが、20世紀に成功したのと同じ影響を及ぼすことができた。例えば、キルチネル政権下のアルゼンチン、アフリカ民族会議（ANC）の政党下の南アフリカなどがある。先進国では、労働組合活動家の中心部は昔の手段と文化に固執していた。一方で、若者の新興階級や不安定な労働者は、2008年12月のアテネでの出来事のように、組合に加入するよりも、建物を占領して暴動を起こす方が簡単だということを発見した。

アンドレ・ゴルツは多くの点で間違っていたが、彼が考えた理由は正しかった。**労働——資本主義を特徴づける活動——は、搾取と抵抗のどちらに対しても重要性を失いつつある。**

コンピュータと自動化によってもたらされた生産性の急激な高まりは、労働以外の領域を最初の戦場にした、とゴルツは語る。労働に基づくあらゆるユートピア、とりわけマルクス主義は終わりを迎えたという。それらが消えた場所に、新たなユートピアが生まれるはずだ。歴史的にそれが成功するという確実性もなく、無意識に救済してくれる階級の助けもなく、不安な気持ちで戦うことになる。それはまさに、1980年代、ストライキで張られたピケラインで腕を組んだときに聞こえてきた希望のない、やや狂気を帯びたメッセージだった。しかし、今、ゴルツの洞察は幻滅ではなく、より建設的なものが土台にあるはずだ。

本書でこれまで述べてきたように、情報技術は生産から労働を追い出し、価格メカニズムを破壊し、非市場への変換を促進している。最終的には、労働と価値のつながりを壊すことになるだろう。もし、そうなれば、最近の組織労働者の減少は、周期的とか敗北によるものとかではなく、200年前に現れたのと同じ、歴史的な現象となるだろう。資本主義に始まりと中間と終わりがあるなら、組織労働者の物語も存在するに違いない。

自然界では、また弁証法的論理学では、終焉とは通常「止揚《しよう》」の瞬間を言う。これには、事物が同時に崩壊することとほかの事物として存続することが組み合わさるという概念もある。つまり、労働者階級は死滅することはないが、止揚の瞬間を生き抜いているところだ。労働者階級が生き残ってもその形があまりにも違っているため、別のものに思うかもしれない。歴史的題材として見ると、労働者階級は、世界中の多様な人々に取って代わられる。彼らの戦場は仕事ではなく、社会のあらゆる場面となるだろう。彼らのライフスタイルに必要なものは団結ではなく非永続性だ。

こうしたネットワークされた個人を初めて知った人たちは、彼らを決して変化をもたらすことはないニヒリストと間違えた。このグループは路上であろうとどこであろうと、まさに戦い、技術で決められた類似する価値を具体化している。その兆しが、2011年に始まったオキュパイ運動などの新たな苦闘の波だと私は自著『Why It's Kicking Off Everywhere（なぜ、それは至る所で始まっているのか）』（2012）で述べた。

もし、これが正しければ、左派の多くは痛みを知ることになると言っておこう。マルクス主義は労働者階級について間違った思い込みをしていたからだ。プロレタリアートは、人間社会がこれまで生み出した啓蒙された集団的な歴史的題材に最も近かった。過去200年の出来事を見ると、プロレタリアートは資本主義を転覆させるのではなく、「資本主義であっても生きる」ことに頭がいっぱいになっていたことがわかる。

労働者は社会的・政治的危機が生じたために、革命的な行動に走るしかなかった。戦争や耐えがたい抑制に直面したことで、それは頻繁に引き起こされた。まれなケースだが、労働者が権力を得たとき、第三者になりすましたエリート層によって権力を奪われるのを回避できなかった。例えば、1871年に成立した歴史上初の労働者政権のパリ・コミューン、1937年のバルセロナ、それにロシアや中国、キューバの革命を見ればわかる。

左派の文学にはこの200年間の敗北の言い訳として書かれたものがたくさんある。国家が強すぎたとか、指導者が弱すぎたとか、「労働貴族」は影響が強すぎるとか、スターリン主義は革命家を殺害し、事実をもみ消したなどと書き連ねている。最後に、彼らの言い訳は「状況が悪かった」と「指導者が悪かった」の2つに絞られた。

労働運動は、非人間的なシステムの中に人間の価値を考える空間を生み出した。みすぼらしい生活から抜け出し、殉教者や独学者、宗教に関係ない聖人など、今日私たちが「美しきトラブル」と呼ぶことを実行する人を生み出した。労働者階級は社会主義を無意識に広めることはせず、自分たちのやりたいことと、行動を通じて表現したいことに意識を向けたのだった。彼らは、生き残った資本主義を超えるものを欲しがった。

これはマルクス主義者にしてみたら、頭がおかしいのではないかと思ったかもしれない。労働者階級の生活にある技能や自治、地位へのこだわりといった、マルクス主義者が決して理解できないようなことに基づいた公然の戦略だったからだ。

産業資本主義の第4の長期循環でどんなことが実際に起こったかを理解すれば、第5循環の移行の重要性がはっきりしてくる。情報技術は労働をなくすことができる。それを阻害するのは、私たちが資本主義として知っている社会構造だけである。

1771～1848年：工場は戦場

1771年に英国のクロムフォードに建設されたのが最初の本物の工場だ。今でも、最初の機械が設置された台石を見ることができる。人道主義者にとって、このじめじめした石のホールは神聖な場所にすべきところだ。ここは、社会正義が夢でなくなった場所であり、その可能性があるとして戦うことができた人類史上初めての場所だからだ。

１７７０年代、その工場の中では分厚い綿埃が舞い、大勢の女と子どもが働いていた。私語は一切禁止だった。成人の男たちが、複雑に枠が回転する「紡績機」を動かし、女と子どもはその機械の番をした。工場の誰もが、職場文化を学ぶよう強要された。それは、労働時間は1日13時間、体内時計ではなく、雇用主の時計に従うこと、任務に万全の注意を払うこと、交渉なしで指示に従うこと、深刻なけがの危険も仕方ないというものだった。ほかの社会グループにはルーツや文化や伝統があったが、工場の労働者にはそのようなものはなかった。これまでにない独特な環境だったのだ。このシステムは最初の30年間、人間の生活を崩壊させるやり方でうまく機能した。

しかし、労働者は反撃に転じた。組織化し、自己教育の文化を築いた。最初の長期循環の上昇が低迷（1818～19年）するとすぐに、労働者は大衆ストライキに乗り出し、賃金問題と民主化問題を関連づけて、英国を20年間の政治的危機へと巻き込んだ。その間、度々繰り返される革命的暴力を経験することになる。

マルクスとエンゲルスはこの運動が始まってから20年以上、この動向について書いてきた。そして、１８４０年代初めに、労働者階級に哲学的な問題に受け売りの解決策を見つけた。ドイツ人中産階級の左派は熱心な共産党になっていた。資産や宗教を持たず、仕事から完全に自由になる生活を基盤とする階級のない社会を求めた。マルクスは、労働者階級で突如としてそれを実現させる勢力を見つけたのだ。

それが労働者の生活における非常に大きな欠点であり、彼らに歴史的な運命を与えることになる、とマルクスは述べている。資産を持たないということは、手工業、技能、宗教、家族生活を持たないということで、まともな社会から完全に疎外され、プロレタリアートを生み出す。マルクスのシェーマ（概念的枠組み）では、プロレタリアートは新たな社会システムをもたらす存在だった。彼らは初めて階級を意識する。資産を廃止し、仕事からの疎外感をなくし、共産主義を立ち上げるために、権力を握ることになる。

プロレタリアートの運命は一言で説明がつく。それは「複雑」だった。

労働者が集団的利益に目覚めたのは確かだ。1810年代のひどく状況が悪いときであっても、労働者は前向きなものを生み出した。それは「社会主義的な意識」ではなく、学習と人間性と自己啓発を原則とする革命的な共和主義運動だった。

1818年に、マンチェスターの紡績機の工場で集団ストライキが起こった。そして、1819年には、英国北部一帯で、労働者が夜間教室やクラブを開き、政治について討論し、街中の委員会に代議員を選任し、女性の団体を形成した。1819年の夏、こうした会合の外では、民主主義の大衆運動が始まった。議会の非公式の議員を選出するための非公式の集会が開かれた。1819年8月16日、マンチェスターの聖ピーター広場に10万人の労働者が集合したときには、政府は法律を無視して騎兵隊による武力で弾圧した。

この「ピータールーの虐殺」は産業労働運動の真の幕開けを浮き彫りにした。また、自動化による社会的混乱に対処する初めての試みとなった。

理論的には、大半の紡績機は男によって動かされる必要があった。というのも、「ミュール」という名の紡績機を動かすには、並んだ紡錘を1分間に4回、前後に押したり引いたりできる頑丈な手が必要だった。実際、この作業をこなせる力の強い女もいたのだが仕事には就かせなかった。その理由は社会性にあった。要は、女や子どもと直接取引するよりも、体が丈夫で賃金が高い労働者階級の男を通じて、工場の規律を課す方が容易だったからだ。(6)

1820年代初めまでに、熟練の技能を持つ男が闘争に加わるようになり、それに対応するには機械の自動化しかなかった。1824年に「自動ミュール紡績機」の特許が取られ、すぐに数千台が工場に設置された。雇用主は、これからは完全に女と子どもだけで機械を動かすことになると発表し、「機械の担当者は、その動きを見ているだけで、ほかに何もしなくてよい」と説明された。(7)

しかし、まったくこの反対のことが起こった。

1819年以降、ミュール紡績機は女性の雇用に対するストライキに度々遭った。反抗者たちは、少女を訓練してより高い技術を取得できる仕事に就かせることを拒否し、自分たちの息子にその仕事をやらせるように主張した。1820年代から30年代にかけて、紡績機の仕事を維持してきた女たちの一部が仕事を追われた。1840年代までに、完全に男が支配するようになった。そして、歴史家のメアリー・フライフェルドが書いたように、新しい機械によって高い技能の必要性がなくなったわけではなかった。古い技能に代わる新しい技術的技能が生じただけだった。「かなり複雑な作業に代わった。品質管理と精神面を監視する職は変わらず継続された」[8]

私がこの出来事を長々と説明してきたのには訳がある。次の2世紀にわたり、何度も繰り返されたことだからだ。労働に関する真の歴史は、「経済に技術が足された」というようなものではない。それは労働者によって築かれた組織とテクノロジーとの相互作用に関わっている。また、年齢、性別、民族が基になる権力関係の創出にも関わっている。

さらに具体的に言うと、この事例は、マルクスの『資本論』にある大切な一節を台無しにした。マルクスは、仕事場を抑制するために労働を単純化させるという資本主義のすう勢を表す例として自動ミュール紡績機を使用する、と1850年代に書いたのだ。「機械は、ストライキを抑制するためのもっと強力な武器だ。……とりわけ、自動ミュール紡績機がそうである」[9]

マルクスの盟友であったフリードリヒ・エンゲルスは混乱していた。その原因を見ていくことにしよう。エンゲルスが1842年にマンチェスターにやってきたとき、街全街でゼネストが起こり、敗北していた。労働者階級の彼の恋人メアリー・バーンズの付き添いで、22歳のエンゲルスは工場やスラム、綿花取引所を回って証拠を集め、唯物論的社会学に関する最初の書籍『イギリスにおける労働者階級の状態』（岩波書店　1990）を書き上げた。

人類学者として、エンゲルスは多くのことを正しく理解していた。例えば、スラムの状況、ほぼ全体的な宗教的信念の欠如、労働者間にある尊敬、アルコールとアヘンとゆきずりのセックスへの中毒などだ。彼が正しく理解していなかったのは、自動ミュール紡績機の影響だった。彼はこう記している。

機械の改良によって……成人した男の仕事が、弱々しい女や子どもでもできる簡単な監視の仕事に変えられた。その賃金は2分の1、あるいは3分の1にも下がった。……成人の男はますます職を奪われ、生産が増加しても再び雇用されることはなかった。[10]

エンゲルスは講演で、1842年のストライキ後の状況悪化と敗北の状況下で職を失った、急進的な紡績工たちの証言を引用していた。しかし、自動化の長期的な影響によって、むしろ熟練紡績工の男たちの役割が増え、職の数が増えている。[11] これに関する研究は数多くあるが、とりわけマサチューセッツ大学ウィリアム・ラゾニック教授は、男性熟練労働者の支配と、機械化を生き延びた男性労働者の間の複雑な権力構造について取り上げている。[12]

組織労働者階級とマルクス主義者の最初の接触は、技能だけでなく、それが生み出した政治的な意識で大きな誤解につながった。

労働者が資産の制度を廃止するのは、彼らには資産が不足していたからで、階級化の廃止については、労働者が階級によって恩恵を得ていないからだ、とマルクスは論じた。つまり、旧システムの中でそれに代わる経済を築く必要性がなかったにもかかわらず、労働者はそれを行おうとしていたということだった。

1848年以前の英国の労働運動の歴史ではこうしたことを実証しておらず、技能の生き残りと発展という前向きな話になっている。丘の中腹で催された大衆の会合、研究グループ、協同の店などだ。結局は、活気ある労働者階級の文化——歌、詩、民間伝承、新聞、本屋——を作り上げたということになっているのだ。要は、本来なら「ゼロ」と言うべきところを、マルクス主義の哲学では「1」と言っているようなものだ。

これが意味していることは、史的唯物論を擁護したい人と真っ向から対立するに違いないが、労働者階級に関するマルクスの考えは間違っている。自動化は労働者の技能を崩壊させるという考えも間違っているし、プロレタリアートが資本主義の中で永続できる文化を創造できないという主張も間違っている。現に、マルクスが大学を卒業する前には、プロレタリアートは英国のランカシャーで文化を築いていた。

ヘーゲルの信奉者だったマルクスは、「事物全般」が社会科学の主題だと常に主張していた。プロセス上、事物は発生して消えてゆく。事物はこの相対する関係にある。公の事物がある一方、根底に隠された事物もある。マルクスは資本主義を考える上でこうした手法に徹底的に従ったが、労働者階級の分析ではそうではなかった。

エンゲルスは1842年に、人類学の観点から英国の労働者階級について複雑な詳細を具体的にまとめた。マルクス主義のプロレタリアートの理論はそれとは違い、階級全体を哲学のカテゴリーに入れたのだった。そして、その理論は完全に反証されようとしていた。

1848～98年：人間対機械

19世紀の終わりまでに、労働組合は産業の中に溶け込んでいった。ほとんどの場合、熟練労働者は穏健寄りの姿勢で労働組合を率いた。しかし、職場では断固として自治を守っていた。

エンゲルスの英国の労働者階級に関する本は博物館で保管され、1892年になってようやく英国で出版された。初版のために書いた序文では労働者の状況を理解し、資本主義の適応する性質について見事に洞察し、労働者間にある穏健な姿勢は自己欺瞞から生じていると捉えていた。

英国では、1848年に急進的な共和主義の勢いがなくなった後、安定した労働者階級の組織が、熟練労働者によって労働組合として組織化された。工場制度が展開されたところはどこでも、とりわけ金属加工業や技術部門で、自立した熟練労働者がその基準となった。改革主義やユートピア的社会主義は社会の中心から外れていた。

エンゲルスはまず、経済を通じて労働者の状況を理論的に説明した。1848年以降に、新たな市場や新たなテクノロジーの出現と通貨供給量の増加を見て、エンゲルスは「新たな産業時代」の幕開けを理解した。このすう勢は1890年代まで続いた。これはコンドラチェフが第2長期循環と呼ぶ期間と重なる。またエンゲルスは、技術的なパラダイムにとって極めて重大となるものを明らかにした。労働者と資本家との協力関係だ。

資本主義システムは今や利益が得られるものとなったため、英国の工場長はディケンズの長編小説『オリバー・ツイスト』(新潮社　2005)のように子どもを何とか働かせる手段を取らなくてもすむようになった。1日の労働時間は10時間に減り、子どもの労働者は減少した。貧困による病気は都市計画のおかげで抑制された。エンゲルスが書いたように、「雇い主は不要なつまらない口げんかを避け、労働組合の存在とその権力を黙認する傾向にあった」[13]。

英国の労働力は、数多くの未熟練で貧困の不安定な立場にいる労働者を取り込んで拡大してきた。しかし、エンゲルスは、工場労働者と彼らの「すばらしい労働組合」は永久的に改善されると理解していた。彼の意味するところは、熟練を要する仕事は成人の男に支配されているということだった。労働者は「利益を共有していた」ため、穏健になった、とエンゲルスは言った。それは熟練労働者(エンゲルスが呼ぶところの「労働貴族」)に限ったことではなく、ほかの大衆もそうだった。エンゲルスは、英国の帝国化の結果として、真の価格が下落したことで利益を得たのが大衆だと信じていた。しかし、英国の競争上の優位性は一時的なもので、熟練労働者の優位性も一時的なものだと考えていた。

一方、英国以外の先進国の労働者の間で、エンゲルスが見たのは、1848年以前の水準の抵抗と疎外感だけだった。エンゲルスは1880年代終わりに、労働者階級の共産主義の出現はあり得ないことをもう一度理論的に説明しようとした。英国は、帝国の力を利用して労働者を買収してきたが、ほかの世界が英国に追いついたとき、穏健性は失われるだろう、というものだった。

これはほぼ完全に状況を読み間違えている。19世紀の後半、技能と無抵抗と政治的穏健性は、先進国のすべての労働者の間に広まっていたからだ。その事例は数多くあるが、そのうち最も詳しい文献がカナダにある。

カナダの歴史学者グレゴリー・キーリーがトロントの樽製造者について調査している。その説明によると、各作業場で、組合が労働の価格を設定している。そこには賃金交渉はなかった。樽製造者が会合し、価格リストを提出する。上司はそれを受け入れるか、受け入れなければ労働者を締め出すために工場を閉鎖するかどちらかを行わなければならない。週6日間働くどこにでもいる熟練労働者と同様に、彼らも毎回「憂うつな月曜日」を味わっていた。日曜日の夜に酒を飲んだ後、月曜日に仕事を休んだ。

労働組合は仕事に対して完全に自治権を持っていたし、自分の道具も所有していた。仕事場がストライキの期間、彼らは自分たちの道具を店から取り出していたほどだ。労働組合は見習い期間も厳しく管理していた。景気低迷中でも賃金が上昇し続けるよう生産量を制限していたようだ。こうしたことを成し遂げた背景には、秘密の会合やフリーメーソン式の握手、誓い、儀式、完全な団結があった。

また、労働組合は、制度の中で絡み合う複雑な層の基に過ぎなかった。オンタリオ州ハミルトンで労働者に関する研究を行ったブライアン・パーマーはこう書いている。

19世紀の働く人たちの文化には、豊かな人間関係があった。友好的な社会や機械学の学会、公正な同業者、消防団（例えば、ボランティアの消防隊）、男性労働者のクラブが制度化されている。堅苦しい関係になることは少なく、近隣地域や仕事場、家族の間で平等精神の下、強い絆が結ばれていた。例えば、バケツのビールを分かち合ったり、コミュニティの規範を犯した人を制裁するシャリバリ［「人形劇のパンチとジュディ」でおなじみのパンチ］パーティを開いたりして親密な関係を築いた。(14)

仕事場では、賃金だけでなく、労働に関しても厳しく支配されることはなかった。新しい産業の仕事場でも同様だった。(15)

こうした驚くほどの労働者の緩い支配は時を経て残された結果ではなくて、実は19世紀半ばの技術的なプロセスによって生み出されたものだった。第2長期波動の特徴的なテクノロジーは、電信、蒸気機関車、印刷、鉄重工業などまったくの手作業だった。そのため頑丈な手と経験のある脳が不可欠だったのだ。「管理者の脳は労働者の帽子の下にある」というのが現実を映し出した労働者階級のスローガンだった。労働者の作業が自動化機械のペースより度々速くなるのを防ぐために、上司には「考える機械」が必要になる、とトロントの樽製造者の労働組合の指導者が警告した。(16) その後100年もこの状態が続くことになる。

1873年以降、第2長期循環の下降期になっても、管理者は低熟練の仕事を増やし、自動化を進めようとした。しかし、ほとんどが失敗に終わった。1890年代のトロントの熟練工の仕事場について、キーリーは「彼らは機械と対決し、勝利した」と結論づけた。[17] 1890年代までに、労働者には熟練と特権階級と組織という層が存在していた。これが資本主義の一般的な特徴だった。英国の競争上の優位性の結果ではなかったというわけだ。

「豊かな人間関係のある生活」と、社会民主主義の政党の増加という熟練労働者の自治による2つの影響によって、資本主義は再び適応せざるを得なくなった。組織労働者は機械と対決して勝利し、今度は20世紀の前半に科学の手法を用いた管理者と官僚と、ゆくゆくは強制収容所の看守と対決することになる。

1898～1948年：鉄の塊を拾って歩け

1898年に米ペンシルベニア州のベスレヘム・スチール社の貨物置場で、フレデリック・ウィンズロー・テイラーという名の管理者が、1世紀来の問題である熟練労働者の自治に対する新しい解決策を思いついた。

テイラーは「ピッグを拾って歩く」よう労働者に伝えた。「ピッグ」とは約40キロの鉄の塊のことだ。彼らが鉄を動かすのにかかる時間だけでなく、体の細かい動きを調査し、部品を作るのにどれだけの作業が必要かを明らかにした。仕事は覚えられる段階にまで分解され、分解された仕事を最近までその作業を行っていた者ではなく、より技術が劣る労働者に振り分けた。

テイラーの実験結果は驚くべきものだった。生産性がほぼ4倍にも上昇したのだ。奨励として日給を1・15ドルから1・85ドルまで引き上げた。[18] その「科学」は、管理者に労働者の休息時間を厳しく守らせた。労働者の歩く速度までも管理していた。テイラーは、「こうした仕事に向いている男のタイプは非常に頭が鈍くて無気力な者だ。その精神構造はほかのタイプよりも牡牛に似ている」と書いている。このような洞察に基づいて、科学的管理法が登場した。それから、テイラーは自分が考え出した手法をほかの仕事場に応用する。玉軸受の工場では作業工程を変更し、働き手を120人から35人まで減らす人員削減を行った。しかも、生産量を維持し、質を向上させた。「作業工程の変更で、最も知識がある者や最も懸命に働く者、最も信頼できる若い女工の多くを解雇することになった。というのも、こうした者たちは素早い行動の後に素早く認知するという性質を持っていなかったからだ」とテイラーは観察している。[19]

このテイラーイズムは表面上、時間と動作が目的だった。しかし、本当の目的は労働力の選択と階層化だった。低い階層の人たちを点検し、組織し、訓練する高い教育を受けている労働者の階層を作り、厳格な経営管理を押し付けた。テイラーは「これでどんな種類の労働問題でもストライキでも不可能になった」と自慢したという。[20] 計画全体は、熟練工の自治を攻撃するために考え出されたものだ。そして目的は手仕事からできるだけ知的労働を遠ざけることだった。

1913年、ヘンリー・フォードはテイラーの名前を聞いたこともなかったが、半熟練の仕事につながる第2の大革新を起こした。生産ラインだ。フォードは、ベスレヘム・スチール社のように、規則を絶対に順守することと引き換えに賃金を上げるという策を取った［この経営理念は「フォーディズム」と呼ばれた］。無情な反労働組合の雇用政策が経営管理を確実なものにした。フォードが創立されたときの労働者の4分の3は移民1世で、圧倒的に若者が多かった。

テイラーもフォードも2人に続いた者たちも、労働者階級を効果的に設計し直した。熟練の肉体労働者は生き残った。産業の中心は工作機械製造業だったからだ。ホワイトカラーのエリート層が労働者階級に入り込むこともあった。ホワイトカラーの労働者は経営管理されている新しいシステムでより高い賃金を得た。ホワイトカラーの階層に入ることは、エンジニアや紡績工のケースのような家族の縁故や7年間の訓練を通じてだけでなく、功績に基づくこともあった。産業によってはホワイトカラーの仕事がより多くの女性に開かれていた。

半熟練労働者は、革新のプロセスで大きな違いをもたらした。彼らは往々にして新しい機械に技能を適応させた。それに、職業別組合によって押し付けられる制限もなかった。技能を持たない一般的な労働者もまだいたはずだが、労働者階級の中心は半熟練肉体労働者になりつつあった。

もし、すべてが消極的だったら、失敗していたことだろう。労働者階級の再設計が、教育的で急進的で政治的になるとは誰も予測しなかった。テイラーの「間抜けな牡牛たち」は、自分たちで教え合った。彼らは三文小説を読めるようになっただけでなく、哲学まで理解した。ホワイトカラーの事務員や電話交換手が、大衆の社会主義政党の先導者や教育者になった。

1900年代の労働者階級の勢力の急激な高まりという動かしがたい事実は、驚くばかりだ。ドイツ社会民主党が１９０３年の選挙で31％の票を獲得し、急激に支持を伸ばした。ロシア皇帝時代の秘密の労働運動は１９０５年に、労働者の評議会と武装民兵を自分たちで結成した。フランスの産業は１９０５～06年にストライキによってまひ状態となった一方、労働組合の会員は約10年で倍増した。米国は10年で組合員が３倍となっており、労働者全体の50％にまで増加した。[21]

労働者階級の街は洗練された文化の中心地となる。クラブや図書館、聖歌隊、託児所などが設立され、労働者階級はそれぞれ違ったライフスタイルを持ち、とりわけ抵抗は工場の中だけで抑えられた。

１９１０～13年に、未熟練労働者が計画したストライキが世界中で展開され、「大不安」として知られるようになった。その中心となるのが支配を求めた闘争だった。ウェールズ炭鉱労働者の組合は、どこでも講じられた戦略についてこう記している。「どの産業も組合を組織する最初の段階では闘って支配権を獲得し、それから運営した。そうした産業では……労働者自身がどんな条件でどのように仕事がなされるべきかを決められた[22]」

仕事場を支配する旧式の職業別組合への攻撃はあったものの、まるでテイラーとフォードが、仕事場の民主的支配に対する、より洗練された要求を新たに作り出したかのようだった。

大不安を終わらせたのは、１９１３年に始まった景気低迷と、大きな抑圧だった。１９１４年８月に戦争が勃発したとき、あらゆる出来事が一時的なものだったように感じた。私たちはこれからどんなことが起こったかを考える前に、その時代のマルクス主義者が、労働者階級の新たな構造をどのように理解していたかについて見ていこうと思う。簡単に言うと、彼らは理解していなかった。

レーニンと労働貴族

1902年、流刑中のロシアの革命家ウラジーミル・レーニンは小冊子を作成した。当時の彼の影響力はまだ控えめだったが、20世紀の極左の思考にはかなり重要な存在だった。『何をなすべきか』と題した小冊子では、マルクス主義計画で、労働者には割り振られた役割を理解する能力がないと憤慨している。「社会主義意識は外部から労働者にもたらされたに違いない。あらゆる国の歴史を見れば、労働者がもっぱら自身の努力で発展させたのは労働組合意識だったことがわかる」とレーニンは書いた[23]。労働運動は、自然発生的な穏健路線から逸れ、権力奪取に向かう必要がある、と彼は言った。この考えは、マルクスによる労働者階級の理解と完全に反対の立場を取っている。マルクスにとって、労働者階級は歴史上、自己充足を実現した存在だった。一方、レーニンは、どちらかと言うと労働者階級は外部からの影響に反応して行動するため、歴史的なプロセスを開始するには知識人が率いる前衛となる者を要する、と考えた。

1914年までに、レーニンは対処しなければならない新しい問題を抱えていた。「なぜ、大不安期に賃金と民主主義を守るのに非常に凶暴になっていた労働者が、戦争勃発に続く愛国心に熱狂するのか、あるいはまひするのか」

レーニンはこれを説明しようと、エンゲルスの「労働貴族論」に立ち返り、その理論をひっくり返した。英国では熟練エリート層を一掃するのではなく、産業国家による植民地の争奪戦が、労働貴族主義を、永続的な性質を持つ近代資本主義にした、とレーニンは言った。それらは労働運動を汚染する愛国主義と穏健の原因だった。幸いにも、さらに多くの未熟練労働者が、革命に向けて材料を供給するために残された。政治は改革か革命かに割れた。労働者階級の階層化による結果だ、とレーニンは主張した。

マルクスとエンゲルスの時代から長い年月が経っていた。マルクスは、労働者階級は、自然発生的に共産主義者になる能力があると考えていた。レーニンはそう考えてはいなかった。マルクスは、技能は自動化によって消滅する運命にあると言った。レーニンは、自国の熟練労働者の特権は海外での植民地主義がもたらした永久的な結果だと言った。

レーニンは、熟練労働者層の特権の基になる経済や技術に関することには触れていない。まるで、彼らがより高い賃金を得ることは、政策の問題として資本家に認められたと考えたようにとれる。この点に関して、これまで述べてきた通り、実際には、資本家の政策は熟練労働者の特権と自治を崩壊させることに重点が置かれていた。

1920年、レーニンは労働貴族論を再び持ち出し、特権労働者を「労働運動におけるブルジョワジーの真の手先であり……改革主義とショービニズム（熱狂的愛国主義）の真の運び手」と呼んだ。[24] しかし、1920年に書かれたものとしてはとても奇妙な内容だった。それまで4年にわたり、労働者階級は、熟練労働者によって引き起こされた革命の闘争の波にもまれていたからだ。1916~21年に、労働者階級は経営管理に正面攻撃を開始した。ドイツやイタリア、ロシアでは、事態は革命の域に達していた。英国やフランス、米国の一部では、革命直前にまできていた。いずれのケースでも、いわゆる「労働貴族」が闘争を率いていた。

私は反レーニン研究を支持する気はない。レーニンは自身の理論に対して数多くの非難を受けたが、それを無視して革命を成功させた人物だ。けれど、改革主義に関する労働貴族論はばかげていると思う。愛国主義の原因は、残念ながら、愛国主義だ。階級が物欲に囚われたように、国家も物欲に走ったことが原因だった。イタリア人共産主義者アントニオ・グラムシは、先進国の資本主義社会の防衛メカニズムの層は幾重にも重なっていると理解している、と投獄中の手帳に書いている。「国家は、ただ第一線を進んでいるだけだ。後方には頑丈な要塞と砲座が連なっている。最も強力な砲座の1つは、巨大な改革が行える資本主義だ(25)」

しかし、1902年の理論には1粒の真実の種が含まれていた。それはマルクス主義者の大半にとって好ましいことではなかった。それを理解するために、前例のない世界的なドラマの展開を見ていくことにする。

1916~39年：恐ろしい美

1916年までに、車輪は戦争の機械という印象を与えるようになっていた。アイルランドがイギリスから独立することを目的とし、社会主義者と国家主義者の同盟が率いたダブリンのイースター蜂起は完全に失敗に終わった。この武装蜂起が引き金となり、その後5年にわたり世界に混乱が広まった。詩人イェイツは、この重大さを感じとっていた。そして、こうした事態を引き起こした一般人について書いた詩でこう描写した。「すべてが変わった。完全に変わった。恐ろしい美が生まれた」[26]〔イェイツ『対訳イェイツ詩集』岩波書店　2009〕

1916年のメーデーにベルリンの工場の労働者が、戦争に反対してストライキに突入し、警官隊と衝突した。この出来事は新たな種類の労働組合の活動家をもたらした。それは労働者代表だ。一般組合員から選ばれ、専門の戦闘労働組合員の指導者からの影響を受けない人物で、左派の社会主義者であることが多い。グラスゴーでは、別の一般組合員から成る労働者代表の団体「クライド労働者委員会」が、軍需産業での労働者の支配を勝ち取るためにストライキを起こしたが、後に集団で逮捕された。[27]

1917年2月、ロシアのペトログラード（現サンクトペテルブルク）の工場から始まった武装したストライキの波が国内全土の革命に発展し、皇帝ニコライ2世が退位する事態となった。そして、自由主義者や穏健派社会主義者の暫定政府が権力を掌握した（コンドラチェフは今で言う農業大臣の職についていた時期があった）。ロシアの労働者は、工場委員会と評議会という新たな組合を作った。また、世界は混乱の中、電信と軍事用無線信号を通じて情報を得るようになった。1917年5月にフランス軍が反乱を起こした。113ある部隊のうち49部隊が崩壊の目に遭い、9部隊が交戦不能に陥った。

仕事場の新たな社会学と新たな戦争の形がこうした出来事を引き起こしたと言えるだろう。シアトルからペトログラードまで、男性労働者は軍に入隊したため、造船所や技術工場の雇用主は女性と未熟練の10代の若者を採用し、兵役を免除されて工場に残った男性熟練工と並んで仕事をさせた。労働組合が戦争を支援したため、ストライキに反対し、労働者代表がどこでも次々に現れる現状が起こった。熟練労働者層から引き抜かれ、昔からの階層的な境界を越えて、女性や若い男性を「産業別組合」に入れて編成を行った。革命が勃発すると、労働者代表は草の根運動のリーダーシップを形成した。

これと並行して、別の急進的な動きが第一線で始まった。これは、産業規模の武力衝突の残酷さを学んできた若い男性によって引き起こされたものだ。勇気や国家や「男らしさ」という概念は1914年以前の労働文化の中心にあったが、彼らはそれらが崩れ去るのを目の当たりにした。

それから仕事場の秩序の崩壊が広まった。1917年6月までに、ペトログラードには、34万人の労働者の代表から成る367の工場委員会が存在していた。例えば、ブレンナーの技術工場では、委員会がこうして解決させた。「経営側が生産の継続を拒否したのを考慮し、労働者の委員会は総会で秩序を保ち、仕事を続行することに決定した」[28]。ボリシェビキの計画では労働者の支配を求めることはなかった。レーニンは懸念し、最初のうちは「管理に関する労働者の拒否」という説明に努めた。その後、これから述べる通り、法的手段を講じて労働者の支配を阻止した。

次に崩壊した巨大国家はドイツだった。ドイツの労働者階級は、戦争が始まるのを食い止めようと試みたが失敗し、終焉の引き金を引いた。1918年11月、ドイツ帝国海軍の左翼活動家が反乱を計画。その後24時間以内に、船の帰港を強制し、数千人の反乱船員が送られて装甲車でドイツ中を走り回った。彼らの主な目的はベルリンのラジオ塔だった。そこから、ロシアのクロンシュタットの革命に加わった船員と交信しようとしたのだった。

ドイツ各地で、工場委員会とソビエト式の評議会が結成された。反乱開始後48時間以内に、休戦に追い込んだ。皇帝ヴィルヘルム2世が退位し、ドイツ共和国が成立した。主流の社会主義政党の穏健派指導者が、最後の瞬間に革命に参加したことで、ロシア式革命を阻止した。

1919年、今度はイタリアで大衆ストライキが起こった。トリノとミラノ、ボローニャの自動車工場は、ストライキを鎮圧するため、労働者を締め出そうと閉鎖された。しかし、労働者たちは工場を占拠した。ストライキの規模が最も大きかったのがトリノに拠点を置くフィアット社の自動車工場だった。労働者たちは、工場を占拠し、技術者の中から協力者の助けを得て、自分たちが支配して自動車の生産を続けようとした。

こうした出来事は、レーニンが想像した以上に、社会学から見ると興味深いものだ。最初の段階では、熟練労働者が中心となる。彼らは念入りに策を練り、支配を勝ち取るために闘う。仕事場について研究している社会学者カーター・グッドリッチは、英国のこの現象を観察し、「伝染する支配」と名づけた。

昔の同業者の支配といえば、ほとんどが熟練労働者の小さなグループのことを意味している。伝染する支配の支持者は、産業別労働組合の組合員か、産業別労働組合主義の強力な支持者のどちらかになっている。昔の同業者は独占的で保守的な傾向がある。後者には、宣伝者か革命家の傾向がある。[29]

他方で、熟練労働者層は、一貫して「純粋な労働組合主義」を超えてきた。しかし同時に、全か無かの政治的革命を支持することに対して慎重さを保っていた。彼らの目的は、仕事場を支配することと、資本主義の中にこれらを並行させた社会を創造することだった。

その後の20年間、労働者代表は、いつまでも極左の浮動票となり、常に反乱と改革との間で第3のコースを探していた。労働者の大多数がすぐに共産主義を受け入れようとはしないことは理解していた。なぜなら、そうした人たちの中で暮らしているからだ。西側諸国の多くは、レーニンには思いもよらないほどの政治的な回復力を備えていた。そして、生き残るために、労働者階級の自治を強化するために、文化を改善するために、そしてすでに勝ち取ったものを守るために戦略が必要だった。

国内紛争の期間に、ほとんどの共産党の党派が経験したことは、レーニン主義者と好戦的な労働者代表との何度も繰り返された衝突だった。レーニン主義者は、モスクワで考案された計画や作戦、言葉を従来のやり方に無理やり取り入れようとしていた。一方、労働者代表は、内部からこれまでとは別の社会を創造しようとしていた。

ここで、レーニンが書いた冊子『何をなすべきか』にあるわずかな真実を見てみよう。レーニンの誤りは、労働者は自発的に、純粋な改革主導の労働組合主義を超えることはできない、と言ったことだ。しかし、革命的共産主義は彼らの自発的なイデオロギーではない、と言ったことは正しかった。彼らの自発的なイデオロギーは、支配や社会的団結、自己教育、並行した社会の創造だった。

しかし、資本主義は第3長期循環が著しく下降しようとしている事実を認めることができなかった。1929年のウォール街大暴落の後、世界中の政府が大量の失業者を出し、福祉を削減し、労働者階級の賃金カットを行った。危険の度合いが最も高かった場所では、労働者階級はあまりにも強すぎて、支配層エリートは労働者階級を破壊しなくてはならないと結論づけた。

200年にわたる組織労働者の歴史は決定的な出来事が起こる段階に達していた。ファシズムによるドイツ労働運動の破壊だ。組織労働者の権力に対するドイツ資本主義の最後の策がナチズムだった。1933年、労働組合は法的に禁止され、社会主義の政党は消滅した。悲劇はほかの国家でも続いた。1934年、オーストリアの労働運動は4日間の内戦で鎮圧された。スペインでは1936～39年に、フランコ将軍が組織労働者と急進的な農民層に総力戦を仕掛け、35万人の死者を出した。ギリシャでは1936年に始まったメタクサスの独裁政権が、社会主義政党と労働組合を法的に禁じるとともに、労働者階級の文化に関わるとして民族音楽まで禁止した。ポーランドやハンガリー、バルト諸国の労働運動はユダヤ人による大規模な労働運動も含めて、右翼政府によって初めて制圧され、ホロコーストの間に消滅させられた。

1930年代に、労働組織が生き残り、その数を増やしたのは、大英帝国とフランス、米国の3カ国の先進国だけだった。そのうちフランスと米国は1936～37年に工場の占拠が続発した。そこでの主な問題は支配だった。

ファシズムと闘った労働者は、200年のプロレタリアートの歴史の中で、階層意識や自己犠牲の精神、教育水準が最も高い世代だった。20世紀の前半は、労働者階級に関するマルクス主義理論にとって究極の実験台であり、それは反証された。労働者は権力よりももっと大きなものを欲しがった。それは支配だった。第4長期循環が一時の間、労働者階級に支配をもたらした。

現実と幻想の大虐殺

2012年に私はスペインのバレンシアに向かった。フランコ将軍による大量虐殺の犠牲者のための共同墓地を訪れるためだった。フランコの没落後、被害者の家族はそれぞれの小さな墓石に故人のセピア色の写真を飾った。iPhoneで写真を撮ろうとすると、カメラのアプリは墓石の写真の顔を生身の人間と認識し、ピントを合わせるための小さな緑色の枠で囲った。

大半が中年の男性と女性だ。議員、弁護士、靴屋など就いていた職はさまざまだったようだ。若者は、男性も女性もほとんどが殺害されるか戦地に送られた。この共同墓地は、内戦が終わった1939年から、殺害する人間がもはやいなくなる1953年までの間に、トラックの荷台に乗った兵士たちに撃たれてそのまま放置された遺体のために建てられた。

彼らと一緒に闘った英国の作家ジョージ・オーウェルは、犠牲者の顔から読み取れる理想主義を絶えず思い出した。「彼らは欧州の労働者階級の全盛期にあって、あらゆる国の警官によって襲撃された。……今やその数は数百万人に達し、強制労働収容所で腐りかけている」[30]とオーウェルは書いている。

実際、この数字は誇張したものではない。ソビエトの強制労働収容所《グーラーグ》には140万人の囚人が詰め込まれ、そのうち毎年20万人が殺された。ナチスの強制収容所では、少なくとも600万人のユダヤ人が殺害されている。ドイツの収容所では、1941～45年に、推定330万のロシア人の戦争捕虜が命を落とした。スペイン内戦だけで、おそらく35万人の死者を出している。[31]

第2次世界大戦中の死者の規模は把握するのも難しい。こうした出来事による労働者階級に関する政治学と社会学への影響は、「恐怖の沈黙」という主題にもなっている。だが、見方を変えると、東欧で殺されたユダヤ人の大半は、政治色が強い労働者階級のコミュニティ出身だった。その多くが親ソビエト、あるいはシオニスト左派政党、反シオニスト同盟のいずれかを支持していた。ホロコーストは3年の間に世界の労働運動の政治的伝統を一掃した。

スペインでは、左派の組合や協同組合、民兵制度が大量殺人によって崩れ、1970年代まで抑圧されていた。その間、ロシアでは、労働者階級の政治的基盤が、グーラグや集団処刑によって根絶された。

オーウェルが「欧州の労働者階級の全盛期」と呼んだものは押しつぶされた。たとえ、被害者の正確な数がわからなくても、政治と結びつきが強い労働者の意図的な大量殺りくは、軍事行動による数千万人もの死者が足され、組織労働者の物語における転換点になるだろう。幻想の大虐殺も続いていた。第2次世界大戦が近づくと、極左――トロツキストと無政府主義者――は昔の国際主義者の方向性を維持しようと努めた。帝国主義列強間の戦争を支援せず、国内で階級闘争を続けていた。しかし、1940年5月までに、戦争は階級闘争を超える大きな現実となった。

連合国が劣勢になったとき、オランダやフランス、英国の支配階級の中に親ナチス派が現れた。ラジオを持っていた労働者階級の家族は、自分たちの文化が生き残るかどうかはドイツの敗北にかかっている、とはっきりと理解していた。つまり、労働者階級の政治は、連合国の勝利に左右されることになった。戦争が終わると、大量殺りくを逃れた人たちは、組織労働者が完全消滅にどれほど近いかを気にしていたが、それからは、環境に適応する策を模索した。

1948～89年：労働が「ばからしい」ものになる

第2次世界大戦は、労働者の反乱によって中断された。しかし、1917～21年の反乱とは違っていた。始まりは1941年に起こったオランダのゼネストだった。最高潮に達したのは1943年と44年のストライキでムッソリーニを失脚させたときだ。反ファシストの活動はあったが、主に反資本主義的な行動はなかった。労働者の反乱が連合国の計画を脅かした出来事は1944年、ワルシャワとトリノで起こった。大将は軍の進行を単に止めたが、それもドイツ国防軍が行動に出るまでだった。その後に共産党が参加したが、民主主義の復活のための活動だけにとどまった。１９１７~21年にはこうした動きが繰り返されることはなかった。けれど、それが繰り返されるかもしれないという懸念があったため、労働者の生活水準を高め、労働者階級に富の分配のバランスを傾くようにせざるを得なかった。

最初の局面では、戦後、産業労働力から女性を急速に排除した。ドキュメンタリー映画『The Life and Times of Rosie the Riveter（リベットエロージーの暮らしと時間）』（１９８０）で描かれたように、男性の賃金が上昇したため、労働者と中産階級の賃金格差が小さくなった。社会学者のC・ライト・ミルズによると、１９４８年までに、米国では10年間でホワイトカラーの労働者の収入が倍増し、肉体労働者の収入は3倍に増加した[32]。

それに加えて、連合国は、イタリアとドイツと日本のエリート層を罰するために、また、ファシスト勢力の再現を防ぐために、社会保障制度や労働組合権、民主主義の憲法を導入することをこの3カ国に強要した。

動員解除によって、教育の補助金が利用できるようになり、労働者階級層の子どもは大学で学ぶようになった。公営の職業安定所とともに完全雇用や職業訓練、仕事の区分規定を促進する政策が講じられ、労働者の交渉力が高まった。その結果、１９５０年代に経済成長が始まると、ほとんどの国家で、賃金のＧＤＰに占める割合は戦前の水準から大きく上昇した。一方、上流中産階級からの税金も増加し、医療や福祉計画に予算が回された。

代償はあったのだろうか。労働者は第3長期波動の期間、自分たちを支えてきた抵抗のイデオロギーを捨て去った。それに、共産主義や社会民主主義、労働組合は、どんな言葉や表現を使おうと、資本主義と共存するイデオロギーとなった。産業労働組合の組合役員の多くが事実上、管理の仕事に就いた。

今日、先進国の労働者が思い出せる限りで自分たちが手にしているものを挙げるとすると、福祉、健康、無料の教育、公共住宅計画、法律上の労働における集団的権利となるだろう。そして、第4長期循環は前の世代が夢でしか描けなかった物質的向上をもたらすことになる。

戦前に生きていた人にしてみたら、悪夢で目が覚めたような出来事だろう。1955年に、米国の社会主義者ダニエル・ベルは「労働者の心理が結果として変化し、プロレタリアートがサラリーマン階級によって取って代わられた」と論じた。しかし、ブルーカラーと比べてホワイトカラーが大きく増加したわけではない。ベルは左派の観点からこう警告している。「サラリーマングループは労働者の言葉を使わないし、階級を意識した古い言葉にも興味を持つこともない(33)」。社会理論家のヘルベルト・マルクーゼは1961年に、新たなテクノロジー、消費財、性の解放が、労働者階級が抱えていたプロレタリアートの資本主義からの疎外感を減らしたのだと結論づけた。「新たなテクノロジーが生んだ労働環境は、労働者階級の不利な立場を弱めた。労働者階級の暮らしが、確立された社会と食い違いがあるようには見えない(34)」

イタリアでは、作業現場の活動家ロマーノ・アルクァーティが先駆的な調査を行っている。その調査によると、仕事場の自動化によって、労働者が政治的な自己表現のための場としての工場から疎外された状態にあるという。ムッソリーニを失脚させた世代にとって、工場は戦場のようなものだった。しかし、若者の間では、生産工程について「ばからしい」という言葉が最もよく使われていた。彼らは「自分たちの生活を取り囲むばかばかしさ」に文句を言った。[35]

階級別の投票を調査する「アルフォード指標」によると、こうした労働の新たな社会学的影響で最も明らかなことは、階級に基づいた投票パターンが世界規模で減少しているという。[36] 歴史家エリック・ホブズボームが後にそのプロセスを研究し、「労働の前進」は1950年代初めに停止したと発表した。「一般的なプロレタリアートの暮らし」が減少し、働く女性がかつてないほど増え、サプライチェーンの拡大によって、大規模な仕事場が小規模なものに取って代わられた、と述べている。さらに重要なことに、1950~60年代に登場した新しいテクノロジーは、ホワイトカラー層に広まっただけではなく、技能を要する仕事から高い賃金を切り離した。半熟練労働者は、仕事を2つ掛け持ちし、出来高払いの仕事で長時間労働したり、あるいは効率よく働いたりして、経験豊富な電気技師やエンジニアとほぼ同等の収入を得ることができた。[37]

戦時中から1960年代終わりにかけて、こうした変化の影響が重なって労働者は苦しめられた。アルクァーティが不満を漏らすように、「労働者はいつもこのシステムに対して機能的でいて、いつも分断化され、いつも盲目的に働いている」状態だった。[38] ゴルツは「1920年代までは、労働者階級の文化は、労働の人間主義とともに、社会主義者と労働組合運動の偉大なるユートピアを構成していたのだが、戦後の仕事場は、そうした文化を生み出すことはないだろう」と悲観的に書いている。(39)

「労働者階級の衰退」を語る理論家がこれほど多いことに驚かされる。彼らは実際に、戦前のピーク時の労働運動を経験してきた。マルクーゼは1919年に、ベルリンで兵士の評議会に選出されている。ホブズボームは1932年に、その学童支部を通じてドイツ共産党に入党した。ベルは同じ年に、ニューヨークのスラムで社会主義青年同盟に加入した。ゴルツはウィーンで労働者の反乱を目の当たりにしている。彼らの幻滅は長期にわたる経験を通して得た知識からきている。

彼らが影響してきた変化をもっと明確に理解するために振り返ってみよう。

まず、労働者階級が拡大した。大勢のサラリーマン階級が極めて単調な事務仕事に就き、給料は肉体労働者よりも少なかった。よくわからない規律に従い、繰り返すだけの作業に追われた。サラリーマンの疎外感は、1950年代の人気小説『Billy Liar（嘘つきビリー）』（主人公ビリーは葬儀屋の事務員）や『Room at the Top（年上の女）』（主人公ジョー・ランプトンは役所の会計係）でうまく描かれている。

次に、階層化が拡大した労働者階級の意識を変えた。労働組合に加入していても、疎外されていても、ホワイトカラーは肉体労働者のように考えたり、行動したりすることはない。また、若い肉体労働者は仕事や職場環境からますます孤立するようになり、ホワイトカラーとは違った反抗心を持っていた。彼らの気持ちを完璧に捉えたのが、こちらも1950年代の人気小説『Saturday Night and Sunday Morning（土曜の夜と日曜日の朝）』だ。

モノが手に入るようになっても、交戦状態は続いた。これは重大な変化で、労働者階級の文化の中に完全に入り込んだ。自動化が長期の心理学的変化の引き金となった。1960年代初めにアルクァーティが話を聞いたフィアット社の工員にとって、労働は「ばかばかしくて、退屈」のようだった。それには深い理由があった。当時の自動化のレベルは未熟だったが、将来はどんな仕事になるかを説明できるほど技術は進んでいたのだ。実際には工場はコンピュータで動いていたのは数年間で、さらにロボット化が進むとされていた。労働者はそれがもはやSF小説ではなく、明確な可能性があることを理解した。そのときが来たら、手作業の仕事は必要なくなるだろう。

わずかだが、「労働者」になるとはどういうことかの感じ方が変化した。ゴルツが考えたところでは、1950年代に若い労働者たちを結び付けていたものは労働からの疎外感だった。「簡単に言うと、労働者の大衆にとって、ユートピアに導くものを構成するのはもはや労働者の力ではなく、労働者としての機能を停止する可能性だ。つまり、仕事の中で解放される人は少なくなり、仕事から解放される人が多くなったということだ[40]」

1960年代の終わりに経済危機が始まると、拡大したサービス業に就くプロレタリアートの間でストライキが起こる。しかし、工場や港や炭鉱を完全に停止させたようなレベルにはほとんど達しなかった。そうなった場合、ストライキは国家との衝突まで発展した。サービス業の労働者の大多数は、解決するまでやり通すという準備ができていなかった。

身を落とした理論家たちは不運だった。ダニエル・ベルはネオコンとなった。マルクーゼとミルズ、ゴルツは、労働者ではなく虐げられたグループの苦闘が根底にある「ニュー・レフト」に賛成した。ここで私たちは終わりを迎えるはずなのだが、その20年後には、身を落とした理論家を無視して、新しい労働者階級が先進国の一部をカオス寸前にまで追い込む反乱を起こした。

私たち、1970年代半ばから80年代の過激派は、昔の労働者階級の苦闘は消滅したと断言した人たちを冷笑した。しかし、未来を見ていたのは彼らの方だった。

1967~76年：熱い10年

1967~76年に、西側諸国の資本主義は危機に瀕していた。組合員が本部を通さず独断でストライキを行う「山猫ストライキ」が前例のない規模で起こった。自動車、テレビ、住宅、高価な服を持っているにもかかわらず、労働者たちは街頭でデモを繰り広げた。社会民主主義政党が、左派グループや革命グループに急に転換し、工場で足場を固め、そこで大勢のメンバーを募った。

権力の座に就く者たちは、労働者の革命に深刻な恐れを感じていた。フランスとイタリアでは間違いなくそうであり、深い悪夢の中にあった。英国も、それから米国の黒人が多く暮らす街でも同じだった。私たちはそれを終わらせた原因を知っている。敗北と自動化だ。けれど、「なぜ」という問いに答えるために、私自身が経験した話から始めようと思う。

1980年、英国の労働組合会議（TUC：Trades Union Congress）はアーカイブの写真集を出版した。(41) 私はそれを家に持ち帰り、祖母に見せた。彼女は1枚の写真を食い入るように見ていた。彼女の体は震えていた。それは小さなバスタブの中にいる裸の少女の写真で、1914年以前に撮られたものだった。「この写真について説明はいらないわ。私は『1921年のストライキ』のときに結婚して、『1926年のストライキ』の3カ月間を生き抜いたのだから」。祖母がこの2つの大規模なストライキについて自分から話したことはそれまでなかったし、私の父親にすら一言も口にしなかった。小さなバスタブが貧困の記憶を呼び起こし、貧困が1926年の記憶を呼び起こしたのだった。1926年、9日間のゼネストが3カ月間の炭鉱労働者のストライキに拡大した。その間、祖母が飢えに苦しんでいたことを、そのとき初めて打ち明けた。

1939年以前の記憶を祖母はすべて封印していた。極度の困難、侮辱、暴力、死産、借金、そして2つの大規模なストライキを彼女は忘れようとした。抑制されたトラウマを超えるほど辛い記憶。私と祖母は一緒に写真集のページをめくって、飢餓行進やバリケード、占領された炭鉱の写真を眺めた。そのとき、間違いなく、私よりも祖母の方が驚いていた。

祖母は1899年に生まれ、2つの世界大戦と大恐慌を経験し、ホブズボームが語る一般的なプロレタリアートの暮らしの全盛期を生きてきた。けれど、祖母は自分の記憶以外に、こうした出来事に関する一般的な知識もなく、重要性も理解していなかった。反抗への強迫観念に取りつかれていた。祖母にとって、階級意識は、話したり、耳にしたり、目にしたりした経験だけで形成されたようだった。パブで議論を重ね、スローガンを壁にチョーク書きし、ストライキを実行したのだ。労働者階級の街はあまりにも世界から遠ざかっていた。新聞の記事やラジオのニュース、それにブルジョワジーのイデオロギーは彼女らにはほとんど届かなかった。

バラの枝を切ったり、子犬のしつけをしたり、迫撃砲(私が5歳のときに聞いた話では、戦時中祖母が軍需工場から1つ盗んできたもの)を組み立てたりする方法など、実用的な物事には論理と実践が重要となる。しかし、階級意識は、論理には及ばず暗黙的なもので、発言や歌、ため息、身ぶり、ごく小さな連帯感にある一定の行動によって伝えられた。それは、産業的・地理学的な安定を通じて、各世代にわたって保たれていた連帯感だった。

祖母は、自分の聖書の後ろに記された名前から、1770年まで遡った家系について知っていた。祖母の家系は、未婚で祖母を生んだ母親も含めて、全員が絹織工か綿織工だった。親戚はみな、彼女が生まれた場所から約8キロ以内に住んでいた。祖母自身もその範囲内で3度引っ越しただけだった。もし、社会学者に、1945年以前の階級意識に「一般的なプロレタリアートの暮らし」と自然地理学がそれほど重要かと尋ねられたら、私なら、疑う余地もなく重要だと答えるだろう。

1960年代の若い労働者には、200年間の安定した文化の中で暮らしているという実感があったのだが、1970年代に、従来からある連帯感と苦闘を利用しようとしたとき、その根幹があまりにも急激に変化しつつあり、1980年代には機能しなくなっていた。

根幹の変化とは、労働者階級の生活に、情報や論理、あらゆるものに疑問を持つ能力など公式な知識を吹き込んだことだった、と労働者の階級文化の研究者リチャード・ホガートが1957年の研究報告書『読み書き能力の効用』（晶文社　1986）で見事に実証している。そうした知識は、フェビアン協会の学校教師や、モスクワ訛りの新聞を携えた共産主義者の先導者の専門範囲を超えて、万人が利用できるものだった。[42]

私の父の世代にとって、戦後の労働者階級のコミュニティに届けられた知識とは、拡大された教育制度や地元の図書館からだけではなく、テレビやタブロイド紙、映画、ペーパーバックの本、流行歌の歌詞を通じたものだった。1950年代終わりには労働者階級の詩が流行ったほどだ。

また、それは、世界に関する知識で突然複雑なものになった。社会面でも、地政学面でも流動性が高まった。戦前の労働者階級にとって公共の場ではタブーだったセックスの話がどこでも聞こえてきた。それから、危機の直前には、最大の技術革新が展開された。それは、避妊用ピルで、1960年に初めて処方された。だが、1960年代終わりから70年代初めにかけて、主に合法的にピルを使ったのは独身女性だったため、アカロフとイエレンとカッツが呼ぶところの「生殖技術の衝撃」が走った。[43]高学歴の女性が増えた。例えば、1970年の米国で法学部の学生の10%が女性だった。10年後にはその割合は30%に増加している。また、出産の時期を調整できるようになり、職業に就く女性が増加する準備が整った。[44]

要するに、新しいタイプの労働者が登場したということだ。1970年代に階級闘争を行った世代は所得が増え、個人はより自由になった。そして、社会の絆が寸断され、情報へのアクセスが向上した。身を落とした理論家が信じたこととは反対に、彼らの闘争の邪魔になるものはなかった。それなのに、なぜか、労働者は敗北したのだった。

労働者の経済力と仕事を中心とした、これまでの彼らの物語を打ち砕いた脱工業・自由市場モデルは崩壊した。次に現れたのが資本主義の新戦略だ。また、新たな反抗意識も生まれた。もはや否定的とか自発的とか情報がないという類ではなかった。公式な知識を基にしており、エリート層が支配するマスコミという手段に頼っていた。私たちはこの上に、スターリン主義と社会民主主義という重いテーマを含めなくてはならない。1970年代の労働者階級の勢力が高まった期間に実質的に完全雇用が進み、階級闘争を和解に持ち込み、議会政治につなげた。最終的に、労働者は1920年代と30年代の革命に敗北したことと、民主資本主義の助けを借りてファシズムが叩きのめされということを知って思い止まった。

先進諸国はそれぞれ1960年代終わりから70年代半ばに極端な階級闘争を経験した。その中でも最も研究されていて、最も議論されているイタリアを実例として取り上げようと思う。なぜなら、イタリアは、敗北からどう立ち直るかという議論において早い段階で結論を考え出したからだ。

イタリア：新しい支配の形

1967年までに、イタリア経済が、南部の貧しい農村地帯から、北部の産業都市に1700万の労働者を引き寄せたのは、奇跡的な出来事だった。公共住宅が不足したため、移住してきた多くの労働者は、粗末なアパートの1室に6人か8人で寝泊りしていた。公共施設は仕事が多すぎて手が回っていなかった。しかし、工場は近代的な設計で、世界クラスのテクノロジーを手にしていた。そこには働く意欲がみなぎっていた。

実質賃金は1960年までの10年間に15%上昇した。[45] 大手製造業は、社員食堂やスポーツ、社交クラブ、福祉基金、デザイナーに投資した。産業レベルでは、組合と経営側が賃金率や生産量、条件に関して協力的に話をまとめた。しかし、工場レベルでは、「管理における絶対主義がルールだった」と報告する研究もあった。[46]

仕事では賃金が上昇し、仕事以外は劣悪な環境だったことが、最初に好景気に影響した。次に影響したのは、学生数が増加したことだ。1968年までに学生は45万人いた。この数は10年前と比べて2倍に上る。学生の大半が労働者階級の家庭出身で貧しかった。大学では役に立たない教科書が使われ、古めかしいルールがはびこっているのを彼らは知った。歴史家のポール・ギンズバーグは「極めて不適切な大学制度に自由にアクセスできるようにした決定は、大学にただ時限爆弾を埋め込んだようなものだ」と書いた。[47] これよりふさわしいたとえを使うなら「起爆装置」だろう。1967年終わりに学生による占拠が始まった。次の年には路上での暴力に発展する。学生と並んで、労働者のストライキの波が始まり、1969年の「熱い秋」には最高潮に達した。

ミラノのピレリ・ビコッカ地区でストライキを起こした労働者が「単一委員会」を結成した。これは、完全に組合とは独立した組織だった。単一委員会のアイデアが広まると、新しい活動が生まれた。部署を次々と変えて1時間のストライキを行ったり、座り込みをしたり、生産性を下げるよう計画して仕事の速度を緩めたり、部署から部署へ行進する「スネイク」と呼ぶ作戦でストライキを拡大させたりした。フィアット社の労働者は当時のことをこのように言った。「ストライキを開始したときはたった7人だった。時間までに会社本部に向かった。そこには従業員全員が当てもなくうろついていた。そのときにはだいたい7000人はいたんだ!……今度は7000人が一緒にストを開始した。それが最後には7万人になっていた。これでフィアットはおしまいだ、というわけだ[48]」

イタリアの共産党は大急ぎで地元の交渉委員会を立ち上げた。しかし、工場の労働者の多くはそれを拒否した。「私たち全員が代表者」とスローガンを繰り返し、共産党を抑え込んだ。

トリノにあるフィアット社のミラフィオーリ工場の外では、学生たちがバーに集って「労働者と学生の集会」を計画した。1969年7月3日、彼らは工場を出発点にデモ行進を開始、アパートの賃貸料の値上げをめぐり、警官と衝突し、長期戦に突入する。繰り返されたスローガンはそのときのムードを表していた。「何を望んでいるかって? 何もかもだ!」

左翼グループのロッタ・コンティニュア(継続する闘争)は、ストライキの参加者たちがやり遂げようとしたことを話した。「ストライキの参加者は徐々に自分たちを解放し始めた。そして工場で当局を崩しにかかった[49]」

もし、こうしたストライキが、常に混沌とした国家の、小数の過激な地域だけで展開していたなら、好奇心の的になっただけで、それ以上話題に上らなかっただろう。しかし、イタリアの労働者階級の勢力の高まりは、先進諸国中で変化が起こる兆候だった。1969年のデモは、次々と経済闘争が広まる期間の始まりに過ぎなかった。やがて政治的対立に波及し、西側経済モデル全体を再考するきっかけとなった。

こうした出来事を順序立てて理解することは大切だ。というのも、大衆向けの文献には、ケインズ主義の批判が書かれることが一時多くなったからだ。1971年に長年続いてきた戦後活況の勢いが止まった。しかし、固定相場制の機能がまひしたことで、逆説的だが、各国はインフレの発生を許し、賃金と生産性の圧力を「解決」する能力を得た。そして、1973年の石油価格の急騰が2桁のインフレ発生の引き金となり、賃金と価格と生産性の古い関係が崩れ去った。

OECD加盟諸国では、家庭への所得補助や福祉給付などの再分配の支出が、活況期には対GDP比で平均7・5%だったのが、1970年代半ばまでには13・5%にのぼった。公共支出は1950年代に対GDP比で平均28%だったのが、今では41%に達している。[50] 総資産における企業収益の割合は24%にまで下落した。[51]

政府は労働者の闘争心を産業に取り込もうとして、社会的賃金を記録的な水準に引き上げ、労働者の代表を政府に迎え入れた。イタリアでは、1976年の「歴史的妥協」を背景に、混乱の時代が終わった。イタリア共産党と労働組合とが連携し、保守派主導の政府を樹立した。イタリアと同じプロセスは、1978年のスペインのモンクロア協定や英国のウィルソン＝キャラハン政府（1974～79年）、カーター政権と戦略的な取引を結んだ米国労働組合による数々の試みなどで見られる。

1970年代の終わりまでに、古いケインズ体系の当事者——組織労働者、パターナリストの管理者、福祉を重視する政治家、国営企業の経営者——が、崩落する経済システムを救おうとしたが共にこう着状態に陥った。

戦後の生産過程の標準化と、それが依存してきた厳格な科学的管理の支配によって、労働力が創出されることはなくなった。実際、標準化で労働力を支配することはできなかった。順法闘争が妨害工作に最も効果があったという事実だけが真実を物語っている。生産過程を本当に動かしていたのは労働者だった。労働者の同意なしではマクロ経済の問題の解決策は役に立たなかった。

この状況を受けて、新たに生まれた保守派の政治家が、システム全体を解体すべきだと決断した。1979年のイラン革命後に起こった第2次オイルショックが彼らにチャンスをもたらした。オイルショックが深刻な景気後退の引き金になり、そのとき労働者が直面したのは、大量の失業者と工場の閉鎖、賃金カット、公共支出の削減を企業と政治家が決定したことだ。

労働者はまた、急進主義が勢力を伸ばした数年間に、満足に準備ができなかったことが突然浮上したのを目の当たりにした。労働者の一部が保守派政治家の側につこうとしたのだ。米国南部の白人労働者がレーガンに政権を握らせた。英国の熟練労働者の多くが混沌に嫌気がさし、1979年の選挙で保守派に投票してサッチャーを10年間の首相の座に就かせた。あからさまな労働者階級の保守主義は消えることはなかった。彼らが常に欲したものは秩序と繁栄で、1979年までに、ケインズモデルによって得られるものはもはやなかった。

1980年代半ばまでの15年間に、先進国の労働者階級は、無抵抗からストライキまでを経験し、半革命的闘争は戦略において敗北した。

西側諸国の資本主義は、ほぼ2世紀にわたり、組合労働者と共存し、形づくられてきたが、もはや労働者階級の団結と抵抗の文化とともに生きることはできなくなった。オフショアリング、産業の空洞化、反労組法、容赦ないイデオロギー戦を通じて、それは崩壊することになる。

デジタルの反抗者、アナログの奴隷

後退と自動化が30年以上続いた後もなお、労働者階級は生き残ったが、大きく変化した。先進国では、日本で初めて想定された核・周辺モデルが標準となり、労働者階級の中で最も重要な境界だった「未熟練対熟練」の構図に取って代わった。「核」の労働者は、安定した永久雇用にしがみつくことができ、賃金以外に福利厚生が支給される。「周辺」の労働者は派遣会社の社員になるか、契約会社のネットワークを通じて仕事を探さなければならない。核の労働者は縮小している。2008年以後の危機から7年間、まずまずの賃金が得られる永久雇用に就くことは多くの人にとって手に入らない特権となった。「プレカリアート（雇用不安定層）」になることの方が現実的になり、日本の人口の4分の1にまで増加している［2016年末時点で3分の1を超えている］。

どちらの社会グループも、柔軟性がカギとなっている。熟練労働者の場合、価値があるのは、自己改革したり、会社の短期目標に合わせたり、古いスキルを忘れて新しいスキルを早く習得できたり、ネットワーカーになったり、働く会社が理想とする能力を持つ者だった。そんな能力があれば、1890年のトロントの印刷所なら「スト破り」のレッテルを貼られていたことだろう。それが、1990年代以降は必須の能力となった。ただし、もし、あなたが核でいたかったらの場合だが。

周辺の労働者の場合、柔軟性と言えば、まず仕事が一般的で抽象的なところだ。仕事の大半が自動化されて以降、自動化のプロセスを迅速に習得し、決まったやり方に従うことができなければならない。これは退屈で汚い手作業の仕事に関係することが多い。例えば、訪問介護では、最低賃金を稼ぐために15分枠の厳格なチェックリストに従って業務を行う。極端な例では、個人的・感情的な行動まで労働規律に従わせることもある。英サンドウィッチチェーンのプレタ・マンジェでは、スタッフは笑顔で陽気に振る舞うことが求められ、「スタッフ同士がタッチする」ように勧められる。禁止されている行動が公式にリストに挙げられていて、例えば、「お金のためだけに働くこと」あるいは「物事を必要以上に複雑にすること」などがある。ある報告書によれば、「1日試用で働かせて、求人内容と適合するかについてほかの従業員が投票する。もし、働く姿に活気がないと判断されれば、わずかな日給が手渡され、家に帰されることになる」という。[52]

先進諸国すべての労働力は今や、サービス志向型となっている。ドイツや韓国、日本などの輸出大国だけが総労働人口における工業部門の労働人口の割合は20％近いが、ほかの経済的先進国では10～20％の間にとどまっている。[53]

発展途上国にしても、工業部門の労働人口は全体のほんの20％ほどだ[54]。世界の約30億人の労働人口が工業部門で働いており、アジアと中南米では巨大な製造工場で働くのが一般的となっていることから見ても、グローバリゼーションが、フォーディズムやテイラーイズムのモデルを単にグローバル・サウスに移行させただけという考えは幻覚だと言える。

世界の賃金は減少する傾向にある。米国では、1970年には対GDP比の53％だったのをピークに、今では同44％に下がった。輸出志向型モデルの国家ではこの影響は少ないものの、社会的影響によって、労働力が金融に関わる傾向が強くなっている。第1部で述べたように、労働者階級の消費と借金により生じる利益の割合は、労働により生じる利益の割合に比例して上昇している[55]。

ロンドン大学東洋・アフリカ研究学院（SOAS）の経済学部のコスタス・ラパヴィツァス教授はこれを「金融の没収」と呼び、労働者階級の自己イメージへの影響が大きくなってきているという[56]。労働者の多くにとって、資本との関係は物理的にもイデオロギー的にも、労働ではなく消費や借金にあるというのだ。

1989年以後の資本主義で長期的に観測された傾向で、新たに注目されているのが、仕事と余暇の境界線をあいまいにしていることだ。そのあいまいな境界線は誰にとっても価値があるわけではないようだ。分野によっては、プロジェクト目標を達成する有能な社員でも、仕事中に個人的な行動を（ネットで買い物したり、ソーシャルメディアを使ったり、デートしたり）する人が多くなっている。仕事と余暇がトレードオフの関係となっていて、目標を達成するために、自宅でも仕事のメールの返事をしなくてはならないし、旅行中でも仕事をしたり、夜遅くまで残業したり、休日に働いたりしなくてはならなくなっている。

情報がかなり重要となる仕事、とりわけスマートフォン機器を使った場合は、仕事と余暇の時間が相当あいまいとなっている。そのため、比較的短い期間で、賃金と労働時間の結びつきが緩められた。価値の高い労働者に関しては、自分の会社のために、そして目標を達成するために自分は存在し、自分のアイデアが役立つことに対して実際に給料を得ていることになる。

同時に、地理的に労働者階級の生活が変化した。郊外から長距離通勤している人たちの文化と仕事に特定の関係がないことが普通となったのだ。もともと人は通勤することで、働く以外に活動する組織、例えば、事務や託児所、ボーリング場などを通じて、物理的なコミュニティを積極的に再形成するようになっている。しかし、情報技術の出現によって、こうした通勤を通じての活動の一部がオンラインに移り、物理的に孤立することがさらに増えた。以前は、職場との結びつきは社会的に団結したコミュニティによって強められていたが、こうした昔のような団結はあまり見られなくなった。これは資本主義の歴史の中でこれまで見られなかったことだ。

若者の場合は、不安定な仕事場が都市に近いところにあることが問題となっている。彼らは街の中心部に群がることが多い。パートナーや散発的に入る仕事、娯楽を見つけるために必要な人脈に物理的に近いため、生活空間が大幅に縮小されることを受け入れている。彼らの闘いは、集会やデモが活発に行われるアテネのエクサルヒア、あるいは2010年に学生の暴動があったロンドンのような場所といった物理的な空間に集中する傾向がある。
　社会学者は労働生活の質的変化を理解するために、まず空間に注目した。バリー・ウェルマンは、グループに基づくコミュニティから、物理的なネットワークへ、そしてデジタルネットワークへと変化したことを記録した。そこで考えついたのが「ネットワーク化された個人主義」[57]という言葉だ。彼はこのネットワーク化された個人主義と仕事の柔軟性がより高くなったことをはっきりと結びつけた。ロンドン・スクール・オブ・エコノミクスのリチャード・セネット教授は、高度な技術を持つ労働力の新しい特徴を調査した。[58]調査の結果から、労働が孤立や表面的な順守に報酬を与え、スキルへの適応力や忠誠へのネットワーク形成に価値を与える場合、新しいタイプの労働者が生まれることがわかった。それは、仕事と同様に生活も短期間に重点を置き、仕事でも個人的な活動でも階層制や社会的構造に傾倒しない人たちである。
　セネットとウェルマンのどちらも気がついたことは、現実の世界でもオンライン上でも、こうしたネットワーク化されたライフスタイルに適応した人々には、複数の自己を持つ傾向があるということだった。セネットによると、「新たな資本主義の時勢は、性格形成に問題をもたらした。短い、細切れの時間で物事を行うような経験をしていると、長時間の場合には性格を形成する能力が脅かされるようになる」と書いている。[59]
　ケインズの時代、労働者の性格は1つだった。仕事でも、地元のバーでも、社交クラブでも、サッカーの観客席でも、同じ人物で通していたということだ。しかし、ネットワーク化された個人はもっと複雑な現実を作り出す。仕事や数多くの活動をつなげたサブカルチャーやオンラインで、パラレル生活を生きているのだ。

こうした変化を実証するための課題となるのが、搾取や抑圧と戦うための人間の能力への影響を理解することだった。マイケル・ハートとアントニオ・ネグリが2012年の共著『叛逆――マルチチュードの民主主義宣言』（NHK出版　2013）でそのことをうまく説明している。

資本主義の生産にある重力の中心は、もはや工場ではなく、その壁の外に流れ出た。社会自体が工場となったのだ。……この転換とともに、資本家と労働者との関与の仕方も変化している。……現在の搾取は主に、（等価あるいは不等価）交換ではなく、借金に基づいている。(60)

もし、1970年代に、ネグリとイタリアの左翼が、階級闘争の討論の場として、仕事場の役割を終わりにし、社会全体を新しい場にしたのは時期尚早だったということなら、現在ならふさわしいと言えるだろう。

もし、情報資本主義がこの線に沿って進み続けるなら、労働者階級にとっての未来とは何だろう。まず、現在わかっているのは、世界的に労働の境界線に変化が起こっていることだけだ。グローバル・サウスの仕事場は、より高い生活水準を達成するだろう。新興市場により大規模な自動化を導入し、より高い生産性を追求することで、ある時期になると資本が反応するはずだ。そうなると、中国やブラジルの労働者が富裕国の労働者と同じ軌道に乗るだろう。サービス志向型に傾倒するようになり、熟練労働者の核とプレカリアートとに分かれることになる。どちらの層も賃金と仕事が部分的に結びついていない状態に陥るだろう。それに加えて、オックスフォード大学マーティンスクールが示したように、今後20年にわたり完全に自動化が進むと、最もリスクが高くなるのが、低熟練のサービス業の仕事だ。世界の労働者階級は、中国のドローンの工場と、米国のゲームデザイナーとに分けられて永久的に生き残る運命にはないということだ。

しかし、仕事場での闘争はもはや唯一、あるいは最も重要なドラマではなくなった。世界中の多くの産業都市や商業都市では、ネットワーク化された個人は社会学的に珍しいタイプの人間ではなくなった。彼らは典型となったのだ。1990年代に、社会学者がテクノロジーの職場で観察したそうした人の性質は、快活で、自然発生的にネットワークを形成し、複数の自己を持ち、人とのつながりが弱く、孤立し、暴力的な憤りを隠すことに明らかに追従しているというものだった。それが今のネットワーク化された個人には、若くて、経済的に活発な人間という特徴があるという。

中国の仕事場の過酷な環境にもかかわらず、そういう人を見つけることができる。中国の工場で働く人たちが、無責任な欧米の消費者の分身になるかもしれない。2000年代半ば以降、この輸出志向型の都市の労働者が多く暮らす地区に、数百台のパソコン画面が並ぶインターネットカフェが開店した。地方から移住していきた若い労働者たちに社会学者がインタビューをしたところ、彼らがウェブサイトを使う目的がわかった。同じ故郷出身の労働者と交流すること、ゲームをしてストレスを発散することだった。農場や工場の寮で寝泊りするしかない若者にとって、インターネットカフェは自分を変えてくれるところだった。2012年にインタビューで、ある女性労働者はこう答えた。「工場長は強面で取っつきにくい人だけど、インターネットカフェでばったり会ったとき、ちっとも怖くなかった。工場長はカフェでは私に指図する権利はないし、私と同じ、インターネットのユーザーだから」と。(61)

それも今では先史時代のように感じる。スマートフォンが普及したことで、インターネットカフェが中国人労働者の作業着のポケットに入っているのも同然と言える時代になった。中国では2012年に、モバイルインターネットの接続がデスクトップパソコンの接続を上回り、現在6億人が利用している。モバイルインターネットが使えるということは、ソーシャル・ネットワークにもアクセスできる。2014年に、東莞市にある靴製造会社、裕元工業の工場で3万人の労働者が、初めて大規模なストライキを起こした。グループメッセージとマイクロブログがストライキを組織するための道具として使われていた。村のネットワークは「アナログ式」で、求人や仕事の配分は1つの工場に非公式で行われていたが、それがモバイルインターネットを使って賃金率や環境を確認し、産業界全体に情報を発信するようになった。

中国当局を恐れ、裕元工業の工場の労働者はテクノロジーをうまく活用した。それは同年に香港で起こった「セントラル占拠」で知られる民主化を求める抗議デモにおいて、リベラルでネットワーク化された学生が使った技術とほぼ同じだった。

もし、近代世界の主な断層線がネットワークと階層制との間にあると考えるなら、中国はまさにその線上にのっている。デジタルの反抗者のように見えるが実はアナログの奴隷である中国の労働者は、ネットワーク化の反乱という現象の心臓部にいるとも言える。こうしたネットワーク化の動きは、新しい歴史的題材が存在する証拠だ。それは身なりが違う労働者階級というだけではなく、ネットワーク化された人間だ。

これで、ゴルツ世代の悲観主義に対抗できる。ゴルツは、「現実の」労働者階級の消滅によって、反資本主義の原動力は失われた、と結論づけた。もし、ポスト資本主義を欲するなら、ユートピアとしてそれを追いかける必要がある。ポスト資本主義はすばらしいアイデアだが、実現するか、しないかはわからない。それに、その価値を具体化することができる主勢力になる者が社会にはいない、と彼は言った。

過去20年間に、資本主義は新たな社会勢力を結集させてきた。その勢力は、19世紀に工場でプロレタリアートを作り出したように、いずれ資本主義の墓を掘ることになるだろう。街の広場にテントを張ったり、シェールガス掘削現場を封鎖したり、ロシア正教会の大聖堂の屋上でパンクロックを演奏したり、ゲジ公園の芝生にいるイスラム教徒の目の前に暴力的にビール缶を振りかざしたり、リオやサンパウロの街路に100万人集めたり、中国南部で大衆ストライキを組織したりしたのは、すべてネットワーク化された個人だ。

彼らは「止揚された」――改良され、交換された――労働者階級だ。19世紀初期の労働者と同じくらい、戦略に関して無知かもしれない。しかし、このシステムにもはや囚われてはいない。というのも、大きな不満を抱えているからだ。彼らの関心はポスト資本主義を引き起こす必要性や、新たな種類の経済を創造するための情報技術の革命を強要する必要性にまで広がっている。その新たな種類の経済とは、協力し合って共同で使用するために、できる限り無料で作り、不平等の流れを逆転させるというものだ。新自由主義は世界成長の停滞と国家レベルの破綻をもたらすだけだ。破滅するまで緊縮政策を講じることになる一方で、数年ごとにｉＰｈｏｎｅの最新版が発表される。新自由主義が大切にしていた自由は、新自由主義国家に永久的に閉じ込められている。そのやり方は、ＮＳＡの国民監視の技術から、中国のインターネット警察に至る。彼らの頭上、国家の政治の多くに腐敗したマフィアがはびこるようになる。新自由主義の戦略は、自由を抑制し、不平等を拡大する価格で成長をもたらすことだ。

このネットワーク化された人々の新たな世代は、第３の産業革命を生き抜いてきたことを理解している。そして、なぜそれが失速しているのかを理解するようになってきた。信用システムが壊れ、資本主義は可能な規模の自動化を維持できなくなっていること、そして、新たなテクノロジーが仕事の崩壊を暗示しているためだ。

この経済は、ネットワーク化されたライフスタイルと意識をすでに作り出し、再び作り直し、資本主義の階層制と争っている。

急進的な経済変化が求められているのは明らかだ。

次の問いに移ろう。私たちがそれを達成するためには何をしなければならないのだろうか。

第3部

新自由主義からプロジェクト・ゼロへ

富の全面的な増加は階級社会を破壊する恐れがある――

実際に、ある意味で破壊している。

エマニュエル・ゴールドスタイン（小説の登場人物）

ジョージ・オーウェル

『一九八四年[1]』

第8章

資本主義を超える経済への移行

On Transitions

資本主義はもう死んでいる

資本主義がすでに存在していないとわかると、ショックを受ける人もいるかもしれない。経済学者は、「市場」を人間の自然状態として表現している。TVドキュメンタリー番組では、エジプトのピラミッドや皇帝支配下の北京を見事に再現しているが、それらを築いた経済システムは現在とまったく異なっていた事実をうまくごまかしている。大英博物館では、ヘルクラネウム遺跡の展示を眺めながら、父親は子どもに「当時の人たちも私たちと同じだよ」と自信たっぷりに語る。けれど、その後、牧羊神パーンが羊と交尾をしている像や、奴隷とカップルが3人で性行為をしている絵画に出くわしたらそうはいかないだろう。

経済として、または価値システムとして、資本主義がかつては存在していなかったことがあった、とわかったとき、こんなことを考えるともっとショックを受けるはずだ。「この状態が永久に続くことはないかもしれない」と。もし、そうだとしたら、移行とはどのようなものか理解することが必要だ。何が経済システムを構成しているのか、どのように別のシステムに取って代わられるのかが、ここでの問いになる。

これまでの章で、どのように情報技術の出現が、価格や所有権、賃金などの資本主義の基本的な構成要素を破壊してきたかについて述べてきた。新自由主義は夜明け前の微光のようなものだった。2008年の危機以後には、新たなテクノロジーの開発を妨げる経済モデルによって失敗した。そして、第5の長期波動が始まった。

こうした一連の出来事が、ポスト資本主義への移行を可能にしている。けれど、私たちには移行のモデルがない。スターリン主義は大惨事という青写真を私たちに残した。オキュパイ運動は断片的にはすばらしいアイデアを考え出した。いわゆる「ピアツーピア運動」は小規模での協働モデルを発展させた。その間に環境保護主義者はゼロ炭素経済への移行に向けた道筋を作った。しかし、この道筋は資本主義が生き残る道とは違っていると考えられているようだ。

ある種類の経済から別の種類の経済への移行計画に関して言えば、私たちが経験したのは、資本主義の到来とソビエト連邦の崩壊という非常に異なる2つの出来事だけだ。本章では、これらの出来事から得た教訓に焦点を当てていく。本書の最後には、資本主義を超える経済への移行に向けた「プロジェクト計画」にこの教訓を応用するつもりだ。

新自由主義が25年間続いたことで、私たちは変化についてあまり考えなくなった。しかし、地球を救えるという大胆な想像ができるなら、正常に機能していない経済システムから自分たちを救うことも想像できるはずだ。実は想像する段階に重要な意味があるのだ。

ボリシェビキの火星の旅

アレクサンドル・ボグダーノフの年代物のSF小説『Red Star（赤い星）』（1908）の主人公はロシア人のボリシェビキ政党の組織者で、宇宙船に乗せられて火星に連れていかれる。火星人の工場は近代的な立派な造りをしていて、とりわけ驚いたのが指令室で見た光景だった。そこでは、火星のすべての工場内の様子が1時間ごとにスナップ写真で撮影され、ディスプレイにリアルタイムで映し出されていた。どの工場で、労働者が足りないか、あるいは余っているかがわかるようになっているのだ。人員が不足していれば労働者が自発的にその工場に移動する仕組みになっている。火星ではモノが不足することがないため、需要が測られることはないし、貨幣もない。「誰もが必要なものを何でも好きなだけ手に入れることができるのだ」と火星人ガイドが説明する。働いている人たちは巨大な機械に触れずに操作している。地球人はただ感心するばかりだ。「彼らは好奇心旺盛で教養があるようで、周囲で行われていることを監視していた。……機械の頑丈な器官と人間のもろい脳が糸でつながれていた。それは、外部者には理解しがたく、目に見えないものだった」(1)

『赤い星』でボグダーノフが想像したのは、どのようにポスト資本主義経済が機能するかだけではなかった。それを可能にするにはどのような人間が必要かということも想像したのだ。それは、「理解しがたくて目に見えない」ものと脳がつながっている人間、つまり、情報に携わる労働者だった。しかし、共産主義の未来を描くことで、その時代の慣習を破ることになった。社会主義のすべての分派が空想の世界を語ることに反対していたからだ。しかし、これは単なる奇抜な小説ではなかった。

ボグダーノフは医者で、ボリシェビキを立ち上げた22人のメンバーの1人だった。投獄され、追放された後、ペトログラード・ソビエト（労働者・兵士代表会議）を率いた。そこで、新聞を編集し、資金を管理し、資金調達を指揮していた。しかも、その調達方法は銀行強盗だった。私たちが目にするボグダーノフの写真の中で有名なのが、1908年にカプリ島の党訓練学校でレーニンとチェスをしている写真だ。(2)しかし、この写真が撮影されて1年も経たないうちに、ボグダーノフはレーニンに追放される。悲劇が始まると予想し、それに同意しなかったことを発端に、レーニンに反抗するようになったからだった。

1905年の革命時、労働者は社会を動かす用意ができていなかった、とボグダーノフは語った。資本主義以後の社会は、知識社会になる必要がある。やみくもに革命を起こしたところで、テクノクラートのエリート層に権力の座を明け渡すことになるだけだ、と警告し、これを避けるには、新たなプロレタリアート文化を大衆に広め、プロレタリアートの科学を発展させ、プロレタリアートの哲学を考え出すことだ、と訴えた。(3)

ボグダーノフの言動すべてがレーニンの反感を買った。というのも、当時マルクス主義が差し迫る崩壊と革命のドクトリンとなっていて、そこではどんな考えや偏見があっても、労働者が革命を起こすとされていたからだ。一方、ボグダーノフは、マルクス主義は新しい科学の思考方法に適応すべきだ、と無謀な考えを持っていた。肉体労働は精神労働に取って代わられ、すべての労働が科学技術に関連するようになる、と予測したのだ。これが実現したら、その世界を理解するためには、マルクスが哲学から受け継いだ弁証法の思考を超えなくてはならなくなるだろう。科学が哲学に取って代わる、とボグダーノフは予想したのだ。それはまた、現実を「つながりのある経験のネットワーク」として見るようになる、ということでもあった。別々の科学が、「普遍的に体系化された科学」の一環になる。それはシステムの研究だった。

1909年、パリのレーニンのアパートで行われた険悪な雰囲気が漂う会合で、ボグダーノフは追放された。それは、システム理論の提唱者になるために、また、これからロシアで起こり得ることを警告するために必要なことだった。このような背景の中で小説『赤い星』が出版され、ロシアの労働者の間で広まった。スターリン主義の下で実際に起こっていたことを照らし合わせて考えると、ボグダーノフのポスト資本主義経済の扱いは先を見通したものだった。

小説では、火星の共産主義の基盤は「潤沢」となっている。何もかもが十分すぎるほどあるのだ。需要がどれほどあるかがリアルタイムですぐわかるように測定されて生産が行われる。消費は無料となっている。この体制がうまく機能する理由は、労働者間で協力するという群集心理が働いているためだった。その背景には、彼らが高い教育を受けていたことと、仕事はもともと心理的なものという設定になっていたからだ。火星人は男にも女にもなることができた。ストレスや危険に直面しても落ち着いて行動し、私心に囚われず、精神的にも文化的にも豊かに暮らしていた。

小説の背景も刺激的だった。火星人は資本主義の下で産業化されていた。産業化が始まり、その抑圧に苦しんだあげく革命が起こり、やがてとても平和な世界になる。その世界を率いたのは農民ではなく、労働者だったからだ。義務である就労時間が1日6時間からゼロになり、労働の必要性が着実に失われた。その移行には100年という長い年月がかかっていた。

正統派マルクス主義の知識がある人なら、小説『赤い星』を読めば簡単に理解できると思う。ボグダーノフが小説のアウトラインに用いたものは、20世紀に極左を支配していた考えとはまったく違うものだった。ボグダーノフは革命の前提条件として、技術的な成熟を主張した。資本主義を平和的に転覆させるために歩み寄り、それを埋め合わせるという方法を用いている。労働を最小限に減らす手段としてテクノロジーに注目した。経済だけではなく、人間自身も変化させる必要があると大胆にも訴えた。さらに、この小説の大きなテーマは、ポスト資本主義社会が火星にとって持続可能でならなければならないということだ。もし、人口が多くなりすぎて火星が維持できなくなるとわかれば、火星人は自主的に自殺する。天然資源が不足すると、地球を植民地にするかどうか悩み、論争が始まるのだった。

もし、あのパリの会合に向かう途中でレーニンが電車にひかれ、ボグダーノフが追放されなかったとしたら、ロシアはどうなっていただろうか、とあなたは考えたかもしれないが、ほかにも同じことを考えた人はいる。ボグダーノフに注目して、「もしそうだったら」という疑問で最初から最後まで埋め尽くした文献があるのだが、それも当然だと思う。ボグダーノフは、コンピュータを想像できるはずがなかったのに、精神的労働や持続可能性、ネットワーク化された考えを基盤とした社会によって生じ得る共産主義を想像したのだ。

1909年以降、ボグダーノフは活動家を引退し、10年かけてシステム理論について先駆的な本を書き上げた。ソビエト連邦が成立して数年後に、大衆労働者の文化を啓蒙する組織「プロレトクリト」を結成するが、労働者による支配を支持する反対派組織と同盟を結んだ後、襲撃された[4]。ボグダーノフは医療の場に戻ったが、自身が被験者となった輸血の実験が原因で1928年に死去した[5]。

1930年代、ソビエトの計画者たちが、絶対的命令により社会主義を築こうとした際に、インスピレーションを得ようと『赤い星』を好んで引用した[6]。しかし、それが実現するまでに現実とユートピアは分岐していた。

ロシアの悪夢

ロシア革命は徐々に誤った方向に進んだ。1918〜21年の内戦状態の中、銀行と主要産業が国有化され、生産は人民委員により（軍の規律の影響下にある労働組合とともに）管理されていた。工場の委員会は禁止され、農作物は農民から調達されるだけだった。その結果、農作物の収穫は戦前の水準の20％にまで減少し、地方で飢餓が拡大した。通貨ルーブルが崩壊し、給料を物々交換か現物で支給せざるを得ない会社もあった。

1921年3月に、ソビエト連邦は、「新経済政策（ネップ）」で知られる市場社会主義への転換を余儀なくされた。農民に納税後の余剰穀物を自由に販売させたことで、経済は再生したが、困窮していたロシアの革命者には理解できない危険を招いた。その1つが、「クラーク（豊農）」という俗語で呼ばれた裕福な農民に金銭が流れて、事実上、工業開発の速度を緩めることになる経済的手段が農業部門にもたらされたことだった。「ヘビのようなペースの社会主義」というスローガンからも彼らの主張がよくわかる。もう1つは、工場を経営する特権官僚や流通組織、陸軍、秘密警察、行政機関を結束させたことだ。

ロシアの労働者階級は、裕福な農民と官僚に対抗して、より強固な民主主義と、中央集権的計画による急速な産業化と、投機家の弾圧を強く求めた。社会が抱えるこれらの3つの大きな課題は、実のところ共産党自体の問題を反映したものだった。

党派の論争が突然始まった。トロツキーが率いる左翼反対派は、民主主義と中央集権的計画を進めることを訴えた。対するブハーリンが率いる市場の支持派は、産業化の速度を緩め、農民に「自分たちが裕福になれ」と吹き込んだ。その中心にいたスターリンは官僚の利益を擁護した。

1927年11月、革命10周年を記念するパレードが開催され、左派の派閥を支持する約2万人が、クラークと投機家と官僚を抑圧するよう党に呼びかける垂れ幕を掲げて行進した。パレードに参加しようとモスクワの工場から労働者が出てきたところを、警官隊が取り囲み、路上で衝突した。

スターリンはトロツキーと左派の指導者を解任し、強制追放した。この路線転換をパロディにして描いたのが、オーウェルの小説『一九八四年』だ。スターリンは左派の計画を導入したのだが、より極端な企てで、最大限の暴力と残虐行為をともなうことになった。1928年、党内の市場志向の右派とともに、今度はブハーリンが粛清されることになった。クラークは集団農場化の強制計画の中で始末された。地方で飢餓と銃撃による大量殺りくが起こり、3年間に約800万人が命を落とした。(7)

第1次5カ年計画（1928～32年）に含められたスターリンの野心の大きさは、この発言から読み取れるだろう。「われわれは先進諸国に50年か100年遅れている。よって、この差を10年に縮めなくてはならない。われわれが達成するか、やつらがわれわれを押しつぶすかのどちらかになるだろう(8)」

発表された数字を見ると、第1次5カ年計画期間に生産高が大幅に成長している。石炭と鉄、石油の生産量が倍増し、大規模なインフラ整備は予定よりも早く完成した。しかし、SF小説『赤い星』

とは違い、計画者たちは2つの障害に直面していた。まず、経済はまだ農業に支配されていた。次に、産業分野の技術基盤が10年にわたる混沌で損なわれてきたために衰弱していた。モノが潤沢にある環境を整えるには程遠かった。スターリンが押し付けた集権的計画は、モノが著しく不足する社会と半封建的な農業制度につながるものだった。また、社会をあらゆる面で進歩させるために、地方から産業へ、消費から重機を製造する部門へと動かす、残忍なプロセスを必要とした。産業目標は達成されたが、犠牲は大きかった。大量の餓死者を出し、集団処刑を行い、仕事場では奴隷同様の労働環境を作り、挙句の果てに、経済危機を一層深刻化させた。(9)

10年かけても、ソビエト連邦は西側諸国に追い付くことはなかった。1977年までに、1人当たりのGDPでは、米国のGDPの57%にとどまり、イタリアと同様の水準だった。CIAの委託調査によると、1928~80年代初めで、ソビエト連邦の平均GDP成長率は4・2%だった。米国のシンクタンク、ランド研究所は「持続的な成長とはっきりと評価できる」と分析した。(10)

しかし、ソビエト連邦の成長は、生産性により駆り立てられたものではなかった。ランド研究所による調査は、ソビエト連邦の成長の4分の1を占めるテクノロジーの向上がもたらした部分しか見ていなかったのだ。ほかの部分は、機械や原材料、エネルギーの投入の増加による成長だった。1970年以降、生産性はまったく伸びていない。例えば、釘の製造を2倍にする必要があるとする。そこで、今ある釘の製造工場の隣に新しい工場を建てたとしても、生産量は2倍になるが、生産性が向上したわけではないのだ。

経済学者はこれを「外延的成長」と呼んでいる。その反対が、実質資産が増えたことを表す「内包的成長」だ。中期では、外延的成長を基盤としたシステムは生き残ることはできない。これは生産性が低迷すると起こり得る。ソビエトのシステムの場合、１９８０年代に西側からの圧力を受けていなくても、国内問題によってある時点で崩壊していただろう。

無政府主義者やコンドラチェフのような農業社会主義、ボグダーノフのような反対派のマルクス主義を見てきてすでに気づいたと思うが、教訓の1つは、発展途上国で彼らが権力を掌握することはない、ということだ。２つ目の教訓は、中央集権的計画は当て推量であるということである。経済学者のホーランド・ハンターが、ソビエトに関する大量の数字を分析するデータマイニングを行った。それによると、第1次5カ年計画期間の目標は消費部門での24％の落ち込みがなければ、決して達成しなかったという。[11] ソビエトの計画者たちは当て推量で、目標を推測し、計画を遂行するよう部下に圧力をかけ続けるために、良い面だけを見て誤った。失敗したときは、状況を改善しようとしたり、それを取り繕おうとしたりして無駄な努力をする羽目になった。過渡期の経済では、経済プレイヤーの背後にダイナミクスが働いていて、彼らの意志を混乱させるという客観的な法則があることを、ソビエトの計画者たちは認めようとはしなかった。現に、１９２０年代半ばに党が使用していた経済学の教科書には「何がソビエト経済の動向を左右するのかを学ぶことは不可能である」と書かれていた。[12] スターリン主義の空想の世界では、どうやら経済政策と経済的結果に因果関係すらなかったようだ。

ソビエト連邦の経済成長が一時の間、西側を上回ったため、ケインズ経済学派は依然として、その計画経済に恐れを抱いていた。かなり早い段階からそのカオス的な終焉を予想していたのは、新自由主義の予言者ミーゼスとハイエクだ。もし、私たちが今日、ポスト資本主義に向かって移行計画を考えるつもりなら、ミーゼスとハイエクの批評を深刻に受け止めなければならないだろう。2人はソビエトの現実を鋭く批判しただけではなかった。先進国であっても、あらゆる形の計画が失敗するに違いないと主張した。

社会主義経済計算論争

これは奇妙な話だが本当のことである。社会主義の可能性が、かつて主流派経済学の中心的信条だった。限界効用理論家は、市場は人間の合理性を完璧に表したものだと考えていたため、全知全能の国家が完璧な市場と同じ結果を達成し得るという考えに、問題はないとした。ただし、これは思考実験に限られた。「国家と市場のどちらのシステムも、形は違わないし、同じ論点に達している。その結果はとても驚かされるものだ」と、イタリアの経済学者ヴィルフレド・パレートの著名な教本に書かれている。(13)

1908年に、同僚のエンリコ・バローネが、どのようにして社会主義国家は、市場が達成するのとまったく同じ結果を予測することができるのかについて詳細に説明している。バローネは、連立方程式を用いて、生産と消費、交換に最も効果的な形を発見し得る方法を示した。「これはすばらしい、非常に大きな仕事になるだろう。……それは不可能性ではないのだ[14]」

これが、限界効用理論家が信仰する論文となった。論理上、完璧な知識とリアルタイムで計算できる能力がある国家により立案された完璧な計画は、完璧な市場と同じくらいすばらしいものだということだった。

しかし、問題点があった。そもそも、国家は、市場のように前もって必要になるものを計算することはできない。そのため各年の計画は事実上、実験となる。しかも小規模ではなく、非常に大規模な実験だ。市場はリアルタイムにそれらを修正できるが、集権的計画は修正に時間がかかる。バローネによると、生産手段の集団所有を主張する集産主義の体制は市場と同じく無政府となり得るが、もっと規模が大きくなるという。実際のところ、国家は完璧な知識を持つことは決してないし、十分な速さで計算することもできない。だから、論争全体が文字通り、机上の空論にとどまっていた。

経済学にとって「社会主義者の計算」が具体的な問題になったのは、1917〜21年の混乱が原因だった。1919年にドイツとオーストリアは、不運な「社会主義」の道に乗り出した。初期のソビエト戦争経済は、共産主義の形として歓迎されつつあった。短期間で消滅したバイエルン・レーテ共和国では、貨幣をただちに廃止しようと真剣に議論した。計画経済はもはや思考実験ではなく、ただちに実行可能なものとなり、狂信的に進められた。

これは、ルートヴィヒ・フォン・ミーゼスの著書『Economic Calculation in the Socialist Commonwealth（社会主義共和国における経済計算）』（1920）で示されている。ミーゼスによると、市場は計算機のように機能する。人々は選択し、モノを一定の価格で売ったり買ったりするが、その選択が正しいかどうかを市場が答えを出す、という。これにより時間をかけて、確実に希少な資源を最も理論的に配分する。もし、私有財産を廃止して集権的計画を開始したら、計算機が壊れてしまう。「経済的計算のない経済はあり得ない。社会主義国家では、経済計算の追求が不可能なため、どんなものであれ、われわれの意味する経済は成り立たない[15]」

貨幣を廃止するという極左の決定に関しては問題にならない、とミーゼスは説明している。集権的計画を通じた市場メカニズムを無視して、貨幣を使用しようとすると、価格シグナルを伝える貨幣の能力を下げることになる。しかし、もし、貨幣を廃止すれば、需要と供給を測るものさしを廃止することになる。そうなると、配分は当て推量となるだろう。「このため、社会主義共和国では、経済を変えようとしても、前もって評価できない、あるいは後で過去に遡って決定できない状態で、成功を約束することになる。暗闇の中を手探りで捜すようなものだ[16]」

ミーゼスは実際、集権的計画にある3つの重大な弱点を標的にしていた。それは、国家は、市場のように速く計算できないこと、革新に対して報酬を与えることができないこと、そして主な部門間で資本を配分するようになったとき、金融システムがなくては、手に負えなくなり、場当たり的な状態になることだった。その結果、計画は混乱をもたらし、具体的には、誰も欲しがらない粗悪な商品を過剰生産することになる。それでも適切な価格の「記憶」がシステムに刷り込まれているため、しばらくは機能するが、一度その記憶が消えると、混乱に陥るだろう。ソビエト経済は生と死の両方を経験したことから、彼の予測は正しいと証明され、自由市場主義の右派の間で神格化された教本となった。しかし、当時はそれほど大きな影響はなかった。

1930年代の大恐慌の最中に、ようやくファシズムとソビエト連邦の第2次5カ年計画で社会主義計算の論争が始まった。ソビエト連邦は非効率で、消費者の選択肢がないとか、資源の配分がうまくいかないとか、革新に対する報酬がないとかといった通常考えられる理由がすべて当てはまる、とミーゼスの弟子フリードリヒ・ハイエクが言った。しかし、国家には市場と同様に経済を計算する能力がないとしたミーゼスの指摘に、ハイエクは同意しなかった。バローネが、もし、正確な情報を持っていれば、社会主義国家は市場のようになれる、と言っていたからだ。問題は、国家は決して十分な速さで計算できないことだった。

ハイエクの協力者、ロンドン・スクール・オブ・エコノミクス（LSE）のライオネル・ロビンズ教授は、「計画を適切に計算するには、数百万を超える個々の計算に基づいた、数百万の統計データを基にして、数百万の方程式を作成する必要がある。方程式が解かれるときまでに、基になる情報は古くなっているため、新しい情報を計算する必要があるだろう」と訴えた。(17)

この言葉が、活発な論争に火をつけた。ポーランドの左派の経済学者オスカー・ランゲは、ハイエクとロビンズが実は左派に大きく譲歩したのだ、と指摘した。(18)

ランゲは、マルクス主義を否定する穏健派社会主義者の学派に所属し、社会主義に限界効用説の原則を導入できる、と信じていた。もし、消費者市場を保ち、人々が働く場所を自由に選べるようにしつつ、すべての製品の生産を計画すれば、社会主義経済の試行錯誤のプロセスと、価格を通じて働くプロセスとは概念上では何ら変わりはない。経済上満たされていないという要求は、価格の動きを通じてではなく、財の不足や超過を通じてシグナルを受けるということになる。また、中央政府からの供給は必要に応じて生産を割り当てて、再発注することになる、とランゲは主張した。

この論争を見守っていた第三者の大半が、ランゲは自分の正しさを証明した、と思った。戦争が終わり、ソビエト経済のCIAの専門家でさえ、「もちろん社会主義は機能する。……このランゲの説は納得がいくものだ」と結論づけた。(19)

理由をはっきりさせるため、計算の論争について見直しておこう。今日、テクノロジーは計画経済と並行して存在しているわけでもないのに、価格メカニズムを弱めている。また、スパコンとビッグデータが組み合わさり、一種のリアルタイムの計算に達しつつある。ロビンズが不可能と考えていた、「数百万の計算に基づく数百万の統計データで数百万の方程式」が現実のものになったと言えるだろう。これは、ペタバイト（1000兆バイト）の規模となり、現在、スパコンのパフォーマンスを測定するのに使う単位と偶然一致するのだ。スパコンは毎秒ペタバイト規模のデータ処理が可能である。先述の通り、左派の中には、テクノロジーを通じて計算の問題が解決できるなら、「集権的計画は機能し得る」と主張した者がいた。1920年にミーゼスもこの弱点を掲げたが、これで克服できたことになる。

1930年代の「計算論争」では、どちら側も労働価値説を認めなかった。社会主義者のランゲも超資本主義者のハイエクも、何が価値を創造するかを説明できるのは限界効用だけだと考えていたのだ。そのため、双方にとって、この移行にある考え――希少性に基づいたシステムが潤沢性に基づいたシステムに取って代わられるという考え――は踏み込んだことがない領域だった。もし、国家社会主義と資本主義は、需給が均衡するまで財を合理的に分配する上で別々の方法をとるだけだということなら、この移行は革命ではなくて単なる技術的課題に過ぎない、と言える。

ミーゼスがすでに指摘していたように、労働価値説が正しければ、計算の問題はなくなるだろう。商品を分配したり、優先順位を決めたり、革新を促す人に報酬を与えたりする問題はすべて、労働価値に基づくシステムでなら対応することができる。というのも、すべてが、同じ尺度で測ることができるからだ。ミーゼスは、価値の単位が認識できるなら社会主義は可能だ、と認めた。つまり、貨幣や交換が存在しない経済でも経済的な計算ができるということだ。それを可能にするのは労働価値説以外に考えられない[20]。

だが、ミーゼスは1920年代のウィーンで、労働価値説を放棄した。労働価値説を用いても、技能の水準が異なれば測定できないし、市場価値から天然資源の価値を割り出せないという一般的な理由を受け入れたのだ。けれど、これはマルクスの理論を誤解しただけのことで、どちらの理由も容易に克服できる。マルクスは、熟練労働が低熟練労働の倍数で測る方法と、原材料に具体化された労働価値を単純に取り出したり、移行したりできる方法を明確に説明しているからだ。

ミーゼスの計算の研究には、もう1つ重要な洞察が含まれている。それは、供給の真の仲介役である企業間の取引や市場経済の需要ではなくて、資本に価格を設定する金融システムだ。これは、今日の経済と関係する鋭い洞察だと言えるだろう。私たちがポスト資本主義経済を望むなら、必要なのは財の分配のための市場を超える優れた概念だけではなく、資本を配分するための金融システムを超える優れた手段も必要となるのだ。

移行にはそれ自体のダイナミクスがある

移行において労働価値説の重要性を理解していたのは、ロシアの左翼反対派だけで、とりわけ著名な経済学者エフゲニー・プレオブラジェンスキーが挙げられる。彼らの移行の目的は、豊富にあるモノを無料で供給する機会を増やし、交換の尺度としての「必要労働」を減らすことだった。小説『赤い星』にあるように、初期のソビエトの計画者たちの狙いは、可能な限り生産し、賃金と消費能力から労働を切り離すことだった。マルクス主義では、これを「価値法則の廃止」として理解されていた。

ロシアの左派がこれを達成できるとしたら、重工業と国家管理を進めることだけだった。1920年代初めまでに、あらゆるものが不足するようになった。生活必需品を作るためには、重工業と電力化が必要となり、人々が食べていけるようにするには、農業の産業化が必要だったのだ。そのため、ソビエト政府のプロパガンダで象徴とされた部門――発電所や製鋼所、大型機械――に資源を集中させるよう駆り立てた。けれど、均衡は達成しそうにもなく、計画経済は無秩序になる可能性があると強く認識していた。

経済的観点から、おそらくロシアのトロツキストが私たちに残したものの中で最も大切なことは、移行の局面がそれ自体のダイナミクスを生み出すという考えだった。これは、1つのシステムが消えるだけでなく、ほかのシステムが現れるということだ。

トロツキーは、ソビエト型移行の最初の局面で、民間事業と消費者部門の両方を維持しなくてはならないと論じた。この段階で、生活必需品を市場よりももっとうまく分配できるようにするという集権的計画の提案は傲慢なことだった。それに、ルーブルは世界市場で交換できるようにしておかなければならなかった。その上、実際のところ、すべての計画は仮説に過ぎなかった。トロツキーは「市場を通じて計画を確かめたところ、非常に大きな規模だということがわかった」と述べた。(21)

非常に不完全なものを調整するためには、リアルタイムの情報によるフィードバックが必要となる。しかし、厳しい官僚社会では、異議を唱えようものなら、グーラグへの片道切符を突きつけられた。よって、そうしたフィードバックは抑圧された。けれど、トロツキーは仕事場に民主主義を復活させることを強調した。そのためには、ローリング・プランが必要だった。交換の仲介と価値の蓄積として使われる貨幣とともに、計画と市場を組み合わせる。また、労働者の民主化も必要だった。

プレオブラジェンスキーによると、貨幣は計画できない部門で正常に機能すると考えられ、経済の計画された部門では、貨幣は技術的な会計上の操作として働くようになるという。計画が市場を無力にすることが目的であるなら、市場は計画を常に「汚染」することが予想される。

トロツキーが書いた論文に21世紀に関連する印象的な一節がある。

普遍的な精神が存在するとしたら……自然と社会のプロセスをすべて同時に記録することができるだろう。動きのダイナミクスを測ることができるだろう、交流したらどんな結果になるのかを予測することができるだろう。このような精神は、もちろん、広大な小麦畑に始まり、ベストのボタンに至るまで、申し分のない徹底的な経済計画を事前に作成することができるだろう。(22)

「普遍的な精神」がなければ、労働者の民主主義を進めるどころか、廃止することになるだろう、とトロツキーは言った。言論の自由があり、人間が計画システムのセンサーやフィードバック・メカニズムとなる場合のみ、この不完全な計算機は機能できるだろう。

プレオブラジェンスキーとトロツキーと彼らの協力者は、労働価値の観点から移行を考えた、政治権力を持つ者として最後のマルクス主義者であった。プレオブラジェンスキーは１９３７年に処刑され、トロツキーは１９４０年に暗殺された。しかし、２人の考えは、今日私たちが直面する世界にとって、強力な意義を含んでいる。

新自由主義の下、市場部門は１９２０~30年代と比べて、より複雑になっている。１９３３年の米国は、１９３３年のロシアと大きく違っていた。しかし、それは、今日の米国と30年前の米国の違いよりも小さいと言える。今日の消費者部門は非常に大きいだけでなく、もっと細分化されている。生産と消費が重なり合い、経済は生産の限界費用がゼロとなる情報商品をすでに取り込んでいる。また、私たちは高まる金融化と細分化した消費者社会に取り組むためのネグリが言うところの「社会の工場化」を手にしている。その社会では、何を買うかということが、アイデンティティの問題となっているのだ。

これまでの教訓の1つは、市場部門はより複雑で、計画を通じて再現したり、改善したりすることはもっと困難となる、ということだ。

2つ目は、国家部門を考える必要があるということだ。サービスの提供者としての近代国家は、1930年代のどの資本主義国家と比べても巨大化している。民間会社によるサービスであろうと、国家自体によるサービスであろうと、税金が使われている。国家が真の民間経済――民間で個人を雇用するための民間企業――を、より小さな空間に押し込んでいる。その上、ピアツーピアの経済が大きいため、その規模を利益やGDPでは測れなくなっている。市場を超えるこの試みは、1930年代の試みとは異なる場所で始まろうとしているのだ。

私たちが適切に読み取る方法を知っていれば、計算論争から、またロシアの左派の計画専門家から学ぶことができるだろう。その前に、私たちは理解しなければならないことがある。最強のスパコンと最大のデータファームを手に入れたとしても、集権的計画だけが資本主義を超えるための唯一の経路というわけではない。

サイバー・スターリン主義の攻撃

コンピュータ科学者のポール・コックショットと経済学教授のアリン・コットレルは、過去20年にわたり、私たちが考えたこともない問題を辛抱強く研究してきた。それはどのように経済を計画するか、という問題だ。あまり知られていないが、2人の研究は正確で、貴重な役目を果たしている。私たちがするべきでないことを説明しているのだ。

コックショットとコットレルは、最新の数学のアプリケーションと情報理論を一緒にし、コンピュータの能力を向上させることで、原理上、ハイエクとロビンズの反対理由を取り除いた。彼らの掲げた理由とは、計画者は決して市場よりも優れたリアルタイムの情報を得ることができないというものだった。さらに、計算論争での左派の主張と違って、計画生産に必要なコンピュータモデルには労働価値説を使うべきで、需要と供給の結果をシミュレートする必要はない、と2人は述べている。

これは、ランゲの研究からかけ離れている。コックショットとコットレルは、労働価値説が、市場と非市場の相互作用を比較できる測定手段と移行を調整する方法をもたらすと理解しているのだ。そして、その計画プロセスを、モジュールに分割したコンピュータプログラムに似ているとみなした。消費者と生産者の需要を照合し、需要を満たすために必要なコストと資源をはじき出し、目標を定める。消費資源について予想されることを前もって計算し、計画の実行可能性を確認し、目標を達成するためにサービスの生産者と供給者に指示する、というものだ[23]。

1920年代のロシアの左派と違い、コックショットとコットレルはこの計画を暫定的なものとか、国家部門だけで実行するものとはみなさなかった。そして企業レベルや個々の生産物にまで計画を練り、細かく試験しなければならないと考えた。

市場を取り除くとなれば、それに頼る工場長や介護施設、カフェなどのようなほかからのシグナルがなくなる。そのため、そこではどんなものが生産されているのかを正確に知らなくてはならない。言い換えると、1930年代にトロツキーが想像し（ばかにされ）た、完全に規範的な計画に向けた方法論となる。

言うまでもなく、ソビエト連邦は歴史上、これほど洗練された計画を達成したことがなかった。1980年代までに、ソビエト連邦では2400万の異なる生産物があったが、中央政府の組織全体が価格と質を追跡できたのはそのうち20万個だけで、実際に中央集権的計画で生産したのはたった2000個だった。その結果、工場は生産する製品の数を少なく設定して目標を達成し、ほかのさまざまな要求に対しては満たしたとしても秩序がないか、まったく満たさないこともあった[24]。

2人が考えたモデルでは、「労働トークン」という代用貨幣を用いて、労働者が働いた量に応じて支払われる。国家によるサービスへの支払いは一律に課税されて支払いから引かれる。これなら消費者の選択が可能になる。生産物の需要と供給のバランスが悪い部門では、中央政府の計画者が価格を調整して、短期的にバランスを取り戻す。それから長期にわたり、部門や生産課により指令された価格と、実際の労働量を比較する。次の段階では、使用された労働よりも価格が高い部門で生産を増やし、価格が低い部門では生産を減らす。計画は「繰り返され」、何度も調整される。しかも、これは単なる試行錯誤ではなかった。コックショットとコットレルは、投入と産出を前もって計算できると信じ、そのための詳細なアルゴリズムを提案している。

演算での難問は、まず1時間の労働価値を計算することだ。つまり、どれだけの労働が各生産物に移されるかということになり、膨大なスプレッドシートに表示される。研究者たちは、最も関連のある情報を優先するデータ処理技術を使った場合のみ、これをスパコンで行えると論じている。

コックショットとコットレルにとっても、1時間の労働価値をはじき出すことは、難しい部分だった。資源の配分という計画そのものは容易に計算できる。というのも、やみくもにプログラムを動かすわけではないからだ。例えば、どれほどの量の製品が今年売れるか、どれだけの多様な投入を通常使用するか、季節による変化は何か、どんな需要が期待されるか、過去の経験の領域内でいくら注文すべきか、などの実際にありそうな質問をする。「現代のコンピュータを使えば、1日の労働価値の最新リストの演算と、1週間の見通し計画の準備を予想できる。しかも、市場経済よりもやや速く反応することができる」と2人は結論づけた[25]。

こうした原則を踏まえた野心的なアプリケーションで、2人はEUの計画経済のアウトラインを提案した。そして、計画を計算する方法だけでなく、それを導入できる経済をどのように再構築しなくてはならないのかを説明した。方法論の裏には、1930年代に計画経済がうまくいかなかったことを嫌悪していたにもかかわらず、2人がスターリン主義の形を取っていたということが伺われる。つまり、これはサイバー・スターリン主義というわけだ。

このモデルはこのようなものである。欧州の脱市場化は、主に国有化ではなく、金融制度改革により進められる。そのため、貨幣は労働価値を反映するようになる。[26]紙幣が「労働時間の数値」で過剰に発行されると、人々は自分の労働に支払われたものと、製品に対して課せられたものが不釣り合いであると知ることができる。コックショットとコットレルは、人々が時間をかけて真の価値により近い製品を選ぶことを期待している。消費者の選択は、システムから利潤を搾り出すためのメカニズムになるということだ。搾取を禁じる法律によって、労働者は、過剰に利潤を上げることに対して申し立てが許される。最終的な目的は利潤を根絶することだ。銀行事業は実際上、自己資本の蓄積を増強する手段をやめ、国家が直接税金を使って行う。金融産業は崩壊することになるだろう。

意図したことではなかったが、コックショットとコットレルはここで大きな役目を果たしている。21世紀初期の先進国の経済は完全に計画できることを示したのだ。だが、その複雑さをなくす必要があるし、金融を完全に取り除き、消費と仕事場の民主主義と投資のレベルで、急進的な行動変化を推し進める必要もある。

この計画では、ダイナミズムと革新がどこからくるのかに触れていない。また、拡大した文化部門がどのように含まれるかについても言及していない。実際、2人は複雑さを減らすために、計画経済では市場よりも計算を少なくする必要があると強く主張する。

しかし、これでは問題が生じる。計画をうまく機能させるためには、これを実施できる社会にしなければならないからだ。労働者は、仕事場を通じて、この計画にあるいずれの要素とも連動している。例えば、3つの仕事を掛け持ちする不安定な労働者、あるいはウェブカメラの前で性を売るシングルマザーはどうなるのだろうか。そういう人は存在できなくなるのだ。同様に現代生活を特徴づける金融システムの複雑な面はなくなるはずだ。それも徐々にではなく、すぐに単純なものになるだろう。この世界にはクレジットカードも、ペイデイローンも存在しない。おそらく、電子商取引もかなり減るだろう。もちろん、このモデルでは、ネットワーク構造も、ピアプロダクションで作られる無料のものも存在しない。

コックショットとコットレルは、ソビエトの計画にあった独断的な愚かさを非難したが、彼らが考えた世界の中の階層社会や物理的製品、変化が遅い単純なシステムにも同じく独断的な愚かさが残されていた。2人が作成したモデルは、国家計画や市場の抑制という手段を使うとポスト資本主義の経路が閉ざされる理由を、如実に表すものだった。

しかし、幸いなことに、私たちには別の経路も開かれている。その経路を進むためには、計画ではなく、自発的に行える小さく分けられたプロセスを考え出す必要がある。ネットワークや情報商品、複雑性、飛躍的な変化がある世界にうまく関連づけて、解決策を考えなければならない。

言うまでもなく、ポスト資本主義を目指す経路には、中央集権的計画が必要となるだろう。資本主義世界の大部分は、都市計画や建設計画から大型スーパーマーケットの統合されたサプライチェーンまで、すでに効果的な計画を立てている。それを可能にするのが、処理能力の進歩やビッグデータの活用、バーコードやＲＦＩＤタグによる物体や部品の個別情報のデジタル追跡技術の利用などだ。そのため、計画を必要とする私たちのプロジェクトの一環に、最新技術を十分に導入する必要がある。

しかし、現代社会には問題を変化させるという性質がある。それに、グローバル化した複雑な社会では、労働者は、ほかの労働者の金融サービスやマイクロサービスの顧客でもある。複雑さをなくし、階層制に立ち戻らなければ、この計画は市場に勝つことはできないのだ。コンピュータ化した計画では、たとえ、あらゆるものを労働価値に照らして評価しても、靴製造業に靴を作るように指示することはできても、ビヨンセが２０１３年にサプライズ・アルバムを突然リリースしたように、ソーシャルメディアを通じた市場だけにサプライズ・アルバムを制作するよう指示することはできないだろう。それに、この計画では、現在の経済で最も面白い「無料のもの」が考慮されていない。ウィキペディアの検索から情報を収集し、まとめて共有するキュレートを行うことや、リナックスを更新することに費やす時間は、無駄な時間で計算できないことだとみなしている。まさに市場と同じだ。

もし、ネットワーク化された経済が出現し、価値法則が解決されれば、集権的計画に、より包括的なシステムを補足する必要がある。

アンドレ・ゴルツはこう書いている。「ソビエト社会主義に対して資本主義が優位になっている要因は、その不安定さと多様性と……複雑でさまざまな性質があることだ。これは生態系の性質に相当する。こうした性質が引き金となって、支配されたり、安定した秩序のサービスに一度でも置かれたりすることがあり得ない、一部で自立した勢力間に新しい対立が生まれる」[27] 私たちが構築しようとしているシステムは、もっと複雑で、もっと自立していて、もっと不安定なものになるはずだ。

しかし、ある経済システムから新たな経済システムに変化するには時間がかかる。もし、ポスト資本主義の論点が正しければ、私たちが目指しているものは、ソビエトの計画者が想像していたものよりも、封建主義から資本主義への移行により近いものと考えられる。移行には長い年月がかかるだろうし、混乱もあるだろう。移行プロセスの中で、「経済システム」の概念を再定義する必要もあるかもしれない。

こうした理由から、将来を考える上で、マルクス主義に傾倒しすぎることはやめておこうと思う。そこで、シェイクスピアについて考えることにしよう。

生産様式の大きな変化：シェイクスピア対マルクス

もし、シェイクスピアの歴史劇を立て続けに観ることができたら、『ジョン王』の初めのシーンと、『ヘンリー8世』の終わりのシーンを見てほしい。最初に目にするのは、ストリーミングサービスを提供するネットフリックスの筋書きのない連続ドラマのようなものだ。王と侯爵が意味のない小競り合いをして、殺人や戦争、暴力などが繰り広げられる。しかし、「生産様式」がどんなものかを理解すれば、歴史劇の意味がわかるようになるだろう。この劇に描かれているのは、封建主義の崩壊と、初期の資本主義の出現だからだ。

生産様式は、マルクス経済学で最も重要な概念の1つだ。歴史上のさまざまな思想家に影響を及ぼし、私たちの過去を見る目を変えてきた。「有効な経済システムの基盤となるものは何か」という問いの出発点となっている。

封建主義とは、義務を基盤としたシステムだ。小作人が、地主に自分たちが作った農作物の一部を義務として差し出す。地主の代わりに兵役に服することもある。地主は王に税金を支払う義務を負い、要求されれば軍隊に物資を支給する。シェイクスピアの歴史劇に登場する英国では、そのシステムの原動力が崩れていた。リチャード3世が実生活で敵を壊滅させるときまでに、義務に基づく権力の網は金《カネ》に汚染されていた。地代も兵役の免除も金で払われ、戦争になれば、国境をまたいでフィレンツェやアムステルダムにまで拡大していた銀行のネットワークから金が流れた。シェイクスピアに登場する王と公爵が殺し合いをしたのも、王座の転覆に関わる義務と権力に金が絡んでいたからだった。

シェイクスピアは、「封建主義」と「資本主義」という言葉が発明されるずっと前からその本質に触れていた。シェイクスピアの歴史劇とコメディや悲劇にあるメッセージの違いは、後者では観衆が暮らす実社会を描いていたことだ。コメディや悲劇では突如として銀行家や商人、会社、傭兵、共和国が登場する。こうした劇の典型的な設定は城ではなく、裕福な交易都市だ。典型的な主人公は基本的にブルジョワジーや自力で財を成した者で、勇気（オセロ）、あるいは人道的哲学（『テンペスト』のプロスペロー）、法律の知識（『ヴェニスの商人』のポーシャ）のいずれかに優れた人物となる。

しかし、この世界の先がどんなものになるか、シェイクスピアにはわからなかったようだ。新しい経済が、人間の性質にどう作用するかを彼は把握していた。それは人に知識とともに力を与え、これまでとは異なる水準の強欲や情熱、自信喪失、権力の狂気をもたらした。それから150年が過ぎ、商人資本主義の時代を迎える。それは貿易と征服と奴隷をよりどころにし、産業資本主義に向かう道を開いた。

シェイクスピアの作品を通して、「過去と私たちが生きる現代との違いは何か」と彼に訊いてみてほしい。作品の裏にある答えは「アイデアと行動」となるだろう。人間は互いに価値を高め合う。愛は家族への務めよりも重要で、真実や科学的厳格さ、正義といったような人の価値は非常に重要だ。それは階層制や名誉をはるかに上回るものである。

シェイクスピアは、1つの生産様式が行き詰まるようになり、ほかの様式が始まろうとする瞬間を目の当たりにした。シェイクスピアも時代の良き証人だが、私たちにはマルクスも欠かせない。唯物論的観点から捉えた歴史では、封建主義と初期の資本主義の違いは、アイデアと行動だけではない。社会システムと経済システムで変化は重大な意味を持つ。また、変化は新たなテクノロジーによって根底から引き起こされる。

マルクスにとって、生産様式は、潜在する「正常な」社会を形づくる経済関係や法律や社会的伝統を説明するものだった。封建主義では、君主による権力と義務の概念があらゆるものに浸透していた。

資本主義では、それらに相当する影響力は、市場と私有財産と賃金だ。生産様式を理解するためには、もう1つ知っておきたいことがある。「それ自体を再び自然に発生させるものは何か」ということだ。封建主義では、それは忠誠と義務の概念となり、資本主義では市場となる。

ここで課題となるのが、生産様式の概念だ。私たちが直面している変化はあまりにも大きくてほかに比べられるものがない。だから、資本主義に取って代わる経済システムということになったとき、市場と同じような純粋に経済的なものとか、封建的な権力と同じような強制的なものを基盤にするシステムとは考えない方がいい。

マルクスにとって、生産様式の概念は歴史の上で一続きになっている。資本主義以前のさまざまな社会では、合法的に公認された暴力によって金持ちが金持ちになる。資本主義では、技術革新と市場を通じて金持ちが金持ちになる。そして最後に、共産主義では、人間全体がより豊かになる。なぜなら、その世界では希少ではなく、潤沢を享受できるからだという。この歴史的連続性は2つの方向から批判を受けた。1つ目は、表面上、まるで神話のようだという批判だ。人間の運命が3つの論理的局面で何が起こるかがあらかじめ計画されているかのように読み取れるというのだ。2つ目は、過去を研究する歴史家がこの考えを用いたときに、複雑な社会を単純に分類するのに応用したり、まったく存在していない経済的動機が存在したかのように扱ったりする、というものだった。

もし、必然性の話を避け、「これまであらゆる経済モデルを駆り立ててきた希少な状況と比べて、より潤沢な時代を迎えるに違いない」と主張するだけなら、ケインズが1930年代初めに言っていた

図13　1人当たりのGDP

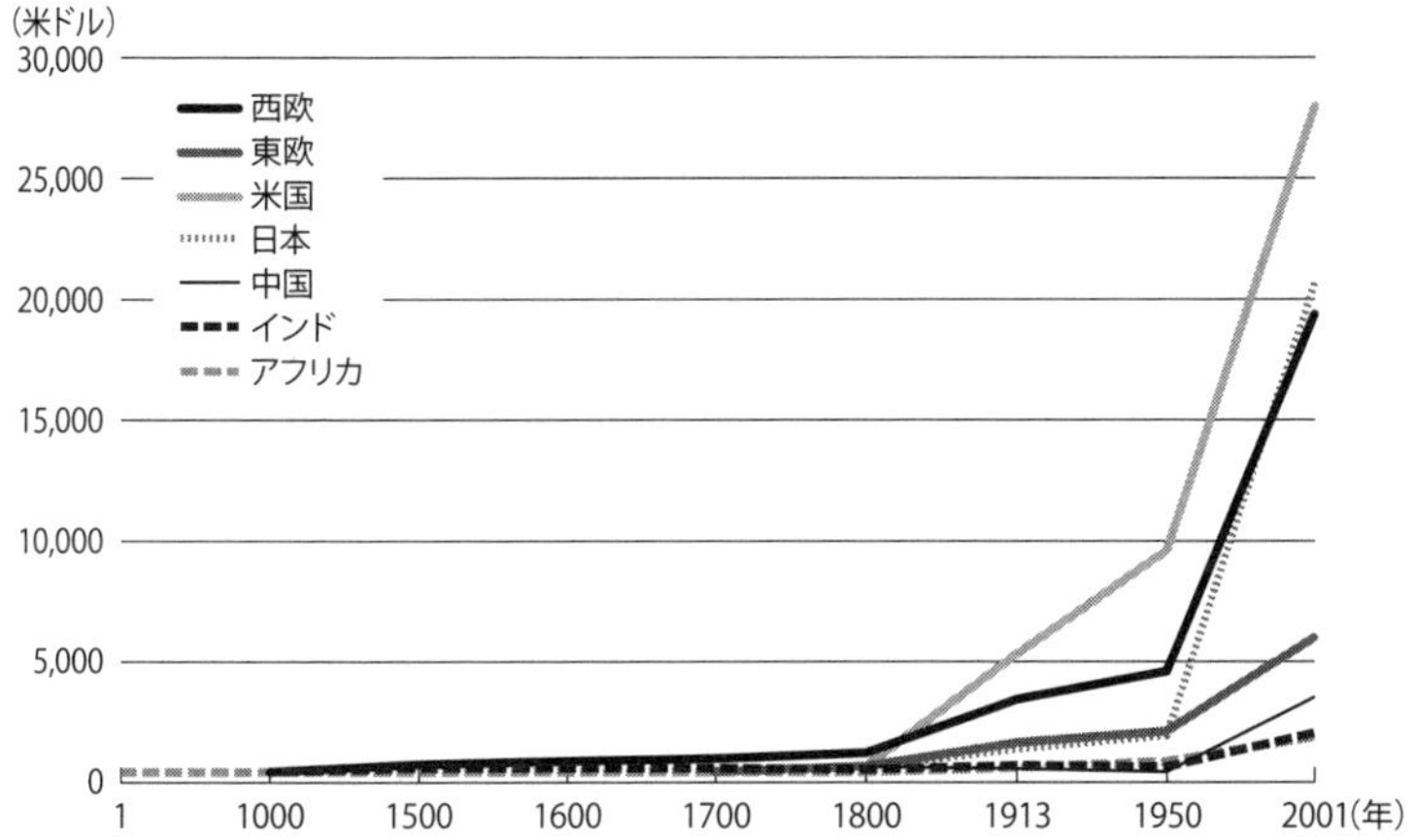

ことと同じことをマルクスも言っていたことになる。ケインズは、財が十分に行き渡れば、経済問題はいつか解決するだろう、と言った。そして「人類が創造されてから初めて、人類は真の永続的な問題に直面する――賢く快適により良く暮らせるために……差し迫った経済的な懸念からの自由をどう使えばよいのだろうか」と思案した。(28)

実際、世界の歴史上にある3局面は、今私たちが手にしている人口とＧＤＰのデータによって、裏づけることができる（マルクスやケインズはこうしたデータは持っていなかった）。西欧は、主にアメリカ大陸を征服した後、１８００年頃まで、１人当たりのＧＤＰは明らかに上昇していた。それから、産業革命が起こり、欧州と米国では同ＧＤＰが驚くほど上昇し始め、１９５０年頃に再び急激に高まった。今日、このグラフ（図13）からわかるように、同ＧＤＰは世界中で上昇しつつある。どの線もほぼ縦に一直線に伸びているが、この段階はケインズとマルクスが想像していた通りだ。だから、私たちも想像してみよう。[29]

封建社会から資本主義へ移行する原動力

封建社会が崩壊し、資本主義が出現した原因は何だろう。言うまでもなく、これは歴史的大論争の的になっている。ポスト資本主義への移行が、これに匹敵するくらい大規模だと想定して、内的要素と外的要素の相互作用について教訓から学びたいと思う。アイデアの重要性に対するテクノロジーの役割と、移行の真っ只中にいるとなぜそれを理解することが難しいのかについて見ていく。

社会歴史家だけでなく、遺伝学者と疫学者の知識から、封建主義を終わらせた4つの原因が考えられる。

1300年頃までは、封建的農業に活気があり、西側諸国では世界のどの地域よりも早く1人当たりのGDPが上昇した。しかし、1300年代に始まった飢饉から、封建制の土地利用の効率が下がり始めた。生産性が人口増加についていけなくなったのだ。1345年、英国王エドワード3世が国家を債務不履行に陥らせ、借金していたフィレンツェの銀行家を破綻させた。実はこれらすべてが人々を不安に陥れる1つの前兆であり、その後、封建社会の欧州に蔓延する危機への警告に過ぎなかった。

1347年、ペスト菌が欧州を襲った。1353年までに、黒死病によって少なくとも欧州人口の4分の1が死亡した。[30] 生き延びた人は、世界の終わりを目撃し、精神に変化をきたした。経済的影響は避けられなかった。労働力の供給が減少したため、これまで階級の最底辺にいた農家の働き手が雇われ、突然高い賃金を意のままにできるようになった。

伝染病が治まると、経済的な苦闘が始まった。フランスと英国で小作人が暴動を起こし、工業の街イタリアのフィレンツェとベルギーのヘントでは労働者が反乱を起こした。歴史家はこれを「封建主義の全般的危機」と呼んでいる。小作人の暴動は失敗に終わったものの、経済のバランスは都会の労働者と小作人に有利に傾いた。歴史家のデイビッド・ハーリヒイによると、「黒死病の流行以降、農業の借地制度が崩れ、街で働く労働者の賃金は以前の2倍、ときには3倍にも跳ね上がった」という。[31]

羊毛の価格が上がると、多くの地主は穀物の農地を羊の牧草地に変えた。小麦と違い、羊毛は取引のためであり、消費するためではなかった。それまでは小作人が兵役に服さなくてはならなかったが、現金をともなう傭兵に取って代わられた。労働者が不足すると、労働力を節約する手段が考え出されるようになった。

黒死病は1347年に、スペインのカディスにネズミによって持ち込まれた「最初にイタリアに上陸し、欧州に広まったと言われている」。外的ショックが内的に弱体化していたシステムの破壊に加担したというわけだ。

変化をもたらした2つ目の原因は、銀行事業の成長だ。銀行事業は、封建制度の公職に就く階級

――貴族、騎士、紳士階級、聖職者――の間で正式な書類の記録がないところで富を集める確実な方法となっていた。メディチ家は15世紀に超多国籍企業を設立したが、その影響が衰退したときには、アウクスブルクのフッガー家がそれを上回る財を築いた。

銀行事業は、封建社会に組織的に信用取引を導入したわけではなく、それまでとは異なる権力と秘密主義のネットワークを導入した。メディチ家とフッガー家は事業を通じて、非公式な形で王家に大きな影響を及ぼした。たとえ、その活動がキリスト教に反するぎりぎりのラインにあるとみなされても関係なかった。公式な封建的経済の裏で資本主義の形が創造されるのを誰もが見て見ぬふりをしていた。

資本主義が現れた3つ目の原因は、1503年から始まったアメリカ大陸の征服と略奪だった。封建社会の終わり頃、組織的に市場が成長したことによって、国内に生み出された量を超えるマネーが貴族階級でない人たちに向かう流れが出来上がった。その1つが、征服者がペルーから約3万7000キログラムの金《キン》を奪ったことだ。初期の近代欧州に輸入された莫大な富は、市場原理を強化し、手工業と銀行事業を活性化した。また、独立した古い街や城で暮らす貧しい公爵に対する君主国家の影響力が高まった。

4つ目の原因は、印刷機の登場だ。1450年、最初の印刷機を使用したのはグーテンベルクだった。ローマ時代からキリスト教徒の写字生が書き写してきた聖書の冊数を上回る800万冊の本が、たった50年の間に印刷された。印刷の研究で著名な社会歴史家エリザベス・アイゼンステインは、印刷工場の革命的本質を指摘している。印刷工場によって、学者や司祭、作家、金属細工師は、封建社会でこれまで作られることがなかったビジネス環境に足を踏み入れることになった。印刷された本は検証可能な知識と著述業を確立させた。また、プロテスタント主義や科学革命、人間主義の出現にも一役買った。中世の大聖堂が石に記された百科事典のように意義深いものであっても、印刷はその必要性をなくした。印刷は人間が考える方法までも変化させた。[32] 1620年、哲学者フランシス・ベーコンは、「印刷術と火薬と羅針盤が世界中の物事の表面と様相を変えた」と書いている。[33]

もし、先述した4つの原因の重要性を受け入れるとしたら、封建主義の崩壊は主として技術の話ではなくなる。経済の失敗と外的ショックが複雑に絡み合った結果となる。新たなテクノロジーは、これまでとは異なる考え方や、繁栄するための新しい行動を可能にする外的混乱がなければ役に立たなかったはずだ。

私たちが資本主義を超えた移行の可能性を考えるとき、テクノロジーと社会的苦闘、アイデア、外的ショックとの間で同様の複雑な絡み合いがあると予想しておく必要がある。しかし、その規模を知ると私たちの気持ちがぐらつくかもしれない。それは宇宙の中の銀河系の規模を知ったときと同じくらいの衝撃となるからだ。そんなときに私たちが犯しがちな致命的な誤りは、移行のダイナミクスを単純なカテゴリーに入れたり、単純な原因と結果の連鎖だとみなしたりすることだ。

古典的マルクス主義者は、封建主義が崩壊した原因は「それが抱える矛盾」であり、農民と貴族階級の階級闘争だと説明している。[34] 後の唯物論を支持した歴史家たちは、古いシステムが失敗して低迷したため、「全般的危機」を引き起こしたと強調する。ニュー・レフトの歴史家ペリー・アンダーソンは、ここから重要な一般的結論を導き出した。新しい経済モデルの突然の出現は、生産様式の移行の前兆ではないと考えたのだ。「それどころか、既存の生産の関係の中で、生産力が往々にして行き詰まり、弱まる傾向にある」[35]という。

ほかにも私たちが参考にできる一般的な教訓はあるだろうか。

まず、生産様式が異なるのは、異なるものに基づいて構成されているからだ。封建主義は法律と習慣より義務に基づいて構成されている経済システムだ。資本主義は市場という純粋な経済的なもので構成されている。これらを参考に、私たちはポスト資本主義について予測することができる。その前提条件となるのが「ものが潤沢にあること」で、しかも、それは複雑な市場社会をただ修正しただけではない、ということだ。まずは、それがどんなものか、前向きなビジョンを捉えることしかできないだろう。

なにもこの議論から逃げるわけではないが、2075年までのポスト資本主義社会の大まかな経済パラメーターなどについては次の章で詳しく話そうと思う。もしこのような社会が、経済ではなく、人間の解放を基に構成されるのであれば、予測できないものが形づくられるはずだ。シェイクスピアの観点から想像すれば、2075年の社会は、男女関係、あるいは性的関心、健康の面で大変動が起こることは間違いない。もしかしたら、その頃には脚本家すらいないかもしれない。私たちが物語を伝えるためのメディアの仕組みが変わっているだろう。シェイクスピアの世代が、初めて公共劇場が建設されたときに体験したこととまったく同じことを私たちも体験することになるだろう。

マルクス主義は変化のけん引役はプロレタリアートだと主張していて、ポスト資本主義が現れるために人は変わらなくてはならないだろうか、という質問を無視する傾向がある。けれど、封建主義から資本主義への移行について学べば、それが最も明らかな問題となる。

ホレーショ（シェイクスピア作『ハムレット』）とダニエル・ドイス（ディケンズ作『リトル・ドリット』）の違いを考えてみよう。両方とも主人公の相談役として、2番手の登場人物で、その時代の特徴的な事物に執着している。ホレーショは人間主義哲学に取りつかれていて、ドイスは発明の特許を取得するのに取りつかれている。シェイクスピアの作品にドイスのような人物は出てこない。というのも、ドイスは、労働者階級の3枚目役というのが大きな役どころだからだ。ダニエル・ドイスはディケンズが自分に似せた登場人物で、説明がなくても読者が気づいていたほどだった。シェイクスピアがドイスのことを想像できなかったように、私たちには、経済がもはや生活の中心ではなくなる人間社会を想像できないだろう。

最後の移行がどのように起こり、2つのシステムが並行して存在する世界をもう一度確認しておこう。

農業を基盤とした封建モデルは、最初に環境上の限界にぶち当たり、それから黒死病という甚大な外的ショックに直面した。その後、人口動態ショックが起こった。つまり、農地での働き手があまりにも少なくなり、賃金が上がり、封建制度の旧システムでは人々に義務を押し付けることが不可能になった。労働人口の不足により必要となったのが技術的な革新だ。商人資本主義の到来を下支えした新技術は、商業（印刷業、会計業務）や取引可能な富の創造（鉱業、羅針盤、高速船）、生産性（数学、科学的方法）を促進した。

このプロセス全体に存在するものは、旧システムに付随しているように見える貨幣と信用だ。これらは新システムの基盤となる運命にあった。法律や習慣の多くは実際には貨幣を無視する形をとっていた。現に封建主義が深く浸透していたところでは、信用は罪深いものとみなされていた。そのため、貨幣と信用は国境を越えて市場を築いたことは、一種の革命のように思える。新システムでは、アメリカ大陸で自由自在の富となる無尽蔵の資源を発見し、さらに多くのエネルギーを獲得した。

すべての要因をまとめてみると、移行に関わる人たちの間には、封建制度の下で迫害されたり、あるいは社会の主流から取り残されたりしていたという共通点が見られる。例えば、人間主義者、科学者、職人、弁護士、急進派の牧師、それにシェイクスピアのような自由奔放な脚本家などだ。それまで変化を妨害していた国家が、最初はほんの試みに過ぎなかったが、決め手となる時期に、変化を推し進める側に回った。

ポスト資本主義への移行において、厳密には2つのシステムが並行するとは言えないかもしれない。しかし、大まかに見るとそうとも言えるだろう。

主流派経済学が正当化することはほとんどないが、資本主義を徐々に弱らせているのは情報だ。かつて移行をもたらす要因の1つだった印刷機と科学的方法に相当するのが情報技術であり、それは遺伝子や医療、農業、映画など、ほかのあらゆるテクノロジーの形で波及している。

封建主義の終わりで見られた長期的な低迷に相当するのが、現在行き詰まっているコンドラチェフの第5循環だ。当時、急激に自動化が進んで仕事がなくなった。現在は低賃金のくだらない仕事が減らされ、経済国の多くが停滞しつつある。

自由自在の富という資源に相当するものは何だろうか。それは正確には富ではなく、外部性、つまり、ネットワーク化した交流によって生み出された無料のものや幸福となる。非市場での生産、所有できない情報、ピアネットワークと非管理事業の出現が関わっている。「インターネットは今日の新世界を征服するための船と海だ。実際にはそれは船であり、羅針盤であり、海や金《キン》なのだ」とフランスの経済学者ヤン・ムーリエ・ブータンは言った。

今日の外的ショックが何かは明らかだ。エネルギーの枯渇、気候変動、高齢化、移民である。長期的に資本主義のダイナミクスを変化させ、実現不可能にしている。それらは黒死病と同様の影響があるわけではないが、金融崩壊なら、私たちが築いてきた脆弱な都市社会に大混乱を引き起こすことは簡単だ。2005年に、ハリケーン・カトリーナがニューオーリンズを襲ったときに見られたように、現代都市の社会秩序や機能的なインフラを破壊するのは腺ペストではなく、気象現象である。

このようにして移行を理解すれば、スパコンによる5カ年計画ではなく、段階的で繰り返されるモジュール計画が必要になることがわかる。その目的は、市場原理を消滅させるテクノロジーやビジネスモデル、行動を拡大すること、労働の必要性をなくすこと、潤沢な社会に向けて世界経済を推し進めることだ。私はなにも、リスクを緩和するために緊急の対策を取ったり、重大な不当行為に対処したりすることはできないと言っているわけではない。戦略的な目標と短期的な行動との違いを理解しなければならないと言いたいのだ。

私たちの戦略では、後戻りできなくなるように、そしてできるだけ早く社会に結果をもたらすために、自然発生的に始まるプロセスから生じた結果を形にするという方法を取るべきだ。そのためには、中央集権的計画や国家の規定、市場、ピアプロダクションを組み合わせることになるだろう。しかし、現代のグーテンベルクやコロンブスのために、また、現代のシェイクスピアのために、活躍できる空間も残しておかなくてはならない。

20世紀の左派の大半は、管理された立派な移行はなかったと考えていた。旧システム内に新システムは存在できないと深く信じていたのだ。しかし、これまで述べたように、資本主義かどうかにかかわらず、労働者はいつも今とは違う生活を築きたいと望んでいる。その結果として、ソビエト型移行の可能性が消えると、モダン・レフトはそれとは反対のことに夢中になった。それは医療の民営化、組合の権利の削減、フラッキング技術など、枚挙にいとまがない。

今日、私たちに必要なのは、物事を前向きに行うことを学び直すことだ。例えば、システム内に代替手段を築いたり、既存のものを打ち砕く急進的なやり方で政府の力を利用したり、あらゆる活動を移行に向けて集中したりすることだ。これは、旧システムにあるばらばらな要素を部分的に守るということではない。

20世紀初期の社会主義者は、旧システムに下準備となるようなものは何もないと確信していた。「資本主義の世界の中に、社会主義システムが小さな単位で築かれることはできない[36]」とプレオブラジェンスキーはきっぱりと述べている。

適応力のある左派ができる最も勇敢なことは、その強い信念を捨てることだ。なぜなら、旧システムの中に新システムの要素を小さな単位で築くことは間違いなく可能だからだ。協同組合、信用組合、ピアネットワーク、非管理の事業、並行するサブカルチャーの経済などで、すでにその要素ができている。これらを風変りな実験として見るのをやめた方がいいだろう。18世紀に資本主義が、小作人を農地から追い出し、手工業を破壊したように、私たちも規制を用いて、こうした活動を力強く推し進めていかなくてはならない。

最後に、私たちが知っておくべきことは、何が喫緊で、何が重要かということと、この2つがいつも同時に起こるわけではないということだ。

次の50年に外的ショックが起こらなければ、私たちはゆっくりと物事を進めていける。穏やかな移行のプロセスでは、国家が規制を通じて変化の進行役として機能するだろう。しかし、甚大な外的ショックが起これば、中には集中して迅速かつ猛烈に進めなくてはならないときもある。

第9章 パニックには理性的に

The Rational Case for Panic

本当に愚かな人は気候変動否定論者ではない

私はどこに行っても、経済に関する質問を投げかける。すると気候に関する答えが返ってくる。2011年、フィリピンの地方のスラム街で、土地を持たない農家と会った。何があったのかと尋ねたら、「台風」だと答えた。これ以上台風が増えたら、米は育たなくなる。田植えから稲刈りまで満足に太陽の光が当たらないからだという。

不毛の山脈が連なるゴビ砂漠に囲まれた中国の寧夏回族自治区では、羊飼いの家族と会った。周辺の草原は枯れ果て、羊を育てるのに化学薬品を使用した餌に頼っていた。2008年には、科学者たちがこの山脈を重い足どりで歩き回って、地図上に書かれている144の泉と小川を調査し、ここで何が起こっているかを報告書にまとめた。それには「気候変動と環境悪化により、山脈南部の一帯にあったはずの泉と小川が消滅した」と書かれていた。[1]

2005年にニューオーリンズで、世界で最も豊かな国にありながら、かねてから脆弱だった近代都市の社会秩序が崩壊したのを目の当たりにした。その直接の原因はハリケーンだが、根底にある問題は、気象パターンの変化に対処する上で都市インフラに欠陥があったこと、そして、貧困に陥るこの街の社会的・人種的構造に、ハリケーンの打撃にうまく対処できる能力がなかったことだった。

経済学者と環境保護活動家の間で、生態圏か経済のどちらの危機を重視するかという無意味な論争が繰り広げられている。唯物論者の答えは、その2つの運命はつながっているというものだ。自然界とは、自然界の中で相互作用し、それを変化させることによって成り立っている。自然はその方法で人類も創り出したことを私たちは知っている。「ディープエコロジー」の支持者に言わせれば、地球は人類がいなければもっと良い状態になるかもしれないが、地球の崩落を救うことが私たちの任務である、ということになる。

政治家と気候サミットの世界では、自己満足して落ち着いていることが決まりとなっているようだ。重点が置かれているのは、「どんなことが起こる可能性があるのか」ということであり、シナリオには世界の気温が産業革命以前と比較して2度以上の上昇を許せば、気候災害が待ち構えている、と示されている。しかし、世界の果てでは、すでにその災害が起こっているのだ。洪水や森林破壊、拡大する砂漠によって生活を破壊された人たちの話を聞けば、どんなことになるかがよくわかるだろう。世界は完全に破滅する。

2013年に国連の気候変動に関する政府間パネル（IPCC）が発表した第5次評価報告書に、地球が温暖化しているのは明らかであると明記された。世界の最も尊敬すべき気候科学者たちが、「1950年代以降に観測された変化の多くが、数十年から千年にわたって前例のないものである。大気と海洋は暖かくなり、雪と氷の量が減少し、海面が上昇し、温室効果ガスの濃度が上昇している」と述べたのだ。(2) IPCCは、温暖化の主な原因は、人間が経済成長を促進するために炭素ベースのエネルギーを使用していることであると確信している。だから、この報告書では、人間活動が原因で、気温がより高くなり、暑い日が多くなり、熱波の頻度が多くなる可能性が「どちらかと言えば高い」から「高い」に評価を上げた。科学者はこうした言葉を軽々しく使うことはない。科学者の確実性の程度が質的に高まっている、ということなのだ。

生態系はとても複雑なため、気候の破壊はいずれのケースでも人間が100％起因しているかを突きとめることは不可能だ。しかし、IPCCが言うように、ハリケーンや洪水、台風、干ばつなどの極端な気象は、2050年以降にますます増加することはまず間違いないだろう。

IPCCは、2014年の最新版で、二酸化炭素などの温室効果ガスの排出量の増加を止めることができなければ、「人間と生態系に深刻で広範囲に及ぶ、不可逆的な影響」をもたらす可能性が増加する、とはっきりと警告している。これは科学者による報告書から引用した言葉だということを気に留めてほしい。彼らは、慎重に考慮した上でなければ、「深刻で広範囲に及ぶ、不可逆的な影響」というような言葉で締めくくるようなことはしない人たちだからだ。

もし、主流派経済学者であれば、これから起こることが「外的ショック」と感じるだろう。これは、すでに混沌状態にある中でさらに混沌の原因が生じるときに使う言葉だ。フィリピンの農家、ルイジアナ州のアフリカ系米国人、寧夏回族自治区の人々にとって、こうしたショックはすでに起こりつつある。

気候変動政策立案者と非政府組織（NGO）は、数多くのシナリオを作成し、温暖化を食い止めるために私たちが何をすればいいのかを訴えかけている。しかし、地球を複雑なシステムとしてモデルを作成する一方、経済については、投入・産出やエネルギーの必要量、「合理的に支配する手」——市場——を用いて、単純な機械のようにモデルを作成しがちだ。彼らが「移行」という言葉を使うとき、それは、修正された市場メカニズムを使い、炭素を燃やす量がより少ない社会に向けて、エネルギー政策を段階的に進展させるという意味がある。

だが、経済自体が複雑だ。ハリケーンシーズン中の気象のように、経済にも、手に負えないほど速度を増して反応したり、複雑なフィードバック・ループを描いたりする傾向がある。気候変動のように、経済にも長期循環と短期循環が入り交じっている。しかし、これまで示してきたように、こうした循環は、500年間に50年の時間スケールで経済を変異させたり、最後には消滅させたりしている。

私は今までのところ、気候危機を本書に盛り込むことを避けてきた。情報技術と市場構造との衝突が、私たちを重要な転換点にどのように自然と導いているかを示したかったからだ。たとえ生態圏が安定した状態であっても、テクノロジーが私たちの背中を押して、資本主義を超えるよう促すはずだ。

しかし、産業資本主義は、この200年間に世界の気温をすでに0・8度上昇させ、さらに2050年までに産業革命以前の平均気温と比べて2度上昇させることは間違いない。資本主義を超えるプロジェクトはどれも、気候変動という喫緊の問題を優先事項にしなくてはならなくなっている。時間内に対応し、比較的秩序正しい方法で気候変動対策に取り組むか、それとも何の対策も講じずに災害に直面するかのどちらかだ。

気候変動否定論者のばかばかしさが笑いの種になることがよくあるが、彼らの反応には合理性がある。というのも、彼らは自分たちの支配力と権力と経済界を、気候科学が破壊すると知っているからだ。もし、気候変動が本当のことだったら、資本主義が終わりを迎えるかもしれない、とある意味で認識しているのだ。

本当に愚かな人は気候変動否定論者ではない。既存の市場メカニズムによって気候変動を食い止めることができると信じ、市場は気候対策に制限を設けなくてはならないと考え、人類がこれまで試みたことのない最大の再設計プロジェクトを進めるための市場を構成できるかもしれないと勘違いしている政治家と経済学者たちだ。

2014年1月、生え抜きの外交官で、英政府の気候変動特別大使だったジョン・アシュトンは、

「市場にさせたいようにさせても、エネルギーシステムを再構築することはないし、この1世代のうちに経済を変えることはないだろう」と1％の富裕層に向けて率直に真実を語った。[3]

国際エネルギー機関（IEA：International Energy Agency）によると、発表されている温室効果ガス削減計画、炭素税、再生可能エネルギー目標をすべて達成したとしても、つまり、顧客が増税に反対せず、世界が脱グローバル化しなくても、それでも二酸化炭素排出量は2035年までに20％増加するという。この試算では、地球の気温をたった2度の上昇に抑えることができず、3・6度まで上昇させることになる。[4]

誕生してから45億年になる地球の安定が脅かされるという明確な警告を突きつけられ、権力者たちは、25年にわたる経済ドクトリンに解決策を盛り込もうと決めた。低炭素を奨励するために、削減量を割り当て、税金を課し、代替エネルギーに補助金を支給すると決定した。市場は人間にある合理性の究極の現れだから、2度未満に抑える目標を満たすために、資源の正しい配分を促してくれると信じたのだ。これは純粋なイデオロギーであって、完全に間違っていることが証明された。

2度未満に抑えるために、2000～49年に世界中の人々は、二酸化炭素排出量を8860億トン以下に抑えなくてはならない（IEAの統計を参照）。その一方で、国際石油・ガス会社は、炭素の埋蔵量が2・8兆トン存在すると発表し、まるでそれを燃やすことができるかのように、自分たちの分け前を見積もった。しかし、非営利シンクタンクのカーボントラッカーは、投資家たちにこう警告している。「上場企業が手にしているという石炭と石油、ガスの埋蔵量の60～80％は、燃焼不可能であることを理解する必要がある」[5]。つまり、もしそれらを燃やせば、世界の気温は壊滅的な水準にまで上昇することになるということだ。

上昇するエネルギー価格は市場のシグナルとなる。そのシグナルはエネルギー会社に、新たに投資して、もっとコストがかかる方法で炭素を発見するよう指示する。現に、2011年には、エネルギー会社はタールサンドやフラッキング技術、深海の油層などの化石燃料の探査と開発に6740億ドル投資した。世界の緊張が高まったとき、サウジアラビアは、米国の新たな炭化水素産業を破壊する目的で原油価格を崩壊させることに決めた。その過程で、プーチン政権のロシアを破綻に追い込んだ。

これは米国のドライバーにも市場シグナルとして働いた。自動車をもっと買って、もっと長距離を走るようにと指示したのだ。これではっきりとわかったと思うが、シグナルを発するメカニズムとして、市場はどこか間違った方向に進んでいる。

今度は投資の問題として見てみよう。問題となるのは、世界の石油とガス会社の価値が、その株価が示すよりも実際にははるかに低くなるか、あるいは私たちが炭素の使用を減らすつもりがあると信じる人がいなくなるかのいずれかだろう。二酸化炭素排出量の上位200社の株価評価の総額は4兆ドルに上る。もし、私たちが炭素の燃焼を止めると納得すれば、その大半の株価評価が下がり、価値を失うだろう。これは興奮しやすい気候変動NGOが世間を騒がせているだけではない。2014年にイングランド銀行総裁のマーク・カーニーは、世界の大手保険会社に、「もし、2度目標が達成でき

なければ、保険会社のビジネスモデルの実行可能性が脅かされる」と警告した。(6)

この教訓は、気候変動対策を市場がけん引すると、ユートピア的思考になる、ということだ。では、非市場がけん引する気候変動対策にとっての障害とは何だろうか。1つは、炭素を大量に燃焼する会社によるロビー活動の力だ。2003~10年に米国の主要な温暖化否定団体が5億5800万ドルの寄付金を受け取った。寄付者に名前が挙がったのが主にエクソンモービルと超保守派のコーク・インダストリーズだったが、ジャーナリストの精査による圧力の下、2007年にあからさまな変更があり、それらのロビー団体は無名の第三者を通じて資金を調達するようになった。(7) 結論はというと、化石燃料産業に巨額の助成金が流れている。その額は世界全体で、5440億ドルと推定されている。(8)

しかし、それは、気候変動対策にまつわる暴挙の一部が明らかになったに過ぎない。2009年に、デンマークのコペンハーゲンで開催された気候変動枠組条約締約国会議(COP15)は、2度未満を目標にした国際的取り組みの合意に失敗した。それを受けてエネルギー会社はやり方を見直し、政策への炭素目標の導入を遅らせるか、あるいは特定の企業が免除されるよう常に政府に圧力をかけている。

気候変動対策で力強い前向きな活動が功を奏したのがドイツだ。2011年の福島の原発事故の後、再生可能エネルギーへの大規模な投資と合わせて、ドイツの原子力計画を突如廃止した。電力会社は打撃を受けた。厳しい炭素目標の適用は市場原理にとっても痛手となる。実際のところ、市場原理が弱められた。

これは、ドイツにとって、風力や太陽由来の再生可能エネルギー発電によってエネルギーを供給できる初めての大きな機会となった。太陽が照り、適度に風が吹いた2013年6月16日には、総需要の半分を賄うことができた。ガスと石炭生産者は発電所の出力を容易に調整できないため、その日は稼働を続けるか停止するかしかなく、結局、余剰電力を1メガワット当たり100ユーロでドイツの送電網会社に支払わされる羽目になった。これは、炭素エネルギーの価格がマイナスになったことに相当する。エコノミスト誌はこの出来事をこう伝えた。「これまで安定していた電力会社にとって……これは災害となる……もし、価格がマイナスになるようなことがあれば、使った量に応じて顧客が支払うという形では、通常のビジネスはできなくなる(9)」

多くの国家で、エネルギー政策がまひしている。石油とガス会社のロビー活動の影響だけでなく、例えば、エネルギーの価格を上げるなど、市場原理を利用する行動を強制的に変えることが難しいからでもある。システム全体を合理的に再設計しようとは考えていないのだ。

環境に配慮する資本主義の提唱者にとって、非市場の低炭素経済を想像するより、世界の終焉を想像する方が簡単だ。

だから、私たちはもっと前向きに想像する必要がある。

気候災害を回避する方法

気候科学では、気温上昇を2度までに抑えるためには、2050年までに燃焼する二酸化炭素の量を半分にする必要がある、とされている。IEAはタイミングが重要だと述べた。「もし、二酸化炭素排出量が2020年頃までにピークに達し、その後に安定して減少しなければ、2050年までに必要とされる50%に削減するためにはさらにコストがかさむだろう。実のところ、そのチャンスは完全になくなるかもしれない[10]」。排出量のピークが遅れれば遅れるほど、半減することはより難しくなるという。

これを受けて、さまざまなキャンペーンや研究ユニットが、50%削減を技術的に達成する方法を示すシナリオを作成してきた。代替エネルギーの種類を組み合わせるのだが、その組み合わせはすべてのシナリオで異なっている。エネルギー効率モデルの作成方法も違っている。しかし、1つ共通点がある。ほとんどのシナリオで、低炭素社会の方が、そうでない場合と比べて長期的に見て安くすむという結論を出したのだ。

IEAの「ブルーマップ・シナリオ」では、2050年までに二酸化炭素排出量を半分にするという目標を掲げている。世界が費やすエネルギー投資は、何も対策を打たない場合と比べて、46兆ドル多くかかる。これは、燃焼させる化石燃料をより少なく見積もっているためで、最も控えめな予測では8兆ドルが節約されるという。

グリーンピースの「エネルギーレボリューション・シナリオ」は、より幅広い産業での議論を参考基準にしている。エネルギー構成では新設の原子力発電を含めず、二酸化炭素回収・貯留技術をそれほど重視しないやり方で目標達成を目指した。そのため、2050年までに、エネルギー全体の85％を風力、波力、太陽、バイオマス技術で生産する。このシナリオでは、初期投資のコストがはるかに高く、社会変化も大きいが、最終的には世界全体でコストは削減されるという。[11] 二酸化炭素排出量を半減とするシナリオはいずれも波及効果がある。というのも、移行が新しい雇用を創出するからだ。風力、波力、太陽エネルギーから電力を生産するための機器の組み立てや維持管理は、ガスや炭素を燃やすよりも、より一層技術的進歩での解決策をもたらすことになるだろう。

地球を救うことは、技術的に実現可能で、時価で計算しても経済的に合理的だ。その道をふさぐものが市場となる。

だが、私たちはこれまで何も達成してこなかったと言っているわけではない。中国は2000年代に数多くの石炭火力発電所を建設し、世界の二酸化炭素排出量を増加させた。しかし、中国は2009年に、発電容量で再生可能エネルギーが化石燃料を上回ったのだ。これは、国家が再生可能エネルギーへの奨励金や二酸化炭素排出量の削減目標を通じて市場に介入し、奏功したという明確なシグナルだ。

市場の問題は、まず、市場がけん引する移行はあまりにも遅く、顧客（当然安いエネルギーを欲しがる人）や化石燃料生産会社による圧力にあまりにも弱いことだ。2つ目は、政府への政治的な圧力が高まり、エネルギーが地政学的な問題になることが挙げられる。ドイツの原子力エネルギーへの反対の動きは、ウクライナ危機でドイツ経済を停滞させる力をロシアに与えるという代償を払った。米国がフラッキングを始めたことは、環境に悪影響を及ぼしただけでなく、世界の勢力バランスを大きく変えた。サウジアラビアが報復を開始して1年間で原油価格が崩れ、半値以上下落した。

地政学的緊張の高まりを背景に、2015年12月にパリで開催されるCOP21では、交渉の見通しは前向きとは言えない。(訳注) こうした気候変動会議の成り行きを見ていると、第2次世界大戦に導いた平和条約がますます思い出される。

一方、環境保護運動の過激派は市場に関して混乱しているようだ。例えば、グリーンピースは中国と欧州をこのように比較する。石炭で経済成長を活性化させるとする中国の決断は排出量を増加させた。それに対して、欧州や米国での民営化は、石炭よりも害の少ないガスへの切り替えを促した。このことから、市場の方が中央集権的支配よりも、二酸化炭素排出量の削減目標をうまく達成できると証明された、とグリーンピースは考えている。[12]

【訳注】採択された「パリ協定」が成功したかどうかは賛否が分かれるが、各国の削減目標に関しては、これまでの「京都議定書」では先進国に法的義務が課されたが、「パリ協定」では途上国を含むすべての国が自主目標を掲げることになった。

しかし、削減目標の達成は極めて重要なことであり、中央集権的支配が必要になるだろう。国家や地域レベルの政府が支配し、おそらく、炭素を排出するあらゆる大手企業の所有権を握る必要も出てくる。エネルギーの送電網が「スマート」になれば、需要と供給を予測してバランスをとるテクノロジーを用いることになる。送電網が公共資源であるということがこれで納得できるだろう。

国家の影響下にある価格メカニズムで、再生可能と原子力、残留炭素の燃焼への投資を適切に組み合わせることができなければ、国家の所有権や直接的支配、目標に頼る必要が出てくるだろう。これが、先述したジョン・アシュトンの意見から導き出した究極の結論だ。市場が機能しなければ緊急事態と考え、国家予算の配分を試みる必要がある。

技術面から見ると、市場刺激策ではなく、計画経済を使えば、再生可能エネルギーとともに、原子力や、より二酸化炭素の排出が少ないエネルギー源で生産された「ベースロード電源」を容易に組み合わせることができる。グリーンピースやＩＥＡなどの機関のシナリオによると、これが2度目標を達成するために必要なことになる。

非市場経済と低炭素システムを創造する試みは明らかに相互依存となる。この2つの異なる点は、ポスト資本主義経済への経路は多数ある一方、気候変動の緊急事態に対処するためにできることは色々あるが、策は限られている。

要するに、気候変動が招くパニックには理性的に対処することができても、気候がほかの制御不可能な難問と絡まると問題が一層悪化する。その難問とは人口である。

人口動態の時限爆弾

私たちの先祖の大半にとって歳をとることは特権だった。マンチェスターであろうとシカゴや上海であろうと、都会の歴史ツアーに参加することがあれば覚えておくといい。旧工業地帯にある住宅で暮らす人たちの寿命は40歳以下だった[13]。米国のウェストバージニア州や中国北部などの、鉄や炭鉱の町を訪れると、50代で死亡した人の墓が林立している墓地が目に入るだろう。これはそれほど遠い昔の話ではなく、1945年以前の時代のことだ。資本主義の初期に、人を死に至らしめたのは不衛生な都市生活だった。20世紀には、慢性の職業病やストレス、劣悪な食べ物や汚染が死因となった。

しかし現在、私たちは新たな問題を抱えている。高齢化だ。気候変動問題のように、高齢化に反対してビルから垂れ幕をつりさげている活動家はいないし、高齢化対策のための官庁もない。有名な科学パネルや国際交渉もない。けれど、気候変動と同じく大きな外的ショックとなる可能性がある。その影響はただちに経済に及ぶだろう。

国連の予測は議論の余地はなく、世界の人口は現在70億人を超え、2050年までに96億人に達するとされている。人口増加のほとんどがグローバル・サウスで起こっており、2050年までに、発展途上国の人口は、今地球上にいる人口よりも多くなるという。マニラやラゴス、カイロのような都市を中心に人類の未来が語られることになるだろう。

また、世界全体で高齢者の人口が生産年齢人口を上回ると予測されている。1950年には65歳以上の人口は世界の総人口の5%を占めていた。それが、21世紀半ばには17%に増加するという。しかも、人口問題がショックに変わるのは富裕国だと考えられる。

深刻な問題となるのが老年人口指数（生産年齢人口に対する退職した高齢者人口の比率）だ。欧州と日本では現在、働き手3人で退職者1人を支えている。2050年までにこの比率が1対1となると言われている。途上国の大半は引き続き若年者が人口の大多数を占めるが、中国に関しては1人っ子政策が原因で、それとは逆の傾向が生じる。2050年までに、中国では年齢の中央値が53歳になると予想されており、世界の経済大国で最も「高齢な国」となるだろう。[14]

年齢の不均衡は元に戻すことができない現象だ。この原因は、医療が向上し、所得が増えたために人々の寿命が延びたことだけではない。主な原因は出生率の低下だ。女性が避妊によって出産をコントロールできるようになったことや、教育の機会が高まり、人権問題で進展があったこと、また都市化により自立する人が増加したことが理由に挙げられる。

スイスの金融大手UBSの経済顧問ジョージ・マグナスは、「急速に高齢化する社会は、第2次世界大戦以降に築いた社会・経済モデルの存続を脅かしている現実を私たちに見せつけている」と述べた。[15]先進国では、人口動態の変化が経済生活の重要な領域である金融市場と公共支出、移住に困難をもたらすだろう。

戦後の好景気の中、個人年金や企業年金、国民年金といった年金制度の規模が増大した。年金制度は職場のマイノリティだけを含める場合もある。しかし、賃金から天引きされて預金に回り、企業はその額に応じて給付したり、株式市場に投資したりしており、年金制度が金融システムになくてはならないものとなった。グローバル化以前には、こうした制度は国債や国内の証券取引で大企業の株に投資するのが一般的で、予想される要求に対応するために一部少額で便宜的に配分される。運用益が税額控除されたり、国民に公的年金への加入を義務づけたりする国家もあり、マルクスに言わせれば「資本主義的共産主義」の究極の形となる。

しかし、不換紙幣の時代になって、物事は一変する。経済成長が鈍化すると、利下げが繰り返され、株投資は一方的な賭けに走り、株式相場が上がり続ける。そのため、人口動態問題の兆しが現れていたにもかかわらず、ファンド・マネージャーは、金融システムはまだ約束を守ってくれると見込んでいた。中には、非常に前向きな予測が発表されたため、雇用主が「掛金の休日」［年金制度で資産運用が成功したために一時的に掛け金を止める措置］を取っても安全だとされ、預金をするためだけに職場を離れることもあった。

最初に景気の過熱と崩壊の渦に巻き込まれた国が日本だった。1985~90年に日経平均株価は約3倍に上昇した。それから急落が始まり、その後10年にわたり、株価は半値に下がった。

欧米では、1990年代終わりにGDPの成長率が平均を上回り、株式市場が再び急上昇した。FTSEの指数は、1995年には3000だったのが、1999年12月に6930の最高値をつけた。同期間に、米国のS&P500が3倍に上昇したほか、ドイツのDAXは4倍に達した。200

0年以降のこうした指数の長期チャートを思い出してみると、乱高下する3つのとがった山があるのがわかるだろう。15年間に、株価は2度の景気の過熱と崩壊を経験し、最近になって回復した。調整に数兆ドルが投じられ、2000年の高値をやや上回るほど上昇した。

ITバブル崩壊が警鐘となった。そこで企業にできたことは、年金債務を急いで減らすことだった。そのため、将来の年金受給者は受取額が少なくなり、新入社員の年金制度が廃止された。時には苦境下に、年金制度が破綻することもあった。そのころから年金基金は多様化しており、高利回りの投資を模索する中、ヘッジファンドや不動産、未公開株式、商品投資に資金が振り向けられた。こうしたケースの目的はいずれも不足を補うためだった。これがどういう結果をもたらすかはわかっている。2007年8月の貸し渋りのきっかけとなったヘッジファンドの驚くべき崩壊に始まり、アラブの春の引き金となった物価の高騰に至るまで、大手機関投資家がこぞって、ときには無意識に、不安定性をもたらす重大な存在となったのだ。

株価急落後、典型的な大手年金基金が資金の15%をほかの株(例えば、不動産や商品)に投資し、資金の55%以上を国債の形で政府に貸した。金利がゼロかマイナスとなっていた量的緩和策の下で行われた。

OECD諸国全体で、年金基金や保険基金、公的年金積立で約50兆ドルを保有していたが、これは各国の年間GDPを合わせた額をゆうに上回った。第1章で述べた理由のために、長寿を維持できるような経済モデルは壊れている。最近の調査では、年金基金のリスクは、資金については「高い」、年金債務については「増加している」と評価された[16]。

問題は現在50兆ドルが保有されていることではなく、高齢化によって潜在労働力が減り、1人当たりの経済成長と生産量が低下することだ。これは国家によって状況が違っていて、ノルウェーのような小さな先進国では対策の準備がうまくなされている一方、世界的に見通しは暗い。定年退職する人が長生きしないか、あるいは金融システムが高い利益をもたらすかのどちらかが必要になってくる。高い利益をもたらすためには、もっとグローバル化が進み、もっとリスクを取らなくてはならなくなる。もし、年金支給を国家が管理し、税金で支払われれば、こうしたジレンマの影響は和らぐかもしれない。しかし、この反対のことが起こっている。

高齢化する人口の重圧に直面しているもう1つの領域が政府債務だ。高齢化によって、医療や公的年金、長期介護の需要が高まっている。2010年に、S&Pが算出したところ、各政府が公的年金の支給を抑制しないかぎり、2050年までに政府債務によって世界は沈没してしまうことがわかった。

それ以来、各国政府は確かに年金債務を削減してきた。多くの国家で受給資格を厳しくしたり、定年退職の年齢を引き上げたり、インフレと連動させるのをやめたりしてきた。この大幅な債務削減の後、S&Pが潜在的損失を再計算したところ、先進国の総債務の中央値は、2050年までに対GDP比で220%に上ると予測されることがわかった。そのうち、途上大国の債務の平均は対GDP比で130%となった。日本の年金債務は2050年には対GDP比で500%［訳稿執筆時点では同比250％」となり、依然としてトップとなる。米国の債務は現在17兆ドルとなっており、2050年には3倍に増加するとみられる。

この予測では、すべての先進国で、人口の高齢化が原因で、国家財政が持続不可能になる恐れがある。S&Pの分析によると、年金支給額を引き下げたとしても、2050年までに、信用格付けが投資適格未満になる国家が世界全体の60％を占めるという。国家に貸した金を失うリスクを負いたくない人にとっては重大なことだ。

ここまで読んできてパニックになっていないだろうか。最も恐ろしい話はここからだ。

個人年金資金全体の50％超が現在、政府の債務に投資されているのだ。さらに、そのうち5分の2が主として対外債務となっている。企業年金基金がいくら安全に見えても、もし、世界中の国家が保有する国債の60％が紙くずになれば、民間の年金制度は生き残れないだろう。そんな国家に金を貸すこと自体が正気なことではない。

一方で、S&Pは、今まで講じられてきた対策の社会的影響は、国家と有権者の関係にすでに緊張をもたらしており、社会の結束が厳しく試されている、と述べた(17)。世界中で、戦後の好景気に国民と交わした暗黙の取引を最後になって取り消したことになる。市場か国家のいずれかが、高齢を迎えた人々に人並の暮らしをもたらすはずだったのだが。この約束を破った影響は、数年では収まらず、数十年は続くだろう。定年退職年齢を引き上げたり、インフレと連動させるのをやめたりすることで、財政を安定させると政府が言い出したら、その時は、ダイエット計画のようなものを買ったと思って喜ぶしかないだろう。その苦しみは実行してからしかわからない。その結末は、ＩＭＦのエコノミストが述べたように、「社会的、政治的に持続可能性を実現する見込みはない[18]」。

まだ、移民の影響が残されている。２０１３年に私はモロッコとギリシャをめぐり、不法に欧州に渡ろうとしていた移民の話を聞いた。モロッコにあるスペインの飛地領メリリャで、彼らは3メートルの高さにあるレイザーワイヤをよじ登って越えようと試みた。ギリシャでは、欧州北部行きの船に乗り込むためにフェリー港にこっそり忍び込み、ホームレス生活に数カ月も耐えている人たちがいた。彼らの生活は不安定で、ゆすり、暴力、性的暴力、極度の貧困の犠牲となった。国境越えを試みるときは死のリスクを負うことさえある。

なぜ、彼らに反感を持つ地域を通過し、欧州に着いたとしても人種差別に遭うかもしれないのに、何カ月あるいは何年もかかる国境越えに固執し、実行しようとするのか。私がこう尋ねると、彼らは、そんなばかな質問をするなんて信じられない、というような顔をした。彼らが後にした国家の生活と比べて、タンジールのスラム街でコンクリートの床で暮らしたり、メリリャの隠れ家の一室で、５人でごろ寝したりする方が、明らかにましな生活なのだ。

私がその夏に見たものは、どんな出来事とも比べようがないものだった。２０５０年までに、世界の生産年齢人口は今よりも12億人多くなる。その大半が、これらの移民が逃げてきた劣悪な環境で暮らすことになる。

モロッコのウジダで、ニジェールからやってきた2人のレンガ職人と会った。2人とも20代前半の若者で、空き地を占拠し、モスクからの施し物で暮らしていた。ニジェールはとりわけ開発が遅れている国で、道路脇で住民を見かけることはほとんどない。私が2人に話しかけてから、国連のニジェールに関する予測を見て、この国の将来がどんなものになるのかがはっきりとわかった。

2050年までに、ニジェールの人口は現在の1800万人から6900万人に増加する。この2人が通過してきた隣国のチャドは、同年までに現在の3倍の3300万人に膨れ上がる。アフガニスタンは、国境を越えた人身売買を行っており、自国民をギリシャとトルコ、リビアに売りさばくような国で、その人口は現在の3000万人から2050年までには5600万人に増加すると予測されている。

現在から2050年までに予測される人口増加の半分が、驚いたことにたった8カ国で起こるという。(原注)そのうちの6カ国がサハラ以南のアフリカにあるのだ。[19]仕事を見つけるために、人口が急増している国の人たちは都市に移住するだろう。先述したように、その土地はすでに気候変動による影響にさらされている。都市に移ると多くの人々がスラム生活の仲間に入る。スラムで暮らす人口はすでに10億人に達している。増えた人口は、今度は豊かな国への不法入国を試みる。[20]

ますます高まる途上国の不平等を調査してきた世界銀行のエコノミスト、ブランコ・ミラノヴィッチは、これを「非マルクス主義の世界」と呼んでいる。そこでは階級ではなく、場所があらゆる不平等の原因の3分の2を占めるという。[21]そして「貧困国がより豊かになるか、あるいは貧困者が豊かな国に移住するかのどちらかになる」と結論づけた。

しかし、貧困国が豊かになることは、いわゆる「中所得国の罠」にはまるに違いない。これは、途上国がある水準にまで発展したら、そこで停滞するという現象で、いまだに古い帝国の権力の影響下にあることと、腐敗したエリート層が機能的・現代的制度の出現を妨げていることが原因となっている。現に、１９６０年に「中所得国」に分類された国が１００カ国あったが、２０１２年までに高所得国に伸し上がった国はほんの13カ国だった。韓国を始めとする主に「アジアの虎」と呼ばれた国々で、世界システムによって強要された開発体制を無視し、国家主義の経済政策を掲げて、徹底して独自の産業とインフラを整備してきたことが奏功した。

ＵＢＳのジョージ・マグナスが書いたように、障害は経済以外にもある。「中所得国になれば、徐々に１人当たりの所得を上昇させることが難しくなる。……所得の上昇に必要なのは、スプレッドシートの線引きではなく、経済的利益を生む継続的に発展する包括的な制度だ」[22]。しかし、最も人口増加が著しい国々は、最も腐食し、最も役に立たない制度下にある。

気候変動と人口の高齢化、途上国の失業が、停滞した脆弱な経済モデルと相互作用していなければ、問題は個々に解決できるかもしれない。しかし、これらの問題は絡み合っているのだ。このために世

【原注】サハラ以南のアフリカにあるナイジェリア、タンザニア、コンゴ、エチオピア、ウガンダ、ニジェール、およびインドと米国

界システム全体が緊張下に置かれることになり、民主主義自体を危険にさらす恐れがある。

現実から目をそらすグローバル・エリート

「現在はまさに悲劇の時代である。だから時代に絶望だけはするまい。先の大戦であらゆるものが破壊され、あとには瓦礫《がれき》だけが残された。……いくたび災禍に見舞われようとも、そうやって人は生きていく」[D・H・ロレンス『チャタレー夫人の恋人』光文社　2014][23]。D・H・ロレンスは1918年以降の英国の貴族社会を描いた。イデオロギーが砕け散り、威厳ある家庭と古風な習慣の世界に引きこもる物語だ。この物語の背景は、2008年に起こった悲劇の後の現代のエリート層にもうまく当てはまる。金融貴族は、先述の脅威を現実のことと受け入れずに生き続けようと決めたのだ。

20世紀末、摩擦がないように感じる世界で、企業家や政治家、エネルギー王、銀行家の世代が育った。前世紀以前を生きた彼らの祖先は幻想とともに、きめ細かく作られた秩序が崩壊するのを目の当たりにしなくてはならなかった。1871年に始まったフランスの植民地帝国から、ベトナムの崩壊と共産主義の破滅までが、1980年以前に生まれた彼らにとって最初の政治術の講義となった。彼らが学んだのは、悪いことは起こる、起これば自分が破滅することもある、ということだった。

2000年まではそんなことは考えなかった。「歴史の終焉」などあるはずがないと思ったし、新自由主義の秩序を築いた世代にとって、歴史は少なくとも支配できそうに感じた。というのも、金融危機が起こるたびに、金融緩和策が取られ、テロの脅威は無人機攻撃で消し去られたし、政治から独立し変形した労働運動は抑制されていたからだ。

政治エリートの精神にある心理学的な副作用は、不可能な状況はない、と考えることだ。彼らには常に選択肢がある。しかし、中には難しい問題に変化するものもあるかもしれない。そして常に解決策がある。それは通常、市場となる。

そこで、外的ショックが警鐘の役目をするはずだ。気候変動は、炭素目標を達成するために市場、あるいは非市場の経路の選択肢を提示することはない。市場経済は秩序正しく取り換えられるか、険しい局面の中で無秩序に崩壊するかのいずれかになる。高齢化する人口は世界の金融市場をタンクの中に押し込んでしまう危険を冒し、中には、支払い能力を維持するだけのために国民と社会的戦争をしなくてはならなくなる国家も出てくるだろう。もし、そうなるとしたら、気が重い夏を何度か過ごした2010年以後のギリシャのようなことが起こるだろう。

最貧困国では、人口の増加と制度の崩壊、歪曲された開発、気候変動の影響によって、数千万人もの人が土地を失い、貧困に陥る。彼らにとって最も合理的な選択が、移住となるはずだ。

西側先進国はすでに守りに入っている。スペインの飛地領メリリャでのレイザーワイヤと抵抗、インドネシアからの移民のボートを追い返すために行ったオーストラリア海軍による領海侵犯、エネルギー自給に向けて猛烈に推し進める米国のフラッキング、北極圏での軍配置をめぐるロシアとカナダとの張り合い、最新電子機器に欠かせないレアアースの独占に絡む中国の決断などだ。こうした策の共通点は、多角的な協力から手を引き、自給を試みることだ。

これまでの内容から、グローバリゼーションにとっての危険が何かわかったはずだ。それは経済的国家主義だ。1、2カ国の先進国の人口で、1930年代のように、危機に対して「近隣窮乏化政策」という解決策を取るために緊縮財政を導入し、政治的階級を強要することはできるはずがない。しかし、外的ショックが、純粋な経済競争を超える不安定な次元を作り出している。エネルギー自給の追求は、世界のエネルギー市場を地域化させつつある。ロシアは、ウクライナをめぐり西側諸国と外交的こう着状態に入り、西側からガスを取り上げると脅し続けている。たとえ、突然、問題を炸裂させることがなくても、このために、西側もエネルギー自給の道を探るようになるだろう。

一方、世界のエネルギー市場における小国乱立は、インターネットの場合と同じようなプロセスをたどっている。

およそ5人に1人は、中国共産党が築いた、ばかげた情報統制でふるいにかけられた情報で我慢しなくてはならない事態がすでに起こっている。例えば、政治家が汚職で逮捕されたら、その政治家の名前がいつの間にか検索エンジンから消されていた。もし、逮捕された政治家の名前とよく似たインスタントラーメンの名前を暗号にして使用したら（実際、汚職の容疑で逮捕された周永康の周辺で2014年に同じようなことが起こった）、人気のある商品であっても、その名前はネット上で消えてしまうだろう。(24)

NSAによるインターネット監視活動の暴露を受けて、各国家が対策を講じていることから、今やインターネットには世界を断片化させる危機がある。それに加えて、2014年、トルコやロシアなどの政府が、インターネット会社に権力を行使して反対意見を抑えようとした。国内の法制度下にある会社として、正式でも非公式でも政治的検閲を受け入れ、登録するように強制したのだ。

世界システムが分裂する第1局面は、エネルギーの分裂と情報の分裂から明白になった。さらに、国家レベルの分裂もこの議題に含まれている。

私は2014年のスコットランド独立をめぐる住民投票を報道した。メディアの通念に反して、これは国家主義の高まりではなく、左傾化した庶民の運動だった。今後10年にわたる緊縮財政を約束して新自由主義国家から分裂する機会を得たことで、スコットランドの人々は緊縮財政を実行し、その過程で、世界で最も古い資本主義経済と決別する間際まできていた。スペインの政治制度が危機的状況になり、カタルーニャ独立の機運が高まるかもしれない（政党ポデモスが突然登場したことが発端だ）。私たちは、ただ政治的な災難に居合わせているだけで、EU計画自体の崩壊とは異なる。ギリシャで左派政党が選挙で勝利したとき、まるでウイルスを攻撃する白血球のように、EUはあらゆる規則を持ち出してギリシャを攻撃した。本書を執筆している時点で、ギリシャ危機はますます悪化している。しかし、十分可能性があることだがフランスで極右政党が権力を握れば［2017年の大統領選挙では免れた］、ギリシャの一件は取るに足らない出来事のようになるだろう。

中国、米国、ベルギーでは、今後5年間に、従来の支配者が旧システムを機能させるための最後の試みを行うかもしれない。しかし、新自由主義を終わらせることなく、この状況を長引かせることになればなるほど、ますます偶発的な危機が衝突し、ここで取り上げた戦略上で招かれた危機と合わさるようになるだろう。

情報資本主義の出現がさまざまな結果をもたらすに違いない。低迷する西側諸国経済が、巨額の債務や銀行の救済、紙幣増刷という問題を抱えながら存続し、人口動態の危機に陥らない世界を、読者は想像できるはずだ。内部の矛盾の下でぐらつくシステムと並行して、気候変動の問題がなく、段階的に自然発生する非市場の交換やピアプロダクションによって、ポスト資本主義への移行の経路が開かれるのだ。ウィキペディア、リナックス、ジェネリック医薬品、公共科学のようなものが増えれば、オープンソースという労働の形に徐々に適応できる。情報の独占に対してはおそらく法的に抑制されるだろう。これが、ポスト資本主義の経路に乗り出すためのシナリオだ。危機のない環境で、私たち自身で決めたペースで実施されるすばらしいアイデアだ。

しかし、外的ショックには中央集権化された戦略的で迅速な行動が求められる。しかも、そうした行動を実施できるのは、国家と、国家間との協力体制だけだ。厳格な炭素削減目標と対策のための明確な技術的手法には、中央集権的計画と国有化をもっと推し進めることが必要になるだろう。それは誰もが予測したり、望んだりするもの以上のものになるかもしれない。世界の60%の国家が、高齢化のコストによって破綻する可能性に直面しているということは、経済的な解決策ではなく、構造的な解決策が必要になってくるということだ。

過去25年間に幻想が広まったことによって、私たちはまひ状態に陥っている。排出量削減目標を突きつけられ、私たちは行動を変えるのではなく、どこかの砂漠に木を植えることで相殺しようとしている。世界が高齢化している証拠を見せられ、整形手術に年間360億ドルを費やしている。[25] CEOやソフトウェア開発の天才、エンジニアの作業チーム、銀行のアナリストに、本章で明確にした通りリスクがどれほど大きいかを示したら、もしかしたら「今すぐ行動して、リスクをすぐに減らそう!」という声を上げるかもしれない。

エンジニアが使う根本原因の分析方法を用いて、3つのシステム(金融、気候、人口)の崩壊が同時に起こる理由を調べてみたら、もしかしたらすぐにその原因の深層を突き止めることができるかもしれない。その原因は、環境と急激に変化する人類のニーズが満たされていないとともに、均衡がとれていない経済システムにあるのだ。

気候対策、あるいは歪んだ金融システム、計算できないほどの公的債務に「今すぐ行動しよう」と声を上げることは革命だと考えられる。ダボス会議のエリート層の空想に穴を開け、ヨットが浮かぶ地中海の港の雰囲気を台無しにし、中国共産党本部の陰気な部屋での沈黙をかき乱すことになる。さらに悪いことに、数多くの人々が抱いている「きっと何もかもうまくいく」という幻想を打ち砕くことにもなる。また、活動家が恐れていることにつながる。主流派と関わり、「もう1つの世界は可能だ」という彼らのメッセージ[ダボス会議に対抗するために開催された「世界社会フォーラム」のスローガン]よりももっと具体的な、永続的な構造計画という政治政策に関与することになるからだ。

こうした事態と向き合うには、「革命的改革主義」が必要だ。まさにこの言葉を声に出すことで、政治情勢の両面にいかに深く難問を突きつけることになるかに気づくはずだ。スーツ姿の社会民主主義者にこの言葉をかけたら、嫌な顔をされるだろう。オキュパイ運動のキャンプでも、まったく反対の理由で活動家たちはたじろぐかもしれない。

これらの難問に理性的に向き合うことでパニックに陥るかもしれない。しかし、ポスト資本主義が、長期的なプロセスでもあり、喫緊のプロジェクトでもあるということを理解できれば、社会面でも、技術面でも、経済面でも変化は起こり、変化に対応できるはずだ。

環境と社会秩序の運動に加えなくてはならないものがある。それは、この25年にわたり、持ち続けてきたもの、つまり、意志力と自信と設計である。

第10章

プロジェクト・ゼロ

Project Zero

新自由主義が切り開くポスト資本主義の可能性

読者が資本主義よりも優れたシステムがあると信じているとしたら、もしかしたら、小説『赤い星』で描かれた「地球で途方に暮れた火星人」のように感じて25年間を過ごしてきたのかもしれない。つまり、社会のあるべき姿についてはっきりとしたビジョンを持っているが、そこにたどり着く手段がない、といったところだろう。

ボグダーノフの小説では、火星人が地球人を滅亡させようとした。火星人はポスト資本主義社会をすでに手にしていたが、地球人にはそれを達成する能力がないことが証明されたからだった。1905年の革命の失敗で味わった失望をボグダーノフは比喩的に表現したのだ。

本書で述べてきたポスト資本主義社会の可能性なら、こうした失望は生じないはずだ。それが何かわかりやすいようにボグダーノフの比喩の最新版を使ってみよう。火星人が地球への軌道に乗り、人類をこっぱみじんに吹き飛ばす準備は整っている。火星人たちの目には地球の経済が一体どんなふうに映っただろうか。

こうした思考実験はノーベル賞受賞者のハーバート・サイモンにより実施され、1991年に「Organisations and Markets（組織と市場）」と題する有名な研究論文にまとめられている。その中で、火星人は地球に近づき、地球の経済にある3つのものを発見した。組織（いくつかの緑色の大きな球）、市場（緑の球をつなぐ赤色の線）、内部の階層制（組織の中にあるつながった青色の線）だ。火星人がどの地点で見ても、システムを支配している色は緑色だった。そして、「地球は市場ではなく、主に組織で構成された社会だ」というメッセージを火星に送った。[1]

これは、ソビエト連邦が崩壊し、西側諸国が市場の勝利を宣言した年に書かれており、政治的な視点が色濃く出ている。サイモンが生涯にわたり考えてきたことは、どのように組織が機能するかということだった。彼の論文は、自由市場に関する発言にもかかわらず、資本主義体制は、市場原理に直接導かれない方法で、内部的に計画され、財を分配する組織で主に構成されていることを説明するために引用された。

しかし、より現実主義が強い場合、このモデルはどのように新自由主義がポスト資本主義の可能性を切り開くかを説明している。いくつか詳細を加えてみよう。

1　組織を表す緑の塊の回転はその大きさに左右される。組織をつなぐ赤い線の太さは、各取引に関わる貨幣によって決まる。

2　青い線は工場内部の階層制を示す。最後の点は労働者となる。例えば、バーテンダー、コンピュータプログラマー、航空機エンジニア、シャツ製造工場の従業員などだ。サイモンは労働者を職種で分ける必要があるとは考えていなかったようだが、この説明では分けておいた。これらを青い点にしよう。

3　真実味を出すために、細い赤い線の網目の中心に各青い点を置く。消費者として賃金所得者をそれぞれ、小売業者、銀行、サービス会社とつなげる。

4　このとき地球はすでに、サイモンが示したよりももっと赤く見える。細い赤色の線が無数にあるからだ。

5　ここで時間を追加しよう。24時間の周期で何が起こるだろうか。もし、通常の資本主義経済であれば、青い点（従業員）が1日一度組織の中と外とで往復する。仕事が終わると市場に繰り出し、賃金を使う。仕事場に入ると、ほとんど賃金は使わない。覚えておいてほしい。これが1991年の資本主義経済だ。

最後に、このモデルの時間を1991年から現在に進めてみよう。どんな構図になるだろうか。まず、もっと細い赤い線がたくさん現れる。これは、バングラデシュの若い女性が農地を離れて工場に働きに出て、彼女の賃金によって生じている。彼女が近所のベビーシッターを雇って子どもの世話を頼むと、新たな市場取引が生まれたことになるので赤い線が増える。彼女の管理者は十分儲けているので、健康保険に入り、銀行に利息を支払い、息子に大学の費用を送るために融資を受けている。グローバル化と自由市場がさらに赤い線を増やす。

次に、緑の球が割れて、より小さい球をいくつか形成する。これは、企業や国家の中核ではないアウトソースの業務を示している。青い点の中には緑色に変わるものもある。つまり、労働者が自営業者となるということだ。米国では現在、労働力の20%が自営業の「経営者」だ。彼らが儲ければ赤い線が増える。

それから、赤い線がより長くなり、世界中に伸びていく。彼らが仕事に出ているときも、その動きは止まらない。売買がデジタル化されているため、仕事のある日の就業中でも就業外でも関係なく商取引できるからだ。

最後に、黄色の線が現れる。

「すごい!」と火星人の宇宙船の司令官が叫ぶ。「この黄色の線は何だ?」

「これは面白い」と宇宙船の経済学者。「新たな現象を発見した。黄色の線は地球人が財や労働やサービスを交換していることを表しているようだ。けれど、市場を通じたり、従来の組織内で行われたりせずに、この者たちがほぼ無給で実施している。これらの線がどれほど太いのかは検討もつかない」

この時点で、火星人の爆撃手が引き金に指をかけている。ボグダーノフの小説にあるように、共産主義を達成する能力がないことへの罰として、人類を滅亡させてよいか、許可を求めているところだ。おそらく、司令官はこう答えるだろう。「待て！ この黄色の線は面白そうじゃないか」

移行に向けた5つの原則

このモデル上の黄色の線は、市場ではなく、協働して提供された財と労働、サービスの可視化を試みたものだ。これらの線は弱々しいが、非市場の生産と交換を進めて成長させることを土台とした、資本主義を超える新たな経路が開かれたというシグナルとなる。

これまでのところ、私はポスト資本主義を自然発生するプロセスとして扱ってきたが、問題はこうした洞察をプロジェクトに変えることができるかということだ。

この変化を駆り立てている大半の活動は、プロジェクトと考えることができる。例えば、ウィキペディアやオープンソース、情報のオープン標準、低炭素エネルギーの設備などだ。世界経済が資本主義を超えるには、どれほどハイレベルなプロジェクトになるのかと、わざわざ質問する人はいなかった。

その理由の1つが、オールド・レフトの多くに、ボグダーノフの小説の途方に暮れた火星人のように落胆が広まっているからだ。ほかにも、環境保護運動あるいはNGO団体、コミュニティ活動家やピアツーピアの経済学者は、小規模の急進的な改革に執着してきて、「大きな話」を避けようと決めたからだった。

本章では、大規模な資本主義プロジェクトではどんなことが関わってくるかを詳しく説明するつもりだ。私はこれを「プロジェクト・ゼロ」と呼ぶことにする。なぜなら、この目的は、ゼロ炭素エネルギーシステム、機械や製品を生産し、サービスを提供する限界費用ゼロ、可能な限りゼロに近づく必要労働時間の削減を実現させるためだからだ。説明の前に、過去の失敗から得られた知識を基にした原則をいくつか挙げることにしよう。

最初の原則は、複雑で脆弱なシステムに直面したとき、**人間の意志力には限界があると理解すること**だ。ボリシェビキはそれを理解していなかった。公平のために言うと、20世紀の主流派政治家の大半もまた、それを理解していなかったのだ。今ならそのことをよくわかっている。この解決策として、大きな規模であらゆる案を試す前に、小規模でテストし、マクロ経済の影響のモデルを作成することが考えられる。

処刑されたロシアの経済学者エフゲニー・プレオブラジェンスキーは、市場原理が消えかけたとき、経済学は過去を分析するためだけのものでなく、未来を設計するための学びとなるだろうと予測した。「これは相当異なる科学だ。言わばソーシャルテクノロジーである」と述べた。(2)

この言葉には冷たいニュアンスがあって、社会を機械のように扱う危険が感じ取れる。「ソーシャルテクノロジー」が使うツールについてのプレオブラジェンスキーの説明は、予見的で理解しがたいところがあった。彼は「社会的な展望と計画された助言となる極めて複雑で分岐された神経系」を要求した。言葉に注目してみると、「展望と助言」であって、「指令と統制」ではない。直喩に注目してみると、「神経系」であって、「階層制」ではない。ソビエトにあったのは指令と統制と官僚的な階層制だけだったが、私たちが手にしているものはネットワークだ。ネットワークが変化を生み出そうとしているとき、それにともなう複雑性と脆弱性に配慮すれば、階層制よりもうまく機能できる。

移行を設計するための2つ目の原則は、**生態学的持続可能性**だ。第9章で論じた外的ショックは、おそらく次々と私たちを襲うだろう。今後10年間に地域的に短期間のエネルギー不足に陥る。今後30年にわたり高齢化と移民という難問にぶち当たる。その後に気候変動の壊滅的な結末が待っている。ここで実施されるのは、持続可能な成長を通じてこうした問題に対応するテクノロジーの開発だ。しかし、地球を救おうと声を上げ始めた時点に戻る必要はない。

私が3つ目の原則として述べたいことは、**経済の移行だけではなく、人間の移行でもなければならない**ということだ。ネットワーク経済により創造された新しい種類の人間には、新たな不安定な状況と新たな優先事項がともなう。私たちはすでに、祖父や祖母の頭の中にある自己認識とは異なるものを持っている。[3] 消費者として、恋人として、コミュニケーターとしての私たちの役割は、仕事での役割と同じくらい重要となった。だから、このプロジェクトは、経済的・社会的正義が純粋に基盤になるわけではない。

フランス人作家アンドレ・ゴルツが、新自由主義によって労働基盤のユートピアの可能性が失われたと言ったことは正しいと思う。初期のソビエトの共和国が労働者に直面した問題と同じ問題に私たちは向き合うことになるかもしれない。特定の社会グループが短期間の優先事項を持ち、経済と生態系のより多様な優先事項と衝突する可能性がある。そのためにネットワークがあるのだ。その目的は、物事を論じ尽くして、従来とは異なるモデルを作成することだ。正当な主張の張り合いを解決するには民主主義の新たな形が必要になるだろう。しかし、そう簡単なことではないはずだ。

4つ目の原則は、**あらゆる方向から問題に取り組む**ことだ。ネットワークの出現で、有効な行動をとる能力は国家や企業、政党の範囲だけにとどまらなくなった。個人や、一時的な集団が、強力な変化の担い手になることもあり得る。

現在、ピアツーピア運動をめぐる思想家や活動家は、例えば信用組合や協同組合などの実験的な小規模のプロジェクトに大きく重点を置いている。こうした人たちが国家のことを考えるのは、ピアツーピアの分野を保護し、拡大させるための法律に関することとなる。マイケル・バウエンズ(4)やマッケンジー・ウォーク(5)のような思想家以外に、こうした新たな生産様式における新システムの統治や規制はどのようなものになるかと疑問を持つ人はほとんどいない。

この原則に応じて、私たちは自分たちの考えを広めるべきである。小規模な実験の組み合わせで、また国家によって規模が拡大され、トップダウン方式で活動できると証明されたモデルで、解決策を見つけることができるようにだ。

もし、金融上の解決策が、多様で国有化された銀行制度を築くことであれば、信用組合を立ち上げて、その課題に対応する。また、投機的な活動を法律で禁じ、私たち自身の金融行動を変えていくよう取り組む。

移行を成功させるための5つ目の原則には、**情報力を最大限にする**ことが求められる。今日のスマートフォンのアプリと20年前のPC上のプログラムの違いは、最新のアプリは自身で分析し、パフォーマンスデータを蓄積することだ。電話やパソコンはほぼすべて、企業所有者のために、利用者の選択に関する情報をフィードバックしている。まもなく「スマートな」電力量計や公共交通機関の乗車カード、コンピュータで制御される自動運転の自動車からの情報が流れる。私たちの生活の集計データには、運転スピード、1週間の食事、体重と心拍数などが含まれるようになり、データ自体がかなり強力な「ソーシャルテクノロジー」となり得る。

モノのインターネット（ＩｏＴ）が展開すれば、情報経済がいよいよ本格的に稼働を開始する。それ以降は、集積された情報を民主的・社会的に管理する仕組みを築き、国家や企業による独占や誤用を防ぐことが重要な要素となる。

ＩｏＴは、巨大な社会的「機械」を完成させるだろう。その分析力だけで、炭素や原材料、労働の使用を著しく減らし、資源の最大限の利用を可能にする。送電網や道路網、「知的な」タクシー制度は、タスクのリストの中でも最も顕著なものだ。しかし、この新たに登場した巨大な機械にあるのは、観察やフィードバックできる能力だけではない。知識を社会化することで、集団行動による影響を増幅させる能力も備えている。

第1次世界大戦前のベル・エポックの社会主義者たちは、独占とカルテルを喜んで監視し、取り締まった。中央政府が社会を統制する、と彼らは信じていたのだ。私たちのプロジェクトでは統制は分散化することになる。しかし、創出されようとしている巨大な情報機器があっても、それを実行するためのより優れたツールがなさそうなのだ。

そのツールが手に入れば、協働統制の下に社会的現実を置くことができる。例えば、疫学では、貧困や怒り、ストレス、細分化した家族、不健康を生じさせる循環作用を断ち切ることに焦点が置かれている。[6] そして、こうした問題を調査し、軽減する取り組みによって最新の社会医学を構成している。もし、貧しいコミュニティを害する貧困や病気を、極小規模でこれらの影響を受ける人たちに参加してもらい、リアルタイムで調査することで理解し、お互いに協力し合って撲滅することができれば、どれほど強力な治療法になるだろうか。

これには、プロジェクトに情報の力とオープン性を最大にする方法を組み込む必要がある。

優先すべき目標

この5つの原則を念頭に入れて、政策ではなく、分散化プロジェクトのようなものを提案したいと思う。これは、起こり得る結果につながるタスクをひとまとまりにしたものだ。これらのタスクは連結していて、細かい単位で構成されるモジュール式で、非直線型なものだ。意思決定は分散化されている。その決定を伝えるために必要な仕組みは伝達する中で現れ、目標はリアルタイムの情報に対応して変化する。また、予防原則については、実際に意思決定を成立させる前に、あらゆる提案のモデルを作成するために新しいタイプのシミュレーションツールを使う。

ホワイトボードに付箋を貼り付けるつもりで、本章の残りを書くとしたら、モジュール式と相互依存について説明しておいたほうが良いだろう。分散化プロジェクトを実行する際には、小さなグループでタスクを選び、そのタスクに少し取り掛かったら、どんなことを行ったか、どんなことを進めたかを報告するのが最善の方法だと考えている。

付箋が使えないので、私はあくまでもリストにこだわろうと思う。ポスト資本主義プロジェクトの優先順位の上位に置かれる目標は下記の通りだ。

1　２０５０年までに、世界の気温上昇を産業革命以前から2度までに抑えるために炭素排出量を早急に削減し、エネルギー危機を回避し、気候事象による災害を軽減させる。

2　高齢化する人口、気候変動、過剰債務が、新たな景気の過熱と崩壊と、世界経済の破壊を同時に引き起こすことがないよう、金融システムを国有化させ、今から２０５０年までに安定させる。

3　健康障害や福祉依存、性的搾取、不十分な教育などの大きな社会問題の解決に向けて、主に情報に優れた技術を優先することで、多数の人々に高い水準の物質的繁栄と幸福をもたらす。

4　自動化経済に向けた迅速な移行を進めるために、必要労働の削減につながるテクノロジーを連動させる。最終的に、仕事は自由意思となり、基本的物資や公共サービスは無料で利用できるようになる。経済的な管理は資本と労働ではなく、主にエネルギーと資源が論点となる。

ゲームの世界に「勝利条件」という言葉がある。ゲーム好きなら誰もが知っているように、すべての条件を達成していなくても、完全勝利に早く達成できる人が大勢いる。

これらの目標を追求する上で、私たちが作り出すあらゆる経済変化において、透明性のあるシグナルを発することが重要になってくる。ブレトン・ウッズ体制の最も強固な要素の1つとなるのが、明白なルールを法制化したことだった。対照的に、世界経済は新自由主義の25年間を通して、暗黙のルール、あるいはユーロ圏のようにすでに崩壊したルールの上を走り続けてきた。

社会学者のマックス・ウェーバーは、資本主義の到来を駆り立てたのは、テクノロジーではなく、「新しい精神《ニュー・スピリッツ》」だと考えた。それは、金融や機械、労働自体ではなく、これらに対する新しい行動であるという。しかし、ポスト資本主義のニュー・スピリッツが沸き起こるためには、どこで外部性が生まれ、分配されるのかに重点を置かなくてはならない。また、その現象を理解して積極的に広めることも大切になってくる。それには、ネットワークの交流が作り出す社会的利益に何が起こりつつあるのか、どの資本家の会計報告書で社会的利益を通常見ることができないのか、社会的利益がうまく適合するのはどこか、に対する答えが必要となる。

具体的な例で考えてみよう。最近、コーヒーショップに入ると、「当店は有機栽培のコーヒー豆を使用しています」と宣伝しているのをよく見かける。ほかの店よりも優れた公共財を提供している、と言いたいわけだ。「だから、あなたが得た満足感に対して少しばかり高く支払ってもらいます」という意味が込められている。このシグナルは部分的には透明だと言える。

今度は、協同組合のコーヒーショップを想像してみよう。そこでは、労働者に十分な給料を支払い、利益は社会的結束、あるいは読み書きの能力、受刑者の社会復帰、公衆衛生の向上に再投資される。ここで重要なことは、どんな公共財が生産され、その財からの利益を誰が受けるのかということを、コーヒーが「有機」であると伝えることと同じようにはっきりと示すことだ。

これは言葉や行為以上の意思表示であり、透明性のあるシグナルとなる。例えば、1771年に設立され、水車を利用した水力紡績機械を初めて導入した英国のクロムフォード綿工場の門には、砲弾が込められた大砲が配備されていたことも、透明性のあるシグナルだ。(訳注1)「私たちは利益を得るためにコーヒーを売っています。その利益で精神社会的カウンセリングを無料で行っています」という看板を立てることもできる。もしくは、ギリシャの急進左派連合が提供した草の根のフードバンク・ネッ

【訳注1】当時、機械化で仕事を失った労働者が紡績機のある工場を襲う事件が頻発したため、大砲で武装してまで工場を守ろうとする意思を表したと言える。

トワークのように、大げさな意思表示なしで社会貢献を行うこともできるだろう。

私たちが先述の原則に従い、これらの上位目標を掲げるとしたら、プロジェクト計画がどんなものになるかについて、私が推測した中で最善だと思う案を次に述べることにする。怒りの群衆の英知によって、もっとすばらしい案に書き直されるなら、これに勝る喜びはない。

まずはモデル作り、実行はその後に

まず、現在の経済の実態をコンピュータでシミュレートすることが必要となる。それはオープンで正確で、包括的でなければならない。参考にするのはマクロ経済学者が銀行やIMF、OECDで使うモデル、IEAなどのシナリオを作成する気候モデルとなるだろう。しかし、これらは著しく不均衡なものである。

どういうことかというと、気候モデルでは、大気のシミュレーションをする場合、最新の計算技術を使っているが、経済についてのシミュレーションでは非常に単純な手法で行われる傾向がある。それに、最も専門的に作成された経済シミュレーターは、「動学的確率的一般均衡（DSGE）モデル」と呼ばれるものだが、これには構成上の誤りが2つある。1つは均衡であると仮定していること、もう1つはこのモデルの中の経済ではエージェントすべてが単純な選好（快楽か苦痛）を行うと仮定していることだ。

例えば、ＥＣＢのユーロ圏の最新モデルでは、エージェントは家庭と会社と中央銀行の３種類だけだ。最近の出来事にあるように、ファシストや腐敗した寡頭政治の支配者、急進派左派を権力につかせようとする数百万人の有権者をエージェントに含める方が現実的で役に立つのではないだろうか。

オックスフォード大学の数学教授Ｊ・ドイン・ファーマーの指摘によれば、天気や人口、疫病、交通の流れを、コンピュータを使ってシミュレートする方法において、経済の複雑性を捉えたモデルはないという。(7) 情報技術の時代に入って数十年経っていることを考えると、これには驚かされる。

それに加えて、資本主義の計画やモデル作成は不可解なことが多い。大規模なインフラ計画の結果が出始め、その影響が予測されてから10年、あるいは20年経っていても、結論を導き出そうとする個人も組織もいないのだ。そのため、市場資本主義の下での経済モデルの作成はほとんどが臆測に近いと言える。

私たちにとって、最も急進的で必要な手段の１つが、資本主義を超える長期的移行をシミュレートするための国際研究所や国際ネットワークを設立することだ。

これは、今日に存在するもののように、経済の正確なシミュレーションを構成するところから始めることになる。この作業がオープンソースで実行されれば、誰もが使えて、誰もが改善点を示すことができ、すべての人が成果物を利用できる。そして「エージェント・ベース・モデル」と呼ばれる方法を使わなくてはならないだろう。これは、コンピュータを使って、数百万の仮想の労働者、家庭、会社を作り、現実的な境界内で、それらを自然に相互作用させる。こうしたモデルなら、リアルタイムのデータを利用することができるだろう。気候センサーや市街の交通モニター、エネルギー供給網、郵便番号による人口動向データ、世界規模のスーパーマーケットグループによるサプライチェーン管理ツールはすべて、関連するマクロ経済データをリアルタイムで提供してくれる。しかし、地球上のあらゆる物体がアドレス可能でスマートであり、情報がフィードバックされれば、ただ現状をシミュレートするのではなく、実際に現状を描き出す経済モデルとなるだろう。モデル作成されたエージェントは、最終的に現状から考えられる細かいデータに取って代わられる。この仕組みは気候コンピュータと同じだ。

このように経済の現状を捉えることができれば、説明のつく方法で計画を大きく変更することも可能だ。航空機のエンジニアは垂直安定板のストレス過重に数百万ものモデルを作成する。もし、ナイキのスニーカーの価格を現在の190ドルから、生産価格（おそらく20ドル未満）までの間に下げるとすると、価格を下げた場合にどんなことが起こるかという変動についても数百万のモデルを作成できるだろう。

スパコンに、視点を変えた質問をしてみよう。ナイキブランドが消えたために若い男性がうつ病になるだろうか。ナイキによるマーケティングの支出がなくなったために世界のスポーツ関連産業は打撃を受けるだろうか。生産過程でブランド価格が維持できない場合、製品の質は下がるだろうか。そうなると、気候への影響はどうなるだろう。ブランドを展開するために、ナイキは炭素排出量の削減に手間取っている。ナイキのスニーカーの高い価格を維持することは、良いことか悪いことか。それを決めるのは、私たちかもしれない。

ここで説明したことは、サイバー・スターリン主義の綿密な集権的計画ではない。ポスト資本主義国家がペタフロップス（1秒間に1000兆回）の能力での演算を用いる目的である。信頼できる予測が手に入れば、行動に移すことができるのだ。

ウィキ国家の喫緊の課題は債務

行動するのに最も取り組みがいのある領域が国家だ。ポスト資本主義への移行では、国家の役割を前向きに考える必要がある。

始まりはここからだ。国家は巨大な経済主体である。世界全体で約5億人を雇用し、ある計算では、すべての国家のGDPにおいてその経済活動が占める割合は平均で45％（デンマークでは60％、メキシコでは25％）と算出されている。それに加え、国家が調達するものを通じて、また、将来の動きに関するシグナルを送ることで、市場に決定的な影響をもたらすことができる。

社会主義のプロジェクトでは、国家がそれ自体を新たな経済の形とみなしていた。ポスト資本主義では、国家はウィキペディアのスタッフのように行動しなくてはならない。つまり、新たな経済が発進し、有機的に稼働できる状態になるまで育成することになる。共産党の旧ビジョンでは、国家は徐々に衰えていかなくてはならないと考えていたが、ここでは、経済的衰弱は、法執行や守備の作用ではなく、中心的な動きになる必要がある。

国家の責任者なら誰でもすぐに実行し、無料で行えることがある。新自由主義的民営化という機械のスイッチを消すことだ。新自由主義では国家は受動的であることが通説となっている。しかし、実際のところ、自由主義市場経済への移行や民営化、金融利益を促進するために国家が積極的に介入を繰り返さなければ、新自由主義制度は存在できないのだ。主として金融の規制を緩和し、サービスをアウトソースするよう政府に強要し、公的の医療制度や教育制度、交通機関の質を悪化させ、国民が民間サービスを利用するよう駆り立てている。ポスト資本主義を真剣に考えてきた政府なら、「市場原理が先を見越して拡大することはない」と明確なシグナルを発するだろう。これを単純に試みたことが、ギリシャの比較的平凡な急進左派連合へのあからさまな妨害につながった。ＥＣＢが、ギリシャの銀行で取り付け騒ぎを起こし、それを止める代わりに、ギリシャの民営化を進め、アウトソースを促し、公共サービスの規模を縮小するよう要求したのだ。

次に、国家が取り掛かる行動は、ゆくゆくは持続可能で協働的、社会的なものになるように市場を作り変えることだ。もし、太陽光エネルギーの固定価格買い取り制度で買い取り価格を高く設定すれば、人々は自宅の屋根にソーラーパネルを取り付けるだろう。しかし、工場から社会的基準の高いソーラーパネルが届けられるようにはっきり伝えておかないと、中国製の製品が届くことになるかもしれない。そうなると、再生可能エネルギーに変更したところで、社会的利益は大幅に減少することになる。地元地域にインセンティブを与えて、エネルギーシステムを構築すれば、余剰電力を地元の企業に売ることができるため、さらなる正の外部性を生み出すことになる。

私たちには、資本主義とポスト資本主義の構造を視野に含めた経済において、国家の役割を理解する必要がある。新テクノロジーとビジネスモデルが実現できるよう行動するべきであり、この経済が先述した戦略的な目標と原則にどのように適合するかを常に念頭に置いておかなくてはならない。

ピアツーピアの計画や協働ビジネスモデル、非営利活動は通常、小規模で脆弱だ。経済学者や活動家のコミュニティ全体がこうした活動に囲まれて成長してきた。しかし、市場部門と比べて、実際の原材料があまりにも少ないため、私たちがまずやらなければならないことは、資本主義のジャングルに新しい植物を植えるためのスペースを用意しておくことだ。

また、ポスト資本主義プロジェクトでは、国家はインフラを計画して整備しなければならない。今日では、適切に計画せずにやみくもに行われており、炭素をめぐるロビー活動による大きな政治的圧力の下に置かれている。将来、民主的に行われれば、根本的に今とは違った結果を出すことができるだろう。現在は、投機的開発によって破壊された都市公営住宅から自転車道路、保険医療の供給まで、最も進歩的なインフラでさえ、富裕層の利益をめぐって設計されている。市場は永遠に続くと想定しているのだ。そのため、インフラ計画は、ネットワーク思考による移行には含まれない部門の1つとなっている。これを変えていかなくてはならない。

さらに、私たちが向き合っている問題は国際的な性質があるため、国家は気候変動、人口の高齢化、エネルギー安全保障、移民の問題の対策のためのアジェンダを有していなければならない。つまり、私たちがこうしたリスクを軽減するマクロレベルの行動を取ったとしても、実際に解決できるのは国家政府と多国間協定だけなのだ。

国家が新たな経済システムへの移行を駆り立てる一助になるなら、最も喫緊の問題は債務だ。今日の世界では、先進国は膨大な債務でまひ状態になっている。第9章で述べたように、高齢化する人口の結果として、こうした債務の増加は天井知らずの状態になると予想される。経済によって債務が返済されなければならないのに、景気停滞に緊縮財政が合わされば、その経済自体の規模が徐々に縮小してしまう恐れがある。

そのため、政府は債務問題に対してより明確で斬新な対策を打たなくてはならない。債務は一方的に帳簿から抹消されることもある。返済不可能となっているギリシャのような国家では、それを要求されるかもしれない。しかし、そうなれば、不良債権を抱えた国家や投資家が報復として、不履行を起こした国家に対して、市場へのアクセスを遮断し、あらゆる通貨や貿易圏から締め出し、ひいては脱グローバル化を招くだろう。

債務を買ったり、葬ったりするための手段に量的緩和策があるが、これはいわゆる債務の「マネタイゼーション」だ。これまで量的緩和策で12兆ドルを使ってきたが、世界の公的債務を対GDP比で十分減らせていない。世界全体の公的債務は54兆ドルに達しており、いまなお増加している。世界のすべての債務残高は300兆ドルに近づいている。

合わせて10~15年の世界規模の政策となる「金融抑制」の手段を用いて、不良債権の処理を操作することがより賢明だろう。これは、インフレを刺激するために、インフレ率よりも低い金利を維持し、非金融投資、あるいはオフショアに資金が流れるのを食い止める。こうしてインフレによって債務が減り、残った一部を帳消しにする。

はっきりさせておくが、これは、年金基金の資産価値を減らすことになり、そのため、中産階級と高齢者の物質的豊かさも減る。資本規制を行うことで、部分的に金融を脱グローバル化させることになる。S&Pが予想したように、もし、世界中の国家の60％の債務が2050年までに紙くずになった場合、市場が混沌を通じて行われることを抑制するにはこのやり方しかないのだ。いずれにしろ、現在、景気がほとんど停滞しており、ゼロ金利が長期化している状況のため、年金基金投資による収益はすでに最低レベルになっている。

しかし、国家はまだ道の半ばにも達していない。

協働作業の拡大を支えるシステム

移行を促進するために必要なことは、決定的に協働ビジネスモデルに変えることだ。これを達成するには、過去に妨害してきた不均衡な力関係を取り除くことが求められる。

労働者の典型的な協同組合はいつも失敗した。なぜなら、資本へのアクセスを持っていなかったからだ。また、危機に見舞われたとき、賃金の引き下げ、あるいは労働時間短縮の条件をのむよう会員を説得できなかったからでもある。スペインの「モンドラゴン協同組合」のように成功している現在の協同組合がうまく機能しているのは、地元の貯蓄銀行の支援を受けていることに加えて、複雑な構造になっているからだ。労働者をある部門から別の部門へ配置換えすることができるし、一時解雇で非市場が活気づくことで、短期間の不完全失業の悪影響を和らげることができる。モンドラゴン協同組合はポスト資本主義の理想像ではないが、このルールを説明する例外となる。というのも、協同組合の世界上位300位のリストを見ると、その多くが企業の所有権に抵抗する相互銀行だからだ。これらは社会的良心を持って、あらゆる点で金融搾取と立派に闘ってきた。

ネットワーク基盤の移行において、協働ビジネスモデルは私たちが促進できる最も重要なものだ。これももっと発展させなければならない。協働ビジネスモデルが非利益ビジネスになるにはまだ十分とは言えないからだ。ポスト資本主義の協同組合は、非市場と非管理の拡大と、貨幣を基盤としない活動の普及を試みることになるだろう。これは、もともとこうした動きが生まれた市場活動の基準に対抗するものだ。私たちに必要なのは、その法的形態が真の協働型の生産と消費によって支えられている協同組合であり、社会的にどのような結果が生じるかが明確なものである。

同様に、非利益であることに固執すべきではないだろう。例えば、ピアツーピアの金貸し業や、タクシー会社、貸別荘会社が儲けることも可能だ。しかし、社会的不公正を生じさせる能力を制限する規制の下で操業しなければならないだろう。

政府レベルでは、「非市場経済庁」のような行政機関を創設し、無料のものを生産したり、共有や共同が不可欠となったりする、あらゆるビジネスを育てる役目を担い、価格システムを超える経済活動を最大限に拡大する。これが実施されれば、比較的小規模なインセンティブを用いて、大きな相乗効果を生み出し、経済を再構築できるだろう。

例えば、多くの人が新規事業に乗り出すときに失敗する原因の1つは、新規事業を刺激する税制だ。それは、建築請負業者、ファストフードやフランチャイズの出店など、安価な労働力を利用するビジネスを生み出すことが往々にある。なぜなら、この場合も、安価な労働力の経済で税制が有利になっているからだ。税制を改正して、非利益や協働生産の創出に報酬を与えるようにすればいい。また、社内規定を作り直して、低賃金ビジネスの立ち上げを困難にし、十分生活できる賃金を支給するビジネスの立ち上げを容易にすることもできる。どちらも少しの出費で大きな変化を実現できるだろう。

大企業は変化をけん引するのにとても役に立つ。なにせ、とても規模が大きいからだ。例えば、マクドナルドは世界38位の経済規模で、エクアドルの経済規模よりも大きく、米国で最も多くのおもちゃを配布している。しかも、米国人の8人に1人がマクドナルドで働いたことがあるという。もし、マクドナルドが入社式に、新入社員に労働組合運動について1時間の講義をしたらどうなるか。あるいは、ウォルマートが、従業員の賃金総額を引き下げておいて、低賃金労働者に支給される在職給付を国に請求するよう勧めるのではなく、どうすれば賃金が上がるのかということを助言したらどうなるか。マクドナルドがプラスチックのおもちゃを配るのを止めるだけで、どのような効果があるのか。こうしたことを想像してみてほしい。

企業がこのような行動を取るよう促すにはどうすればいいのだろうか。その答えは、法律と規制を用いることだ。もし、強固な雇用権により、世界企業の社員に合法的に権限を与えることができたら、企業はそれに反対するのではなく、高賃金・高成長・高技術の経済モデルの促進を余儀なくされるだろう。1990年代から低賃金・低熟練・低品質の企業が繁栄してこられたのは、そうした企業のための空間を国家が用意したからだった。私たちがすべきことは、このプロセスを逆転させるためにギアを入れ直すだけだ。

ビジネスモデルによっては、法的に禁止するということは過激に思えるかもしれない。しかし、奴隷や児童労働にはそうした措置を講じてきた。工場長やプランテーションの所有者からの抗議に直面しても、こうした制限は資本主義を正当なものにし、その発展を促すことにつながった。

私たちの目的は、ポスト資本主義を正当化させることだ。山村で電気通信会社が独占する権利よりも、Ｗｉ－Ｆｉの無料ネットワークに特権を与える。こうした小さな変化から、新しいシステムが大きく成長できるはずだ。

独占を抑制するか、社会的なものにするか

価格が下がってゼロに向かうことへの抵抗策として独占という手段を生み出したことは、ポスト資本主義に対する資本主義の最も重要な防御反射と言える。

移行を促進するために、この防御メカニズムを抑えなくてはならない。独占を法的に禁止し、価格協定に対する規則を厳格に実施することは可能だ。この25年間に、公的部門はアウトソースを余儀なくされ、それ自体の価格を崩壊させてきた。今やアップルやグーグルのように独占に転じる可能性がある。独占をやめさせると、航空機製造会社や水道会社などのように、機能不全に陥る業種もある。100年前に、ルドルフ・ヒルファーディングが提唱した解決策で十分だ。それは国有化だ。

国有化は、本来、公的の非営利企業という形をとっており、労働投入コストが下がったことで、資本家階級に大きな社会的利益をもたらした。ポスト資本主義経済では、これよりもさらに多くの社会的利益をもたらすだろう。戦略上の目的は、基本的な生活必需品のコストを下げることである。これによって、社会的に必要な労働時間が減少したり、より多くのものが無料で生産されたりする。これは、公共部門の役員会議で発表されるような戦略だと言える。

もし、水やエネルギー、住宅、交通、医療、電気通信のインフラや、教育などの真の公的供給が新自由主義経済に導入されたら、革命のように感じるだろう。実際に、過去30年にわたって、新自由主義者がこうした部門を民営化させてきたのは収益を民間部門に送り返す手段だったからだ。生産力のある産業をはく奪された国々では、株式市場を支える銀行とともに、民間部門の中核に据えられているのがこうしたサービスの独占だ。

また、こうしたサービスを原価で社会に提供することは、戦略的な再分配につながり、賃金を上昇させるよりもずっと効果があるだろう。

要は、ポスト資本主義を受け入れる政府の下で、比較的低コストの規制変更によって、国家と企業部門、公的企業を構築することで、根本的に異なる結果を求めることになる。これらは、債務を縮小するための急進的なプログラムで支えられる。

しかし、真のポスト資本主義経済が出現するのはこの領域ではない。19世紀初期に、英国が新たなルールを設定し、産業資本主義の成長を育んだように、今日、政府と厳しく規制された企業とが組み合わさって作り上げるのは枠組みだけで、内容ではないのだ。

市場原理には消えてもらう

高度にネットワーク化された顧客志向の社会では、人々は個人を中心とする経済的必要性のモデルを持っていて、市場が敵というわけではない。情報技術を基盤としたポスト資本主義は、指令型計画経済を基盤とした制度とこの点が大きく異なる。市場を絶対的命令によって廃止する理由は、「自由市場」という言葉でごまかされている権力の不均衡を廃止することなのだ。

企業が独占価格を設定することを禁止し、普遍的なベーシックインカムが利用できるようになれば（後述の節を参照のこと）、市場は「限界費用ゼロ」の効用を伝達する役割をする。そうなると、社会中で労働時間が減少する兆候が現れる。

しかし、移行をコントロールするためには、民間部門に明確なシグナルを送ることが必要になるだろう。そのうち最も重要なことは、利益をもたらすのは企業家精神であること、つまり、借金ではないことだ。

現在は、短期的な利益を得られる会社の能力――より高い売上やより低いコストのいずれか――によって、革新したり、創造したりする行為に報酬が与えられている。例えば、新しいタイプのジェットエンジンやダンスミュージックのヒット曲などだ。しかし、特許や知的財産はすぐに効力が衰えるように考えられているようだ。ハリウッドの弁護士や巨大製薬会社の抗議にもかかわらず、この性質は実際問題としてすでに認められている。薬剤の特許は2年で切れることになっているが、それよりも早められることも多い。というのも、特許を認めていない国家で薬剤が生産されたり、HIVのケースのように、特許権者が差し迫った必要性と向き合い、ジェネリック薬の使用に同意したりすることがあるためだ。

同時に、クリエイティブ・コモンズのライセンスの使用の増加が促進されるだろう。クリエイティブ・コモンズとは、発明者と創造者が自発的に、前もって権利を放棄するということだ。先述したように、もし、国費による研究の成果物が、利用する時点で基本的に無料にする、と政府が主張すれば、公費で作成されたものはすべて公共の場に移るようになる。世界の知的所有権は個人より公共で使用される方がすぐに多くなるだろう。物質的報酬によってのみ駆り立てられていた人々が、創造や革新を続けるようになるかもしれない。市場はまだ企業家精神や天才に報酬を与えるだろうからだ。しかし、革新のスピードが速い社会では、報酬の期間が短くなっている。

市場原理を完全に抑制するために唯一、不可欠な部門は大量販売されているエネルギーだ。緊急に気候変動対策を講じるためには、国家が送電網と、炭素ベースのエネルギーの供給業者大手すべてを国有化し、統制するべきである。これらの企業が保有する埋蔵量の大半は、地球を破壊することなしに燃焼させることが不可能なため、すでにエネルギー会社の終わりが見えていると言える。再生可能エネルギーに資本投資するようインセンティブを与えるために、再生可能エネルギーのテクノロジーに補助金を与える。再生可能エネルギーを供給する会社は、国有化が可能な場所なら海外に残ることもあるだろう。

これを可能にするには、エネルギー価格全体を消費者にとって高い水準に保つことだ。そうすれば、需要が抑えられ、消費者は行動を変えざるを得なくなる。家庭がエネルギーを消費する方法を変えることも同じく重要になる。これは、エネルギー市場の消費者側で分散化することが狙いだ。そうすれば、熱電供給などの技術が軌道に乗り、地元地域で発電・送電できるようになる。

建築のデザインや断熱、暖房から交通網まであらゆる場面で、エネルギー効率が高ければ報酬がもらえ、低ければ罰せられるようにする。有効だと証明されたテクノロジーは多様にあるため選択できるが、地方に分散され、地元コミュニティが自身で効率を向上し続けられるようにしなくてはならない。小売エネルギー市場の市場原理は、明確で測定可能な目標の達成に利用できる。

エネルギーと戦略的な公共サービスを超えて、革新者が持っている、ケインズが呼ぶところの「アニマル・スピリッツ」のために、まだ大きなスペースを残しておくことが重要だ。情報技術が物質世界に浸透すれば、あらゆる革新によって、私たちは必要労働ゼロの世界に近づいていく。

金融システムを国有化する

次のソーシャルテクノロジーは、金融システムに重点が置かれるだろう。金融システムは複雑で、その複雑性は現代の経済生活の心臓部にあるとも言える。こうした金融の複雑性には、将来や選択肢、流動性の高い24時間稼働する金融市場のほか、これまでになかった労働者や消費者としての金融資本との関係も含まれる。銀行や年金基金、保険会社は救済措置が暗黙のうちに保証されているが、これが、金融危機の度に、さらに多くの保証を行うよう国家が強要される原因だ。

道徳的に、その危機が社会的なものになれば、その報酬も社会的なものになるべきだ。しかし、金融の複雑性をすべてなくす必要はない。複雑な金融市場が投機につながり、貨幣の流通速度が不必要に高くなっても、それらを管理することができるからだ。次に挙げる方策は、世界規模で実施されれば一層効果が上がるものだろう。第1章で述べたシナリオを考えれば、まずは各国家が導入しなくてはならないだろう。それもある程度、緊急を要する。その方策は次の通りである。

1　中央銀行を国有化する。持続可能な成長の明白な目標とインフレ目標を最近の平均よりやや高めで設定する。これは、金融抑制を社会的に刺激するツールを提供することになる。狙いは管理下での巨大な過剰債務の評価減だ。世界経済は国家や通貨圏で構成されているため、この方策が対立の原因になろうとしているが、ブレトン・ウッズ体制下であったように、最終的には、経済全体でこの策が講じられれば、ほかの国家もそれに続かなくてはならなくなるだろう。

2 中央銀行は、金融政策と金融の安定性といった典型的な機能に加えて、持続可能な目標を掲げるべきだ。決定されたことはすべて、気候・人口動態・社会の影響に関するモデルが作成されることになる。総裁は言うまでもなく、民主的に選ばれて、細かく調査される。中央銀行の金融政策は、公開されて透明性を保ち、政治的に統制される。おそらく現代の資本主義で最も強固な政策ツールとなるだろう。移行の最終段階では、中央銀行と貨幣は今とは異なる役割を担う。このことについては後で振り返ることにする。

3 銀行システムを再構築する。利益率に上限を設けて銀行システムを儲けのある公共事業と組み合わせる。例えば、地元地域に密着した非営利銀行、信用組合、ピアツーピアの金融業者、金融サービスの包括的国有企業などだ。国家は、こうした銀行が切羽詰まったときの最後の手段として、貸し手になるという立場を明確にする。

複雑な金融活動に対して十分に規制された空間を残しておく。狙いは、世界の金融システムを昔からある本来の役割に確実に戻すことだ。その役割とは短中期的に、企業や部門、預金者、貸し手などに効果的に資本を配分するというものだ。バーゼルⅢよりももっと単純な規制となるだろう。というのも、犯罪に対して厳格な法の執行や銀行業務、会計業務、法律における職業倫理による後ろ盾があるからだ。この指針となる原則は、革新に報酬を与えることと、利潤を追求する行動を罰して制止することとなる。例えば、公認会計士や資格のある弁護士が税金逃れの方法を提示したり、ヘッジファンドが倉庫にウランを貯蔵して、スポット価格をつり上げたりするような行為は、職業倫理に違反し、罰せられる。

国際金融セクターがある英国やシンガポール、スイス、米国のような国家の政府は、明確で透明性のある国内金融市場の代わりに、限られた最後の貸し手の組織に取引を提案することができた。これらは高リスクで利益志向の金融会社の都合の良いように作られた。国内金融市場では事業を展開せず、透明性を持つこともなかったこれらの会社は、金融上のアルカイダに相当するものとして扱われるだろう。適切な恩赦が示された後、追跡され、抑制される。

こうした短期的で、戦略的な方策によって、国際金融の時限爆弾を取り除くことができる。しかし、まだ真のポスト資本主義の金融システムの設計を構成してはいない。

ポスト資本主義プロジェクトでは、マネー原理主義者が求めるように、部分準備銀行制度を終わらせるつもりはない。初期段階で、金融化への短期的な治療法として、その試みがなされることがあれば、景気を停滞させる必要性が出てくるだろう。また、成長を抑制している債務の山を徐々に減らすために、信用創造や通貨供給量の拡大が必要になる。

最も差し迫った目標は、新自由主義を消滅させて、グローバリゼーションを救うことだ。持続可能性に順応し、国有化された銀行システムや中央銀行が、不換紙幣を使って行うだろう。これは、第1章で述べたように、国民が国家を信じる限り機能する。

しかし、ポスト資本主義への移行が長期にわたり、金融システムが行き詰まるようになる。信用創造は、市場部門を成長させるときにだけ機能する。そのため、借り手は利息をつけてローンを返済できる。もし、非市場部門が市場部門よりも速く成長し始めれば、銀行業務の内部の論理が壊れるだろう。この時点で、金融システムが多数のニーズのためのリアルタイムの精算機関として機能する、複雑な経済を維持したければ、いわゆる「ポジティブ・マネー」の支持者が主張するように、国家は（中央銀行を通じて）マネーを創造し、融資する仕事を引き受けなければならないだろう。(8)

だが、ここでの目的は、ある種の神話的で安定した国家資本主義に達することではない。多くのものが無料で、投資のリターンは貨幣と貨幣以外の形が組み合わさった経済への移行を促進することだ。

このプロセスが終わるまでの今後数十年間は、経済において貨幣と信用の役割が相当小さくなるだろう。現在、銀行と金融市場によりもたらされている会計や精算、資源活用の機能は、異なる制度形態で存在しなければならない。これは、ポスト資本主義にとって大きな難題だ。

これは解決できる問題だ、と私は考えている。

目標となるのが、取引可能な手段で、複雑かつ流動的な市場を維持することだ。しかし、（利益と所有システムが消滅するため）金融の形で報復される可能性は取り除きたい。例えば炭素をめぐって起こるようなケースだ。

炭素市場の創出は、気候変動対策を十分に加速させることができなかったが、役に立たなかったわけではない。例えば、医療効果など、将来、さまざまな種類の社会的に安全な取引手段が見つかるかもしれない。国家が炭素市場を創出できるなら、ほかのどんな市場でも構築できるはずだ。人々の行動変化を促すために市場原理を使うこともできるが、最終的には、実際の貨幣以上に大きな購買力のある、並行通貨を効果的に発行するような、こうした手段が浸透するときがやってくるに違いない。

市場部門が協働生産によって取って代わられようとしているために、人々は貨幣を見放しつつある。だから、国家が管理する財とサービスのための「オファーとビッド（売り買い）」システムが実現するときがくるまでは、ボグダーノフが想像した『赤い星』の世界のように、貨幣の代わりとなる「テクノ・スクリップ」のような金券を受け取ることになるだろう。

短期的には、マネー原理主義者が望むような、複雑性を減らすことは意図していないし、単純に銀行業務の安定化も考えていないが、資本主義金融の最も複雑な形を促進する。これは、高度な自動化、少ない労働、安価または無料の潤沢な財やサービスに向けた経済の発展と並行するものだ。

中期的には、エネルギーと銀行業務を国有化するとともに、非金融世界で民間部門をできる限り幅広く維持し、会社を多様性があり革新的な領域に広げることを目指す。

新自由主義は、独占に強く、革命や複雑性も抑圧してきた。私たちが技術の独占と銀行を崩せば、それらに取って代わる、より小さな会社のために活動的な空間を作り、情報技術が果たせない約束を少なくとも実現することができるだろう。

私たちが望むなら、公共部門は民間部門に機能をアウトソースすることができる。ただし、民間部門は、格差のある賃金や条件によって競争することは許されない。サービス部門では、競争や多様性を推し進める場合、思い切った賃金カットを実施できなければ、技術革新を急激に促進しなければならなくなる。そうなれば、社会全体で必要な労働時間が削減されることになる。

ポスト資本主義を実現させるために必要であり、おそらく最大の構造変化をもたらすものは、国家がすべての国民の所得を保障するベーシックインカムだ。

すべての人にベーシックインカムを支給する

ベーシックインカムは政策としては急進的ではない。というのも、多くは右派から、ときには中道左派から、失業手当よりも管理コストが安くなることで注目され、さまざまな試験的なプロジェクトや計画がもてはやされてきた。一方、ポスト資本主義プロジェクトでは、ベーシックインカムの目的は急進的だ。ベーシックインカムは、(a) 労働と賃金と分離した形を取り、(b) 週または1日単位の、あるいは日常生活の労働時間をより短くする移行期での補助金となる。効果として考えられるのが、自動化のコストを社会全体で担うことだ。

このアイデアはいたって単純だ。労働年齢の人は誰もが、無条件で国家からベーシックインカムが支給される。ベーシックインカムは税金で賄われ、失業手当の代わりとなる。家族手当や、身体障害者手当、児童手当などの基本的に必要なほかの社会保障も継続されることになるだろう。しかし、ベーシックインカムに付け足す形となり、今より減額される。

なぜ、その人が存在しているというだけで、無条件で支給されるのか。それは、技術進歩を急激に加速する必要があるからだ。オックスフォード大学マーティンスクールの研究にあるように、自動化のために、先進国の仕事の47％が不要になれば、新自由主義の下では、「プレカリアート」と呼ばれる非正規雇用労働者が桁外れの数で拡大するという。

市場経済で税から賄われるベーシックインカムは、人々に非市場経済での足がかりを築くチャンスを与えてくれる。ボランティアに参加することや、協同組合を立ち上げること、ウィキペディアの編集をすること、3D設計ソフトウェアの使い方を学ぶこと、ただ生きていることが、ベーシックインカムによって可能となる。また、仕事時間の枠から外れることも許される。例えば、出勤を遅くしたり、退社を早くしたり、あるいはストレスの高い仕事に集中して取り掛かったり、抜け出したりと容易に切り替えができる。財政コストは高くなるだろう。なぜなら、ベーシックインカムに熱心な学術論文や国際会議が増加しているにもかかわらず、移行プロジェクト全体とは別に、法案を成立させる試みは軒並み失敗に終わる恐れがあるからだ。(9)

例えば、英国でベーシックインカムを導入するとどうなるのか。英国では福祉手当の支給額は年間1600億ポンドで、そのうちおよそ300億ポンドが、身体障害者や妊婦、病気の人などを対象としている。最も受け取り額が少ない対象者は年金生活者で、基本年金として1人当たり年間6000

ポンドが支給されている。仮に5100万人の成人に当然の権利として毎年6000ポンドを支給するとしたら、3060億ポンドのコストがかかることになる。これは現在の福祉手当の支給額のおよそ2倍に及ぶ。もし、税額控除の枠をなくし、ほかの公的支出で経費削減を実施すれば、可能になるかもしれない。しかし、政府には多くの批判が寄せられるだろう。

ベーシックインカムが実施されると、労働時間が縮小されて社会全体に行き渡らなくなるため、それを分配するメカニズムに「流動性」を取り入れることが必要になってくる。例えば、弁護士と介護従事者のどちらにも必要なのは、全額支払われる労働時間と政府から支給される自由時間を交換できる仕組みだ。

英国でベーシックインカムの支給額を6000ポンド（約90万円）に設定し、最低賃金を1万8000ポンド（約270万円）に引き上げるとしよう。労働した場合の利点は明確だが、労働しないことで得られる利点もある。子どもの世話をしたり、詩を書いたり、大学に戻ったりできるし、慢性の病気を治したり、ほかの人にピア教育を施したりできることだ。

このシステムの下では、働かないことで悪い印象を持たれることはない。労働市場は、給料の高い仕事および雇用者に有利な状況になるだろう。

ベーシックインカムは、人類学者のデイビット・グレイバーが「くだらない仕事」と呼ぶものへの対抗手段となる。資本主義は、過去25年にわたり、少ない賃金で労働者に恥をかかせ、おそらく存在する必要性を奪ってまでして、低賃金のサービス業を生み出してきた。[10] しかし、ポスト資本主義プロジェクトでは、ベーシックインカムは、初期段階に導入される単なる移行の手段に過ぎない。

この最終的な目的は、人間が必要とするものを作るためにかける時間を最小限にすることだ。これが実現すれば、経済の市場部門で税収基盤が小さくなりすぎて、ベーシックインカムを賄うことができなくなるだろう。賃金そのものが、サービスを集団で提供する形でますます社会的なものになるか、消滅するかのどちらかだろう。

したがって、ベーシックインカムは、ポスト資本主義の方策として、ゼロに縮小することが成功とみなされる人類史初の社会保障制度ということになる。

解放されたネットワーク

社会主義のプロジェクトでは、国家が力によって市場を抑える必要があった初期段階は長期にわたった。その間に、人類を維持し、人類に財やサービスを供給するために必要な時間を段階的に減少したようだ。取るに足らないコスト、あるいは無料でものを作るために技術進歩が始まり、第2段階に移ることができた。それが「共産主義」だ。

私の祖母の世代の労働者は、第2段階よりも第1段階の方に関心を持っているのは間違いない。それは当然のことだろう。当時の経済はおおむね実物商品に基づいていた。より安く家を建てる方法は、国家が建てることで、国家が所有し、安い料金で貸していた。費用は一律だった。そのため、自分で家を補修したり、改善したりすることは禁じられていた。ドアを違う色で塗ることすら禁止された。悪臭のするスラムで暮らしていた祖母にとって、ドアの塗り替えを禁止されることぐらい、たいしたことではなかったようだ。

ポスト資本主義プロジェクトでは、初期段階では、明らかに生活の変化となるものをもたらす。庭があって強固な壁でできていた公営住宅が祖母に変化をもたらしたようにだ。この目標に向けて権力と情報の関係を変えることで、多くのことが達成できるはずだ。

情報資本主義の基盤は非対称性だ。グローバル企業が、顧客や供給業者、小さな競合他社よりも多くの知識を持っているため、市場の力を握っているのだ。ポスト資本主義では、情報の非対称性を追求することは誤りであることを原則に据えるべきだ。ただし、プライバシーや匿名、安全上の問題になる場合は除く。

また、現在は安い労働力が利用でき、革新する必要性がないことが、情報と自動化が労働の中に入り込めないようにしている。よって、情報と自動化を仕事に取り込むことを目指すことになる。

現代の自動車工場には生産ラインがあり、そこでは今でもスパナとドリルを持って働く労働者がいる。しかし、生産ラインが、労働者がやることを知的に管理している。コンピュータスクリーンには、スパナの使い方が映し出される。間違ったスパナを選べば、その行動はサーバーのどこかに記録される。

例えば、サンドウィッチ製造工場や食肉加工工場の労働になぜ世界クラスの自動化技術を応用できないのだろうか。その理由は労働搾取以外にない。在職給付という制度に支えられて安い非組織労働者を利用することができるため、こうしたビジネスモデルが存在するのだ。多くの産業で、時間や服従、出勤、階層制といったいまだに古い労働規律が強化されているのは、新自由主義による革新の抑制にほかならない。こうした規律は技術的に必要ないからだ。

情報基盤のビジネスでは、これまでの管理方法はより古めかしく思えるだろう。管理するということは、計画された結果を生み出すために、人とアイデア、モノといった予想可能な資源を整理するということになる。しかし、ネットワーク経済による良好な結果の多くは計画されたものではない。また、不安定な結果に対応するための最善の人為的プロセスがチームワークであり、かつては「cooperation」という言葉が使われていた。

これは、共同、自己管理、非階層制のチームという意味が込められていて、最も技術的に進歩した労働の形だ。しかし、労働力の大部分は罰金や規律、暴力、権力の階層制という世界に閉じ込められている。安い労働力を利用できる文化が存在し、劣悪な状態が続いているからだ。

移行プロセスの重要な目標とは、第3の経営改革――管理者や労働組合、産業システム設計者が、ネットワーク化やモジュール化、柔軟性のあるチームワークへの移行にある可能性に熱心になること――を推し進めることだろう。

「労働は遊びになるはずがない」とマルクスは書いた。[11] しかし、最新ビデオゲームの設計のワークショップでの雰囲気を見れば、労働になったり、遊びになったりと、かなり自由に変化して結果を生み出していることがわかる。ギターやソファー、ビリヤード台があって、ピザの箱のごみが積み上げられているような仕事場でも、搾取はあるかもしれない。しかし、従業員が自主性を高く持っていて、モジュール式で目標設定によって駆り立てられる労働なら、疎外されることは少なく、より社会的により楽しく働ける。そして、もっと良い結果がもたらされる。

もし、食肉加工の作業でも、管理されず、モジュール式で行われ、遊びが取り入れられていて、ネットワーク化された情報にアクセスできる権利もあるという状況なのに、それでは満足できないと言う労働者がいたら、その人は安い労働と非効率の中毒になっているとしか考えられない。新自由主義が行き詰まっていることを最も顕著に表しているのが、高い生産性と満足できる仕事を理想に掲げる21世紀の管理者と大半の投資家が、そうした働き方を敵対視していることだ。それは、1914年以前の管理者が取りつかれていたことである。

目標を追求する際には、どうやら一般的なパターンが現れるようだ。チームで作業する人々のグループが協働思考とネットワークを適用すれば、古い方法で行えることを発見した。ポスト資本主義への移行をけん引しているのは、まさにその方法なのだ。

そして、私たちが探し求めていることは、モノをより安く生産し、社会全体を作り上げて利益をもたらすという急速な技術的飛躍である。ネットワーク化された経済（中央銀行から地元の住宅協同組合まで）で意思決定のために行わなくてはならないことは、ネットワークと階層制、組織、市場の相互作用を理解すること、それぞれの国家でモデル作成をすること、変化を提案してその影響を観察し、それに応じて目的を調整することとなる。

しかし、私たちはこれらを合理的に試みようとしているのだが、これだけでは統制されたプロセスにならないように思う。そこで、考えられるネットワーク（そしてその中にいる個人）ができる最も重要なことは、**これまで述べてきたあらゆることを中断させる**ことだ。グループの考えや意見が食い違う問題に直面したとき、経済プロジェクトの作成段階であっても、実行段階であっても、ネットワークは優れたツールとなるはずだ。ネットワークであれば、私たちがお互いの意見にただ反対するのではなくて、議論から離れて、自分自身の別の案に取り掛かることができるからだ。

私たちに必要なのは、臆することなくユートピアを掲げることである。初期の資本主義で最も有能な企業家たちはまさにユートピアンだったし、人類の解放に貢献した先駆者たちもみなそうだった。

では、何が最終段階だろうか。これはふさわしくない質問だ。第８章の１人当たりのＧＤＰを見てみればわかるだろう。人間の歴史全体にわたり、産業革命までは成長率は横ばいだった。その後急激に伸び、１９４５年以降は、いくつかの国々で飛躍的に上昇した。世界中の国が完全に急成長するときに何かが起こるはずだ。それを引き起こすのがポスト資本主義であり、これが始まりの段階となる。

シリコンから食料、衣類、交通システム、医療まで、著しい技術変化が段階的に起これば、労働力の再生産コストが劇的に縮小するようになる。この時点で、人類史の特徴とも言える経済問題は縮小するか消滅するだろう。そこで、私たちが関心を持つのが、おそらく経済学の分野における持続可能性の問題と、それを超えた人間生活で繰り返される競争の相互影響となるだろう。

だから、最終段階を探すのではなく、逆行にどう対処するか、あるいは行き詰まりをどう避けるかについて考えることがより重要になってくる。

失敗の経験を継続的にデータに残し、後戻りをしたり、修正したり、または教訓にしたりできるようにするにはどうしたらよいのかという問題がある。ネットワークは記憶装置としては優れていない。記録と活動をその機械の別々の部分に保管するような設計になっているからだ。階層制は記憶に優れている。だから、教訓を記憶にとどめて一定の手順で行う方法を考え出すことが重要となる。この差を解決するにはコーヒーショップから国家まであらゆる活動に機能を記憶し保持する活動を付け加えるだけでよいだろう。新自由主義は、創造的破壊を好むので、喜んで記憶機能を不能にする。政策決定を側近だけで行った英元首相トニー・ブレアの「ソファー政治」や、古い企業組織の分裂など、出来事を記録に残したい人など誰もいない。

最終的に私たちが試みようとしていることは、地球上のできる限り多くの人間活動を、豊かで複雑な人間生活を支えるのに不可欠な労働が減少する局面に移行させることだけだ。このプロセスで、ネットワークと階層制の区分がさらにあいまいなものになる。

これは本物？

これだけ大規模な提案を突きつけられたら、しりごみするのも無理はないだろう。そういうときは自問してみることだ。500年の変化が進行中で、50年の危機の真っ只中にいるというのは本当のことなのか？　法律や市場、ビジネスモデルは、新たに現れるかもしれない情報技術に合わせて大きく変化しなくてはならないのか？　取るに足らない個人であっても、真の影響力があるというのは本当なのか？

人類の大半は毎日、さまざまな種類のテクノロジーによって引き起こされる大きな変化に関わっている。その1つが避妊用ピルだ。これは、一度限りの取り戻せない男性の生物学的な力を無効にする。そのことが大きなトラウマを引き起こしているのだ。それがどんなものかは、ツイッターやフェイスブックでセックスに強そうな女性を探し回っている状況や、精神空間に入り込んで精神を破壊するゲーマーゲート事件にまつわるカルトによる攻撃を見ればわかる。(訳注2)一方、避妊用ピルは女性の解放を前進させてもいる。

4万年におよぶジェンダーシステムの抑圧が解放されようとしているのを目の当たりにしているというのに、ほんの200年間の非現実的なユートピアという経済システムが廃止されるのをまだ見ていないというのは実にばかばかしいことだ。

【訳注2】ゲームに関わる性差別をめぐる事件。女性ゲーム開発者が、ゲーム記者に良い批評を書いてもらう目的で男女関係を利用した、という疑惑がネットに広まったことが発端となり、関係者や女性を擁護する人たちの個人情報をネットに公開したり、脅迫したりする事件に発展した。

私たちは可能性の瞬間に立ち会っている。それは、自由市場や市場、炭素、強制労働を超える統制された移行の瞬間だ。

国家はどうなるのだろうか。おそらく、国家の権力は徐々に衰え、最終的に、その機能は社会に引き継がれることになる。私がこれまで試みてきたことは、国家を有用だとみなしている人たちにとっても、そう考えていない人たちにとっても、このプロジェクトが有用になるようにすることだ。読者も、無政府主義者のモデルや国家統制主義者のモデルを作成して、試してみることができるだろう。おそらく、ポスト資本主義の保守的なモデルもある。どうぞ、お試しあれ。

1%の富裕層を解放する

1%の富裕層はどうなるのだろうか。富裕層は貧しくなる。そのため、もっと幸せになるだろう。というのも、金持ちでいるのは辛いことだからだ。

オーストラリアで、ボンダイビーチからタマラマビーチまでジョギングする女性たちを毎朝見かけた。1%の富裕層だ。ライクラ素材のスポーツウェアでめかしこんでいるが、実は安っぽいスポーツウェアを高価に見せるためにゴールドの文字を入れたようだ。彼女たちは、自分は特別な存在だから成功しているのだ、というアイデンティティを持っている。けれど、見た目も振る舞いもほかの女性と変わらない。

所変わって、朝焼けに包まれた上海やシンガポールの高層ビルの中層階にあるジムで、ビジネスマンがランニングマシンの上をドタドタ走っている。その日は自分とまったく同じ部類の人たちとのコンペが控えている。ボディーガード付きの中央アジアの富裕層が世界を略奪し始める日がくるだろう。長距離フライトで移動中のグローバル・エリートたちが、ファーストクラスのキャビンで、ノートパソコンに向けた顔をときどきしかめている。彼らは世界がどうであるべきかを示す生きた理想像とも言える。高い教育を受け、寛容で、裕福な人たち。人類が着陸しようとしている、ソーシャルコミュニケーションの壮大な実験場からは除外されている人たちだ。

米国のCEOのうち、本物のツイッターのアカウントを持っている人は8％しかいない。下位にいる人が彼らのために、アカウントを管理することができるのだが、財務諸表を作成する規則や、サイバーセキュリティのために、権力者のソーシャルメディアのアカウントは現実のものにはならないのだ。アイデアに関しては、グローバル・エリートたちは、新自由主義のドクトリンに従う限り、彼らが好むどんなアイデアでも持つことができる。そのドクトリンとは、「才能があるという理由で最も優秀な人が勝つ」、「市場は合理性の現れ」、「先進国の労働者は相当な怠け者」、「金持ちに課税しても効果がない」というものだ。

賢い人だけが成功すると信じて、彼らは子どもを学費の高い私立学校に入れ、独自性に磨きをかける。しかし、結果は誰もが同じだ。結局はみんなミルトン・フリードマンやクリスティーヌ・ラガルドの小型版に収まる。彼らはエリート大学に入学するが、ハーバードやケンブリッジ、マサチューセッツ工科大学（ＭＩＴ）などの有名大学のロゴが入ったフード付きのトレーナーに意味はない。アイビーリーグのトレーナーは、この金ぴかの世界に足を踏み入れたというただの目印に過ぎない。

富裕層に成り上がった者たちは疑念を抱いている。資本主義はダイナミックだ、だからすばらしい、という考えは彼らの自信からくるもので、資本主義がダイナミズムに感じるのは実は、単に安い労働と抑制された民主主義によって豊富に供給されているからなのだ。そのため、格差が拡大しつつある。独自性という神話がはびこっているが、彼らも庶民層と大差はない。世間から離れて生きていると、すべてを失うときがくるのを常に恐れている。私はべつに冗談を言っているわけではない、金持ちで居続けるのは辛いことなのだ。

つまるところ、彼らは自分たちの暮らしが崩壊にどれほど近づいているか知っているのだ。彼らが今もなお所有しているものはすべて国家が支払ったものとなる。つまり、国家が彼らを救済したというわけだ。

今日、西側諸国で、ブルジョワジーでいるということは社会自由主義であるということだ。彼らは美術品に傾倒し、民主主義や法の支配に関わり、慈善団体に寄付し、わざとらしく自制しているように見せかけて権力を振りかざしていることを隠している。

危機が長引いたことで、西側のエリートによる自由主義への関与が徐々に小さくなり、危険な状態にある。新興国の詐欺師や独裁者たちがすでに影響を及ぼし、社会的地位を確立している。法律事務所やＰＲコンサルタント、会社でさえ、その中に入ると彼らのパワーを感じることができる。

西側のエリートが、プーチンや習近平と肩を並べるほどになるまでにどれだけの年月がかかるだろうか。大学のキャンパスで耳にすることがあるかもしれない。「民主主義がなくても資本主義がうまく機能することを中国が示している」と。こんな話題が一般的に交わされるようになった。1％の富裕層の自信は衰退の危機にあり、あからさまな寡頭政治に取って代わられようとしている。

しかし、良いニュースがある。

残り99％が救済にやってくる。

ポスト資本主義が1％の富裕層を自由にしてくれるだろう。

謝辞

本書の出版にあたり、力を貸していただいた、たくさんの人たちに感謝の言葉を伝えたい。ペンギン・ブックスの編集者トマス・ペン、原稿整理編集者のシャン・バヒディとベラ・クーニャに感謝したい。また、著作権エージェント、エイトケン・アレクサンダーの担当エージェント、マシュー・ハミルトンと前担当エージェントのアンドリュー・キッドにもお礼を言いたい。本書の下書きのためにプラットフォームを与えてくれ、質問に答えてくれた人たちと所属する組織を次に挙げる。英国国立科学技術芸術基金（NESTA）主催のフューチャーフェスタのパット・ケイン、ウルヴァーハンプトン大学のマイク・ヘインズ、カリフォルニア大学ロサンゼルス校、社会理論・比較歴史センターのロバート・ブレナー、2013年にアムステルダムで開催されたニュースサイト「グローバル・アップライジング！」会議のマリアンヌ・メーケルバーグとブランドン・ジョーダン、英国リーズ市を拠点とするオペラ・ノース。また、本書の主題を考えるにあたって助言をいただいたモアソン・グループのアーロン・バスタニ、エレノア・サイッタ、クイン・ノートン、モーリー・クラバップル、ローリー・ペニー、アントニス・ブレイディス、ディミトリス・ダラコグロウ、エワ・ジャシュウィッツ、エマ・ダウリング、スティーブ・キーン、アーサー・バウ、シド・カーソンに特に感謝を述べたい。また、初回原稿を書き上げるのに1カ月の無給休暇を取らせてくれたチャンネル4ニュースの編集者ベン・デ・ピアにもお礼を言いたい。本書を執筆するために発想を与えてくれたチャンネル4ニュース、私のアイデアをコラムに書かせてくれたガーディアンG2誌の編集者マリク・ミーアに感謝する。最後に私の妻ジェーン・ブルートンに。彼女の支えと愛と才気がなければ、本書が完成することはなかっただろう。

ポストキャピタリズム
資本主義以後の世界

2017年10月5日　第1刷発行
2020年8月14日　第2刷発行

著　者――ポール・メイソン
訳　者――佐々とも
発行者――駒橋憲一
発行所――東洋経済新報社
〒103-8345　東京都中央区日本橋本石町1-2-1
電話＝東洋経済コールセンター　03(6386)1040
https://toyokeizai.net/

装　丁…………橋爪朋世
ＤＴＰ…………アイランドコレクション
印　刷…………東港出版印刷
製　本…………積信堂
編集担当………渡辺智顕
Printed in Japan　ISBN 978-4-492-31503-3

【著者紹介】

ポール・メイソン（Paul Mason）

英国のジャーナリスト兼ブロードキャスター。優れたジャーナリストに贈られる「ウィンコット賞」など数々の賞を受賞。英TV局チャンネル4の経済担当編集者を経てフリーランスに転身した。主な著書に*Meltdown: The End of the Age of Greed*や*Why It's Kicking Off Everywhere: The New Global Revolutions*ほか多数。ガーディアン紙やニュー・ステーツマン誌などにも執筆している。

【訳者紹介】

佐々とも（ささ・とも）

翻訳者、ライター。環境、経済、エネルギーなどの分野で翻訳や執筆を手がける。幸せ経済社会研究所（http://ishes.org）ほかへの寄稿多数。

注

プロローグ

1. http://www.worldbank.org/en/country/moldova/overview
2. 'Policy challenges for the next 50 years', OECD, 2014
3. http://openeurope.org.uk/blog/greece-folds-this-hand-but-long-term-game-of-poker-with-eurozone-continues/
4. L. Cox and A. G. Nilsen, *We Make Our Own History* (London, 2014)
5. http://oll.libertyfund.org/titles/2593#Thelwall_RightsNature1621_16
6. M. Castells, *Alternative Economic Cultures*, BBC Radio 4, 21 October 2012
7. D. Mackieほか、'The Euro-area Adjustment: About Halfway There', JP Morgan, 28 May 2013

第1部

1. C. Kindleberger, *Comparative Political Economy: A Retrospective* (Cambridge, MA, 2000), p. 319

第1章　新自由主義の崩壊

1. P. Mason, 'Bank Balance Sheets Become Focus of Scrutiny', 28 July 2008, http://www.bbc.co.uk/blogs/newsnight/paulmason/2008/07/bank_balance_sheets_become_foc.html
2. http://money.cnn.com/2007/11/27/news/newsmakers/gross_banking.fortune/
3. P. Mason, *Meltdown: The End of the Age of Greed* (London, 2009)
4. http://www.telegraph.co.uk/finance/financetopics/davos/9041442/Davos-2012-Prudential-chief-Tidjane-Thiam-says-minimum-wage-is-a-machine-to-destroy-jobs.html
5. http://ftalphaville.ft.com/2014/02/07/1763792/a-lesson-from-japans-falling-real-wages/;http://www.social-europe.eu/2013/05/real-wages-in-the-eurozone-not-a-double-but-a-continuing-dip/;http://cep.lse.ac.uk/pubs/download/cp422.pdf
6. D. Fiaschiほか、'The Interrupted Power Law and the Size of Shadow Banking', 4 April 2014, http://arxiv.org/pdf/1309.2130v4.pdf
7. http://www.theguardian.com/news/datablog/2015/feb/05/global-debt-has-grown-by-57-trillion-in-seven-years-following-the-financial-crisis
8. http://jenner.com/lehman/VOLUME% 203.pdf p 742
9. http://www.sec.gov/news/studies/2008/craexamination070808.pdf p12
10. http://www.investmentweek.co.uk/investment-week/news/2187554/-done-for-

boy-barclays-libor-messages

11. J. M. Keynes, *The General Theory of Employment, Interest and Money* (Cambridge, 1936), p. 293: http://www.marxists.org/reference/subject/economics/keynes/general-theory/ch21.htm（ケインズ著、間宮陽介訳『雇用、利子および貨幣の一般理論（上）（下）』岩波書店、2008年）
12. http://www.ftense.com/2014/10/total-global-debt-crosses-100-trillion.html
13. http://www.internetworldstats.com/emarketing.htm
14. http://cleantechnica.com/2014/04/13/world-solar-power-capacity-increased-35-2013-charts/
15. L. Summers, 'Reflections on the New Secular Stagnation Hypothesis', in C. Teulings and R. Baldwin (eds.), *Secular Stagnation: Facts, Causes, and Cures*, VoxEU.org (August 2014)
16. R. Gordon, 'The Turtle's Progress: Secular Stagnation Meets the Headwinds' in Teulings and Baldwin (eds.), *Secular Stagnation*
17. http://www.constitution.org/mon/greenspan_gold.htm
18. http://www.treasury.gov/ticdata/Publish/mfh.txt
19. R. Duncan, *The New Depression: The Breakdown of the Paper Money Economy* (Singapore, 2012)
20. http://www.washingtonpost.com/blogs/wonkblog/wp/2013/01/18/breaking-inside-the-feds-2007-crisis-response/?wprss = rss_ezra-klein
21. http://www.economist.com/blogs/freeexchange/2011/08/markets-and-fed
22. http://www.multpl.com
23. http://www.federalreserve.gov/boardDocs/speeches/2002 /20021121/default.htm
24. http://www.economist.com/blogs/freeexchange/2013/11/unconventional-monetary-policy
25. D. Schlichter, *Paper Money Collapse: The Folly of Elastic Mone*y (London, 2012), loc 836
26. D. Graeber, *Debt: The First 5000 Years* (London, 2011)
27. G. R. Krippner, 'The Financialization of the American Economy', *Socio-Economic Review*, 3, 2 (May 2005), p. 173
28. C. Lapavitsas, 'Financialised Capitalism: Crisis and Financial Expropriation', RMF Paper 1, 15 February 2009
29. A. Brender and F. Pisani, *Global Imbalances and the Collapse of Globalised Finance* (Brussels, 2010)
30. F. Braudel, *Civilization and Capitalism, 15th–18th Century: The Perspective of the World* (Berkeley and Los Angeles, 1992), p. 246

31. IMF, 'World Economic Outlook', October 2013 (「世界経済見通し」)
32. Brender and Pisani, *Global Imbalances*, p. 2
33. B. Eichengreen, 'A Requiem for Global Imbalances', *Project Syndicate*, 13 January 2014
34. http://www.tradingeconomics.com/china/foreign-exchange-reserves
35. http://www.imf.org/external/np/sta/cofer/eng/
36. L. Floridi, *The Philosophy of Information* (Oxford, 2011), p. 4
37. M. Foucault, *The Birth of Biopolitics: Lectures at the Collège de France, 1978–79*, trans. G. Burchell (New York, 2008) (ミシェル・フーコー著、慎改康之訳『生政治の誕生 (コレージュ・ド・フランス講義1978–1979)』ミシェル・フーコー講義集成〈8〉、筑摩書房、2008年)
38. http://www.techopedia.com/definition/29066/metcalfes-law
39. 'Measuring the Internet Economy: A Contribution to the Research Agenda', OECD, 2013
40. H. Braconier, G. Nicoletti and B. Westmore, 'Policy Challenges for the Next 50 Years', OECD, 2014

第2章　コンドラチェフの長い波、短い記憶

1. N. Kondratieff, Letter, 17 November 1937, in N. Makasheva, W. Samuels and V. Barnett (eds.), *The Works of Nikolai D. Kondratiev* (London, 1998), vol. IV, p. 313
2. Makasheva, Samuels and Barnett (eds.), *Nikolai D. Kondratiev*, vol. I, p. 108
3. E. Mansfield, 'Long Waves and Technological Innovation,' *The American Economic Review*, 73 (2) (1983), p. 141, http://www.jstor.org/stable/1816829?seq=2
4. G. Lyons, *The Supercycle Report* (London, 2010)
5. C. Perez, 'Financial Bubbles, Crises and the Role of Government in Unleashing Golden Ages', FINNOV, London, January 2012
6. N. Kondratieff, 'The Long Wave Cycle', trans. G. Daniels (New York, 1984), pp. 104–5. (ダニエルの1926年の翻訳を選んだのは、マカシェーバほかの訳よりも専門用語がわかりやすいからである)
7. 同上、p. 99
8. 同上、p. 68
9. 同上
10. 同上、p. 93
11. https://www.marxists.org/archive/trotsky/1923/04/capdevel.htm

12. Kondratieff, 'The Long Wave Cycle', p. xx
13. Makasheva, Samuels and Barnett (eds.), *Nikolai D. Kondratiev*, vol. I, p. 116
14. 同上、p. 113
15. J. L. Klein, 'The Rise of "Non-October" Econometrics: Kondratiev and Slutsky at the Moscow Conjuncture Institute', *History of Political Economy*, 31:1 (1999), pp. 137–68
16. E. Slutsky, 'The Summation of Random Causes as the Source of Cyclical Processes', *Econometrica*, 5(1937), pp. 105–46, 以下に引用、V. Barnett, 'Chancing an Interpretation: Slutsky's Random Cycles Revisited', *European Journal of the History of Economic Thought*, 13:3 (September 2006), p. 416
17. Klein, 'Rise of "Non-October" Econometrics'; p. 157
18. Slutsky, 同上に引用、p. 156
19. コンドラチェフへの統計上の批判は次を参照。R. Metz, 'Do Kondratieff Waves Exist? How Time Series Techniques Can Help to Solve the Problem', *Cliometrica*, 5 (2011), pp. 205–38
20. A. V. Korotayev and S. V. Tsirel, 'A Spectral Analysis of World GDP Dynamics: Kondratieff Waves, Kuznets Swings; Juglar and Kitchin Cycles in Global Economic Development and the 2008–09 Economic Crisis', *Structure and Dynamics*, 4 (1) (2010)
21. C. Marchetti, 'Fifty Year Pulsation in Human Affairs: An Analysis of Some Physical Indicators', *Futures*, 17 (3) (1987), p. 376
22. J. Schumpeter, *Business Cycles: A Theoretical, Historical and Statistical Analysis of the Capitalist Process* (New York, 1939), p. 82 (シュムペーター著、金融経済研究所訳『景気循環論――資本主義過程の理論的・歴史的・統計的分析 (1) ～ (5)』有斐閣、2001年)
23. 同上、p. 213
24. C. Perez, *Technological Revolutions and Finance Capital: The Dynamics of Bubbles and Golden Ages* (Cheltenham, 2002), p. 5

第3章　マルクスは正しかったのか

1. K. Marx, *Capital*, vol. 3 (Chicago, 1990), http://www.marxists.org/archive/marx/works/1894-c3/ch15.htm (カール・マルクス著、マルクス=エンゲルス全集刊行委員会訳『合本　資本論　全』大月書店、1982年)
2. https://www.marxists.org/archive/marx/works/1894-c3/ch27.htm
3. K. Marx, Preface to *A Contribution to the Critique of Political Economy* (Moscow, 1977), http://www.marxists.org/archive/marx/works/1859/critiquepol-

economy/preface-abs.htm（カール・マルクス著、武田隆夫ほか訳『経済学批判』岩波書店、1956年）

4. K. Kautsky, *The Class Struggle* (1892), trans. by William E. Bohn and Charles H. Kerr (Chicago, 1910), p. 83
5. H. and J. M. Tudor, *Marxism and Social Democracy: The Revisionist Debate, 1896–8* (Cambridge, 1988)
6. G. Kolko, *The Triumph of Conservatism: A Reinterpretation of American History 1900–1916* (New York, 1963)
7. http://www.slate.com/articles/technology/technology/features/2010/the_great_american_information_emperors/how_theodore_vail_built_the_att_monopoly.html
8. http://www.hbs.edu/faculty/Publication%20Files/07-011.pdf
9. L. Peters, 'Managing Competition in German Coal, 1893–1913', *The Journal of Economic History*, 49/2 (1989), pp. 419–33.
10. H. Morikawa, *Zaibatsu: Rise and Fall of Family Enterprise Groups in Japan* (Tokyo, 1992)（森川英正著『財閥の経営史的研究』東洋経済新報社、1980年）
11. Kolko, *The Triumph of Conservatism*
12. K. O'Rourke, 'Tariffs and Growth in the Late 19th Century', *The Economic Journal*, 110 (2000), pp. 456–83
13. http://www.worldeconomics.com/Data/MadisonHistoricalGDP/Madison%20Historica%20GDP%20Data.efp
14. http://www.marxists.org/archive/hilferding/1910/finkap/preface.htm
15. P. Michaelides and J. Milios, 'Did Hilferding Influence Schumpeter?', *History of Economics Review*, 41 (Winter 2005), pp. 98–125
16. https://www.marxists.org/archive/lenin/works/1916/oct/x01.htm
17. R. Luxemburg, *The Accumulation of Capital* (New Haven, 1951), p. 468（ローザ・ルクセンブルグ著、長谷部文雄訳『資本蓄積論（上）（中）（下）』岩波書店、1934年）
18. bentinck.net, Berlin Cinemas, 1975
19. http://www.marxists.org/archive/lenin/works/1916/imp-hsc/ch10.htm
20. http://www.marxists.org/archive/bukharin/works/1917/imperial/15.htm
21. K. Kautsky, 'Ultra-imperialism', *Die Neue Zeit*, September 1914, http://www.marxists.org/archive/kautsky/1914/09/ultra-imp.htm
22. M. Ried, 'A Decade of Collective Economy in Austria', *Annals of Public and Co-operative Economics*, vol. 5 (1929), p. 70
23. E. Varga, 'Die Wirtschaftlichen Problem der proletarischen Diktats', 以下に引用、H. Strobel, *Socialisation in Theory and Practice* (London, 1922), p. 150

24. J. M. Keynes, *The Economic Consequences of the Peace* (New York, 1920), p. 1, http://www.econlib.org/library/YPDBooks/Keynes/kyns CP1.html (J. M. ケインズ著、早坂忠訳『平和の経済的帰結』ケインズ全集第2巻、東洋経済新報社、1977年)
25. E. Varga, *The Great Crisis and its Political Consequences: Economics and Politics. 1928–1934* (London, 1935), p. 20
26. http://www.marxists.org/archive/trotsky/1938/tp/tp-text.htm
27. http://www.marxists.org/archive/bukharin/works/1928/09/x01.htm
28. http://www.internationalviewpoint.org/spip.php?article1894
29. http://larrysummers.com/wp-content/uploads/2014/06/NABE-speech-Lawrence-H.-Summers1.pdf
30. C. Perez, *Technological Revolutions and Finance Capital: The Dynamics of Bubbles and Golden Ages* (Cheltenham, 2002)
31. Maddison data for 1950から計算、http://www.ggdc.net/maddison/oriindex.htm

第4章　長く混乱した波

1. A. Horne, *Macmillan: The Official Biography*, vol. II (London, 1989)
2. N. Crafts and G. Toniolo, 'Postwar Growth: An Overview', in N. Crafts and G. Toniolo, *Economic Growth in Europe since 1945* (Cambridge, 1996), p. 4
3. Maddison data
4. Crafts and Toniolo, *Economic Growth in Europe*, p. 2
5. S. Pollard, *The International Economy since 1945* (London, 1997), loc 232
6. http://www.russellsage.org/sites/all/files/chartbook/Income%20and%20Earnings.pdf
7. http://www.esri.go.jp/jp/workshop/050914/050914moriguchi_saez-2.pdf
8. G. Federico, *Feeding the World: An Economic History of Agriculture 1800–2000* (Princeton, 2005), p. 59; C. Dmitri, A. Effland and N. Conklin, 'The 20th Century Transformation of US Agriculture and Farm Policy', USDA Economic Information Bulletin 3, 2005
9. C. T. Evans, 'Debate in the Soviet Union? Evgenii Varga and His Analysis of Postwar Capitalism, 1946–1950', *Essays in History*, 32 (1989), pp. 1–17
10. E. Varga, *Izmeneniia v ekonomike kapitalizm v itoge vtoroi mirovoi voiny* (Moscow, 1946)
11. http://www.marxist.com/TUT/TUT5-I.html
12. A. Crosland, *The Future of Socialism* (London, 1956) (C. A. R. クロスランド著、関嘉彦監訳『福祉国家の将来1・2』論争社、1961年)

13. P. Baran and P. Sweezy, *Monopoly Capital: An Essay on the American Social Order* (New York, 1966)（ポール・バラン、ポール・スウィージー著、小原敬士訳『独占資本——アメリカの経済・社会秩序にかんする試論』岩波書店、1967年）
14. http://external.worldbankimflib.org/Bwf/60panel2.htm
15. H. Hazlitt, 'For World Inflation?', 24 June 1944, in H. Hazlitt, *From Bretton Woods to World Inflation: A Study of Causes and Consequences* (Chicago, 1984), p. 39
16. J. A. Feinman, 'Reserve Requirements: History, Current Practice, and Potential Reform', *Federal Reserve Bulletin*, June 1993, p. 587
17. C. Reinhart and B. M. Sbrancia, 'The Liquidation of Government Debt', NBER Working Paper 16893, March 2011, p. 21, http://www.nber.org/papers/w16893
18. 同上、p. 38
19. I. Stewart, *Organizing Scientific Research for War, An Administrative History of the Office of Scientific Research and Development* (Boston, 1948), p. 19
20. 同上、p. 59
21. J. Gleick, *The Information: A History, a Theory, a Flood* (New York, 2011), loc 2998
22. A. Glynほか、'The Rise and Fall of the Golden Age', WIDER Working Paper 43, April 1988, p. 2
23. http://www.nber.org/chapters/c9101.pdf p485
24. http://irps.ucsd.edu/assets/001/500904.pdf
25. Glynほか、'The Rise and Fall of the Golden Age', p. 112
26. 同上、p. 23
27. 例えば、次を参照。P. M. Garber, 'The Collapse of the Bretton Woods Fixed Exchange Rate System', in M. Bordo and B. Eichengreen, *A Retrospective on the Bretton Woods System: Lessons for International Monetary Reform* (Chicago, 1993), pp. 461–94
28. M. Ichiyo, 'Class Struggle and Technological Innovation in Japan since 1945', *Notebooks for Study and Research*, 5 (1987), p. 10
29. 'The Sick Man of the Euro' *The Economist*, 3 June 1999, http://www.economist.com/node/209559
30. http://www.washingtonpost.com/blogs/worldviews/wp/2015/02/20/germanys-economy-is-the-envy-of-europe-so-why-are-record-numbers-of-people-living-in-poverty/
31. G. Mayer, 'Union Membership Trends in the United States,' Congressional Research Service, 2004

32. J. Vissier, 'Union Membership Statistics in 24 Countries', *Monthly Labor Review*, January 2006, p. 38, http://www.bls.gov/opub/mlr/2006/01/art3full.pdf
33. E. Stockhammer, 'Why Have Wage Shares Fallen? A Panel Analysis of the Determinants of Functional Income Distribution' ILO Research Paper, 2013
34. A. V. Korotaev and S. V. Tsirel, 'A Spectral Analysis of World GDP Dynamics: Kondratieff Waves, Kuznets Swings; Juglar and Kitchin Cycles in Global Economic Development and the 2008–09 Economic Crisis', *Structure and Dynamics*, 4 (1) (2010)
35. http://www.tradingeconomics.com/united-states/bank-lending-rate
36. John F. Pappほか、'Cr, Cu, Mn, Mo, Ni, and Steel Commodity Price Influences, Version 1.1', US Geological Survey Open-File Report 2007–1257, p. 112
37. http://www.imf.org/external/pubs/ft/fandd/2011/03/picture.htm
38. http://dollardaze.org/blog/?post_id = 00565
39. www.the-crises.com
40. S. Khatiwada, 'Did the Financial Sector Profit at the Expense of the Rest of the Economy? Evidence from the United States', ILO Research Paper, 2010
41. http://unctadstat.unctad.org/TableViewer/tableView.aspx
42. http://unctadstat.unctad.org/TableViewer/tableView.aspx
43. D. McWilliams, 'The Greatest Ever Economic Change', Gresham Lecture, 13 September 2012, http://www.gresham.ac.uk/lectures-and-events/the-greatest-ever-economic-change
44. 例えば、次を参照。S. Amin, *Unequal Development: An Essay on the Social Formations of Peripheral Capitalism* (New York, 1976)
45. D. Milanovic, 'Global Income Inequality by the Numbers: In History and Now', Policy Research Working Paper 6259, World Bank, November 2012, p. 13
46. R. Freeman, 'The New Global Labor Market', *Focus*, vol. 26 (1) (2008), University of Wisconsin–Madison Institute for Research on Poverty, http://www.irp.wisc.edu/publications/focus/pdfs/foc261a.pdf
47. S. Kapsos and E. Bourmpoula, 'Employment and Economic Class in the Developing World', ILO Research Paper 6, June 2013

第2部

1. K. Kelly, 'New Rules for the New Economy', *Wired*, 5 September 1977, http://www.archive.wired.com/wired/archive/5.09/newrules.html

第5章　ポスト資本主義の予言者

1. R. Singh, 'Civil Aero Gas Turbines: Technology and Strategy', Speech, Cranfield University, 24 April 2001, p. 5
2. J. Leahy, 'Navigating the Future', Global Market Forecast 2012–2031, Airbus, 2011
3. D. Leeほか、'Aviation and Global Climate Change in the 21st Century', *Atmospheric Aviation,* vol. 43, 2009, pp. 3520–37
4. M. Gellほか、'The Development of Single Crystal Superalloy Turbine Blades', *Superalloys,* 1980, p. 205
5. http://www.mtu.de/en/technologies/engineering_news/others/Sieber_Aero_Engine_Roadmap_en.pdf
6. SAS Institute/CEBR, June 2013のバランスシートのデータ。
7. P. Drucker, *Post-capitalist Society* (Oxford, 1993), p. 40（P・F・ドラッカー著、上田惇生訳『ポスト資本主義』ダイヤモンド社、2007年）
8. 同上、p. 175
9. 同上、p. 193
10. Y. Peng, 'Internet Use of Migrant Workers in the Pearl River Delta', in P.-L. Law (ed.), *New Connectivities in China: Virtual, Actual and Local Interactions* (Dordrecht, 2012), p. 94
11. P. Romer, 'Endogenous Technological Change', *Journal of Political Economy,* vol. 98, no. 5, pt 2 (1990), pp. S71–S102
12. 同上、p. S72
13. 同上、pp. S71–S102
14. http://www.billboard.com/biz/articles/news/digital-and-mobile/1567869/business-matters-average-itunes-account-generates-just
15. D. Warsh, *Knowledge and the Wealth of Nations: A Story of Economic Discovery* (New York, 2007)
16. http://en.wikipedia.org/wiki/Apple_A7#cite_note-AnandTech-iPhone5s-A7-2
17. http://commons.wikimedia.org/wiki/File:Bill_Gates_Letter_to_Hobbyists. Jpg
18. R. Stallman, *The GNU Manifesto,* March 1985, http://www.gnu.org/gnu/manifesto.html（「GNU宣言」）
19. http://gs.statcounter.com
20. http://www.businessinsider.com/android-market-share-2012-11
21. K. Kelly, 'New Rules for the New Economy', *Wired,* 5 September 1977, http://www.wired.com/wired/archive/5.09/newrules.html
22. 同上

23. 同上
24. http://www.digitaltrends.com/mobile/history-of-samsungs-galaxy-phones-and-tablets/
25. http://www.emc.com/collateral/analyst-reports/idc-the-digital-universe-in-2020.pdf
26. http://www.itu.int/en/ITU-D/Statistics/Pages/stat/default.aspx
27. Kelly, http://www.wired.com/wired/archive/5009/newrules.html
28. 同上
29. R. Konrad, 'Trouble Ahead, Trouble Behind', cnet, 22 February 2002, http://news.cnet.com/2008-1082-843349.html
30. Y. Benkler, *The Wealth of Networks: How Social Production Transforms Markets and Freedom* (New Haven, 2006)
31. 同上
32. http://en.wikipedia.org/wiki/Wikipedia:Wikipedians
33. https://wikimediafoundation.org/wiki/Staff_and_contractors
34. http://en.wikipedia.org/wiki/Wikipedia, accessed 28 December 2013
35. http://www.alexa.com/topsites
36. www.monetizepros.com/blog/2013/analysis-how-wikipedia-could-make-2-8-billion-in-annual-revenue/
37. K. Arrow, 'Economic Welfare and the Allocation of Resources for Invention', in *The Rate and Direction of Inventive Activity: Economic and Social Factors*, NBER, 1962, pp. 609–26
38. *MEW* (MarxEngelsWerke), vol. 29 (London, 1987), p. 225
39. M. Nikolaus in K. Marx, *Grundrisse* (Harmondsworth, 1973), p. 9
40. K. Marx, *Grundrisse*（カール・マルクス著、高木幸二郎監訳『経済学批判要綱』（全5冊）大月書店、1958–65年）
41. 同上
42. http://distantwriting.co.uk/TelegraphStations1862.html
43. S. Tillotson, 'We May All Soon Be "First-class Men": Gender and Skill in Canada's Early Twentieth Century Urban Telegraph Industry', *Labor/Le Travail*, 27 (Spring 1991), pp. 97–123
44. Marx, *Grundrisse*
45. P. Virno, 'General Intellect', in A. Zanini and U Fadini (eds.), *Lessico Postfordista* (Milan, 2001), trans. A. Bove
46. Marx, *Grundrisse*
47. N. Dyer-Witheford, *Cyber-Marx: Cycles and Circuits of Struggle in High-*

technology Capitalism (Illinois, 1999)

48. Y. Moulier-Boutang, *Cognitive Capitalism* (Cambridge, 2011), p. 53
49. http://ycharts.com/indicators/average_hourly_earnings
50. http://management.fortune.cnn.com/2012/02/13/nike-digital-marketing/
51. C. Vercellone, 'From Formal Subsumption to General Intellect: Elements for a Marxist Reading of the Thesis of Cognitive Capitalism', *Historical Materialism*, 15 (2007), pp. 13–36
52. Dyer-Witheford, *Cyber-Marx*
53. J. Rifkin, *The Zero Marginal Cost Society: The Internet of Things, the Collaborative Commons, and the Eclipse of Capitalism* (New York, 2014)（ジェレミー・リフキン著、柴田裕之訳『限界費用ゼロ社会〈モノのインターネット〉と共有型経済の台頭』NHK出版、2015年）
54. 次を参照。P. Mason, 'WTF is Eleni Haifa?', 20 December 2014, http://www.versobooks.com/blogs/1801-wtf-is-eleni-haifa-a-new-essay-by-paul-mason

第6章　無料の機械に向けて

1. http://www.sns.gov.uk/Simd/Simd.aspx
2. http://www.econlib.org/library/Smith/smWN2.html#B.I,%20Ch.5, %20Of%20the% 20Real% 20and% 20Nominal% 20Price% 20of% 20Commodities
3. A. Smith, *Lectures on Jurisprudence* (Oxford, 1978), p. 351（アダム・スミス著、水田洋訳『法学講義』岩波書店、2005年）
4. これを示すために次を参照。John F. Henry, 'Adam Smith and the Theory of Value: Chapter Six Considered', *History of Economics Review*, 31 (Winter 2000)
5. http://www.econlib.org/library/Smith/smWN2.html
6. 'Towards the Free Machine', http://www.econlib.org/library/Ricardo/ricP1.html
7. D. Ricardo, *On the Principles of Political Economy and Taxation* (London, 1821), ch. 30, http://www.econlib.org/library/Ricardo/ricP7.html1（D.リカードウ著、羽鳥卓也ほか訳『経済学および課税の原理（上）（下）』岩波書店、1987年）
8. http://avalon.law.yale.edu/19th_century/labdef.asp
9. 価値論争のあらゆる議論については以下を参照。I. I. Rubin, *A History of Economic Thought* (London, 1989)
10. http://www.cleanclothes.org/news/2013/11/20/clean-clothes-campaign-disappointed-at-new-bangladesh-minimum-wage-level
11. 小売価格34タカ/kgに対して、1カ月の最低賃金5300タカ（2014年時点）で計算。
12. この部分では、次で示された理論の概要に従った。A.Kliman, *Reclaiming Marx's 'Capital': A Refutation of the Myth of Inconsistency* (Plymouth, 2007)

13. http://www.Icddrb.org/who-we-are/gender-issues/daycare
14. K. Allen, 'The Butterfly Effect: Chinese Dorms and Bangladeshi Factory Fires', *Financial Times*, 25 April 2013, http://blogs.ft.com/ftdata/2013/04/25/the-butterfly-effect-chinese-dorms-and-bangladeshi-factory-fires/?
15. J. Robinson, *Economic Philosophy* (Cambridge, 1962)(J. ロビンソン著、宮崎義一訳『経済学の教え方』岩波書店、1966年)
16. A. Einstein, 'Physics and Reality', *Journal of The Franklin Institute*, vol. 221 (1936), pp. 349–82
17. OECD, 'Education at a Glance 2014: OECD Indicators', OECD, 2014, p. 14(「図表でみる教育」)
18. L. Walras, *Elements of Pure Economics: Or the Theory of Social Wealth*(London, 1900), p. 399(レオン・ワルラス著、久武雅夫訳『純粋経済学要論―社会的富の理論』岩波書店、1983年)
19. http://library.mises.org/books/William%20Smart/An%20Introduction%20to%20the%20Theory%20of%20Value.pdf
20. Walras, *Elements of Pure Economics*, p. 6
21. W. S. Jevons, 'The Periodicity of Commercial Crises, and its Physical Explanation', in R. L. Smyth (ed.), *Essays in the Economics of Socialism and Capitalism: Selected Papers Read to Section F of the British Association for the Advancement of Science, 1886–1932* (London, 1964), pp.125–40
22. C. Menger, *Investigations into the Method of the Social Sciences with Special Reference to Economics*, trans. F. J. Nock (New York, 1985), p. 177(カール・メンガー著、福井孝治・吉田昇三訳『経済学の方法』近代経済学古典選集、日本経済評論社、1986年)
23. S. Keen, *Debunking Economics: The Naked Emperor Dethroned* (London, 2011), loc 474
24. Walras, *Elements of Pure Economics*
25. http://www.ibtimes.co.uk/game-thrones-purple-wedding-becomes-most-shared-illegal-download-ever-1445057
26. J. Hagelほか、'From Exponential Technologies to Exponential Innovation', Deloitte, 2013
27. N. Wiener, *Cybernetics or Control and Communication in the Animal and the Machine* (Cambridge MA, 1948), p. 132(ノーバート・ウィーナー著、池原止戈夫ほか訳『サイバネティックス――動物と機械における制御と通信』岩波書店、2011年)
28. http://www.pitt.edu/~jdnorton/lectures/Rotman_Summer_School_2013/

thermo_computing_docs/Landauer_1961.pdf
29. R. Landauer, 'The Physical Nature of Information', *Physics Letters A*, 217 (1996), pp. 188–93
30. http://spectrum.ieee.org/computing/hardware/landauer-limit-demonstrated
31. http://www.marxists.org/archive/marx/works/1857/grundrisse/ch15.htm
32. V. Naranje and K. Shailendra K, 'AI Applications to Metal Stamping Die Design: A Review', *World Academy of Science, Engineering and Technology*, vol. 4, 2010
33. OECD, 'Measuring the Internet Economy: A Contribution to the Research Agenda', OECD Digital Economy Papers, 226, OECD Publishing, 2013
34. http://dx.doi.org/10.1787/5k43gjg6r8jf-en
35. http://www.bls.gov/news.release/pdf/ocwage.pdf
36. C. B. Frey and M. A. Osborne, 'The Future of Employment: How Susceptible Are Jobs to Computerisation?', Oxford Martin School Working Paper, 2013, p. 38, http://www.futuretech.ox.ac.uk/future-employment-how-susceptible-are-jobs-computerisation-oms-working-paper-dr-carl-benedikt-frey-ms
37. A. Gorz, *Critique of Economic Reason* (London, 1989), p. 127（アンドレ・ゴルツ著、真下俊樹訳『労働のメタモルフォーズ：働くことの意味を求めて：経済的理性批判』緑風出版、1997年）

第7章　美しきトラブルメーカーたち

1. R. Freeman, 'The Great Doubling: Labor in the New Global Economy'. Usery Lecture in Labor Policy, University of Atlanta, GA, 2005
2. T. Piketty, *Capital in the 21st Century* (Harvard, 2014)（トマ・ピケティ著、山形浩生ほか訳『21世紀の資本』みすず書房、2014年）
3. http://newleftreview.org/II/21/fredric-jameson-future-city: 'It seems easier for us today to imagine the thoroughgoing deterioration of the earth and of nature than the breakdown of late capitalism'
4. http://shanghaiist.com/2010/05/26/translated_foxconns_employee_non-su.php
5. 次を参照。P. Mason, 'WTF is Eleni Haifa?', 20 December 2014, http://www.versobooks.com/blogs/1801-wtf-is-eleni-haifa-a-new-essay-by-paul-mason
6. D. A. Galbi, 'Economic Change and Sex Discrimination in the Early English Cotton Factories', 1994, http://papers.ssrn.com/paper.taf?abstract_id = 239564
7. A. Ure, *The Cotton Manufacture of Great Britain Systematically Investigated*, vol. II (London, 1836), p. 176
8. http://www.tandfonline.com/doi/pdf/10.1080/00236568508584785#.UeVsMBY9TCE

9. K. Marx, *Capital*, vol. I, Ch. 15 (London, 1887), p. 287
10. F. Engels, *The Condition of the Working Class in England* (London, 1987), loc 2990（エンゲルス著、一條和生ほか訳『イギリスにおける労働者階級の状態―― 19世紀のロンドンとマンチェスター（上）（下）』岩波書店、1990年）
11. M. Winstanley, 'The Factory Workforce', in M. Rose (ed.), *The Lancashire Cotton Industry: A History since 1700* (Lancashire, 1996), p. 130
12. W. Lazonick, *Competitive Advantage on the Shop Floor* (Harvard, 1990)
13. Engels, *The Condition of the Working Class*
14. B. Palmer, *A Culture in Conflict: Skilled Workers and Industrial Capitalism in Hamilton, Ontario, 1860-1914* (Montreal, 1979)
15. トロントにおいて鉄の型を作る人たちの組合に関するキーリーの研究から、この業界では新たな設計に対して賃金率を設定し、強制的に押し付けていたことがわかる。次を参照。G. Kealey, 'The Honest Working Man and Workers' Control: The Experience of Toronto Skilled workers 1860-1892', *Labor/Le Travail*, 1 (1976), p. 50
16. 同上に引用、p. 39
17. 同上、p. 58
18. F. W. Taylor, *The Principles of Scientific Management*, 1911, p. 18（フレデリック・W・テイラー著、有賀裕子訳『新訳科学的管理法』ダイヤモンド社、2009年）
19. 同上
20. 同上
21. G. Friedman, 'Revolutionary Unions and French Labor: The Rebels behind the Cause; or, Why Did Revolutionary Syndicalism Fail?', *French Historical Studies*, vol. 20, no. 2 (Spring, 1997)
22. http://www.llgc.org.uk/ymgyrchu/Llafur/1926/MNS.pdf
23. V. I. Lenin, *What Is to Be Done?*, 1902, http://www.marxists.org/archive/lenin/works/download/what-itd.pdf（レーニン著、村田陽一訳『なにをなすべきか？』大月書店、1971年）
24. V. I. Lenin, 'Imperialism and the Split in Socialism', in V. I. Lenin, *Imperialism: The Highest Stage of Capitalism* (Sydney, 1999), p. 131（レーニン著、角田安正訳『帝国主義論』光文社、2006年）
25. 次に引用。A. Santucci, *Antonio Gramsci* (New York, 2010), p. 156
26. W. B. Yeats, 'Easter, 1916', http://www.theatlantic.com/past/docs/unbound/poetry/soundings/easter.htm（「一九一六年復活祭」〈イェイツ著、高松雄一編『対訳イェイツ詩集』岩波書店　2009〉より）
27. http://www.spartacus.schoolnet.co.uk/TUcwc.htm

28. M. Ferro, *October 1917: A Social History of the Russian Revolution* (London, 1980), p. 151
29. C. Goodrich, *The Frontier of Control* (New York, 1920), p. 264
30. G. Orwell, 'Looking Back on the Spanish War', in G. Orwell, *A Collection of Essays* (New York, 1979), p. 201 (ジョージ・オーウェル著、橋口稔訳「スペイン戦争を振り返って」(『カタロニア讃歌』ちくま学芸文庫、2002年所収))
31. http://www.economist.com/node/21550764
32. C. W. Mills, 'The Sociology of Stratification', in I. L. Horowitz (ed.), *Power Politics & People: The Collected Essays of C. Wright Mills* (Oxford, 1967), p. 309 (ライト・ミルズ著、本間康平ほか訳『権力・政治・民衆』みすず書房、1984年)
33. D. Bell, 'The Capitalism of the Proletariat', *Encounter*, February 1958, pp. 17–23
34. http://www.marxists.org/reference/archive/marcuse/works/one-dimensional-man/one-dimensional-man.pdf p33
35. S. Wright, *Storming Heaven: Class Composition and Struggle in Italian Autonomist Marxism* (London, 2002), p. 54
36. R. Alford, 'A Suggested Index of the Association of Social Class and Voting', *Public Opinion Quarterly*, vol. 26, no. 3 (Autumn, 1962), pp.417–25
37. E. Hobsbawm, 'The Forward March of Labour Halted', *Marxism Today* September 1978, p. 279
38. R. Alquati, *Sulla Fiat e Altri Scritti* (Milan, 1975), p. 83
39. A. Gorz, *Critique of Economic Reason* (London, 1989), p. 55
40. 同上、p. 58
41. J. Gorman, *To Build Jerusalem: A Photographic Remembrance of British Working Class Life, 1875–1950* (London, 1980)
42. R. Hoggart, *The Uses of Literacy: Aspects of Working-Class Life* (London, 1957) (リチャード・ホガート著、香内三郎訳『読み書き能力の効用』晶文社、新装版、1986年)
43. G. Akerlof, J. Yellen and M. Katz, 'An Analysis of Out-of-Wedlock Childbearing in the United States', *Quarterly Journal of Economics*, vol. 111, no. 2
44. C. Goldin and L. Katz, 'The Power of the Pill: Oral Contraception and Women's Career and Marriage Decisions', NBER Working Paper 7527, February 2000
45. O. Ornati, 'The Italian Economic Miracle and Organised Labor', *Social Research*, vol. 30, no. 4 (Winter, 1953), pp. 519–26
46. 同上
47. P. Ginsborg, *A History of Contemporary Italy: Society and Politics 1943–1988* (London, 2003), pp. 298–9

48. 'Class Struggle in Italy: 1960s to 70s', 作者不明、prole.info
49. *Lotta Continua*, #18, November 1970, 上記を引用。
50. A. Glynほか、'The Rise and Fall of the Golden Age', WIDER, Working Paper 43, April 1988
51. 同上
52. P. Myerscough, 'Short Cuts', *London Review of Books*, vol. 35, no. 1, 3 January 2013, p. 25
53. http://www.bls.gov/fls/flscomparelf/lfcompendium.pdf
54. ILO
55. C. Lapavitsas, 'Financialised Capitalism: Crisis and Financial Expropriation', RMF Paper 1, 15 February 2009
56. 同上
57. http://homes.chass.utoronto.ca/~wellman/publications/littleboxes/littlebox.PDF
58. R. Sennett, *The Culture of the New Capitalism* (New Haven, 2005)(リチャード・セネット著、森田典正訳『不安な経済/漂流する個人：新しい資本主義の労働・消費文化』大月書店、2008年)
59. R. Sennett, *The Corrosion of Character: The Personal Consequences of Work in the New Capitalism* (New York, 1998)(リチャード・セネット著、斎藤秀正訳『それでも新資本主義についていくか：アメリカ型経営と個人の衝突』ダイヤモンド社、1999年)
60. A. Negri and M. Hardt, *Declaration*, ebook, 2012, https://antonionegriinenglish.files.wordpress.com/2012/05/93152857-hardt-negri-declaration-2012.pdf(アントニオ・ネグリ/マイケル・ハート著、水嶋一憲ほか訳『叛逆 マルチチュードの民主主義宣言』NHK出版、2013年)
61. Y. Peng, 'Internet Use of Migrant Workers in the Pearl River Delta', *Knowledge, Technology, and Policy*, 21, 2008, pp. 47–54

第3部

1. G. Orwell, *Nineteen Eighty-Four* (London, 1949)(ジョージ・オーウェル著、高橋和久訳『一九八四年』早川書房、2009年)

第8章　資本主義を超える経済への移行

1. A. Bogdanov, *Red Star: The First Bolshevik Utopia* (Bloomington, 1984), p. 65
2. http://www.marxists.org/archive/lenin/photo/1908/007.htm
3. 以下に引用。J. E. Marot, 'Alexander Bogdanov, *Vpered* and the Role of the Intellectual in the Workers' Movement', *Russian Review*, vol. 49 (3) (1990), pp. 241–

64
4. http://www.marxists.org/glossary/orgs/w/o.htm#workers-opposition
5. N. Krementsov, *A Martian Stranded on Earth: Alexander Bogdanov, Blood Transfusions and Proletarian Science* (Chicago, 2011)
6. R. Stites, 'Fantasy and Revolution', in Bogdanov, *Red Star*, p. 15
7. M. Ellman, 'The Role of Leadership Perceptions and of Intent in the Soviet Famine of 1931', *Europe-Asia Studies*, vol. 57 (6) (2005), pp.823–41
8. https://www.marxists.org/reference/archive/stalin/works/1931/02/04.htm
9. M. Harrison, 'The Soviet Economy in the 1920s and 1930s', *Capital & Class*, 2:2 (1978), pp. 78–94
10. G. Ofer, 'Soviet Economic Growth 1928–1985', RAND/UCLA Center for the Study of Soviet International Behavior, JRS-04 (1998)
11. H. Hunter, 'A Test of Five-Year Plan Feasibility', in J. Thornton, *Economic Analysis of the Soviet-Type System* (Cambridge 1976), p. 296
12. A. Kon, 'Political Economy Syllabus', pp. 19–20, 以下に引用。Y. Preobrazhensky, *The New Economics* (Oxford, 1964), p. 57 (プレオブラジェンスキー著、救仁郷繁訳『新しい経済―ソビエト経済に関する理論的分析の試み』現代思潮新社、1976年)
13. V. Pareto, *Cours d'Economie Politique*, vol. 1 (Lausanne, 1896), p. 59. 以下に引用。J. Bockman, *Markets in the Name of Socialism: The Left Wing Origins of Neoliberalism* (Stanford, 2011)
14. E. Barone, 'The Ministry of Production in the Collectivist State', in F. Hayek (ed.), *Collectivist Economic Planning: Critical Studies on the Possibilities of Socialism* (London, 1935), p. 245
15. L. von Mises, *Economic Calculation in the Socialist Commonwealth* (New York, 1990), p. 13 (ルートヴィヒ・フォン・ミーゼス著、岩倉竜也訳『社会主義共和国における経済計算』(Kindle版)、きぬこ書店、2013年)
16. 同上、p. 14
17. L. Robbins, *The Great Depression* (London, 1934), p. 151.
18. O. Lange, 'On the Economic Theory of Socialism', *Review of Economic Studies*, vol. 4 (1) (1936), pp. 53–71
19. Bockman, *Markets in the Name of Socialism*, loc 1040
20. von Mises, *Economic Calculation*, p. 22
21. L. Trotsky, 'The Soviet Economy in Danger', *The Militant*, October 1932, https://www.marxists.org/archive/trotsky/1932/10/sovecon.htm
22. L. Trotsky, *The Soviet Economy in Danger* (New York, 1932) (L. トロツキー著、

湯川順夫訳「危機に立つソヴィエト経済」(『トロッキー著作集1932下』第16巻、拓植書房新社、2000年所収))
23. W. P. Cockshott and A. Cottrell, 'Economic Planning, Computers and Labor Values', Working Paper, January 1999, http://www.ecn.wfu.edu/socialism/aer.pdf
24. O. Yun, *Improvement of Soviet Economic Planning* (Moscow, 1988)
25. Cockshott and Cottrell, 'Economic Planning, Computers and Labor Values,' p. 7
26. P. Cockshott, A. Cottrell and H. Dieterich, *Transition to 21st Century Socialism in the European* Union, Lulu.com, 2010, pp. 1–20
27. A. Gorz, *Capitalism, Socialism, Ecology* (London, 1994), p. 1
28. J. M. Keynes, 'The Economic Possibilities for our Grandchildren', in J. M. Keynes, *Essays in Persuasion* (New York, 1963), pp. 358–73 (J. M. ケインズ著、宮崎義一訳「わが孫たちの経済的可能性」(『説得論集』ケインズ全集第9巻、東洋経済新報社、1981年所収))
29. D. Thompson, 'The Economic History of the Last 2000 Years: Part II', *The Atlantic*, 20 June 2012
30. http://www.plospathogens.org/article/info%3Adoi%2F10.1371%2Fjournal.ppat.1001134
31. D. Herlihy, *The Black Death and the Transformation of the West* (Cambridge, 1997), p. 48
32. E. L. Eisenstein, *The Printing Revolution in Early Modern Europe* (2nd edn, Cambridge, 2005)
33. http://intersci.ss.uci.edu/wiki/eBooks/BOOKS/Bacon/Novum%20Organum%20Bacon.pdf
34. P. M. Sweezy and M. Dobb, 'The Transition from Feudalism to Capitalism', *Science & Society*, vol. 14 (2) (1950), pp. 134–67
35. P. Anderson, *Passages from Antiquity to Feudalism* (London, 1974), loc 3815
36. Preobrazhensky, *The New Economics*, p. 79

第9章　パニックには理性的に

1. http://www.cpesap.net/publications/en/
2. http://www.climatechange2013.org/images/uploads/WGI_AR5_SPM_brochure.pdf
3. J. Ashton, 'The Book and the Bonfire: Climate Change and the Reawakening of a Lost Continent', Speech, Swiss Museum of Transport, Lucerne, 19 January 2014
4. 'World Energy Outlook 2012', IEA, http://www.iea.org/publications/freepublications/publication/WEO2013_Executive_Summary_English.pdf (「世界エネルギー

展望」)
5. http://carbontracker.live.kiln.it/Unburnable-Carbon-2-Web-Version.pdf
6. http://priceofoil.org/2014/10/28/insurers-warned-climate-change-affects-viability-business-model/
7. http://sams.scientificamerican.com/article/dark-money-funds-climate-change-denial-effort/
8. http://mobile.bloomberg.com/news/2014-11-02/fossil-fuel-budgets-suggested-to-curb-climate-change.html?hootPostID = 1bdb3b7bbbbb619db600e477f2c6a152
9. http://www.economist.com/news/briefing/21587782-europes-electricity-providers-face-existential-threat-how-lose-half-trillion-euros
10. http://www.iea.org/techno/etp/etp10/English.pdf
11. http://www.greenpeace.org/international/en/campaigns/climate-change/energyrevolution/
12. 同上
13. 'Fifth Annual Report of the Registrar General', London, 1843
14. 'World Population Prospects: The 2012 Revision, Key Findings and Advance Tables', United Nations, 2013
15. http://www.georgemagnus.com/articles/demographics-3/
16. 'Annual Survey of Large Pension Funds and Public Reserve Pension Funds', OECD, October 2013
17. M. Mrsnikほか、'Global Aging 2010: An Irreversible Truth', Standard & Poors, 7 October 2010
18. N. Howe and R. Jackson, 'How Ready for Pensioners?', *Finance & Development*, IMF, June 2011
19. 'World Population Prospects: The 2012 Revision'
20. http://esa.un.org/unpd/wpp/Documentation/pdf/WPP2012_%20KEY%20FINDINGS.pdf
21. B. Milanovic, 'Global Income Inequality by the Numbers: in History and Now', Policy Research Working Paper 6259, World Bank, November 2012
22. G. Mognus, Speech, IFC and Johns Hopkins Medicine International Health Conference 2013, http://www.ifc.org/wps/wcm/connect/620b56004f081ebf99242b3eac88a2f8/George+Mognus'+Keynote+Speech+-+190313.pdf?MOD=AJPERES
23. D. H. Lawrence, *Lady Chatterley's Lover* (London, 1928), p. 1 (D. H. ロレンス著、木村政則訳『チャタレー夫人の恋人』光文社、2014年)
24. http://www.huffingtonpost.com/2014/03/17/china-internet-censorship_n_4981389.

html

25. http://www.groupibi.com/2011/10/india-targets-36-billion-global-cosmetic-surgery-market-cnbc-ibi-industry-news/

第10章　プロジェクト・ゼロ

1. H. Simon, 'Organisations and Markets', *Journal of Economic Perspectives*, vol. 5 (2) (1991), pp. 25–44
2. E. Preobrazhensky, *The New Economics* (Oxford, 1964), p. 55 (邦訳は第8章注12参照)
3. 例えば、次を参照。P. Mason, 'WTF is Eleni Haifa?', 20 December 2014, http://www.versobooks.com/blogs/1801-wtf-is-eleni-haifa-a-new-essay-by-paul-mason
4. V. Kostakis and M. Bauwens, *Network Society and Future Scenarios for a Collaborative Economy* (London, 2014)
5. M. Wark, *A Hacker Manifesto* (Cambridge MA, 2004) (マッケンジー・ワーク著、金田智之訳『ハッカー宣言』河出書房新社、2005年)
6. 例えば、次を参照。'Fair Society, Healthy Lives' (The Marmot Review), UCL Institute of Health Equity, February 2010, http://www.instituteofhealthequity.org/projects/fair-society-healthy-lives-the-marmot-review
7. J. D. Farmer, 'Economics Needs to Treat the Economy as a Complex System', *Crisis*, December 2012
8. J. Benes and M. Kumhof, 'The Chicago Plan Revisited', IMF Working Paper 12/202, August 2012, https://www.imf.org/external/pubs/ft/wp/2012/wp12202.pdf
9. 次を参照。http://www.degruyter.com/view/j/bis and http://www.basicincome.org/bien/aboutbasicincome.html
10. D. Graeber, 'On the Phenomenon of Bullshit Jobs', *Strike!* Magazine, 17 August 2013
11. K. Marx, *Grundrisse*, ed. M. Nicolaus (Harmondsworth, 1973), pp. 207–750, https://www.marxists.org/archive/marx/works/1857/grundrisse/ch/4.htm (邦訳は第5章注40参照)